AF887934

THE BELISARIUS LEGISLATION SERIES:

THE COMMERCIAL CODE
OF THE CZECH REPUBLIC

(CONSOLIDATED VERSION -
TEXT EFFECTIVE FROM 1 JANUARY 2013)

Edited by: Howard Chapman, Solicitor (England & Wales)

and registered foreign advocate (Czech Republic)

Translated by: Mgr. Daniel Samol, Advocate (Czech Republic)

with special assistance from: Katerina Suchánková, translator

Cover design by: Andrew Hunt

based on works by Marzena Idzik and Russell Lester

Download, subscribe for, and order other language resources at www.belisarius.cz and at www.czech-translate.com/publications.

Belisarius s.r.o. makes no representation as to the current status or requirements of the law of the Czech Republic and no such representation may be inferred for any reason. This is not a source of law. Further, this work has been produced for information only as an exercise in translation and no part of it may be used or relied on for any other purpose.

INFINITY PUBLISHING

All rights reserved. No part of this book shall be reproduced or transmitted in any form or by any means, electronic, mechanical, magnetic, photographic including photocopying, recording or by any information storage and retrieval system, without prior written permission of the publisher. No patent liability is assumed with respect to the use of the information contained herein. Although every precaution has been taken in the preparation of this book, the publisher and author assume no responsibility for errors or omissions. Neither is any liability assumed for damages resulting from the use of the information contained herein.

Copyright © Belisarius s.r.o. (December 2012)

ISBN 978-0-7414-8428-4 Paperback
ISBN 978-0-7414-8429-1 Hardcover
ISBN 978-0-7414-8430-7 eBook
Library of Congress Control Number: 2013906176

Printed in the United States of America

Published April 2013

INFINITY PUBLISHING
1094 New DeHaven Street, Suite 100
West Conshohocken, PA 19428-2713
Toll-free (877) BUY BOOK
Local Phone (610) 941-9999
Fax (610) 941-9959
Info@buybooksontheweb.com
www.buybooksontheweb.com

TRANSLATION NOTES

The Commercial Code represents one of the key sources of law by which business relationships are settled in the Czech Republic. The mechanics of the various types of companies and standardized contract types are also set out expressly. This work contains our translation into English of a generally accepted consolidated text of the Commercial Code taking effect as from 1 January 2013.

Objectives of this work

Our translation has been conceived and executed with the following objectives:

- provide lawyers who are native speakers of the Czech language with a reliable way of communicating the concepts and provisions of the Czech Commercial Code to their clients and other lawyers who cannot read the Czech language version;
- minimize ambiguities and misunderstandings, which might otherwise arise from communicating a text as complex as the Commercial Code;
- provide a source of vocabulary for the translation community in the Czech Republic in order to improve the quality, consistency and general availability of translation resources;
- assist lawyers who are not speakers of the Czech language so that they may have a fair appreciation of the relevant legal tests for matters subject to the Commercial Code in the Czech Republic; and
- assist the European business community at large and any person interested in the workings of the legal system in the Czech Republic so that its requirements may be benchmarked in broad terms against a home jurisdiction before such persons invest in the advice of qualified legal experts in the Czech Republic.

Translation choices

Whatever is said about translation, there are always choices to make. There are always multiple potential meanings for words and phrases in both the source language and the target language, particularly in view of their context.

The Czech and the English legal languages are not an absolute match for each other, even though similar legal mechanisms exist to address similar issues arising under both legal systems. In view of this, there have been times where there was no absolute idiomatic equivalent to certain parts of the Czech language version of the Commercial Code. In such cases, we have sought to be as faithful to the Czech language as was considered reasonably possible within the bounds of good English idiom.

We trust that our ultimate work product represents the right balance between the Czech and the English language requirements. We welcome your feedback on this, for which please contact commercialcode@belisarius.cz.

Translation notes

Style notes

Among the various styles available to us, this translation is generally expressed in a modern 'plain English' style, wherever possible adopting the simplest formulation capable of reflecting the source text. We have also adjusted the word order of the translation to reflect the most natural English language reading of the text.

Howard Chapman and Daniel Samol
23 December 2012

ABOUT BELISARIUS

Belisarius s.r.o. exists to build a platform of international language resources. It was founded in 2011 in Prague, Czech Republic. If you like the approach taken in this publication, please download, subscribe for, and order other language resources from www.belisarius.cz and at www.czech-translate.com/publications. If you would like to hear of special offers, updates, or new releases, please subscribe to our mailing list.

We would be pleased to receive your feedback or suggestions via email or the usual social media channels and the Belisarius team is also at your disposal for bespoke language projects, and licensing queries.

513/1991 COLL.

THE ACT OF 5 NOVEMBER 1991

THE COMMERCIAL CODE

As amended by:

600/1992 Coll., 264/1992 Coll., 591/1992 Coll. (with reference to 4/1993 Coll.), 286/1993 Coll., 156/1994 Coll., 84/1995 Coll., 142/1996 Coll. (partial), 94/1996 Coll., 142/1996 Coll., 77/1997 Coll., 15/1998 Coll., 165/1998 Coll., 356/1999 Coll., 27/2000 Coll., 105/2000 Coll., 29/2000 Coll., 30/2000 Coll., 367/2000 Coll., 120/2001 Coll., 370/2000 Coll., 120/2001 Coll., 239/2001 Coll., 501/2001 Coll., 353/2001 Coll., 15/2002 Coll., 126/2002 Coll., 308/2002 Coll., 125/2002 Coll., 151/2002 Coll., 312/2002 Coll., 476/2002 Coll., 87/2003 Coll., 88/2003 Coll., 437/2003 Coll., 85/2004 Coll., 257/2004 Coll., 360/2004 Coll., 484/2004 Coll., 499/2004 Coll., 554/2004 Coll., 179/2005 Coll., 216/2005 Coll., 377/2005 Coll., 413/2005 Coll., 56/2006 Coll., 79/2006 Coll., 81/2006 Coll., 57/2006 Coll., 308/2006 Coll., 269/2007 Coll., 296/2007 Coll., 36/2008 Coll., 344/2007 Coll., 104/2008 Coll., 126/2008 Coll., 130/2008 Coll., 230/2008 Coll., 215/2009 Coll., 217/2009 Coll., 230/2009 Coll., 285/2009 Coll., 420/2009 Coll., 227/2009 Coll., 152/2010 Coll., 409/2010 Coll., 427/2010 Coll., 188/2011 Coll., 351/2011 Coll., 355/2011 Coll., 420/2011 Coll., 167/2012 Coll., 202/2012 Coll., 428/2011 Coll., 396/2012 Coll.

TABLE OF CONTENTS (VOLUME I)

TABLE OF CONTENTS (VOLUME II)

Table of contents

Table of contents

Table of contents

Federální shromáždění České a Slovenské Federativní Republiky se usneslo na tomto zákoně:

The Federal Assembly of the Czech and Slovak Federal Republic has enacted this Code:

ČÁST PRVNÍ

PART ONE

OBECNÁ USTANOVENÍ

GENERAL PROVISIONS

HLAVA I

TITLE I

ZÁKLADNÍ USTANOVENÍ

FUNDAMENTAL PROVISIONS

DÍL I

CHAPTER I

ÚVODNÍ USTANOVENÍ

INTRODUCTORY PROVISIONS

§ 1

Section 1

Rozsah působnosti

Scope

(1) Tento zákon upravuje postavení podnikatelů, obchodní závazkové vztahy, jakož i některé jiné vztahy s podnikáním související, a zapracovává příslušné předpisy Evropských společenství.

(1) This Code sets out the law relating to the status of entrepreneurs, relationships of commercial obligation and certain other relationships concerning the carrying on of a business and it incorporates the relevant European Community law.

(2) Právní vztahy uvedené v odstavci 1 se řídí ustanoveními tohoto zákona. Nelze-li některé otázky řešit podle těchto ustanovení, řeší se podle předpisů práva občanského. Nelze-li je řešit ani podle těchto předpisů, posoudí se podle obchodních zvyklostí, a není-li jich, podle zásad, na kterých spočívá tento zákon.

(2) The provisions of this Code govern the legal relationships referred to in subsection (1). If a matter governed by this Code cannot be resolved under its provisions, the matter must be resolved according to the provisions of the civil law. If the matter cannot be resolved under the provisions of the civil law, it must be resolved according to commercial practices and, if there are no such practices, according to the principles underlying this Code.

§ 2

Section 2

Podnikání

Carrying on a business

(1) Podnikáním se rozumí soustavná činnost prováděná samostatně podnikatelem vlastním jménem a na vlastní odpovědnost za účelem dosažení zisku.

(1) Carrying on a business means a regular course of activities carried on independently by an entrepreneur in its own name, at its own responsibility and for the purpose of profit.

(2) Podnikatelem podle tohoto zákona je:

a) osoba zapsaná v obchodním rejstříku,

b) osoba, která podniká na základě živnostenského oprávnění,

c) osoba, která podniká na základě jiného než živnostenského oprávnění podle zvláštních předpisů,

d) osoba, která provozuje zemědělskou výrobu a je zapsána do evidence podle zvláštního předpisu.

(3) Místem podnikání fyzické osoby je adresa zapsaná jako její místo podnikání v obchodním rejstříku nebo v jiné zákonem upravené evidenci. Podnikatel, který je fyzickou osobou, je povinen zapisovat do obchodního rejstříku nebo do jiné zákonem upravené evidence své skutečné místo podnikání. Podnikatel je povinen mít k zapsaným prostorám právní důvod jejich užívání po celou dobu, kdy jsou tyto prostory zapsány jako jeho místo podnikání. Sídlem organizační složky podniku (§ 7) se rozumí adresa jejího umístění.

§ 3

zrušen

§ 3a

Neoprávněné podnikání

(1) Povaha nebo platnost právního úkonu není dotčena tím, že určité osobě je zakázáno podnikat nebo že nemá oprávnění k podnikání; tím není dotčen § 49a občanského zákoníku.

(2) An entrepreneur under this Code means:

(a) any person entered as such in the commercial register;

(b) any person carrying on a business on the basis of a trade licence;

(c) any person carrying on a business on a basis other than a trade licence issued under special legal regulations; and

(d) any person carrying on agricultural production and entered in the relevant registry for the same under special legal regulations.

(3) The place of business of a natural person is the address entered as its place of business in the commercial register or any other statutory registry. An entrepreneur that is a natural person must enter its actual place of business in the commercial register or in another statutory registry. An entrepreneur must have legal title to use its registered premises for the entire period for which such premises are entered as its place of business. The registered office of a branch of an undertaking (section 7) means the address of its actual location.

Section 3

Repealed

Section 3a

Unlicensed business

(1) The nature or validity of a legal act is unaffected by the fact that a certain person is prohibited from carrying on a business or that it is not licensed to carry on a business. The provisions of section 49a of the Civil Code are also unaffected by this.

(2) Osoba, která uskutečňuje činnost, k níž se podle zvláštních právních předpisů vyžaduje ohlášení nebo povolení, bez takového ohlášení nebo povolení, a osoby, které takovou činnost uskutečňují jménem jiné osoby anebo na její účet, odpovídají za škodu tím způsobenou; tím není dotčena jejich odpovědnost podle zvláštních právních předpisů.

(2) Where special legal regulations require a notification or permission for certain activities, a person carrying on those activities without the relevant notification or permission, and any persons carrying on those activities in the name of or for the account of another person, are liable for the resulting damage. The liability of such persons under special legal regulations is unaffected.

§ 4

Ustanoveními tohoto zákona se řídí i vztahy jiných osob než podnikatelů, stanoví-li to tento zákon nebo zvláštní zákon.

Section 4

The provisions of this Code also govern relationships between persons that are not entrepreneurs if this Code or a special act so provides.

DÍL II

PODNIK A OBCHODNÍ JMĚNÍ

CHAPTER II

THE UNDERTAKING AND BUSINESS ASSETS AND LIABILITIES

§ 5

(1) Podnikem se pro účely tohoto zákona rozumí soubor hmotných, jakož i osobních a nehmotných složek podnikání. K podniku náleží věci, práva a jiné majetkové hodnoty, které patří podnikateli a slouží k provozování podniku nebo vzhledem k své povaze mají tomuto účelu sloužit.

(2) Podnik je věc hromadná. Na jeho právní poměry se použijí ustanovení o věcech v právním smyslu. Tím není dotčena působnost zvláštních právních předpisů vztahujících se k nemovitým věcem, předmětům průmyslového a jiného duševního vlastnictví, motorovým vozidlům apod., pokud jsou součástí podniku.

Section 5

(1) For the purposes of this Code, an undertaking means the aggregate of the tangible, personal and intangible components of a business. An undertaking is comprised in the material objects, rights and other property that belong to the entrepreneur and are used in the operation of the undertaking or, due to its nature, should be used for this purpose.

(2) An undertaking is a collective object. It is governed by the legal provisions relating to material objects within the legal meaning of this term. This does not affect the application of special legal regulations relating to real estate properties, industrial and other intellectual property, motor vehicles and so on, if these form part of the undertaking.

§ 6

(1) Obchodním majetkem podnikatele, který je fyzickou osobou, se pro účely tohoto zákona rozumí majetek (věci, pohledávky a jiná práva a penězi ocenitelné jiné hodnoty), který patří

Section 6

(1) For the purposes of this Code, business assets means, for an entrepreneur that is a natural person, assets (material objects, claims and other rights and other items of money's worth) that belong to the entrepreneur and

podnikateli a slouží nebo je určen k jeho podnikání. Obchodním majetkem podnikatele, který je právnickou osobou, se rozumí veškerý jeho majetek.

(2) Pro účely tohoto zákona se soubor obchodního majetku a závazků vzniklých podnikateli, který je fyzickou osobou, v souvislosti s podnikáním označuje jako obchodní jmění (dále jen "jmění"). Jměním podnikatele, který je právnickou osobou, je soubor jeho veškerého majetku a závazků.

(3) Čistým obchodním majetkem je obchodní majetek po odečtení závazků vzniklých podnikateli v souvislosti s podnikáním, je-li fyzickou osobou, nebo veškerých závazků, je-li právnickou osobou.

(4) Vlastní kapitál tvoří vlastní zdroje financování obchodního majetku podnikatele a v rozvaze se vykazuje na straně pasiv.

§ 7

Organizační složka podniku

(1) Odštěpný závod je organizační složka podniku, která je jako odštěpný závod zapsána v obchodním rejstříku. Při provozování odštěpného závodu se užívá obchodní firmy (§ 8) podnikatele s dodatkem, že jde o odštěpný závod.

(2) Obdobné postavení jako odštěpný závod má i jiná organizační složka podniku, jestliže zákon stanoví, že se zapisuje do obchodního rejstříku.

are used, or are intended to be used, in its business. The business assets of an entrepreneur that is a legal person means all its assets.

(2) For the purposes of this Code, "business assets and liabilities" means, for an entrepreneur that is a natural person, the aggregate of the business assets and the liabilities incurred by the entrepreneur in connection with its business. The business assets and liabilities of an entrepreneur that is a legal person means the aggregate of all of its business assets and liabilities.

(3) Net business assets mean the business assets less, for an entrepreneur that is a natural person, the liabilities incurred by the entrepreneur in connection with the business or less, for an entrepreneur that is a legal person, all of its liabilities.

(4) The equity capital is comprised in the entrepreneur's own resources for financing the business assets and must be recorded as a liability on the balance sheet.

Section 7

Corporate divisions of an undertaking

(1) A 'separate branch' is a corporate division of an undertaking, which is entered as a 'separate branch' in the commercial register. A 'separate branch' must be operated under the business name of the entrepreneur (section 8), together with an addition stating that it is a 'separate branch'.

(2) If the law provides that another form of branch of an undertaking must be entered in the commercial register, that branch has a similar status to that of a 'separate branch' to the extent appropriate.

(3) Provozovnou se rozumí prostor, v němž je uskutečňována určitá podnikatelská činnost. Provozovna musí být označena obchodní firmou nebo jménem a příjmením anebo názvem podnikatele, k níž může být připojen název provozovny nebo jiné rozlišující označení.

(3) An establishment means the premises in which certain business activities are carried on. Each establishment must be designated using the entrepreneur's business name or name and surname or corporate name. The name of the establishment or another distinctive identification may also be appended.

DÍL III

CHAPTER III

OBCHODNÍ FIRMA

THE BUSINESS NAME

§ 8

Section 8

(1) Obchodní firma (dále jen "firma") je název, pod kterým je podnikatel zapsán do obchodního rejstříku. Podnikatel je povinen činit právní úkony pod svou firmou.

(1) A "business name" is the name under which an entrepreneur is entered in the commercial register. An entrepreneur must use its business name when concluding legal acts.

(2) Na podnikatele nezapsaného v obchodním rejstříku se nevztahují ustanovení o firmě; právní úkony je povinen činit, je-li fyzickou osobou, pod svým jménem a příjmením, a je-li právnickou osobou, pod svým názvem. U svého jména a příjmení nebo názvu může podnikatel nezapsaný v obchodním rejstříku užívat při podnikání odlišujici dodatek nebo další označení za předpokladu, že nepůsobí klamavě a jeho užívání je v souladu s právními předpisy i dobrými mravy soutěže; takový dodatek nebo označení není firmou a je chráněn právem proti nekalé soutěži.

(2) The provisions of this Code relating to business names do not apply to entrepreneurs that are not entered in the commercial register. An entrepreneur that is a natural person must conclude legal acts under its name and surname and an entrepreneur that is a legal person must do so under its corporate name. Entrepreneurs that are not entered in the commercial register may, in carrying on a business, use a distinctive addition or other designation added to their name and surname or corporate name, provided that it is not misleading and its use is in compliance with legal regulations and the accepted fair practices of competition. The addition or designation is not a business name and it is protected by the law prohibiting unfair competition.

§ 9

Section 9

(1) Firmou fyzické osoby musí být vždy její jméno a příjmení (dále jen "jméno"). Firma fyzické osoby může obsahovat dodatek odlišující osobu podnikatele nebo druh podnikání vztahující se zpravidla k této osobě nebo druhu podnikání.

(1) The business name of a natural person must always be its name and surname (the "full name"). The business name of a natural person may contain an addition generally relating to that person or its type of business and distinguishing the entrepreneur or the type of business.

(2) Firmou obchodní společnosti nebo družstva a dalších právnických osob, které vznikají zápisem do obchodního rejstříku, je název, pod kterým jsou zapsány v obchodním rejstříku. Firmou právnické osoby, která se zapisuje do obchodního rejstříku na základě zvláštního právního předpisu a která vznikla před tímto zápisem, je její název. Součástí firmy právnických osob je i dodatek označující jejich právní formu.

(2) The business name of a commercial company or a cooperative society or other legal persons incorporated by their entry in the commercial register is the name under which it is entered in the commercial register. The business name of a legal person that must be entered in the commercial register on the basis of a special legal regulation, but was incorporated before the registration, is its corporate name. An addition indicating the legal form of a legal person must form a part of its business name.

§ 10

Section 10

(1) Firma nesmí být zaměnitelná s firmou jiného podnikatele a nesmí působit klamavě. K odlišení firmy nestačí rozdílný dodatek označující právní formu. U fyzické osoby postačí zpravidla k odlišení uvedení jiného místa podnikání. Má-li fyzická osoba stejné jméno s jiným podnikatelem působícím v témže místě, je povinna doplnit ve firmě údaj o jménu dostatečně odlišujícím dodatkem ve smyslu § 9 odst. 1.

(1) A business name must not be capable of confusion with the business name of another entrepreneur and it must not be misleading. It is not sufficiently distinctive for the business name of an entrepreneur only to bear an addition indicating a different legal form. A natural person may generally distinguish its business name by reference to a specific place of business. If a natural person has the same name as another entrepreneur operating in the same location, it must supplement its business name with a sufficiently distinctive addition within the meaning of section 9 (1).

(2) Podniká-li více osob pod společným jménem bez založení právnické osoby, jsou tyto osoby povinny splnit závazky vzniklé při tomto podnikání společně a nerozdílně. Společné jméno není firmou.

(2) If several persons carry on a business under a common name and do not together form a legal person, those persons must perform the obligations that occur in relation to the business jointly and severally. The common name is not a business name.

§ 11

Section 11

(1) Kdo zdědí podnik nebo jej nabude smlouvou, může podnikat pod dosavadní firmou s nástupnickým dodatkem, jen má-li k tomu výslovný souhlas zůstavitele nebo dědiců nebo právního předchůdce.

(1) A person that inherits an undertaking or acquires it by contract may only carry on its business under the existing business name with an addition referring to the succession if it has obtained the express consent of the deceased person or its heirs or the legal predecessor.

(2) Je-li podnikatelem fyzická osoba, která změnila své jméno, může používat ve firmě i své dřívější jméno s dodatkem

(2) If an entrepreneur that is a natural person has changed its name, it may also use its previous name in the business name with an

obsahujícím nové jméno.

addition stating its new name.

(3) Firma právnické osoby přechází na nástupnickou právnickou osobu s podnikem, zaniká-li původní právnická osoba bez likvidace a nástupnická právnická osoba firmu převezme. Má-li nástupnická právnická osoba jinou právní formu, musí být změněn dodatek v souladu s její právní formou.

(3) The business name of a legal person passes by transmission to a successor legal person together with the undertaking if the original legal person is dissolved without being liquidated and the successor legal person elects to take over the business name. If the successor legal person has a different legal form, the addition must be changed to reflect its legal form.

(4) Převod firmy bez současného převodu podniku je nepřípustný. Převod firmy je možný i při převodu části podniku, bude-li podnikatel zbývající část provozovat pod jinou firmou nebo tato část zanikne likvidací.

(4) A business name cannot be transferred without at the same time transferring the undertaking. A business name may also be transferred under a transfer of part of an undertaking in the event that the entrepreneur continues to operate the remaining part under a different business name or that part is liquidated.

(5) Je-li součástí firmy právnické osoby jméno společníka nebo člena, který přestal být jejím společníkem nebo členem, může právnická osoba užívat dále jeho jméno jen s jeho souhlasem. V případě smrti nebo zániku společníka nebo člena se vyžaduje jeho předchozí souhlas anebo souhlas dědice nebo právního nástupce.

(5) Where part of the business name of a legal person comprises the name of a member, if that member ceases to be a member, the legal person may only continue to use the former member's name with its consent. If a member dies or is dissolved, the member's prior consent or the consent of its heir or legal successor is required for the same.

(6) Firmy podnikatelů, jejichž podniky příslušejí k témuž koncernu (§ 66a odst. 7), mohou obsahovat shodné prvky, obsahují-li dodatek o příslušnosti ke koncernu a jsou-li dostatečně navzájem rozlišitelné.

(6) The business names of entrepreneurs whose undertakings belong to the same group (section 66a (7)) may contain identical elements provided that they contain an addition indicating that they belong to a group and provided that the business names are sufficiently mutually distinguishable.

§ 12

Section 12

(1) Kdo byl dotčen na svých právech neoprávněným užíváním firmy, může se proti neoprávněnému uživateli domáhat, aby se takového jednání zdržel a odstranil závadný stav. Dále může požadovat vydání bezdůvodného obohacení a přiměřené zadostiučinění, které může být poskytnuto i v penězích.

(1) A person whose rights have been affected by the unauthorized use of a business name may require the unauthorized user to desist from such use and to remedy the adverse state of affairs. That person may further request for unjust enrichment to be surrendered together with reasonable satisfaction, which may be provided in cash.

(2) Byla-li neoprávněným užíváním firmy způsobena škoda, lze se její náhrady domáhat podle tohoto zákona.

(2) If damage results from the unauthorized use of a business name, the affected person may require compensation for the damage under this Code.

(3) Soud může účastníku, jehož návrhu bylo vyhověno, přiznat v rozsudku právo uveřejnit rozsudek na náklady účastníka, který ve sporu neuspěl, a podle okolností určit i rozsah, formu a způsob uveřejnění.

(3) The court may, in its judgment, grant to a party that successfully petitions the court a right to publish the judgment at the expense of the unsuccessful party to the proceedings and, depending on the circumstances, it may determine the scope, form, and manner of the relevant publication.

DÍL IV

CHAPTER IV

JEDNÁNÍ PODNIKATELE

THE ACTS OF AN ENTREPRENEUR

§ 13

Section 13

(1) Je-li podnikatelem fyzická osoba, jedná osobně nebo za ni jedná zástupce. Právnická osoba jedná statutárním orgánem nebo za ni jedná zástupce.

(1) A natural person entrepreneur must act in person or by a representative. A legal person must act by its statutory body or by a representative.

(2) Ustanovení tohoto zákona o jednotlivých obchodních společnostech a družstvu určují statutární orgán, jehož jednání je jednáním podnikatele.

(2) The provisions of this Code relating to the individual forms of commercial company and cooperative society set out the statutory body for each of them, the acts of the statutory body being treated as the acts of the entrepreneur.

(3) Vedoucí organizační složky podniku (§ 7 odst. 1 a 2), který je zapsán do obchodního rejstříku, je zmocněn za podnikatele činit veškeré právní úkony týkající se této složky.

(3) The head of a branch of an undertaking (section 7 (1) and (2)) entered in the commercial register has the power to conclude on behalf of the entrepreneur any legal act relating to the branch.

(4) Je-li podnikatelem právnická osoba, je vázána vůči třetím osobám jednáním uskutečněným jejím statutárním orgánem nebo likvidátorem, i když překročil rozsah jejího předmětu podnikání, ledaže jde o jednání, které překračuje působnost, kterou tomuto orgánu svěřuje nebo dovoluje svěřit zákon.

(4) A legal person entrepreneur is bound as against third parties by the acts of its statutory body or liquidator even if the relevant act has exceeded the entrepreneur's scope of business, except in the event that the same also exceeds the competence that the law vests in or allows to be vested in the statutory body or liquidator, as appropriate.

(5) Omezení jednatelského oprávnění statutárního orgánu právnické osoby vyplývající ze stanov, společenské smlouvy či jiného obdobného dokumentu nebo z

(5) A restriction on the executive powers of the statutory body of a legal person contained in the articles of association, the memorandum of association, or another equivalent

rozhodnutí orgánů právnické osoby není možno uplatňovat vůči třetím osobám, i když byla zveřejněna.

document or arising from a decision of a statutory body of a legal person, cannot be asserted against third parties, even if the relevant restriction has been published.

§ 13a

Obchodní listiny

(1) Každý podnikatel je povinen na všech objednávkách, obchodních dopisech, fakturách, smlouvách a v rámci informací zpřístupňovaných veřejnosti prostřednictvím dálkového přístupu (dále jen "internetové stránky") uvádět údaj o své firmě, jménu nebo názvu, sídle nebo místu podnikání a identifikačním čísle osoby (dále jen „identifikační číslo“); podnikatelé zapsaní v obchodním rejstříku též údaj o tomto zápisu, včetně spisové značky, a podnikatelé nezapsaní v obchodním rejstříku též údaj o zápisu do jiné evidence, v níž jsou zapsáni. Údaj o výši základního kapitálu lze v těchto listinách a na internetových stránkách uvádět, jen jestliže byl zcela splacen.

(2) Na všech objednávkách, obchodních dopisech, fakturách, smlouvách a na internetových stránkách týkajících se podniku zahraniční osoby nebo jeho organizační složky je zahraniční osoba povinna uvádět údaje podle odstavce 1 a dále i údaj o zápisu podniku nebo jeho organizační složky do obchodního rejstříku, včetně spisové značky. Jde-li o osobu, na níž se vztahuje § 21 odst. 5, uvádí stejné údaje jako česká osoba nezapsaná v obchodním rejstříku podle odstavce 1.

(3) Na objednávkách, obchodních dopisech, fakturách, smlouvách a na internetových stránkách týkajících se podniku zahraniční osoby nebo organizační složky podniku zahraniční osoby nemusí být uveden údaj o zápisu zahraniční osoby

Section 13a

Business documentation

(1) An entrepreneur has a duty, on every order, commercial letter, invoice, contract, and in relation to information made accessible to the public by means of remote access ("internet pages") set out its business name, full name or corporate name, registered office or place of business, and personal identification number (the "identification number"). Entrepreneurs entered in the commercial register must also set out the information relating to that registration, including the file reference number, and entrepreneurs that are not registered in the commercial register must set out the information relating to any registration in another registry in which they are entered. The amount of the registered capital may only be stated in such documents and on internet pages if it is fully paid up.

(2) A foreign person has a duty to set out, on every order, commercial letter, invoice, contract, and internet page relating to the undertaking of the foreign person or a branch of such an undertaking, the information specified in subsection (1) and also the information relating to the registration of the relevant undertaking or branch of the undertaking in the commercial register, including the file reference number. A person within the scope of application of section 21 (5) must state the same information as a Czech person must state under subsection (1) if it is not registered in the commercial register.

(3) If the law of a state to which a foreign person is subject, or the law of the state in which the foreign person has its residential address, does not allow for or require registration in the registry of entrepreneurs of that state, the foreign person does not have to

do evidence podnikatelů ve státě, jehož právem se zahraniční osoba řídí nebo v němž má bydliště, pokud toto právo zápis do takové evidence neukládá nebo neumožňuje.

set out information for that registration on the orders, commercial letters, invoices, contracts, and internet pages relating to the undertaking of the foreign person or a branch of such an undertaking.

§ 14

Prokura

(1) Prokurou zmocňuje podnikatel prokuristu ke všem právním úkonům, k nimž dochází při provozu podniku, i když se k nim jinak vyžaduje zvláštní plná moc. Prokuru lze udělit jen fyzické osobě.

(2) V prokuře není zahrnuto oprávnění zcizovat nemovitosti a zatěžovat je, ledaže je toto oprávnění výslovně v udělení prokury uvedeno.

(3) Omezení prokury vnitřními pokyny nemá právní následky vůči třetím osobám.

(4) Více osobám lze prokuru udělit tak, že jsou k zastupování a podepisování oprávněny každá samostatně, nebo tak, že je přitom třeba souhlasného projevu vůle všech prokuristů nebo alespoň dvou z nich.

(5) Prokurista podepisuje tím způsobem, že k firmě podnikatele, za kterého jedná, připojí dodatek označující prokuru a svůj podpis.

(6) Udělení prokury je účinné od zápisu do obchodního rejstříku. Byla-li prokura udělena více osobám, musí návrh obsahovat i určení, zda každý prokurista může jednat samostatně, popřípadě kolik prokuristů musí jednat společně.

Section 14

The power of procuration

(1) By granting a power of procuration, an entrepreneur gives a power to its procurator to conclude all legal acts in connection with the operation of its undertaking, even if a special power of attorney is otherwise required to conclude such acts. Only a natural person can be a procurator.

(2) The power of procuration does not include the power to alienate or encumber real estate properties, unless this power is specifically stated in the appointment of the procurator.

(3) A restriction on the power of procuration that is set out in internal guidelines has no legal effect as against third parties.

(4) If a power of procuration is granted to several persons, it may be granted so that each is severally empowered to represent and sign independently or so that joint consent must be expressed by all procurators, or by at least two of them.

(5) When a procurator signs documents for the entrepreneur, it must state the business name of the entrepreneur on behalf of which it acts and it must include an addition indicating that it acts pursuant to a power of procuration, and it must affix its signature.

(6) A power of procuration is effective on entry into the commercial register. If a power of procuration has been granted to several persons, the application for entry in the commercial register must state whether each procurator may act independently or, if applicable, how many procurators must act jointly.

(7) Prokura nezaniká smrtí podnikatele, pokud podnikatel nestanovil, že má trvat pouze za jeho života. Po smrti podnikatele však může prokurista činit jen úkony v rámci obvyklého hospodaření, a je povinen podat neprodleně návrh na zápis tohoto omezení prokury soudu (§ 27 odst. 1). Úkony přesahující rámec obvyklého hospodaření může prokurista činit jen se souhlasem dědiců a se svolením soudu.

(7) The power of procuration does not expire on the death of the entrepreneur, so long as the entrepreneur has not provided that it was only to last for its lifetime. After the death of the entrepreneur, however, the procurator may only conclude acts within the ordinary course of business and it must without undue delay file an application to the court stating that the power of procuration is so limited (section 27 (1)). The procurator may only conclude acts outside the ordinary course of business with the consent of the entrepreneur's heirs and with the approval of the court.

§ 15

Section 15

(1) Kdo byl při provozování podniku pověřen určitou činností, je zmocněn ke všem úkonům, k nimž při této činnosti obvykle dochází.

(1) A person appointed to carry on certain activities in the operation of an undertaking also has the power to conclude all the acts that are usually concluded in relation to such activities.

(2) Překročí-li zástupce podnikatele zmocnění podle odstavce 1, je takovým jednáním podnikatel vázán, jen jestliže o překročení třetí osoba nevěděla a s přihlédnutím ke všem okolnostem případu vědět nemohla.

(2) If the representative of an entrepreneur exceeds its power under subsection (1), the entrepreneur is only bound by the relevant act if the third party was not or, having regard to all the circumstances of the case, could not be aware that the representative's power was exceeded.

(3) Zmocnění podle odstavce 1 nezaniká smrtí podnikatele, pokud podnikatel nestanovil, že má trvat pouze za jeho života. Zmocněnec však může po smrti podnikatele činit jen úkony v rámci obvyklého hospodaření. Úkony přesahující rámec obvyklého hospodaření může činit jen se souhlasem dědiců a se svolením soudu.

(3) The power under subsection (1) does not expire on the death of the entrepreneur, so long as the entrepreneur has not provided that it was only to last for its lifetime. After the death of the entrepreneur, however, the relevant power is limited to acts concluded within the ordinary course of business. Acts outside the ordinary course of business can only be concluded with the consent of the entrepreneur's heirs and the with approval of the court.

§ 16

Podnikatele zavazuje i jednání jiné osoby v jeho provozovně, nemohla-li třetí osoba vědět, že jednající osoba k tomu není oprávněna.

Section 16

An entrepreneur is also bound by the acts of another person present in its establishment if the third party could not be aware of the fact that the person acting did not have the power so to act.

DÍL V

OBCHODNÍ TAJEMSTVÍ

CHAPTER V

THE TRADE SECRET

§ 17

Předmětem práv náležejících k podniku je i obchodní tajemství. Obchodní tajemství tvoří veškeré skutečnosti obchodní, výrobní či technické povahy související s podnikem, které mají skutečnou nebo alespoň potenciální materiální či nemateriální hodnotu, nejsou v příslušných obchodních kruzích běžně dostupné, mají být podle vůle podnikatele utajeny a podnikatel odpovídajícím způsobem jejich utajení zajišťuje.

Section 17

A trade secret is also among the rights comprised in an undertaking. A "trade secret" means all matters relating to an undertaking, having a commercial or technical nature or relating to production, having actual or at least potential tangible or intangible value, which are not commonly available in the relevant business community, which the entrepreneur wishes to be kept secret and for which the entrepreneur takes appropriate steps to ensure their secrecy.

§ 18

Podnikatel provozující podnik, na který se obchodní tajemství vztahuje, má výlučné právo tímto tajemstvím nakládat, zejména udělit svolení k jeho užití a stanovit podmínky takového užití.

Section 18

An entrepreneur operating an undertaking that includes a trade secret has the exclusive right to the disposition of that secret and, in particular, the right to permit its use and to set out conditions for any such use.

§ 19

Právo k obchodnímu tajemství trvá, pokud trvají skutečnosti uvedené v § 17.

Section 19

The rights over a trade secret subsist for so long as the matters stated in section 17 continue to subsist.

§ 20

Proti porušení nebo ohrožení práva na obchodní tajemství přísluší podnikateli právní ochrana jako při nekalé soutěži.

Section 20

An entrepreneur is entitled to the same legal protection against the actual or threatened infringement of a right to a trade secret as it is against unfair competition.

HLAVA II

PODNIKÁNÍ ZAHRANIČNÍCH OSOB

DÍL I

ZÁKLADNÍ USTANOVENÍ

§ 21

(1) Zahraniční osoby mohou podnikat na území České republiky za stejných podmínek a ve stejném rozsahu jako české osoby, pokud ze zákona nevyplývá něco jiného.

(2) Zahraniční osobou se pro účely tohoto zákona rozumí fyzická osoba s bydlištěm nebo právnická osoba se sídlem mimo území České republiky. Českou právnickou osobou pro účely tohoto zákona se rozumí právnická osoba se sídlem na území České republiky.

(3) Podnikáním zahraniční osoby na území České republiky se rozumí pro účely tohoto zákona podnikání této osoby, má-li podnik nebo jeho organizační složku umístěnou na území České republiky.

(4) Oprávnění zahraniční osoby podnikat na území České republiky vzniká ke dni zápisu této osoby, popřípadě organizační složky jejího podniku, v rozsahu předmětu podnikání zapsaném do obchodního rejstříku. Návrh na zápis podává zahraniční osoba.

TITLE II

BUSINESS CARRIED ON BY FOREIGN PERSONS

CHAPTER I

FUNDAMENTAL PROVISIONS

Section 21

(1) Foreign persons may carry on a business in the territory of the Czech Republic under the same conditions and to the same extent as Czech persons, unless the law requires otherwise.

(2) For the purposes of this Code, a foreign person means a natural person with its residential address, or a legal person with its registered office, outside the territory of the Czech Republic. For the purposes of this Code, a Czech legal person means a legal person with its registered office in the territory of the Czech Republic.

(3) For the purposes of this Code, the carrying on of a business by a foreign person in the territory of the Czech Republic means the carrying on of a business through an undertaking or a branch of an undertaking located within the territory of the Czech Republic.

(4) The licence of a foreign person to carry on a business within the territory of the Czech Republic commences as from the date on which that person or a branch of its undertaking is entered in the commercial register, and within the scope of business so entered. The application for the relevant entry must be filed by the foreign person.

(5) Ustanovení odstavce 4 se nevztahuje na fyzickou osobu, která je

a) státním příslušníkem členského státu Evropské unie, jiného státu tvořícího Evropský hospodářský prostor nebo Švýcarské konfederace,

b) rodinným příslušníkem osoby podle písmene a), který má v České republice právo pobytu,

c) státním příslušníkem třetího státu, kterému bylo v členském státě Evropské unie přiznáno právní postavení dlouhodobě pobývajícího rezidenta,

d) rodinným příslušníkem osoby podle písmene c), kterému bylo v České republice vydáno povolení k dlouhodobému pobytu,

e) jinou osobou, než jsou osoby uvedené pod písmeny a) až d), které vznikne právo podnikat podle živnostenského zákona.

(5) The provisions of subsection (4) do not apply to the following natural persons:

(a) a national of a member state of the European Union or another state in the European Economic Area or the Swiss Confederation;

(b) a family member of a person under subsection (a), which family member has a right to reside in the Czech Republic;

(c) a national of a third state, which national was granted a status of a long-term resident in a member state of the European Union;

(d) a family member of a person under subsection (c), which family member was issued a long-term residence permit;

(e) a person other than the persons under subsections (a) to (d), which has the right to carry on a business under the Trade Act.

§ 22

Právní způsobilost, kterou má jiná než fyzická zahraniční osoba podle právního řádu, podle něhož byla založena, má rovněž v oblasti českého právního řádu. Právním řádem, podle něhož byla tato osoba založena, se řídí i její vnitřní právní poměry a ručení členů nebo společníků za její závazky.

Section 22

A foreign person other than a foreign natural person has the same legal capacity under the Czech legal order as under the legal order under which such a person was formed. The legal order under which the foreign person was formed also governs its internal legal relations and its members' liability for its obligations.

§ 23

Zahraniční osoby, které mají právo podnikat v zahraničí, se pokládají za podnikatele podle tohoto zákona.

Section 23

Foreign persons that have the right to carry on a business abroad are treated as entrepreneurs for the purposes of this Code.

DÍL II

MAJETKOVÁ ÚČAST ZAHRANIČNÍCH OSOB V ČESKÝCH PRÁVNICKÝCH OSOBÁCH

§ 24

(1) Zahraniční osoba se může podle ustanovení tohoto zákona za účelem podnikání podílet na založení české právnické osoby nebo se účastnit jako společník nebo člen v české právnické osobě již založené. Může také sama českou právnickou osobu založit nebo se stát jediným společníkem české právnické osoby, pokud tento zákon jediného zakladatele nebo jediného společníka připouští.

(2) Právnická osoba může být založena pouze podle českého práva.

(3) Ve věcech uvedených v odstavci 1 mají zahraniční osoby stejná práva a povinnosti jako české osoby.

DÍL III

OCHRANA MAJETKOVÝCH ZÁJMŮ ZAHRANIČNÍCH OSOB PŘI PODNIKÁNÍ V ČESKÉ REPUBLICE

§ 25

(1) Majetek zahraniční osoby související s podnikáním v České republice a majetek právnické osoby se zahraniční majetkovou účastí podle § 24 odst. 1 může být v České republice vyvlastněn nebo vlastnické právo omezeno jen na základě zákona a ve veřejném zájmu, který není možno uspokojit jinak. Proti takovému rozhodnutí lze podat opravný prostředek u soudu.

CHAPTER II

PARTICIPATIONS BY A FOREIGN PERSON IN THE CAPITAL OF CZECH LEGAL PERSONS

Section 24

(1) Under the provisions of this Code, a foreign person may, for the purposes of carrying on a business, participate in the formation of a Czech legal person or it may participate as a member of a Czech legal person that has already been formed. A foreign person may also be the sole founder of a Czech legal person or become the sole member of a Czech legal person, provided that this Code allows for a sole founder or a sole member.

(2) A legal person may only be formed under Czech law.

(3) For the matters stated in subsection (1), foreign persons have the same rights and duties as Czech persons.

CHAPTER III

THE PROTECTION OF PROPRIETARY INTERESTS OF FOREIGN PERSONS WHEN CARRYING ON A BUSINESS IN THE CZECH REPUBLIC

Section 25

(1) The assets of a foreign person relating to a business carried on in the Czech Republic, and the assets of a legal person with a foreign equity participation in accordance with section 24 (1), may only be expropriated in the Czech Republic and the ownership rights may only be restricted on the basis of the law and in circumstances where the public interest cannot otherwise be satisfied. A decision in this respect may be appealed before the court.

(2) Při opatřeních uvedených v odstavci 1 musí být poskytnuta bez prodlení náhrada odpovídající plné hodnotě majetku dotčeného těmito opatřeními v době, kdy byla uskutečněna, která je volně převoditelná do zahraničí v cizí měně.

(2) If measures are taken under subsection (1), compensation equivalent to the full value of the assets affected by such measures, as at the time when such measures were taken, must be provided without undue delay and the relevant compensation must be freely transferable abroad in a foreign currency.

(3) Mezinárodní smlouvy, jimiž je Česká republika vázána a které byly vyhlášeny ve Sbírce zákonů nebo ve Sbírce mezinárodních smluv, nejsou dotčeny.

(3) International treaties that are binding on the Czech Republic and that have been published in the Collection of Laws or in the Collection of International Treaties are unaffected by such a requirement.

DÍL IV

PŘEMÍSTĚNÍ SÍDLA

§ 26

(1) Právnická osoba založená podle práva cizího státu za účelem podnikání, která má sídlo v zahraničí, může přemístit své sídlo na území České republiky za podmínek stanovených zvláštním právním předpisem, jestliže to umožňuje mezinárodní smlouva, která je pro Českou republiku závazná a byla vyhlášena ve Sbírce zákonů nebo ve Sbírce mezinárodních smluv. To platí i pro přemístění sídla české právnické osoby do zahraničí.

(2) Přemístění sídla právnické osoby z České republiky do zahraničí nebo ze zahraničí do České republiky je přípustné také v případech a za podmínek stanovených právem Evropských společenství či zvláštním zákonem.

CHAPTER IV

THE RELOCATION OF THE REGISTERED OFFICE

Section 26

(1) A legal person formed under the laws of a foreign state for the purposes of carrying on a business, which has its registered office abroad, may relocate its registered office to the territory of the Czech Republic under the conditions set out in a special legal regulation if this is permitted by an international treaty that is binding on the Czech Republic and has been published in the Collection of Laws or in the Collection of International Treaties. This also applies to a relocation abroad of the registered office of a Czech legal person.

(2) A relocation abroad of the registered office of a legal person from the Czech Republic, or from abroad to the Czech Republic, may also occur in cases and under the conditions set in the law of the European Communities or a special act.

HLAVA III

OBCHODNÍ REJSTŘÍK

§ 27

(1) Obchodní rejstříkje veřejný seznam, do kterého se zapisují zákonem stanovené údaje o podnikatelích. Obchodní rejstřík je veden v elektronické podobě.

(2) Obchodní rejstřík vede k tomu zvláštním právním předpisem určený soud (dále jen "rejstříkový soud").

(3) Rejstříkový soud vede pro každého zapsaného podnikatele, organizační složku podniku, podnik zahraniční osoby anebo jeho organizační složku zvláštní vložku, ledaže zákon stanoví jinak. Součástí obchodního rejstříku je sbírka listin.

(4) Rejstříkový soud zveřejní zápis do obchodního rejstříku, jeho změnu či výmaz, jakož i uložení listiny do sbírky listin bez zbytečného odkladu po zápisu, ledaže právní předpis ukládá tuto povinnost někomu jinému. Zveřejňované údaje rejstříkový soud nejpozději do jednoho týdne ode dne zápisu oznámí také příslušnému daňovému orgánu, orgánu státní statistiky a orgánu, který vydal průkaz živnostenského nebo jiného podnikatelského oprávnění.

(5) Rozsah a způsob zveřejnění upraví vláda nařízením.

§ 27a

zrušen

TITLE III

THE COMMERCIAL REGISTER

Section 27

(1) The commercial register is a public register where legally prescribed information is entered in relation to entrepreneurs. The commercial register is maintained in electronic form.

(2) The commercial register is maintained by a court competent to do so under a special legal regulation (the "registration court").

(3) Unless the law provides otherwise, the registration court must maintain a special file for each registered entrepreneur, each branch of an undertaking, and each undertaking of a foreign person or branch of such an undertaking. The collection of documents forms a part of the commercial register.

(4) Except where a special legal regulation imposes this duty on another person, the registration court must without undue delay after an entry is made, amended, or struck from the commercial register, or after any document is filed in the collection of documents, publish the entry by which this is effected. The registration court must also, within one week of the relevant entry, notify the published information to the competent tax authority, the state statistics authority, and to the authority that issued the relevant trade licence or other business licence.

(5) The method and scope of any such publication will be prescribed by governmental decree.

Section 27a

Repealed

§ 27b

zrušen

Section 27b

Repealed

§ 27c

zrušen

Section 27c

Repealed

§ 28

(1) Obchodní rejstřík je každému přístupný. Každý do něj může nahlížet a pořizovat si z něj kopie či výpisy.

(2) Rodné číslo se zapisuje do obchodního rejstříku, neuvádí se však ve výpisu z obchodního rejstříku ani se nezveřejňuje v Obchodním věstníku. Je-li rodné číslo uvedeno v listinách zakládaných do sbírky listin, zveřejňují se tyto listiny postupem podle tohoto zákona včetně rodného čísla.

(3) Na žádost vydá rejstříkový soud listinný úředně ověřený částečný nebo úplný opis zápisu nebo listiny uložené ve sbírce listin nebo potvrzení o tom, že určitý údaj v obchodním rejstříku není, ledaže žadatel výslovně požádá o opis úředně neověřený.

(4) Nebude-li výslovně požádáno o listinný částečný nebo úplný opis podle odstavce 3, vydá rejstříkový soud částečný nebo úplný opis vždy v elektronické podobě. Úředně ověřený elektronický opis vydá rejstříkový soud jen na výslovnou žádost. O skutečnostech zapsaných do obchodního rejstříku a listinách uložených do sbírky listin před 1. lednem 1997 vydá rejstříkový soud vždy jen listinný opis, ledaže jsou i tyto skutečnosti nebo listiny

Section 28

(1) The commercial register must be accessible to the public. Any member of the public may inspect and take copies and extracts from the commercial register.

(2) A natural person's birth registration number must be entered in the commercial register, but it must not be stated in extracts from the commercial register and it must not be published in the Commercial Journal. If a natural person's birth registration number is stated in a document filed in the collection of documents, that document containing the birth registration number may be published under this Code.

(3) On request, the registration court must issue in paper form a partial or full copy of an entry or document filed in the collection of documents or a confirmation that certain information is not recorded in the commercial register, which must be officially verified unless the applicant expressly requests that the relevant copy is not officially verified.

(4) Unless the applicant expressly requests a full or partial copy in paper form under subsection (3), the registration court must always issue a full or partial copy in electronic form. The registration court issues an officially verified copy in electronic form only if this is expressly requested. In relation to matters entered in the commercial register and documents filed in the collection of documents before 1 January 1997, the registration court will only issue a copy in

již uchovávány v elektronické podobě.

(5) Úředním ověřením se potvrzuje shoda opisu se zápisem v obchodním rejstříku nebo s listinou uloženou ve sbírce listin.

(6) Rejstříkový soud může požadovat za vydání opisu úhradu nákladů, jejíž výše nesmí překročit výši skutečných a účelných administrativních nákladů.

§ 28a

nadpis vypuštěn

Z obchodního rejstříku se vydávají ověřené výstupy z informačního systému veřejné správy podle zvláštního právního předpisu.

§ 29

(1) Proti tomu, kdo jedná v důvěře v zápis v obchodním rejstříku, nemůže ten, jehož se takový zápis týká, namítat, že tento zápis neodpovídá skutečnosti.

(2) Skutečnosti zapsané do obchodního rejstříku jsou účinné vůči každému ode dne jejich zveřejnění, ledaže zapsaná osoba prokáže, že třetí osobě bylo provedení zápisu známo dříve.

(3) Údaje a obsah listin, jejichž zveřejnění zákon ukládá, může zapsaná osoba namítat vůči třetím osobám až od okamžiku jejich zveřejnění, ledaže by prokázala, že třetí osobě byly známy dříve. Těchto údajů a obsahu listin se však zapsaná osoba nemůže dovolávat do šestnáctého dne po zveřejnění, jestliže

paper form, unless the facts or documents also happen to be held in electronic form.

(5) Official verification confirms the conformity of the copy with the entry in the commercial register or with the document filed in the collection of documents.

(6) The registration court may request payment of the costs of issuing the relevant copy, and the relevant payment must not exceed the amount of administrative costs actually and reasonably incurred.

Section 28a

Heading repealed

Verified print-outs from the commercial register may be issued from an information system of public administration under a special legal regulation.

Section 29

(1) A person to which an entry in the commercial register relates cannot assert against any person relying in good faith on the entry in the commercial register that the relevant entry does not correspond to the actual state of affairs.

(2) Matters entered in the commercial register are effective as against the public from the date on which they are published, unless the registered person establishes that the third party was previously aware of the subject of the relevant entry.

(3) As against third parties, a registered person may only rely on information and the contents of documents that are required to be published by law from the moment of publication, unless the registered person establishes that the third party was previously aware of the relevant information and documents. A registered person cannot

třetí osoba prokáže, že o nich nemohla vědět.

rely on such information or documents until sixteen days after their publication if the third party establishes that it could not have been aware of them.

(4) Při nesouladu mezi zapsanými a zveřejněnými údaji nebo mezi uloženými a zveřejněnými listinami se není možné dovolat vůči třetím osobám zveřejněného znění. Třetí osoba se však zveřejněného znění může dovolat jen tehdy, pokud zapsaná osoba neprokáže, že této třetí osobě byly zapsané údaje nebo obsah uložených listin známy.

(4) If there is a discrepancy between the registered and published information or between the filed and published documents, the published text may not be relied on as against third parties. A third party may, however, rely on the published text if the registered person does not establish that the third party was aware of the registered information or the contents of the relevant documents filed.

(5) Třetí osoby se mohou vždy dovolat nezveřejněných údajů a obsahu listin, neodnímá-li jim skutečnost nezveřejnění účinnost.

(5) Third parties may always rely on information or on the contents of documents that are not published, unless the same are required to be published in order to be effective.

(6) Jestliže obsah zápisu v obchodním rejstříku odporuje donucujícímu ustanovení zákona a nelze dosáhnout nápravy jinak, rejstříkový soud vyzve podnikatele ke zjednání nápravy. Jde-li o právnickou osobu a tato osoba ve stanovené lhůtě nezjedná nápravu, může soud i bez návrhu, je-li takový postup v zájmu ochrany třetích osob, rozhodnout o jejím zrušení s likvidací.

(6) If the contents of an entry in the commercial register infringe mandatory provisions of law and no other remedy is available, the registration court must invite the entrepreneur to rectify the matter. For a legal person, if it fails to rectify the matter within the prescribed period for so doing, the court may decide to wind it up in liquidation, with or without a petition, provided that the same is justified for the protection of the interests of third parties.

(7) Jestliže existuje nesoulad mezi zněním obsahu zápisu v obchodním rejstříku v českém a cizím jazyce nebo listin uložených ve sbírce listin v českém jazyce a dobrovolně uloženým překladem těchto listin do cizího jazyka podle § 38k odst. 4, nelze se vůči třetím osobám dovolávat znění zveřejněného nebo uloženého do sbírky listin v cizím jazyce. Třetí osoba se však může dovolávat znění zveřejněného nebo uloženého do sbírky listin v cizím jazyce, ledaže podnikatel prokáže, že znala

(7) If there is a discrepancy between the Czech language text and the foreign language text of an entry in the commercial register or between the documents filed in the collection of documents in the Czech language and any translation of the relevant documents into a foreign language that is filed in the collection of documents on a voluntary basis under section 38k (4), the text published or filed in the collection of documents in a foreign language cannot be relied on as against third parties. A third

BELISARIUS

znění obsahu zápisu nebo listiny uložené v českém jazyce.

party may, however, rely on the text published or filed in the collection of documents in a foreign language, unless the entrepreneur establishes that the third party was aware of the text of the entry or document filed in the Czech language.

§ 30

(1) Od okamžiku zveřejnění zápisu osoby, která je orgánem nebo členem orgánu právnické osoby, se nikdo nemůže vůči třetím osobám dovolávat porušení právních předpisů, společenské smlouvy nebo stanov při volbě nebo jmenování uvedených orgánů nebo jejich členů, ledaže zapsaná osoba prokáže, že třetí osoba o porušení věděla. Tím nejsou dotčena ustanovení § 131, 183 a 242.

(2) Jestliže rejstříkový soud zamítne návrh na povolení zápisu osoby, která je orgánem nebo členem orgánu právnické osoby, považuje se její volba nebo jmenování od počátku za neplatnou; tím nejsou dotčena práva třetích osob nabytá v dobré víře. Zamítavé rozhodnutí rejstříkový soud po nabytí právní moci zveřejní. Do zveřejnění nemůže právnická osoba namítat neplatnost volby nebo jmenování vůči třetím osobám, ledaže prokáže, že o neplatnosti tyto osoby věděly.

Section 30

(1) From the moment of publication of an entry for a person acting as a body or a member of a body of a legal person, no-one may assert as against third parties an infringement of legal regulations, the memorandum of association, or the articles of association in relation to the election or appointment of the relevant body or its members, unless the registered person establishes that the third party was aware of the infringement. This does not affect the provisions of section 131 (2) and, 183 and 242.

(2) If the registration court rejects an application to allow the entry of a person that is a body or a member of a body of a legal person, the relevant election or appointment is treated as void from the outset. The rights of third parties acquired in good faith are not affected by this provision. The registration court must publish its decision comprised in the rejection at the moment when it becomes final. Until publication, the legal person cannot assert that the election or appointment was void as against third parties unless the legal person establishes that the relevant third party was aware of the invalidity.

§ 31

(1) Návrh na zápis nebo změnu anebo výmaz zápisu v obchodním rejstříku (dále jen "návrh na zápis") může podat pouze osoba uvedená v § 34, případně osoba, o které tak stanoví zákon.

Section 31

(1) Only a person stated in section 34 or, if applicable, a person for which the law provides may file an application for an entry or for a change of an existing entry or for the striking off of an entry in the commercial

register (an "application for entry").

(2) Nesplní-li osoba podle odstavce 1 povinnost podat návrh na zápis do patnácti dnů ode dne, kdy jí tato povinnost vznikla, může návrh na zápis podat osoba, která na něm doloží právní zájem a k návrhu přiloží předepsané listiny (přílohy).

(2) If the person referred to in subsection (1) does not perform its duty to file an application for entry within 15 days from the date on which the relevant duty arose, any person may file the application for entry provided that the prescribed documents to accompany the application (annexes) are annexed to it and provided that the relevant person provides evidence of its legal interest in the matter in the relevant application.

(3) Navrhovatel podle odstavce 1 nebo 2 současně s návrhem doloží písemný souhlas osob, které se podle tohoto zákona nebo zvláštního právního předpisu zapisují v rámci zápisu podnikatele, ledaže takovýto souhlas plyne z jiných k návrhu dokládaných listin; u výmazu osoby zapsané v rámci zápisu podnikatele se souhlas nevyžaduje. Podpis na souhlasu podle předchozí věty musí být úředně ověřen, ledaže je obsažen v listině vyhotovené ve formě notářského zápisu.

(3) An applicant under subsections (1) or (2) must at the same time as its application provide evidence of the written consent of the persons that are, under this Code or a special legal regulation, to be entered under the registration of an entrepreneur, unless this consent follows from other documents annexed to the application. This consent is not required for the striking off of a person entered under the registration of an entrepreneur. The signature affixed to the consent under the previous sentences must be officially verified, unless the consent is contained in an annexed document that is concluded in the form of a notarial record.

(4) Jestliže tento zákon stanoví podmínky pro povolení zápisu do obchodního rejstříku, rozumí se tím provedení zápisu nebo rozhodnutí o zápisu podle zvláštního právního předpisu.

(4) If this Code sets out conditions for allowing an entry in the commercial register, this relates to the act of making the relevant entry or the decision to make an entry under special legal regulations.

§ 31a

zrušen

Section 31a

Repealed

§ 32

(1) Návrh na návrh na zápis lze podat pouze na formuláři; podpis musí být úředně ověřen.

Section 32

(1) An application for entry can only be filed in the prescribed form and the affixed signature must be officially verified.

(2) Návrh na zápis musí být doložen listinami o skutečnostech, které mají být do obchodního rejstříku zapsány, a listinami, které se zakládají do sbírky listin.

(3) Návrh na zápis zapisovaných údajů musí být podán bez zbytečného odkladu po vzniku rozhodné skutečnosti.

(4) Ministerstvo spravedlnosti stanoví vyhláškou náležitosti formulářů na podávání návrhů na zápis a seznam listin (příloh), které se k návrhům přikládají. Formuláře a seznam přikládaných listin Ministerstvo spravedlnosti zároveň uveřejní způsobem umožňujícím dálkový přístup; tato služba nesmí být zpoplatněna.

(5) Povinnost podat návrh na zápis na formuláři podle odstavce 1 neplatí pro řízení týkající se státních podniků, právnických osob veřejného práva zřízených zvláštním právním předpisem a v případech, kdy se zápis provádí nebo mění z úřední povinnosti.

§ 33

(1) Návrh na zápis lze podat v listinné nebo elektronické podobě; to platí obdobně pro dokládání listin prokazujících skutečnosti uvedené v návrhu a listin zakládaných do sbírky listin.

(2) Návrhy v elektronické podobě může podávat pouze osoba podepsaná uznávaným elektronickým podpisem podle zvláštního právního předpisu.

(2) An application for entry must be evidenced by documents relating to the matters that are to be entered in the commercial register and by documents that must be filed in the collection of documents.

(3) An application for the entry of information that is subject to registration must be filed without undue delay after the occurrence of the relevant matter.

(4) The Ministry of Justice will set out in the form of a decree the particulars of the prescribed forms for the filing of an application for entry and a list of the documents (annexes) that must be attached to an application. The Ministry of Justice will also publish the relevant forms and a list of the documents to be attached so as to be remotely accessible. There will be no charge for this service.

(5) The duty to file an application for entry in the prescribed form under subsection (1) does not apply to proceedings relating to state enterprises, legal persons under public law established by a special legal regulation, and in the cases where a registration is made or changed pursuant to an official duty.

Section 33

(1) An application for entry may be filed in paper or electronic form. This also applies with appropriate changes for the submission of documents establishing the matters stated in the application and the documents filed in the collection of documents.

(2) Only a person affixing a recognized electronic signature under a special legal regulation may file applications in electronic form.

(3) Návrhy a listiny uchovává rejstříkový soud pouze v elektronické podobě, ledaže to charakter takového návrhu nebo listiny neumožňuje. Návrhy a listiny doručené v listinné podobě převede rejstříkový soud bez zbytečného odkladu do elektronické podoby.

(3) The registration court is required to hold the applications and documents solely in electronic form, unless the nature of the relevant application or document precludes this. The registration court must without undue delay convert applications and documents delivered in paper form into electronic form.

(4) Ministerstvo spravedlnosti vyhláškou stanoví způsob převedení listin do elektronické podoby, jakož i způsob nakládání s převedenými listinami. Rovněž může vyhláškou stanovit, které návrhy na zápis a listiny lze podávat pouze v elektronické podobě.

(4) The Ministry of Justice will set out in the form of a decree the method for the conversion of the documents into electronic form and the method of managing the documents so converted. It may also set out by decree the applications for entry and documents that can only be filed in electronic form.

(5) Návrh na zápis se podává a zápis v obchodním rejstříku se provádí v českém jazyce. Navrhovatel může požádat, aby zápis v obchodním rejstříku byl proveden také v jakémkoliv cizím jazyce. Soud návrhu vyhoví, bude-li k návrhu přiložen úředně ověřený překlad znění zápisu do cizího jazyka.

(5) An application for entry must be submitted, and the registration in the commercial register must be effected, in the Czech language. The applicant may request that an entry in the commercial register is also effected in another foreign language. The registration court must grant such a request if an officially verified translation of the text of the entry into the foreign language is annexed to the application.

§ 34

Section 34

(1) Do obchodního rejstříku se zapisují:

a) obchodní společnosti a družstva,

b) zahraniční osoby podle § 21 odst. 4,

c) fyzické osoby, které jsou podnikateli a mají bydliště v České republice a osoby podle § 21 odst. 5, které podnikají na území České republiky, pokud o zápis požádají, a

(1) The following persons must be entered in the commercial register:

(a) commercial companies and cooperative societies;

(b) foreign persons under section 21 (4);

(c) natural persons that are entrepreneurs and have their residential addresses in the Czech Republic, and persons under section 21 (5) that carry on a business in the territory of the Czech Republic if the same elect to apply for registration; and

d) další osoby, stanoví-li povinnost jejich zápisu zvláštní právní předpis.

(d) other persons that are required to register under a special legal regulation.

(2) Fyzická osoba, která je podnikatelem, se zapíše do obchodního rejstříku vždy, jestliže výše jejích výnosů nebo příjmů snížených o daň z přidané hodnoty, je-li součástí výnosů nebo příjmů, dosáhla nebo přesáhla za dvě po sobě bezprostředně následující účetní období v průměru částku sto dvacet milionů Kč.

(2) A natural person that is an entrepreneur must always register in the commercial register if the amount of its revenue or income minus the value added tax - if it accrues on revenue or income - attains or exceeds on average the amount of CZK 120 million per year over two consecutive financial years.

(3) Fyzická osoba, která splní kteroukoliv z podmínek podle odstavce 2, podá bez zbytečného odkladu návrh na zápis do obchodního rejstříku.

(3) A natural person that fulfils any of the conditions set out in subsection (2) must file an application for entry in the commercial register without undue delay.

(4) Fyzická osoba, která přestala splňovat podmínky, na jejichž základě byla povinna podat návrh na zápis do obchodního rejstříku podle odstavce 3, může podat návrh na výmaz z obchodního rejstříku.

(4) A natural person that ceases to fulfil the conditions for which it was required to file an application for entry in the commercial register under subsection (3) may file an application to be struck off the commercial register.

nadpis vypuštěn

Heading repealed

§ 35

Section 35

Do obchodního rejstříku se zapíší:

The following must be entered in the commercial register:

a) firma, u právnických osob sídlo, u fyzických osob místo podnikání nebo, jde-li o fyzickou osobu, která není podnikatelem, její bydliště,

(a) for legal persons, the business name and the registered office or, for natural persons, the place of business or, for natural persons that are not entrepreneurs, the residential address;

b) předmět podnikání (činnosti),

(b) the scope of business (activities);

c) právní forma právnické osoby,

(c) the legal form of a legal person;

d) u fyzické osoby datum narození a rodné číslo, bylo-li jí přiděleno,

(d) the date of birth and, where assigned, the birth registration number for natural persons;

e) identifikační číslo, které podnikateli přidělí rejstříkový soud; potřebná identifikační čísla poskytne

(e) the identification number that the registration court assigns to the entrepreneur. The administrator of the rejstříkovému soudu správce základního registru osob,

basic register of persons must provide the necessary identification numbers to the registration court;

f) jméno a bydliště nebo firma a sídlo osoby, která je statutárním orgánem právnické osoby nebo jeho členem, s uvedením způsobu, jak jménem právnické osoby jedná, a den vzniku a zániku její funkce; je-li statutárním orgánem nebo jeho členem právnická osoba, též jméno a bydliště osob, které jsou jejím statutárním orgánem nebo jeho členem,

(f) the full name and residential address, or the business name and the registered office of a person that is the statutory body of a legal person or is a member of its statutory body, together with a statement of the manner by which that person acts in the name of the legal person and the date of appointment to and termination of office and, if a legal person is the statutory body or a member of the statutory body, the names and addresses of the persons that comprise that legal person's statutory body or are the members of its statutory body;

g) jméno a bydliště prokuristy, jakož i způsob, jakým jedná,

(g) the name and residential address of any procurator and the manner by which it acts;

h) u právnické osoby identifikační číslo, pokud jí bylo přiděleno,

(h) for legal persons, the identification number, where assigned;

i) další skutečnosti, o kterých to stanoví právní předpis.

(i) other matters where a legal regulation so provides.

§ 36

Section 36

Do obchodního rejstříku se dále zapíší tyto údaje týkající se právnických osob:

The following information must also be entered in the commercial register for legal persons:

a) u veřejné obchodní společnosti jméno a bydliště nebo firma (název) a sídlo jejích společníků,

(a) for a private unlimited company, the full name and the residential address or the business name (corporate name) and the registered office of its members;

b) u komanditní společnosti jméno a bydliště nebo firma (název) a sídlo jejích společníků, s uvedením, který ze společníků je komplementář a který komanditista, výše vkladu každého

(b) for a limited liability partnership, the full name and the residential address or the business name (corporate name) and registered office of its members, together with a statement as to which member is the general partner and which komanditisty a rozsah jeho splacení,

is a limited partner, the amount of the contribution of each limited partner and the level to which it is paid up;

c) u společnosti s ručením omezeným jméno a bydliště nebo firma (název) a sídlo jejích společníků, výše základního kapitálu, výše vkladu každého společníka do základního kapitálu a rozsah jeho splacení, výše podílu každého společníka, zástavní právo k obchodnímu podílu, dále jméno a bydliště členů dozorčí rady, byla-li zřízena, a den vzniku a zániku jejich funkce,

(c) for a limited liability company, the full name and the residential address or the business name (corporate name) and the registered office of its members, the amount of the registered capital, the amount of the contribution by each member to the registered capital and the level to which it is paid up, the ownership interest of each member, any pledge over an ownership interest, the name and residential address of the supervisory board members, if it is established, and their dates of appointment to and termination of office;

d) u akciové společnosti výše základního kapitálu, rozsah jeho splacení, počet, druh, forma, podoba a jmenovitá hodnota akcií, případné omezení převoditelnosti akcií na jméno, jméno a bydliště členů dozorčí rady a den vzniku, popřípadě zániku jejich funkce; má-li společnost jediného akcionáře, zapisuje se i jméno a bydliště nebo firma a sídlo tohoto akcionáře,

(d) for a joint stock company, the amount of its registered capital, the level to which it is paid up, the number, class, type, form, nominal value, any applicable restriction on transferability of registered shares, the name and residential address of the supervisory board members and the date of commencement of office and, if applicable, termination of office. In the event that the company has a sole shareholder, the full name and residential address or the business name and registered office of that shareholder must also be entered;

e) u družstva výše zapisovaného základního kapitálu a výše základního členského vkladu, případně vkladů,

(e) for a cooperative society, the amount of the registered share capital and the amount of the basic membership contribution or, if applicable, contributions;

f) u státních podniků zakladatel, výše kmenového jmění, minimální výše kmenového jmění, kterou je státní podnik povinen zachovávat, a určený majetek.

(f) for state enterprises, the founder, the assets and liabilities contributed to the undertaking, the minimum amount of contributed assets and liabilities that must be maintained and any assets that are subject to restrictions.

§ 37

(1) Navrhovatel zápisu do obchodního rejstříku doloží, že mu nejpozději dnem zápisu vznikne živnostenské či jiné oprávnění k činnosti, která má být jako předmět podnikání (činnosti) do obchodního rejstříku zapsána, pokud nejsou tyto skutečnosti zjistitelné z informačních systémů veřejné správy nebo jejich částí, které jsou veřejnými evidencemi, rejstříky nebo seznamy, nebo pokud zvláštní právní předpis stanoví jinak. U činností, které podle zvláštního právního předpisu mohou vykonávat pouze fyzické osoby, se tato činnost zapíše jako předmět podnikání obchodní společnosti nebo družstva, jen jestliže žadatel prokáže, že tato činnost bude vykonávána pomocí osob, které jsou k tomu oprávněny podle zvláštního právního předpisu.

(2) Navrhovatel při návrhu na zápis do obchodního rejstříku doloží právní důvod užívání prostor, do nichž umístil sídlo nebo místo podnikání; to neplatí, pokud je právní důvod zjistitelný z informačních systémů veřejné správy nebo jejich částí, které jsou veřejnými evidencemi, rejstříky nebo seznamy. Věta první se použije i v případě návrhu na změnu zápisu v obchodním rejstříku. Podnikatel je povinen mít právní důvod užívání těchto prostor po celou dobu, kdy jsou tyto prostory zapsané v obchodním rejstříku jako jeho sídlo nebo místo podnikání. K doložení právního důvodu užívání prostor postačí písemné prohlášení vlastníka nemovitosti, bytu nebo nebytového prostoru, kde jsou prostory umístěny, případně prohlášení osoby oprávněné nemovitostí, bytem nebo nebytovým prostorem jinak nakládat, že s

Section 37

(1) A person submitting an application for entry to the commercial register must provide evidence that, by the date of registration at the latest, it will hold a valid trade or other licence to carry on the activities that are to be entered as the entrepreneur's scope of business (activities) in the commercial register, unless this can be ascertained from the information systems of public administration or parts of them that comprise public registries, registers or lists or unless a special legal regulation otherwise provides. For activities that, under a special legal regulation, may only be carried on by natural persons, the relevant activities can only be entered as the scope of business of a commercial company or a cooperative society if the applicant establishes that the activities will be carried out by persons that are entitled to do so under the relevant special legal regulation.

(2) The applicant must in its application for entry into the commercial register provide evidence of legal title to use the premises of its registered office or place of business. This does not apply if the relevant legal title can be ascertained from information systems of public administration or parts of them that comprise public registries, registers or lists. The first sentence also applies for applications for change of an entry in the commercial register. The entrepreneur must have legal title to use such premises for the entire period for which the premises are entered in the commercial register as its registered office or place of business. A written declaration of the owner of the real estate, apartment, or non-residential premises where such premises are located, or alternatively, of a person with the right to the disposition to the real estate, apartment,

umístěním souhlasí. Prohlášení nesmí být starší než 3 měsíce a podpisy na něm musí být úředně ověřeny.

or non-residential premises, is sufficient evidence of legal title to use the premises. The declaration must not be older than 3 months and the signatures affixed to it must be officially verified.

(3) Je-li navrhovatelem zahraniční osoba, sdělí rejstříkovému soudu doručovací adresu na území České republiky nebo zmocněnce pro přijímání písemností s doručovací adresou v České republice; to platí obdobně pro každou změnu těchto údajů.

(3) If the applicant is a foreign person, it must notify the registration court of its address for service in the territory of the Czech Republic or of its representative for accepting service of documents with an address for service in the Czech Republic. This applies with appropriate changes for each change to the relevant information.

(4) Je-li proti právnické osobě vedeno trestní stíhání nebo vykonává-li trest uložený podle jiného právního předpisu, doloží navrhovatel při návrhu na zápis její přeměny nebo při návrhu na její výmaz, že soud povolil podle jiného právního předpisu přeměnu nebo zánik takové právnické osoby.

(4) If a legal person is being prosecuted or if it is serving a criminal sentence imposed under another legal regulation, the applicant must, together with an application for entry of its transformation or for its striking off, provide evidence that the court has approved the transformation or dissolution of that legal person under the relevant legal regulation.

(5) Listina prokazující splnění povinností podle odstavců 1 až 4 se přikládá k návrhu na zápis.

(5) The relevant documents for the purposes of subsections (1) to (4) must be annexed to the application for entry.

§ 38

Section 38

(1) Při fúzi právnických osob (dále jen "zápis fúze") se do obchodního rejstříku u každé zanikající právnické osoby zapíše údaj o tom, že zanikla sloučením nebo splynutím s uvedením firmy, sídla a identifikačního čísla nástupnické právnické osoby, popřípadě všech ostatních zanikajících právnických osob. Při zápisu přeshraniční fúze se zapíše i údaj o zápisu zahraniční nástupnické právnické osoby do zahraničního obchodního rejstříku včetně čísla tohoto zápisu.

(1) For a merger of legal persons (a "merger entry"), the information that the company is dissolved either by merger or by a merger by formation of a new company must be entered in the commercial register for each of the dissolved legal persons, together with the business name, registered office, and identification number of the successor legal person and all other relevant dissolved legal persons. When entering a cross-border merger, the information on the existence of the entry of the foreign successor legal person in the relevant foreign commercial register must also be entered, including the number of the relevant entry.

(2) U nástupnické právnické osoby se zapíší:

a) při sloučení údaj o tom, že došlo ke sloučení, že na ni přešlo jmění zanikající právnické osoby (osob), firma, sídlo a identifikační číslo zanikající právnické osoby (osob), a případné změny dosud zapsaných údajů o nástupnické právnické osobě,

b) při splynutí, kromě údajů zapisovaných při vzniku právnické osoby, údaj o tom, že vznikla splynutím, že na ni přešlo jmění zanikajících právnických osob, firma, sídlo a identifikační číslo zanikajících právnických osob.

(2) The following must be entered for the successor legal person:

(a) for a merger, the information that the merger was effected, that it acquires the assets and liabilities of the dissolved legal person (or persons), the business name, registered office, and identification number of the dissolved legal person (or persons), and any applicable changes to the information entered with regard to the successor legal person;

(b) for a merger by formation of a new company, in addition to the information entered on incorporation of a legal person, the information that it was incorporated by merger by formation of a new company, that it acquired the assets and liabilities of the dissolved legal persons, and the business name, registered office, and identification number of the dissolved legal persons.

(3) Identifikační číslo u zahraniční právnické osoby se zapisuje pouze v případě, že jí bylo přiděleno.

(3) The identification number of a foreign legal person only needs to be entered in circumstances where it has been assigned.

§ 38a

Section 38a

(1) Při převodu jmění na společníka (dále jen "zápis převodu jmění") se do obchodního rejstříku u zanikající obchodní společnosti zapíše údaj, že zanikla s převodem jmění na společníka, a firma, sídlo nebo bydliště a místo podnikání, liší-li se od bydliště, a identifikační číslo společníka, na něhož přešlo jmění zanikající obchodní společnosti.

(1) For a transfer of assets and liabilities to a member (an "entry of transfer of assets and liabilities"), the information that the commercial company is dissolved by way of transfer of assets and liabilities to a member, the business name, registered office or residential address and place of business, if it is not the residential address, and the identification number of the member that acquires the assets and liabilities of the dissolved commercial company must be entered in the commercial register for the dissolved commercial company.

BELISARIUS

(2) U osoby, na niž jmění zaniklé obchodní společnosti přechází, se zapíše údaj o přechodu, firma, sídlo a identifikační číslo zanikající obchodní společnosti.

(2) The information that the assets and liabilities pass by transmission, and the business name, registered office, and identification number of the dissolved commercial company must be entered for the person that receives by transmission the assets and liabilities of the dissolved commercial company.

§ 38b

Section 38b

(1) Při rozdělení právnické osoby (dále jen "zápis rozdělení") se do obchodního rejstříku u zanikající nebo rozdělované právnické osoby zapíše údaj, že zanikla rozdělením nebo že došlo k odštěpení části jejího jmění, s uvedením firmy, sídla a identifikačního čísla všech nástupnických právnických osob.

(1) For divisions of a legal person (a "division entry"), the information that the company is dissolved by division or that a part of its assets and liabilities is divested must be entered in the commercial register for the dissolved or divided legal person, together with the business name, registered office, and identification number of all successor legal persons.

(2) Při rozdělení právnické osoby (dále jen „zápis rozdělení") se do obchodního rejstříku u zanikající nebo rozdělované právnické osoby zapíše údaj, že zanikla rozštěpením nebo že došlo k odštěpení části jejího jmění, s uvedením firmy, sídla a identifikačního čísla všech nástupnických právnických osob. Při zápisu přeshraničního rozdělení se zapíše i údaj o zápisu zahraniční nástupnické právnické osoby do zahraničního obchodního rejstříku včetně čísla tohoto zápisu.

(2) For divisions of a legal person (a "division entry"), the information that the company is dissolved by division or that a part of its assets and liabilities is divested must be entered in the commercial register for the dissolved or divided legal person, together with the business name, registered office and identification number of all successor legal persons. For entries of cross-border divisions, information on the existence of the entry of the foreign successor legal person in the relevant foreign commercial register must also be entered, including the number of the relevant entry.

(3) Identifikační číslo u zahraniční právnické osoby se zapisuje pouze v případě, že jí bylo přiděleno.

(3) The identification number of a foreign legal person only needs to be entered in circumstances where it has actually been assigned.

§ 38c

Section 38c

Při změně právní formy právnické osoby (dále jen "zápis změny právní formy") se do obchodního rejstříku u právnické osoby, která mění právní formu, zapisuje,

For a change to the legal form of a legal person (a "change of legal form entry"), the information that the company has changed its legal form, stating the original and the že změnila právní formu s uvedením původní a nové právní formy, a dále údaje zapisované při vzniku právnické osoby, jejíž právní formu dosavadní právnická osoba nabývá.

new legal form, must be entered in the commercial register for the legal person that concludes the change of legal form, as well as the information entered on incorporation of a legal person whose legal form the original legal person acquires.

§ 38d

(1) Návrh na zápis fúze nebo zápis rozdělení podávají všechny zanikající nebo rozdělované a nástupnické právnické osoby společně, popřípadě všechny osoby, jež jsou statutárními orgány nástupnických osob nebo jeho členy.

(2) Návrh na zápis převodu jmění podávají společně zanikající právnická osoba a společník, na něhož se jmění převádí. Návrh na zápis změny právní formy podává právnická osoba, jejíž právní forma se mění.

Section 38d

(1) An application for a merger entry or a division entry must be filed jointly by all dissolved or divided and successor legal persons, or by all persons that are the statutory bodies of the successor legal persons or are members of such bodies.

(2) An application for an entry of a transfer of assets and liabilities must be filed jointly by the dissolved legal person and the member to whom the assets and liabilities are transferred. An application for a change of legal form entry must be filed by the legal person that concludes the change of legal form.

§ 38e

(1) Jestliže mají zanikající, rozdělované i nástupnické osoby sídla v obvodech různých rejstříkových soudů, podává se návrh u kteréhokoliv z nich.

(2) Rejstříkový soud provede zápis skutečností k témuž dni. Jestliže soud rozhodl o zápisu usnesením, pak ostatní rejstříkové soudy, v jejichž obvodech mají zúčastněné právnické osoby sídla, provedou do obchodního rejstříku příslušné zápisy až po právní moci rozhodnutí o povolení zápisu.

Section 38e

(1) If the dissolved, divided and successor persons have their registered offices in the districts of different registration courts, an application may be filed with any of them.

(2) The registration court must effect the entry of the relevant matters as at the same date. If a court has decided to make an entry by issuing a formal ruling to this effect, the registration courts for the districts of the registered offices of the other affected legal persons are only required to effect the relevant entries in the commercial register once the issued decision to allow the entry becomes final.

(3) Zápis fúze, převodu jmění nebo rozdělení povolí rejstříkový soud u zanikající, rozdělované i nástupnické právnické osoby pouze k témuž dni. Zápis přeshraniční fúze do obchodního rejstříku, jestliže je nástupnickou společností česká obchodní společnost nebo nástupnickým družstvem české družstvo, povolí rejstříkový soud pro všechny české i zahraniční zúčastněné právnické osoby pouze k témuž dni, jestliže má mít nástupnická právnická osoba své sídlo na území České republiky.

(3) The registration court must allow the entry of a merger, a transfer of assets and liabilities, or division as at the same date for the dissolved, divided and successor legal persons. If the successor company is a Czech commercial company or if the successor cooperative society is a Czech cooperative society and the successor legal person is to have its registered office in the territory of the Czech Republic, the registration court must allow entry of the cross-border merger in the commercial register as at same date for all the affected Czech and foreign legal persons.

§ 38f

Section 38f

(1) Do obchodního rejstříku se ohledně odštěpného závodu nebo jiné organizační složky podniku zapisují její označení, sídlo (umístění), předmět činnosti, jméno a bydliště jejího vedoucího.

(1) In relation to a 'separate branch' or another branch of an undertaking, the designation, registered office (location), scope of activities and the full name and residential address of its branch head must be entered in the commercial register.

(2) Odštěpný závod nebo jiná organizační složka podniku se zapíše do obchodního rejstříku u rejstříkového soudu, v jehož obvodu je podle sídla, popřípadě bydliště nebo místa podnikání, liší-li se od bydliště, podnikatel zapsán.

(2) A 'separate branch' or another branch of an undertaking must be entered in the commercial register in the district of the registration court where the entrepreneur is entered due to the location of its registered office, residential address, or place of business if it is not its residential address.

(3) Odštěpný závod nebo jiná organizační složka podniku umístěná v obvodu jiného rejstříkového soudu se zapíše do obchodního rejstříku také u tohoto soudu.

(3) A 'separate branch' or another branch of an undertaking which is located within the district of a different registration court must also be entered in the commercial register at that court.

§ 38g

Section 38g

Do obchodního rejstříku se zapíše také zrušení právnické osoby a jeho právní důvod, vstup do likvidace, jméno a bydliště nebo firma a sídlo likvidátora (likvidátorů), popřípadě jméno a bydliště osoby, která bude vykonávat činnost likvidátora za právnickou osobu, zahájení insolvenčního

The winding up of a legal person and the legal grounds for doing so, the event of going into liquidation, the full name and residential address or business name and registered office of the liquidator (or liquidators) or, if applicable, the full name and residential address of the person that may carry on the řízení, omezení práva dlužníka nakládat s majetkovou podstatou na základě rozhodnutí insolvenčního soudu, prohlášení konkursu, jméno a bydliště nebo firma a sídlo insolvenčního správce, povolení reorganizace a schválení reorganizačního plánu, rozhodnutí soudu o nařízení výkonu rozhodnutí postižením podílu některého společníka ve společnosti, prodejem podniku nebo jeho části, jakož i rozhodnutí soudu o zastavení výkonu tohoto rozhodnutí, exekuční příkaz na postižení podílu některého společníka ve společnosti, na prodej podniku nebo jeho části, jakož i rozhodnutí o zastavení exekuce nebo sdělení, že exekuce skončila jinak než zastavením, rozhodnutí soudu o neplatnosti právnické osoby, ukončení likvidace a právní důvod výmazu podnikatele.

activities of the liquidator on behalf of a legal person, the event of the commencement of insolvency proceedings, any restriction on the rights of the debtor to the disposition of the insolvency estate on the basis of a decision of the insolvency court, a declaration of bankruptcy, the full name and residential address or business name and registered office of the insolvency practitioner, the permission for restructuring and an approval of the restructuring plan, a court decision ordering the enforcement of a decision by seizure of the ownership interest of a member of the company, the sale of all or part of an undertaking, as well as a court decision to discontinue the enforcement of such a decision, an execution order to seize an ownership interest of a member of the company, to sell all or part of the undertaking, as well as a decision to discontinue execution or the information that execution was concluded in a way other than by discontinuation, a court decision that a legal person is void, the conclusion of liquidation, and the legal grounds for striking the entrepreneur off the commercial register, must also be entered in the commercial register.

§ 38h

(1) Do obchodního rejstříku se ohledně podniku zahraniční osoby a ohledně organizační složky jejího podniku zapíší:

a) označení a sídlo (umístění) podniku nebo jeho organizační složky a identifikační číslo,

b) předmět činnosti podniku nebo jeho organizační složky,

c) právo státu, kterým se zahraniční osoba řídí, a přikazuje-li toto právo zápis, pak také evidence, do které je

Section 38h

(1) The following must be entered in the commercial register in relation to an undertaking of a foreign person or a branch of an undertaking of a foreign person:

(a) the designation and registered office (location) of the undertaking or branch of the undertaking and its identification number;

(b) the scope of activities of the undertaking or branch of an undertaking;

(c) the law of the state by which the foreign person is governed, and if such law imposes registration, also the

zahraniční osoba zapsána, a číslo zápisu,	registry in which the foreign person is registered and the number of the relevant entry;
d) firma nebo název zahraniční osoby, její právní forma a výše upsaného základního kapitálu v příslušné měně, je-li vyžadován,	(d) the business name or corporate name of the foreign person, its legal form, and the amount of subscribed registered capital in the relevant currency, if a registered capital is required;
e) zapisované údaje požadované zákonem u statutárního orgánu nebo jeho člena,	(e) the information required by the law to be entered for a statutory body or a member of a statutory body;
f) zapisované údaje požadované zákonem pro vedoucího organizační složky podniku a místo jeho pobytu,	(f) the information required by the law to be entered for the head of a branch of an undertaking and its place of residence;
g) zrušení zahraniční osoby, jmenování, identifikační údaje a oprávnění likvidátora, ukončení likvidace zahraniční osoby,	(g) the winding up of a foreign person, the appointment, identification information, and scope of powers of the liquidator, and the conclusion of liquidation over the foreign person;
h) prohlášení konkursu nebo zahájení jiného obdobného řízení týkajícího se zahraniční osoby a	(h) a declaration of bankruptcy or commencement of other equivalent proceedings relating to the foreign person; and
i) ukončení činnosti podniku nebo jeho organizační složky v České republice.	(i) the termination of the activities of the undertaking or a branch of the undertaking in the Czech Republic.
(2) U podniku zahraniční osoby a organizační složky podniku zahraniční osoby, která má sídlo v některém z členských států Evropské unie nebo v jiném státě tvořícím Evropský hospodářský prostor, se do obchodního rejstříku zapíší:	(2) The following must be entered in the commercial register in relation to an undertaking of a foreign person or a branch of an undertaking of a foreign person having its registered office in one of the member states of the European Union or in another state of the European Economic Area:
a) označení a sídlo (umístění) podniku nebo jeho organizační složky, liší-li se od názvu nebo firmy zahraniční osoby, a identifikační číslo,	(a) the designation and registered office (location) of the undertaking or branch of an undertaking, if it differs from the corporate name or business name of the foreign person, and its identification

number;

b) předmět činnosti podniku nebo jeho organizační složky,

(b) the scope of activities of the undertaking or branch of an undertaking;

c) evidenci, do které je zahraniční osoba zapsána, je-li zapsána, a číslo zápisu,

(c) the registry in which the foreign person is registered, if it is registered, and the number of the relevant entry;

d) firma nebo název zahraniční osoby a její právní forma,

(d) the business name or corporate name of the foreign person and its legal form;

e) zapisované údaje požadované zákonem u statutárního orgánu nebo jeho člena,

(e) the information required by the law to be entered for a statutory body or a member of a statutory body;

f) zapisované údaje požadované zákonem pro vedoucího organizační složky podniku a místo jeho pobytu,

(f) the information required by the law to be entered for the head of a branch of an undertaking and its place of residence;

g) zrušení zahraniční osoby, jmenování, identifikační údaje a oprávnění likvidátora, ukončení likvidace zahraniční osoby,

(g) the winding up of a foreign person, the appointment, identification information, and scope of powers of the liquidator, and the conclusion of liquidation over the foreign person;

h) prohlášení konkursu nebo zahájení jiného obdobného řízení týkajícího se zahraniční osoby a

(h) a declaration of bankruptcy or commencement of other equivalent proceedings relating to the foreign person; and

i) ukončení činnosti podniku nebo jeho organizační složky v České republice.

(i) the termination of the activities of the undertaking or a branch of the undertaking in the Czech Republic.

§ 38i

Section 38i

(1) Sbírka listin obsahuje

(1) The collection of documents must contain the following:

a) společenskou smlouvu nebo zakladatelskou listinu anebo zakladatelskou smlouvu společnosti, stejnopis notářského zápisu obsahujícího usnesení ustavující valné hromady akciové společnosti nebo ustavující schůze družstva, stanovy akciové společnosti, družstva nebo

(a) the memorandum of association or the foundation deed or the memorandum, as appropriate, a counterpart of the notarial record containing all resolutions of the founding general meeting of a joint stock company or a founding meeting of the members of a cooperative society, the articles of společnosti s ručením omezeným, pokud mají být podle společenské smlouvy vydány, a zakládací listinu státního podniku (dále jen "zakladatelské dokumenty") a jejich pozdější změny; po každé změně zakladatelského dokumentu nebo stanov musí být uloženo také jejich platné úplné znění,

association of a joint stock company, cooperative society or limited liability company, if the memorandum of association provides that the same are to be issued, the foundation deed of a state enterprise (all together the "foundation documents") and subsequent changes to any of them. After any change to a foundation document or the articles of association, the consolidated valid wording must be filed;

b) rozhodnutí o volbě nebo jmenování, odvolání nebo doklad o jiném ukončení funkce osob, které jsou statutárním orgánem nebo jeho členem, likvidátorem, insolvenčním správcem anebo vedoucím organizační složky podniku (§ 13 odst. 3) nebo které jako zákonem upravený orgán nebo jako jeho členové jsou oprávněny zavazovat společnost nebo ji zastupovat před soudem anebo se takto podílejí na řízení nebo kontrole společnosti,

(b) any decision to elect, appoint or remove, or any other document effecting the termination of office of persons that are a statutory body or a member of a statutory body, a liquidator, an insolvency practitioner or the head of a branch of an undertaking (section 13 (3)) or any person that, as a body regulated by law or a member of such a body, is entitled to bind the company or represent it before a court or, in such capacity, participate in the management or supervision over the company;

c) výroční zprávy, řádné, mimořádné a konsolidované účetní závěrky, pokud nejsou součástí výroční zprávy, vyžaduje li jejich vyhotovení tento zákon nebo zvláštní právní předpis, návrh rozdělení zisku a jeho konečná podoba nebo vypořádání ztráty, pokud nejsou součástí řádné účetní závěrky, zpráva auditora o ověření účetní závěrky, zprávu o vztazích mezi propojenými osobami podle § 66a odst. 9; na listině obsahující rozvahu (bilanci) musí být uvedeny také identifikační údaje osob, které ji podle zákona ověřují,

(c) the annual reports, annual, extraordinary, and consolidated financial statements, provided that these do not form a part of the annual report and that this Code or a special legal regulation require them to be prepared, any proposal or approved form for a distribution of profit or the treatment of losses, provided that these do not form a part of the annual financial statements, the auditor's report on the financial statements, and the report on the relationships between connected persons prepared in accordance with section 66a (9). The document containing the balance sheet must also set out the identification details of any persons that verify the balance sheet under the law;

d) rozhodnutí o zrušení právnické osoby, rozhodnutí, jímž se ruší rozhodnutí o zrušení právnické osoby, rozhodnutí o přeměně obchodní společnosti nebo družstva, rozhodnutí o zrušení rozhodnutí o přeměně obchodní společnosti nebo družstva, rozhodnutí soudu o neplatnosti společnosti (§ 68a), zprávu o průběhu likvidace podle § 75 odst. 1, seznam společníků podle § 75a odst. 1 anebo zprávu o naložení s majetkem podle § 75 odst. 6,

(d) any decision to wind up a legal person, any decision revoking a decision to wind up a legal person, any decision to transform a commercial company or a cooperative society, any decision to revoke the decision to transform a commercial company or a cooperative society, any decision of the court declaring the company void (section 68a), any report on the course of liquidation proceedings prepared in accordance with section 75 (1), a list of the members prepared in accordance with section 75a (1), or any report on the disposal of assets prepared in accordance with section 75 (6);

e) projekt přeměny; byl-li projekt přeměny uveřejněn na internetových stránkách podle zákona o přeměnách obchodních společností a družstev, vzniká povinnost uložit projekt přeměny do sbírky listin až spolu s návrhem na zápis do obchodního rejstříku,

(e) any scheme document for a transformation. If the scheme document is published on the internet pages in accordance with the Transformation of Commercial Companies and Cooperative Societies Act, the scheme document must be filed in the collection of documents together only with the application for entry in the commercial register;

f) oznámení o zrušení nebo neschválení projektu přeměny, byl-li po jeho založení zrušen nebo neschválen,

(f) any notice of revocation or rejection of a scheme document for a transformation, if it is revoked or approval is refused after filing;

g) rozhodnutí soudu, kterým byla vyslovena neplatnost projektu přeměny nebo neplatnost usnesení valné hromady nebo členské schůze, kterým byl projekt přeměny schválen,

(g) any court decision declaring void a scheme document for a transformation or declaring void the resolution of the general meeting or the members' meeting by which the scheme of transformation was approved;

h) posudek znalce nebo znalců na ocenění nepeněžitého vkladu při založení společnosti s ručením omezeným nebo akciové společnosti nebo při zvýšení jejich základního kapitálu, posudek znalce na ocenění

(h) any report by an expert or experts on the valuation of a non-cash contribution towards the formation of a limited liability company or a joint stock company or towards any increase in the registered capital, any expert report on

jmění při přeměnách obchodních společností a družstev a na ocenění majetku podle § 196a odst. 3,	the valuation of the assets and liabilities comprised in a transformation of commercial companies and cooperative societies and on the valuation of assets in accordance with section 196a (3);
i) rozhodnutí soudu vydaná podle insolvenčního zákona, a to	(i) court decisions issued under the Insolvency Act, being specifically:
1. usnesení o zahájení insolvenčního řízení,	1. a formal ruling on the commencement of insolvency proceedings;
2. usnesení o předběžných opatřeních,	2. a formal ruling for interim relief;
3. rozhodnutí o úpadku nebo jiné rozhodnutí o insolvenčním návrhu,	3. a decision confirming insolvency or another decision on the insolvency petition;
4. usnesení o prohlášení konkursu a o schválení konečné zprávy,	4. a formal ruling declaring bankruptcy and approving the final report;
5. usnesení o povolení reorganizace a usnesení o schválení reorganizačního plánu a jeho změn,	5. a formal ruling approving restructuring and a formal ruling approving the restructuring plan and any amendments to it;
6. usnesení, jímž se insolvenční řízení končí,	6. a formal ruling by which the insolvency proceedings are concluded;
j) smlouvu o převodu podniku nebo jeho části, smlouvu o nájmu podniku nebo jeho části, včetně oznámení o jejím prodloužení podle § 488f odst. 1, případné listiny prokazující zánik nájmu, usnesení soudu o nabytí podniku děděním,	(j) a contract for the transfer of all or part of an undertaking, a contract for the lease of all or part of an undertaking and a notice of its extension issued under section 488f (1) and, if applicable, documents establishing the termination of the lease, and a formal court ruling on the inheritance of an undertaking;

k) ovládací smlouvu (§ 190b) a smlouvu o převodu zisku (§ 190a), včetně jejich změn, a případné listiny prokazující zrušení smlouvy,

(k) a control agreement (section 190b) and a profit transfer agreement (section 190a), including any amendments to any of them and, if applicable, documents establishing the termination of any such agreement;

l) doklad o souhlasu druhého manžela s použitím majetku ve společném jmění manželů k podnikání podle zvláštního právního předpisu, stejnopis notářského zápisu o smlouvě o změně rozsahu společného jmění nebo výhradě jeho vzniku podle zvláštního právního předpisu, byla-li taková smlouva uzavřena, nebo rozhodnutí soudu o zúžení společného jmění; v případě rozvodu musí být uložena dohoda o vypořádání společného jmění podle zvláštního právního předpisu nebo rozhodnutí soudu, popřípadě prohlášení podnikatele, že k dohodě ani rozhodnutí soudu nedošlo,

(l) any document establishing the consent of a spouse to the use of certain common matrimonial property in the carrying on of a business under a special legal regulation, a counterpart of the notarial record of any contract to change the scope of common matrimonial property or to defer the constitution of common matrimonial property under a special legal regulation, if such a contract is concluded, or a court decision to reduce the scope of common matrimonial property. In the case of a divorce, any settlement agreement over common matrimonial property must be imposed under a special legal regulation or the relevant court decision or, alternatively, a declaration of the entrepreneur confirming that no such agreement has been reached and no such court decision has been issued;

m) smlouvu o zastavení obchodního podílu, smlouvu o převodu obchodního podílu,

(m) a pledge agreement over an ownership interest, or a transfer agreement for an ownership interest;

n) usnesení valné hromady podle § 210,

(n) a resolution of the general meeting under section 210;

o) rozhodnutí soudu o nařízení výkonu rozhodnutí postižením podílu některého společníka ve společnosti, postižením podniku nebo jeho části, jakož i rozhodnutí soudu o zastavení výkonu rozhodnutí, vyrozumění o zahájení exekuce, exekuční příkaz na postižení podílu některého společníka ve společnosti, na postižení podniku nebo jeho části, jakož i rozhodnutí o

(o) any court decision ordering the enforcement of a previous decision by the seizure of the ownership interest of a member of a company or by the seizure of all or part of the undertaking, and any court decision to discontinue the enforcement of a previous decision, any notification of commencement of execution, any execution order to seize the ownership interest of a member of zastavení exekuce nebo sdělení, že exekuce skončila jinak než zastavením,

the company or to seize all or part of the undertaking, as well as any decision to discontinue execution and any notification that execution was concluded otherwise than by discontinuation;

p) rozhodnutí příslušného státního orgánu o udělení státního souhlasu působit jako soukromá vysoká škola podle zvláštního právního předpisu,

(p) any decision of the competent state authority to grant state consent to operate as a private university or college (vysoká škola) in accordance with a special legal regulation;

q) další listiny, o kterých tak stanoví právní předpis.

(q) other documents for which a legal regulation so provides.

(2) Návrh na rozdělení zisku a jeho konečná podoba anebo na vypořádání ztráty, není-li součástí účetní závěrky, a zpráva o vztazích mezi propojenými osobami, jestliže ovládaná osoba zpracovává výroční zprávu, se ukládají do sbírky listin spolu s účetní závěrkou nebo výroční zprávou.

(2) Any proposal or approved form for a distribution of profit or for the treatment of losses, if it is not included in the financial statements, and any report on the relationships between connected persons, if the controlled person is required to prepare annual reports, must be filed in the collection of documents together with the financial statements or the annual report.

§ 38j

Section 38j

(1) Do sbírky listin se ohledně zahraniční osoby, jejího podniku a jeho organizační složky uloží:

(1) The following documents must be filed in the collection of documents in relation to a foreign person, undertaking of a foreign person and branch of such an undertaking:

a) účetní záznamy týkající se zahraniční osoby v souladu s povinností jejich kontroly, zpracování a zveřejnění podle právního řádu, jímž se zahraniční osoba řídí; jestliže tyto účetní záznamy nejsou vypracovány v souladu s předpisy práva Evropských společenství nebo rovnocenným způsobem a jde-li o organizační složky (pobočky) zahraničních úvěrových a finančních institucí, rovněž v případě, že není splněna podmínka vzájemnosti, uloží se do sbírky listin také účetní záznamy, které se vztahují k činnosti

(a) accounting records relating to the foreign person in accordance with the duty to review, prepare, and publish them under the legal order governing the foreign person. In cases in which these accounting records are not prepared in accordance with the law of the European Communities or in an equivalent manner, as well as in cases in which a branch (branch offices) of foreign credit and financial institutions are concerned and the condition of reciprocity is not met, the accounting records relating to the activities of a branch referred to in organizační složky, uvedené v § 38i odst. 1 písm. c),

b) společenská smlouva, stanovy a obdobné listiny, jimiž byla zahraniční osoba založena, a jejich změny a úplná znění,

c) osvědčení evidence státu, kde má zahraniční osoba sídlo, že je v této evidenci zapsána, jestliže právo sídelního státu takovouto evidenci přikazuje,

d) údaj nebo doklad o zatížení majetku zahraniční osoby v jiném státě, pokud je platnost zajišťovacího prostředku vázána na jeho zveřejnění.

(2) Povinnost uložení účetních záznamů podle odstavce 1 písm. a), která se vztahuje k činnosti organizační složky, neplatí pro zahraniční právnickou osobu, která se řídí právem členského státu Evropské unie nebo jiného státu tvořícího Evropský hospodářský prostor, a organizační složku jejího podniku (pobočku), a pro zahraniční fyzickou osobu, která je státním příslušníkem členského státu Evropské unie nebo jiného státu tvořícího Evropský hospodářský prostor, a organizační složku jejího podniku (pobočku). U zahraniční osoby a organizační složky jejího podniku (pobočky) podle věty první se do sbírky listin uloží jen listiny uvedené v odstavci 1 písm. a) části věty před středníkem a listiny uvedené v odstavci 1 písm. b) a c).

section 38i (1) (c) must also be filed in the collection of documents;

(b) the memorandum of association, articles of association and equivalent documents by which the foreign person was formed, and amendments to any of them, and consolidated texts;

(c) if the law of the state in which the foreign person has its registered office so provides, a certificate for the relevant registry confirming that the foreign person is entered in the that registry;

(d) information or documents relating to any encumbrance on the assets of a foreign person in another state, if the validity of the security instrument is conditional on its publication.

(2) The duty to file accounting records under subsection (1) (a), which applies to the activities of a branch, does not apply to a foreign legal person governed by the law of a member state of the European Union or another state in the European Economic Area, and it does not apply to a branch of its undertaking (branch office), and it does not apply to a foreign natural person that is a national of a member state of the European Union or another state in the European Economic Area, and it does not apply to a branch of its undertaking (branch office). For foreign persons and branches of undertakings of foreign persons (branch offices) under the first sentence of this subsection, only the documents stated in subsection (1) (a) first sentence and the documents stated in subsections (1) (b) and (c).

(3) Působí-li na území České republiky několik organizačních složek podniku jedné zahraniční osoby, mohou být dokumenty uvedené v odstavci 1 nebo 2 uloženy ve složce sbírky listin jen jedné z nich, a to podle volby zahraniční osoby. V takovém případě musí být ve složce sbírky listin ostatních organizačních složek podniku téže zahraniční osoby uveden odkaz na rejstříkový soud zvolené organizační složky, včetně čísla zápisu.

(3) If several branches of an undertaking of one foreign person operate in the territory of the Czech Republic, the documents stated in subsection (1) or (2) are only required to be filed in the collection of documents for one of them, to be selected by the foreign person. In such a case, the file for the other branches of the undertaking of the same foreign person in the collection of documents must contain reference to the registration court of the branch so selected, including the entry number.

§ 38k

Section 38k

(1) Podnikatel zapsaný v obchodním rejstříku předloží bez zbytečného odkladu od vzniku rozhodné skutečnosti rejstříkovému soudu listiny zakládané do sbírky listin.

(1) An entrepreneur entered in the commercial register must without undue delay after the occurrence of a relevant matter submit to the registration court the documents that must be filed in the collection of documents.

(2) Rozhodnutí soudu, která se ukládají do sbírky listin, založí rejstříkový soud. Jestliže je určitý údaj zapsán v obchodním rejstříku, avšak ve sbírce listin není uložena odpovídající listina, poznamená rejstříkový soud tuto skutečnost do sbírky listin a vyzve podnikatele, aby listinu bez zbytečného odkladu předložil.

(2) Court decisions that must be filed in the commercial register must be filed by the registration court. If certain information is entered in the commercial register and the corresponding document is not filed in the collection of documents, the registration court must note the matter of its absence in the collection of documents and must invite the entrepreneur to submit the document without undue delay.

(3) Listiny, jimiž se dokládají zapisované skutečnosti a které se neukládají do sbírky listin, a dále listiny ukládané do sbírky listin podle § 38i odst. 1 písm. i) až m) a q), projekt přeshraniční přeměny a listiny podle § 38j vyhotovené v cizím jazyce se předkládají v originálním znění a současně v překladu do jazyka českého, ledaže rejstříkový soud sdělí podnikateli, že takovýto překlad nevyžaduje; takové sdělení může rejstříkový soud učinit na své úřední desce i pro neurčitý počet řízení v budoucnu. Je-li vyžadován překlad a jedná-

(3) Unless the registration court notifies the entrepreneur that it does not require a translation, documents that evidence registered matters, which documents do not have to be filed in the collection of documents, and documents filed in the collection of documents under section 38i (1) (i) to (m) and (q), scheme documents for cross-border schemes of transformation and documents under section 38j concluded in a foreign language must all be submitted in the original text and at the same time in translation into the Czech language. The

li se o překlad z jazyka, který není úředním jazykem nebo některým z úředních jazyků členského státu Evropské unie nebo jiného státu tvořícího Evropský hospodářský prostor, musí být překlad úředně ověřen.

registration court may make an appropriate notification on its official notice board for an indefinite number of proceedings in the future. If a translation is required and the relevant translation is a translation from a language that is not an official language or one of the official languages of a member state of the European Union or another state in the European Economic Area, the relevant translation must be officially verified.

(4) Listiny ukládané do sbírky listin podle § 38i odst. 1 písm. a) až h), n), o) a p), ledaže jde o projekt přeshraniční přeměny, se vyhotovují a ukládají do sbírky listin v českém jazyce. Ve sbírce listin lze uložit i překlad takové listiny do jakéhokoliv cizího jazyka. Nepůjde-li o překlad listiny do některého z úředních jazyků Evropské unie nebo jiného státu tvořícího Evropský hospodářský prostor, musí být úředně ověřen. Byl-li projekt přeshraniční přeměny v souladu se zákonem o přeměnách obchodních společností a družstev vyhotoven ve více jazykových verzích a rozhodným zněním není česká verze, uloží se do sbírky listin i úředně ověřený překlad rozhodného znění projektu přeshraniční přeměny do českého jazyka.

(4) Documents that must be filed in the collection of documents under section 38i (1) (a) to (h), (n), (o) and (p) must be concluded and filed in the collection of documents in the Czech language, unless it is a scheme document for a cross-border scheme of transformation. Translations of the relevant documents into any foreign language may be filed in the collection of documents. If it is not a translation of a document into one of the official languages of the European Union or another state in the European Economic Area, it must be officially verified. If a cross-border scheme of transformation conducted under the Transformation of Commercial Companies and Cooperative Societies Act is concluded in versions of several languages and the Czech language version is not the binding language version, an officially verified translation into the Czech language of the binding version of the scheme document for the cross border scheme of transformation must be filed in the collection of documents.

§ 38l

Section 38l

(1) Statutárním orgánem, členem statutárního nebo jiného orgánu právnické osoby, která je podnikatelem, nemůže být ten, kdo vykonával kteroukoli ze srovnatelných funkcí v právnické osobě, na jejíž majetek byl prohlášen konkurs. Totéž platí, byl-li insolvenční návrh podaný proti takové právnické osobě zamítnut pro

(1) If bankruptcy is declared over the assets of a legal person, a person that is the statutory body, a member of the statutory or another body, or performs a comparable office in that legal person cannot perform the office of statutory body, a member of a statutory body, or another body of another legal person that is an entrepreneur. The

BELISARIUS

nedostatek majetku.

same applies if an insolvency petition filed against the relevant legal person is dismissed on the grounds that its assets are insufficient.

(2) Překážka podle odstavce 1 působí vůči tomu, kdo vykonával funkci statutárního orgánu, člena statutárního nebo jiného orgánu v právnické osobě alespoň jeden rok před podáním insolvenčního návrhu na její majetek, případně před vznikem povinnosti této právnické osoby podat insolvenční návrh na její majetek.

(2) The restriction under subsection (1) applies to persons that were holding the office of the statutory body, or a member of a statutory body or another body of the relevant legal person for at least one year before the insolvency petition was submitted against its assets or, if applicable, before the duty arises for the legal person to file the insolvency petition against its own assets.

(3) Překážka podle odstavce 1 trvá po dobu 3 let ode dne právní moci

a) usnesení o zrušení konkursu po splnění rozvrhového usnesení nebo proto, že majetek dlužníka je zcela nepostačující, nebo

b) usnesení o zamítnutí insolvenčního návrhu pro nedostatek majetku.

(3) The restriction under subsection (1) continues in force for 3 years from the date on which any of the following becomes final:

(a) a formal ruling discontinuing the bankruptcy proceedings following satisfaction of a formal court ruling on distribution or on grounds that debtor's assets are insufficient; or

(b) a formal ruling dismissing the insolvency petition on grounds that the assets are insufficient.

(4) K překážce podle odstavce 1 se nepřihlíží,

a) zruší-li se konkurs jinak než z důvodů uvedených v odstavci 3,

b) jestliže jde o likvidátora, který splnil povinnost podat insolvenční návrh, stanovenou insolvenčním zákonem,

c) jestliže jde o osobu, která byla zvolena do funkce po prohlášení konkursu na majetek právnické osoby, nebo

(4) The restriction under subsection (1) does not apply.

(a) if the bankruptcy proceedings are discontinued otherwise than on the grounds stated in subsection (3);

(b) where it concerns a liquidator that has performed the duty imposed by the Insolvency Act to file the insolvency petition;

(c) where it concerns a person that is elected to office after bankruptcy has been declared over the assets of the legal person; or

d) jestliže jde o osobu, která se domůže v řízení podle zvláštního právního předpisu určení, že dosavadní funkci vykonávala s péčí řádného hospodáře.

(d) where it concerns a person for which it is determined in proceedings under a special legal regulation that the relevant office was discharged with due managerial care.

(5) Překážka podle odstavce 1 odpadá,

(5) The restriction under subsection (1) ceases to apply:

a) pokud byla osoba, na jejíž straně se vyskytuje, zvolena nebo jmenována do funkce se souhlasem dvou třetin hlasů společníků přítomných na valné hromadě nebo dvou třetin všech členů dozorčí rady nebo oprávněných zaměstnanců společnosti, jde-li o člena dozorčí rady voleného zaměstnanci, a

(a) if the person to which it relates is elected or appointed to the office with the consent of two thirds of the votes of members present at the general meeting or two thirds of all the members of the supervisory board, or eligible employees of the company where it concerns a member of the supervisory board elected by the employees; and

b) příslušný orgán byl při volbě nebo jmenování takové osoby do funkce na existenci této překážky upozorněn.

(b) the competent body was notified of the existence of the restriction when the relevant person was being elected or appointed to office.

(6) Nastane-li skutečnost uvedená v odstavci 1 v době, kdy osoba, jíž se tato skutečnost týká, je statutárním orgánem, členem statutárního nebo jiného orgánu právnické osoby, příslušný orgán, jakmile se o tom dozví, ji odvolá, anebo potvrdí její volbu či jmenování. K potvrzení volby nebo jmenování se vyžaduje souhlas dvou třetin hlasů společníků přítomných na valné hromadě nebo dvou třetin všech členů dozorčí rady nebo oprávněných zaměstnanců společnosti, jde-li o člena dozorčí rady voleného zaměstnanci. Jestliže k potvrzení volby nebo jmenování nedojde do tří měsíců ode dne, kdy nastala skutečnost uvedená v odstavci 1, výkon funkce zaniká posledním dnem této lhůty.

(6) If a matter stated in subsection (1) arises at a time when the person to which this matter relates is a statutory body, member of a statutory body or another body of a legal person, the competent body must, as soon as it becomes aware of this, recall that person or reaffirm its election or appointment. The reaffirmation of the election or appointment requires the consent of a majority of two thirds of the votes of the members present at the general meeting or two thirds of all members of the supervisory board or eligible employees of the company where it concerns a member of the supervisory board elected by the employees. If the relevant election or appointment is not reaffirmed within three months from the date on which a matter listed in subsection (1) occurs, the person ceases to hold office as at the last day of this period.

(7) Jde-li o společníka veřejné obchodní společnosti nebo komplementáře komanditní společnosti, překážka podle odstavce 1 odpadá nebo je společník ve funkci podle odstavce 6 potvrzen, uzavřou-li o tom společníci dohodu v písemné formě s úředně ověřenými podpisy.

(7) For a member of a private unlimited company or a general partner in a limited liability partnership, the restriction under subsection (1) ceases to apply, or the member is confirmed in office in accordance with subsection (6), if the members so agree in a written agreement with officially verified signatures.

(8) Rozhodnutí podle odstavců 5 a 6 je u ostatních právnických osob, které jsou podnikateli, v působnosti jejich nejvyššího orgánu.

(8) For other legal persons that are entrepreneurs, the resolutions under subsections (5) and (6) are within the competence of their highest body.

HLAVA IV

ÚČETNICTVÍ PODNIKATELŮ

§ 39

(1) Obchodní společnosti a družstva musí mít účetní závěrku i výroční zprávu ověřenu auditorem podle tohoto zákona nebo podle zvláštního právního předpisu.

(2) Podnikatel je povinen připravit a poskytnout auditorovi všechny účetní záznamy a vysvětlení potřebná k ověřování podle odstavce 1.

(3) Náklady spojené s auditorskou činností hradí podnikatel, jehož účetní závěrka se ověřuje.

§ 40

Obchodní společnosti a družstva zveřejňují účetní závěrky i výroční zprávy způsobem podle tohoto zákona a podle zvláštního právního předpisu.

TITLE IV

ACCOUNTING FOR ENTREPRENEURS

Section 39

(1) Commercial companies and cooperative societies must have audited financial statements and annual reports as required by this Code or a special legal regulation.

(2) An entrepreneur must prepare and provide to the auditor all accounting records and explanations necessary for the conduct of an audit for the purposes of subsection (1).

(3) An entrepreneur whose financial statements are audited must bear the costs connected with the activities undertaken for the purposes of the audit.

Section 40

Commercial companies and cooperative societies must publish their financial statements and annual reports in the manner set out in this Code and a special legal regulation.

HLAVA V

HOSPODÁŘSKÁ SOUTĚŽ

DÍL I

ÚČAST NA HOSPODÁŘSKÉ SOUTĚŽI

§ 41

Fyzické i právnické osoby, které se účastní hospodářské soutěže, i když nejsou podnikatelé (dále jen "soutěžitelé"), mají právo svobodně rozvíjet svou soutěžní činnost v zájmu dosažení hospodářského prospěchu a sdružovat se k výkonu této činnosti; jsou však povinny přitom dbát právně závazných pravidel hospodářské soutěže a nesmějí účast v soutěži zneužívat.

§ 42

(1) Zneužitím účasti v hospodářské soutěži je nekalé soutěžní jednání (dále jen "nekalá soutěž") a nedovolené omezování hospodářské soutěže.

(2) Nedovolené omezování hospodářské soutěže upravuje zvláštní zákon.

§ 43

(1) Pokud z mezinárodních smluv, jimiž je Česká republika vázána a které byly vyhlášeny ve Sbírce zákonů nebo ve Sbírce mezinárodních smluv, nevyplývá jinak, nevztahuje se ustanovení této hlavy na jednání v rozsahu, v jakém má účinky v zahraničí.

TITLE V

ECONOMIC COMPETITION

CHAPTER I

THE PARTICIPATION IN ECONOMIC COMPETITION

Section 41

Whether or not they are entrepreneurs, natural persons and legal persons participating in economic competition ("competitors") have the right to develop their competitive activities without restriction in order to achieve economic benefit, and to associate to carry on such activities. They must, however, observe the legally binding rules of economic competition and they must not abuse their participation in economic competition.

Section 42

(1) The abuse of a participation in economic competition is comprised in unfair competitive conduct ("unfair competition") and unlawful restrictions on economic competition.

(2) A special act sets out the provisions relating to unlawful restrictions on economic competition.

Section 43

(1) Unless international treaties binding on the Czech Republic and published in the Collection of Laws or the Collection of International Treaties require otherwise, the provisions of this Title do not apply to conduct to the extent that it has its effects abroad.

(2) Českým osobám jsou, pokud jde o ochranu proti nekalé soutěži, postaveny na roveň zahraniční osoby, které v České republice podnikají podle tohoto zákona. Ochranu proti nekalé soutěži poskytuje české osobě český soud nebo jiný český orgán i tehdy, pokud byla mezi českou a zahraniční osobou uzavřena dohoda, podle níž by měl rozhodovat cizozemský soud nebo jiný cizozemský orgán. Jinak se mohou zahraniční osoby domáhat ochrany podle mezinárodních smluv, jimiž je Česká republika vázána a které byly vyhlášeny ve Sbírce zákonů nebo ve Sbírce mezinárodních smluv, a není-li jich, na základě vzájemnosti.

(2) Foreign persons that carry on a business in the Czech Republic under this Code must be given the same treatment as Czech persons in respect of unfair competition. A Czech court or another Czech authority must provide protection for a Czech person against unfair competition, even in cases in which a Czech person and a foreign person have concluded an agreement under which a foreign court or other foreign authority should decide the matter. Further, foreign persons may require protection under international treaties binding on the Czech Republic that are published in the Collection of Laws or the Collection of International Treaties and, if there are no such treaties, on the basis of reciprocity.

DÍL II

NEKALÁ SOUTĚŽ

§ 44

Základní ustanovení

(1) Nekalou soutěží je jednání v hospodářské soutěži nebo v hospodářském styku, které je v rozporu s dobrými mravy soutěže a je způsobilé přivodit újmu jiným soutěžitelům, spotřebitelům nebo dalším zákazníkům. Nekalá soutěž se zakazuje.

(2) Nekalou soutěží podle odstavce 1 je zejména:

a) klamavá reklama,

b) klamavé označování zboží a služeb,

c) vyvolávání nebezpečí záměny,

d) parazitování na pověsti podniku, výrobků či služeb jiného soutěžitele,

CHAPTER II

UNFAIR COMPETITION

Section 44

Fundamental provisions

(1) Unfair competition means any conduct in economic competition or business dealings that are contrary to the accepted fair practices of competition and are capable of causing detriment to other competitors, consumers or other customers. Unfair competition is prohibited.

(2) Unfair competition within the meaning of subsection (1) includes the following:

(a) misleading advertising;

(b) the misleading designation of goods and services;

(c) creating a risk of confusion;

(d) 'free-riding' on the reputation of the undertaking, products, or services of another competitor;

e) podplácení,

f) zlehčování,

g) srovnávací reklama,

h) porušování obchodního tajemství,

i) ohrožování zdraví spotřebitelů a životního prostředí.

(e) bribery;

(f) disparagement;

(g) comparative advertising;

(h) abuse of trade secrets;

(i) endangering consumer health and the environment.

§ 45

Klamavá reklama

(1) Klamavou reklamou je šíření údajů o vlastním nebo cizím podniku, jeho výrobcích či výkonech, které je způsobilé vyvolat klamnou představu a zjednat tím vlastnímu nebo cizímu podniku v hospodářské soutěži nebo v hospodářském styku prospěch na úkor jiných soutěžitelů, spotřebitelů nebo dalších zákazníků.

(2) Za šíření údajů se považuje sdělení mluveným nebo psaným slovem, tiskem, vyobrazením, fotografií, rozhlasem, televizí či jiným sdělovacím prostředkem.

(3) Klamavým je i údaj sám o sobě pravdivý, jestliže vzhledem k okolnostem a souvislostem, za nichž byl učiněn, může uvést v omyl.

Section 45

Misleading advertising

(1) Misleading advertising is the dissemination of information by a competitor about its own or another person's undertaking, products, or services, which is capable of creating a false impression, and which is capable of providing an advantage for the competitor's own or another person's undertaking in economic competition or business dealings to the detriment of other competitors, consumers or other customers.

(2) The dissemination of information means the communication by spoken or written word, printed media, images, photographs, radio or television broadcasts or other communications media.

(3) Information that is, in itself, true is also misleading if, having regard to the circumstances and context in which it is presented, it is capable of creating a false impression.

§ 46

Klamavé označení zboží a služeb

(1) Klamavým označením zboží a služeb je každé označení, které je způsobilé vyvolat v hospodářském styku mylnou domněnku, že jím označené zboží nebo služby pocházejí z určitého státu, určité oblasti či místa nebo od určitého výrobce, anebo že

Section 46

The misleading designation of goods and services

(1) Misleading designation of goods and services means any designation that is capable of creating a false impression in business dealings that the goods or services so designated originate from a certain state, region, or location, or from a certain

vykazují zvláštní charakteristické znaky nebo zvláštní jakost. Nerozhodné je, zda označení bylo uvedeno bezprostředně na zboží, obalech, obchodních písemnostech apod. Rovněž je nerozhodné, zda ke klamavému označení došlo přímo nebo nepřímo a jakým prostředkem se tak stalo. Ustanovení § 45 odst. 3 platí obdobně.

manufacturer, or that they have particular characteristics or a particular level of quality. It is not relevant whether the designation is applied directly onto the goods, or the packaging, the commercial documents and so on. It is also not relevant how the misleading designation occurs, whether directly or indirectly or by whatever means. Section 45 (3) also applies with appropriate changes.

(2) Klamavým označením je i takové nesprávné označení zboží nebo služeb, k němuž je připojen dodatek sloužící k odlišení od pravého původu, jako výrazy "druh", "typ", "způsob" a označení je přesto způsobilé vyvolat o původu nebo povaze zboží či služeb mylnou domněnku.

(2) Misleading designation also includes the false designation of goods and services even when including an addition intended to distinguish them from the true origin, such as "a kind of", "a type of", or "in the style of", if the designation is still capable of creating a false impression as to the origin or nature of the goods or services.

(3) Klamavým označením není uvedení názvu, který se v hospodářském styku již všeobecně vžil jako údaj sloužící k označování druhu nebo jakosti zboží, ledaže by k němu byl připojen dodatek způsobilý klamat o původu, jako například "pravý", "původní" apod.

(3) The designation of goods and services using a name that is commonly used in business dealings as a description of a particular kind or a particular level of quality of goods is not a misleading designation unless it is accompanied by an addition that is potentially deceptive as regards the origin, such as "genuine", "original", and so on.

(4) Tímto ustanovením nejsou dotčena práva a povinnosti ze zapsaného označení původu výrobků, ochranných známek, chráněných odrůd rostlin a plemen zvířat, stanovená zvláštními zákony.

(4) The provisions above do not affect the rights and duties that relate to the registered designation of origin for goods, to trademarks, and to protected plant varieties and livestock breeds under special acts.

(5) Inzerce v rámci podnikatelské činnosti a pro účely hospodářského styku, která nabízí registraci v katalozích, jako jsou zejména telefonní a jiné seznamy, prostřednictvím platebního formuláře, složenky, faktury, nabídky opravy nebo jiným podobným způsobem, musí obsahovat jednoznačně a zřetelně vyjádřenou informaci, že tato inzerce je výlučně nabídkou na uzavření smlouvy. To platí přiměřeně i pro přímou nabídku takové registrace.

(5) Within the context of business activities and, for the purposes of business conduct, advertising that offers registration in catalogues, such as phone books and other lists, by a payment form, postal payment order, invoice, offer of a correction, or other similar means, must contain a clear and express statement that the advertisement constitutes no more than an offer to conclude a contract. The same requirements apply as appropriate to direct offers for such registration.

§ 47

Vyvolání nebezpečí záměny

Vyvolání nebezpečí záměny je:

a) užití firmy nebo názvu osoby nebo zvláštního označení podniku užívaného již po právu jiným soutěžitelem,

b) užití zvláštních označení podniku nebo zvláštních označení či úpravy výrobků, výkonů anebo obchodních materiálů podniku, které v zákaznických kruzích platí pro určitý podnik nebo závod za příznačné (např. i označení obalů, tiskopisů, katalogů, reklamních prostředků),

c) napodobení cizích výrobků, jejich obalů nebo výkonů, ledaže by šlo o napodobení v prvcích, které jsou již z povahy výrobku funkčně, technicky nebo esteticky předurčeny, a napodobitel učinil veškerá opatření, která od něho lze požadovat, aby nebezpečí záměny vyloučil nebo alespoň podstatně omezil,

pokud jsou tato jednání způsobilá vyvolat nebezpečí záměny nebo klamnou představu o spojení s podnikem, firmou, zvláštním označením nebo výrobky anebo výkony jiného soutěžitele.

Section 47

Creating a risk of confusion

Creating a risk of confusion means:

(a) the use of a business name or corporate name or other specific designations of an undertaking that are already legitimately in use by another competitor;

(b) the use of a specific designation for an undertaking or a specific designation or design for products, services or commercial materials of an undertaking, which customers associate with that particular undertaking or a particular plant (such as a designation on packaging, forms, catalogues, and advertising materials);

(c) the imitation of another person's products, packaging or services, unless it is an imitation of elements that are functionally, technically or aesthetically determined by the nature of the product and the imitator takes every possible measure that may reasonably be required of it to eliminate the risk of confusion or, at least, to mitigate it substantially;

if such acts could create a risk of confusion or a false impression regarding the relationship to an undertaking, business name, specific designations, or the products or services of another competitor.

§ 48

Parazitování na pověsti

Parazitováním je využívání pověsti podniku, výrobků nebo služeb jiného soutěžitele s cílem získat pro výsledky vlastního nebo cizího podnikání prospěch, jehož by soutěžitel jinak nedosáhl.

Section 48

'Free-riding' on another's reputation

'Free-riding' means the use of the reputation of another competitor's undertaking, products, or services for the purpose of gaining a benefit for the competitor's own or another person's business, which the competitor would not otherwise be able to achieve.

§ 49

Podplácení

Podplácením ve smyslu tohoto zákona je jednání, jímž:

a) soutěžitel osobě, která je členem statutárního nebo jiného orgánu jiného soutěžitele nebo je v pracovním či jiném obdobném poměru k jinému soutěžiteli, přímo nebo nepřímo nabídne, slíbí či poskytne jakýkoliv prospěch za tím účelem, aby jejím nekalým postupem docílil na úkor jiných soutěžitelů pro sebe nebo jiného soutěžitele přednost nebo jinou neoprávněnou výhodu v soutěži, anebo

b) osoba uvedená v písmenu a) přímo či nepřímo žádá, dá si slíbit nebo přijme za stejným účelem jakýkoliv prospěch.

Section 49

Bribery

For the purposes of this Code, bribery means conduct by which:

(a) a competitor directly or indirectly offers, promises or provides any benefit to a person that is a member of a statutory or another body of another competitor or is employed by or in another similar relationship with another competitor, for the purpose of gaining priority or another illegitimate advantage in competition for itself or another competitor to the detriment of other competitors and as a result of the unfair conduct of the person receiving such a benefit; or

(b) a person referred to in subsection (a) directly or indirectly solicits, accepts a promise of, or accepts any benefit for the same purpose.

§ 50

Zlehčování

(1) Zlehčováním je jednání, jímž soutěžitel uvede nebo rozšiřuje o poměrech, výrobcích nebo výkonech jiného soutěžitele nepravdivé údaje způsobilé tomuto soutěžiteli přivodit újmu.

Section 50

Disparagement

(1) Disparagement means conduct by which a competitor states or disseminates false information about the situation, products, or services of another competitor, which is capable of causing detriment to that competitor.

(2) Zlehčováním je i uvedení a rozšiřování pravdivých údajů o poměrech, výrobcích či výkonech jiného soutěžitele, pokud jsou způsobilé tomuto soutěžiteli přivodit újmu. Nekalou soutěží však není, byl-li soutěžitel k takovému jednání okolnostmi donucen (oprávněná obrana).

(2) Disparagement also includes any statement or dissemination of truthful information about the situation, products, or services of another competitor, if that information is capable of causing detriment to that competitor. It is not, however, unfair competition if a competitor has been forced to do so by the circumstances (legitimate defence).

§ 50a

Srovnávací reklama

Section 50a

Comparative advertising

(1) Srovnávací reklamou je jakákoliv reklama, která výslovně nebo i nepřímo identifikuje jiného soutěžitele anebo zboží nebo služby nabízené jiným soutěžitelem.

(1) Comparative advertising means any advertising that expressly or impliedly identifies another competitor or the goods or services offered by another competitor.

(2) Srovnávací reklama je přípustná, jen pokud

a) není klamavá nebo neužívá klamavé obchodní praktiky podle zvláštního právního předpisu,

b) srovnává jen zboží nebo služby uspokojující stejné potřeby nebo určené ke stejnému účelu,

c) objektivně srovnává jeden nebo více základních znaků daného zboží nebo služeb, které jsou pro ně důležité, ověřitelné a charakteristické, mezi nimiž může být i cena,

d) nevede k vyvolání nebezpečí záměny na trhu mezi tím, jehož výrobky nebo služby reklama podporuje, a soutěžitelem nebo mezi jejich podniky, zbožím nebo službami, ochrannými známkami, firmami nebo jinými zvláštními označeními, která se pro jednoho nebo druhého z nich stala příznačnými,

(2) Comparative advertising is only permissible if:

(a) it is not misleading and does not use any misleading commercial practices under special legal regulations;

(b) it compares only the goods or services that satisfy the same needs or are intended for the same purpose;

(c) it compares, in objective terms, one or more of the essential characteristics of the goods or services, which are important, verifiable and characteristic for them and which may include the price;

(d) it does not create the risk of confusion in the market between the person whose products or services that the advertising supports and another competitor, or between their undertakings, goods, services, trademarks, business names, or other specific designations that have become typical for any of them;

e) nezlehčuje nepravdivými údaji podnik, zboží nebo služby soutěžitele ani jeho ochranné známky, firmu či jiná zvláštní označení, která se stala pro něj příznačnými, ani jeho činnost, poměry či jiné okolnosti, jež se jej týkají,

(e) it does not disparage by false information another competitor's undertaking, goods, services, trademarks, business name or other specific designations that have become typical for the competitor, or that competitor's activities, situation, or other circumstances relating to it;

f) se vztahuje u výrobků, pro které má soutěžitel oprávnění užívat chráněné označení původu, vždy jenom na výrobky se stejným označením původu,

(f) in cases where it relates to products for which a competitor is licensed to use a protected designation of origin, it only compares products with the same designation of origin;

g) nevede k nepoctivému těžení z dobré pověsti spjaté s ochrannou známkou soutěžitele, jeho firmou či jinými zvláštními označeními, která se pro něj stala příznačnými, anebo z dobré pověsti spjaté s označením původu konkurenčního zboží, a

(g) it does not unfairly exploit a good reputation associated with another competitor's trademark, business name, or other specific designations that have become typical of that competitor, or the good reputation associated with the designation of origin of the competing goods; and

h) nenabízí zboží nebo služby jako napodobení nebo reprodukci zboží nebo služeb označovaných ochrannou známkou nebo obchodním jménem nebo firmou.

(h) it does not offer goods or services as imitations or replicas of goods or services covered by another trademark or trading name or business name.

(3) Jakékoli srovnání odkazující na zvláštní nabídku musí jasně a jednoznačně uvést datum, ke kterému tato nabídka končí, nebo musí uvést, že bude ukončena v závislosti na vyčerpání zásob nabízeného zboží nebo služeb. Jestliže zvláštní nabídka nezačala ještě působit, musí soutěžitel také uvést datum, jímž začíná období, v němž se uplatní zvláštní cena nebo jiné zvláštní podmínky.

(3) Any comparison referring to a special offer must clearly and expressly state the date on which the offer expires or that the special offer is valid only while the stocks of the goods or service last. If the special offer is not yet effective, the competitor must also state the date on which the period begins for the special price or other special conditions.

§ 51

Porušení obchodního tajemství

Porušováním obchodního tajemství je jednání, jímž jednající jiné osobě neoprávněně sdělí, zpřístupní, pro sebe nebo pro jiného využije obchodní tajemství (§ 17), které může být využito v soutěži a o němž se dověděl:

a) tím, že mu tajemství bylo svěřeno nebo jinak se stalo přístupným (např. z technických předloh, návodů, výkresů, modelů, vzorů) na základě jeho pracovního vztahu k soutěžiteli nebo na základě jiného vztahu k němu, popřípadě v rámci výkonu funkce, k níž byl soudem nebo jiným orgánem povolán,

b) vlastním nebo cizím jednáním příčícím se zákonu.

Section 51

The abuse of a trade secret

The abuse of a trade secret means conduct by which a person illegitimately discloses or makes accessible a trade secret (section 17) to another person, or exploits it for itself or another person, and the trade secret is capable of being exploited in economic competition, and the person learned of it as follows:

(a) by being entrusted with the secret or otherwise gaining access to it (such as by technical documentation, instructions, technical drawings, models, designs) on the basis of an employment or other relationship with a competitor, or in the performance of an office to which it was appointed by a court or another body;

(b) by its own or another person's unlawful conduct.

§ 52

Ohrožování zdraví a životního prostředí

Ohrožováním zdraví a životního prostředí je jednání, jímž soutěžitel zkresluje podmínky hospodářské soutěže tím, že provozuje výrobu, uvádí na trh výrobky nebo provádí výkony ohrožující zájmy ochrany zdraví anebo životního prostředí chráněné zákonem, aby tak získal pro sebe nebo pro jiného prospěch na úkor jiných soutěžitelů nebo spotřebitelů.

Section 52

Endangering consumer health and the environment

Endangering consumer health and the environment means conduct by which a competitor distorts the conditions of economic competition by manufacturing and marketing products or providing services that endanger health or the environment protected by the law in order to derive benefit for itself or another person to the detriment of other competitors or consumers.

DÍL III

PRÁVNÍ PROSTŘEDKY OCHRANY PROTI NEKALÉ SOUTĚŽI

§ 53

Osoby, jejichž práva byla nekalou soutěží porušena nebo ohrožena, mohou se proti rušiteli domáhat, aby se tohoto jednání zdržel a odstranil závadný stav. Dále mohou požadovat přiměřené zadostiučinění, které může být poskytnuto i v penězích, náhradu škody a vydání bezdůvodného obohacení.

§ 54

(1) Právo, aby se rušitel protiprávního jednání zdržel a aby odstranil závadný stav, může mimo případy uvedené v § 48 až 51 uplatnit též právnická osoba oprávněná hájit zájmy soutěžitelů nebo spotřebitelů.

(2) Jestliže se práva, aby se rušitel jednání nekalé soutěže zdržel nebo aby odstranil závadný stav v případech uvedených v § 44 až 47 a § 52 domáhá spotřebitel, musí rušitel prokázat, že se jednání nekalé soutěže nedopustil. To platí i pro povinnost k náhradě škody, pokud jde o otázku, zda škoda byla způsobena jednáním nekalé soutěže, a pro právo na přiměřené zadostiučinění a na vydání neoprávněného majetkového prospěchu; výši způsobené škody, závažnost a rozsah jiné újmy, povahu a rozsah bezdůvodného obohacení však musí prokázat vždy žalobce, i když jím je spotřebitel.

CHAPTER III

THE LEGAL REMEDIES AGAINST UNFAIR COMPETITION

Section 53

Persons whose rights have been infringed or threatened by unfair competition may require that the offender desists from the relevant acts and remedies the adverse state of affairs. Such persons may further demand reasonable satisfaction, which may also be provided in cash, compensation for damages, and the recovery of any unjust enrichment.

Section 54

(1) The right to require the offender to desist from his unlawful acts and remedy the adverse state of affairs may also be asserted by a legal entity entitled to protect the interests of competitors or consumers, except for cases under sections 48 to 51.

(2) If the right to require the offender to desist from its unlawful acts and remedy the adverse state of affairs is asserted by a consumer in the cases under sections 44 to 47 and section 52, the offender bears the burden to establish that it did not commit unfair competition conduct. The same applies in relation to the duty to pay damages, as regards the question of whether the damage was caused by unfair competition conduct, and to the right to reasonable satisfaction and the right to recover illegitimate property benefits. Whether or not a consumer, however, the claimant always bears the burden to prove the amount of damage caused, the gravity and extent of any other detriment sustained, and the nature and extent of any unjust enrichment.

§ 55

Smlouva, její část nebo její jednotlivé ustanovení, při jejímž uzavření byl porušen zákaz nekalé soutěže (§ 44 až 52), je od počátku neplatná.

Section 55

A contract, or a part or a particular provision of a contract, concluded in breach of the prohibition on unfair competition (sections 44 to 52) is void from the outset.

ČÁST DRUHÁ

OBCHODNÍ SPOLEČNOSTI A DRUŽSTVO

HLAVA I

OBCHODNÍ SPOLEČNOSTI

DÍL I

OBECNÁ USTANOVENÍ

§ 56

(1) Obchodní společnost (dále jen "společnost") je právnickou osobou založenou za účelem podnikání, nestanoví-li právo Evropských společenství či zákon jinak. Společnostmi jsou veřejná obchodní společnost, komanditní společnost, společnost s ručením omezeným, akciová společnost, evropská společnost a evropské hospodářské zájmové sdružení. Evropské hospodářské zájmové sdružení a evropská společnost jsou upraveny též právem Evropských společenství a zvláštními právními předpisy. Společnost s ručením omezeným a akciová společnost mohou být založeny i za jiným účelem, pokud to zvláštní právní předpis nezakazuje.

(2) Nestanoví-li zákon jinak, mohou být zakladateli společnosti a účastnit se na jejím podnikání osoby fyzické i právnické.

(3) Činnost uvedenou v v § 37 odst. 1 větě druhé může společnost vykonávat pouze pomocí osob tam uvedených. Odpovědnost těchto osob podle zvláštních předpisů není dotčena.

PART TWO

COMMERCIAL COMPANIES AND COOPERATIVE SOCIETIES

TITLE I

COMMERCIAL COMPANIES

CHAPTER I

GENERAL PROVISIONS

Section 56

(1) A commercial company (a "company") is a legal person formed for the purposes of carrying on a business, unless the law of the European Communities or the law provides otherwise. Companies comprise the private unlimited company, the limited liability partnership, the limited liability company, the joint stock company, the European company and the European economic interest grouping. The European economic interest grouping and the European company are also regulated by the law of the European Communities and special legal regulations. The limited liability company and the joint stock company may be formed for any purpose that is not prohibited by a special legal regulation.

(2) Unless the law provides otherwise, legal and natural persons may be the founders of a company and may participate in its business.

(3) A company may only carry on the activities stated in the second sentence of section 37 (1) through the persons referred to in that section. The liability of such persons under special legal regulations is not affected.

(4) Fyzická nebo právnická osoba může být společníkem s neomezeným ručením pouze v jedné společnosti.

(4) A natural person or a legal person can only be a member with unlimited liability in one company.

(5) Ustanovení upravující jednotlivé formy společností stanoví, v jakém rozsahu ručí společníci za závazky společnosti. Pro jejich ručení se použije obdobně ustanovení o ručení (§ 303 a násl.), pokud z jiných ustanovení tohoto zákona nevyplývá něco jiného. Je-li na majetek společnosti prohlášen konkurs, ručí společníci za závazky společnosti jen do výše, v níž věřitelé, kteří včas přihlásili své pohledávky, nebyli uspokojeni v konkursním řízení.

(5) The provisions regulating the individual forms of companies set out the scope of the liability of the members for the company's obligations. Unless other provisions of this Code require otherwise, the provisions relating to guarantees (section 303 onwards) apply with appropriate changes in relation to their liability. If bankruptcy is declared over the assets of a company, the members are liable for the obligations of the company up to the amount to which creditors, having registered their claims in time, are not satisfied in the bankruptcy proceedings.

(6) Po zániku společnosti ručí společníci za závazky společnosti stejně jako za jejího trvání. Pokud se společnost zrušuje s likvidací, ručí společníci za její závazky do výše svého podílu na likvidačním zůstatku (§ 61 odst. 4), nejméně však v rozsahu, v němž za ně ručili za trvání společnosti. Mezi sebou se společníci vyrovnají týmž způsobem jako při ručení za trvání společnosti.

(6) The members are liable for the obligations of a company after its dissolution to the same extent as during its existence. If a company is wound up in liquidation, its members are liable for the company's obligations up to the amount of their share in the liquidation balance (section 61 (4)) but not, however, less than the extent to which they were liable during the existence of the company. The method for members to settle between themselves must be the same as the liability to do so during the existence of the company.

§ 56a

Section 56a

(1) Zneužití většiny stejně jako menšiny hlasů ve společnosti je zakázáno.

(1) The abuse of a majority or a minority of votes in a company is prohibited.

(2) Jakékoli jednání, jehož cílem je některého ze společníků zneužívajícím způsobem znevýhodnit, je zakázáno.

(2) Any acts taken in order to disadvantage unfairly some of the members are prohibited.

§ 57

Založení společnosti

Section 57

The formation of a company

(1) Nevyplývá-li z jiných ustanovení tohoto zákona něco jiného, zakládá se společnost společenskou smlouvou podepsanou všemi zakladateli. Pravost podpisů

(1) Unless the provisions of this Code require otherwise, a company is formed by the conclusion of a memorandum of association signed by all of the founders. The

zakladatelů musí být úředně ověřena. Společenská smlouva společnosti s ručením omezeným a zakladatelská smlouva akciové společnosti musí mít formu notářského zápisu.

authenticity of the signatures of the founders must be officially verified. The memorandum of association of a limited liability company and the memorandum of a joint stock company must be concluded in the form of a notarial record.

(2) Uzavírá-li společenskou smlouvu zmocněnec na základě plné moci, musí být na ní podpis zmocnitele úředně ověřen. Plná moc se přiloží k společenské smlouvě.

(2) If an authorised representative signs the memorandum of association pursuant to a power of attorney, the signature of the donor affixed to the power of attorney must be officially verified. The relevant power of attorney must be annexed to the memorandum of association.

(3) Připouští-li tento zákon, aby společnost založil jediný zakladatel, nahrazuje společenskou smlouvu zakladatelská listina vyhotovená ve formě notářského zápisu. Zakladatelská listina musí obsahovat stejné podstatné části jako společenská (zakladatelská) smlouva.

(3) If this Code permits a company to be formed by a sole founder, a foundation deed concluded in the form of a notarial record takes the place of a memorandum of association. The foundation deed must state the same particulars as the memorandum of association or memorandum.

§ 58

Základní kapitál

(1) Základní kapitál společnosti je peněžní vyjádření souhrnu peněžitých i nepeněžitých vkladů všech společníků do základního kapitálu společnosti (dále jen "vklad"). Musí být vyjádřen v jednotkách české měny. Společník se účastní na základním kapitálu vkladem. Základní kapitál je součástí vlastního kapitálu.

(2) Základní kapitál se vytváří povinně v komanditní společnosti, ve společnosti s ručením omezeným a v akciové společnosti. Jeho výše se zapisuje do obchodního rejstříku, pokud tak stanoví zákon.

Section 58

The registered capital

(1) The registered capital of a company is a monetary expression of the sum of the cash contributions and non-cash contributions to the registered capital of the company (each a "contribution") by all of the members. It must be stated in the Czech currency. A member participates in the registered capital through its contribution. The registered capital is a part of the equity capital.

(2) The limited liability partnership, the limited liability company, and the joint stock company must all have a registered capital. If the law so provides, the amount of registered capital must be entered in the commercial register.

§ 59

Vklad společníka

(1) Vkladem společníka je souhrn peněžních prostředků (dále jen "peněžitý vklad") nebo jiných penězi ocenitelných hodnot (dále jen "nepeněžitý vklad"), které se určitá osoba zavazuje vložit do společnosti za účelem nabytí nebo zvýšení účasti ve společnosti.

(2) Nepeněžitým vkladem může být jen majetek, jehož hospodářská hodnota je zjistitelná a který může společnost hospodářsky využít ve vztahu k předmětu podnikání. Vklady spočívající v závazcích týkajících se provedení prací nebo v poskytnutí služeb jsou zakázány. Nepeněžitý vklad musí být splacen před zápisem výše základního kapitálu do obchodního rejstříku. Nepřejde-li na společnost majetkové právo k předmětu nepeněžitého vkladu, přestože se nepeněžitý vklad považuje za splacený, je společník, který se k poskytnutí tohoto vkladu zavázal, povinen zaplatit hodnotu nepeněžitého vkladu v penězích a společnost je povinna vrátit nepeněžitý vklad, který převzala, ledaže jej byla povinna vydat oprávněné osobě. Převede-li společník podíl na jiného, ručí za splnění závazku zaplatit hodnotu nepeněžitého vkladu v penězích nabyvatel podílu, nejde-li o nabytí podílu na evropském regulovaném trhu nebo zahraničním trhu obdobném regulovanému trhu či v českém nebo zahraničním mnohostranném obchodním systému (dále jen „mnohostranný obchodní systém“).

(3) Hodnota nepeněžitého vkladu musí být uvedena ve společenské smlouvě, zakladatelské smlouvě nebo zakladatelské

Section 59

The contribution of a member

(1) The contribution of a member is the sum in cash (a "cash contribution") and money's worth (a "non-cash contribution") that a certain person undertakes to contribute to a company for the purpose of acquiring or increasing its participation in the company.

(2) A non-cash contribution may only be comprised in assets with ascertainable economic value and which are capable of economic use by the company in relation to its scope of business. Contributions consisting in an undertaking to do work or perform services are prohibited. A non-cash contribution must be paid up before the amount of the registered capital is entered in commercial register. If the ownership right to the subject of the non-cash contribution does not pass by transmission to the company even if the non-cash contribution is treated as paid up, the member that undertook to contribute the relevant non-cash contribution has a duty to pay in cash the equivalent value of the non-cash contribution and the company has a duty to return the non-cash contribution provided, unless it was already under a duty to surrender it to another person entitled to receive it. If a member transfers its ownership interest to another person, the transferee of the ownership interest assumes liability for the transferor's obligation to pay the cash equivalent of any non-cash contribution, except in the event that the ownership interest is acquired in a European regulated market or a foreign market equivalent to a regulated market or in a Czech or foreign multilateral trading facility (a "multilateral trading facility").

(3) Unless this Code provides otherwise, the equivalent value of each non-cash contribution must be stated in the

BELISARIUS

listině, nestanoví-li tento zákon jinak. Hodnota nepeněžitého vkladu do společnosti s ručením omezeným a do akciové společnosti se stanoví podle posudku zpracovaného znalcem nezávislým na společnosti, jmenovaným za tím účelem soudem. Návrh na jmenování znalce nebo znalců podává zakladatel, budoucí zakladatel nebo společnost (dále jen "navrhovatel"). Účastníky řízení jsou navrhovatel a znalec a místně příslušným soudem je obecný soud navrhovatele. Soud není vázán návrhem osoby znalce. Soud odvolá na návrh společnosti jmenovaného znalce, pokud porušuje závažným způsobem své povinnosti. O návrhu na určení nebo odvolání znalce musí soud rozhodnout do 15 dnů od doručení návrhu. Odměnu za zpracování posudku znalce hradí společnost a stanoví se dohodou. Nevznikne-li společnost, hradí odměnu společně a nerozdílně zakladatelé. Jestliže se strany na výši odměny nedohodnou, určí ji na návrh kteréhokoliv účastníka soud, který znalce jmenoval.

memorandum of association, memorandum or foundation deed, as appropriate. The value of a non-cash contribution to a limited liability company and to a joint stock company must be determined according to a report prepared by an expert independent of the company that is appointed for this purpose by the court. A founder, a future founder or the company itself (the "petitioner") may file a petition for the appointment of the relevant expert or experts. The petitioner and the expert are parties to the proceedings, and the general court of the petitioner is the locally competent court. The court is not bound by any request in the petition to appoint a particular person as expert. If the appointed expert substantially breaches its duties, the court must, on petition by the company, recall the expert's appointment. The court must decide on a petition to appoint or recall the expert within 15 days from the delivery of the petition. The amount of the expert's remuneration for preparing the report is to be set by agreement and must be settled by the company. If the company is not incorporated, the founders are jointly and severally liable for the remuneration. If the parties do not agree on the amount of remuneration, the court that appointed the expert must determine it on petition by any of the parties to the proceedings.

(4) Posudek znalce musí obsahovat alespoň

a) popis nepeněžitého vkladu,

b) použité způsoby jeho ocenění a údaj o tom, zda hodnota nepeněžitého vkladu, ke které vedou použité způsoby ocenění, odpovídá alespoň úhrnnému emisnímu kursu akcií, které mají být vydány jako protiplnění za tento nepeněžitý vklad, nebo částce, která se má započítávat na vklad do základního kapitálu společnosti s

(4) The expert's report must contain at least the following:

(a) a description of the non-cash contribution;

(b) the methods used for its valuation and the information as to whether the value of the non-cash contribution ascertained under the same valuation methods matches at least the aggregate issue price of the shares that are to be issued as consideration for the relevant non-cash contribution, or the amount that is to be credited as the contribution ručením omezeným,

to the registered capital of a limited liability company;

c) částku, kterou se nepeněžitý vklad oceňuje.

(c) the amount determined as the equivalent value of the non-cash contribution.

(5) Jestliže je vkládán podnik či jeho část, použijí se přiměřeně ustanovení o smlouvě o prodeji podniku; jsou-li součástí podniku nemovitosti, musí být ve smlouvě o vkladu podniku obsaženo též prohlášení podle § 60 odst. 1.

(5) If all or part of an undertaking is contributed, the provisions relating to an agreement for the sale of an undertaking apply, as appropriate. If the part of the undertaking includes real estate properties, the declaration under section 60 (1) must form part of the agreement on the contribution of the undertaking.

(6) Spočívá-li nepeněžitý vklad nebo jeho část v převodu pohledávky, použijí se přiměřeně ustanovení o postoupení pohledávky. Společník, který převedl na společnost jako nepeněžitý vklad pohledávku, ručí za dobytnost této pohledávky do výše jejího ocenění.

(6) If all or part of a non-cash contribution is comprised in a transfer of a claim, the provisions of this Code relating to the assignment of a claim apply as appropriate. The member that assigned the claim to the company as a non-cash contribution is liable for the recovery of the claim up to the amount of its valuation.

(7) Nedosáhne-li v době vzniku společnosti hodnota nepeněžitého vkladu částky stanovené při jejím založení, je společník, který splatil tento vklad, povinen doplatit rozdíl v penězích, nevyplývá-li ze společenské smlouvy nebo stanov jiný způsob náhrady. Stejnou povinnost má společník, který splatil vklad po vzniku společnosti, a hodnota nepeněžitého vkladu v době jeho splacení nedosáhla částky, na jakou byl nebo měl být oceněn. Spočíval-li nepeněžitý vklad ve zřízení nebo převedení práva užívání nebo požívání na dobu určitou a toto právo zaniklo před uplynutím určené doby, je společník povinen hradit újmu tím vzniklou v penězích. Převede-li společník podíl na jiného, ručí za splnění těchto povinností nabyvatel podílu, nejde-li o nabytí podílu na evropském regulovaném trhu nebo zahraničním trhu obdobném regulovanému trhu či v evropském mnohostranném obchodním systému.

(7) If the value of the non-cash contribution, as at the time of incorporation of the company, is lower than the amount as set when it was formed, the member that paid up the relevant contribution has a duty to pay the difference in cash, unless the memorandum of association or the articles of association provide for a different manner of compensation. The same duty applies to a member that pays up a contribution after the incorporation of the company, if the value of the non-cash contribution, as at the time it is paid up, is lower than the amount to which it was valued, or should have been valued. If a non-cash contribution consisted in the creation or transfer of a right of use and enjoyment for a fixed period and the relevant right terminated before the expiry of the fixed period, the member has a duty to provide compensation in cash for any detriment incurred as a result of this. If a member transfers its ownership interest to another person, the transferee of the

ownership interest is liable for the performance of such obligations, unless the ownership interest is acquired in a European regulated market or a foreign market equivalent to a regulated market or in a European multilateral trading facility.

(8) Nepeněžitým vkladem nemůže být pohledávka vůči společnosti. Tato pohledávka může být započtena proti pohledávce společnosti na splacení vkladu nebo emisního kursu, jen pokud to stanoví zákon.

(8) A claim against the company cannot form the subject of a non-cash contribution. The relevant claim may only be set off against the claim of the company to require the payment of contributions or the issue price if the law so provides.

§ 59a

Výjimky z povinnosti oceňovat nepeněžitý vklad znalcem při zvyšování základního kapitálu

Section 59a

The exceptions to the duty to have a non-cash contribution valued by an expert when increasing the registered capital

(1) Je-li nepeněžitým vkladem do společnosti investiční cenný papír nebo nástroj peněžního trhu podle zákona upravujícího podnikání na kapitálovém trhu a rozhodne-li tak statutární orgán této společnosti, použije se při určení jeho hodnoty vážený průměr z cen, za které byly uskutečněny obchody tímto cenným papírem nebo nástrojem na evropském regulovaném trhu v době 6 měsíců před splatností vkladu.

(1) If a non-cash contribution to the company consists in an investment security or a financial market instrument under the act regulating the carrying on of business on the capital market and, if the statutory body of the company so decides, its equivalent value must be determined using the weighted average of the prices at which the relevant security or instrument was traded on a European regulated market for a period of 6 months before the contribution is due.

(2) Je-li nepeněžitým vkladem do společnosti jiný majetek než majetek vymezený v odstavci 1 a rozhodne-li tak statutární orgán této společnosti, použije se pro určení jeho hodnoty hodnota určená obecně uznávaným nezávislým odborníkem za využití obecně uznávaných standardů a zásad oceňování ne déle než 6 měsíců před splacením vkladu.

(2) If a non-cash contribution to the company consists in assets other than those set out in subsection (1) and if the statutory body of that company so decides, their equivalent value may be determined at a value determined within the 6 months ending on the date on which the contribution is paid up by an independent generally recognized professional using generally recognized valuation standards and principles.

(3) Je-li nepeněžitým vkladem do společnosti jiný majetek než majetek vymezený v odstavci 1 a rozhodne-li tak statutární orgán této společnosti, použije se, účtuje-li se podle zákona upravujícího účetnictví o takovém majetku v reálných

(3) If a non-cash contribution to the company consists in assets other than those set out in subsection (1) and if the statutory body of that company so decides and if, in accordance with the act regulating accounting, accounting records must record

hodnotách, pro určení jeho hodnoty tato reálná hodnota vykázaná v účetní závěrce za předcházející účetní období před valnou hromadou rozhodující o tomto vkladu, pokud byla ověřena auditorem bez výhrad.

such assets at their actual value, their value may be determined at that value, as stated in the financial statements for the financial year before the general meeting deciding on the relevant contribution, provided that the financial statements are audited and that the auditor's report is unqualified.

(4) Je-li však hodnota nepeněžitého vkladu podle odstavce 1 ovlivněna výjimečnými okolnostmi, které by ji ke dni jeho splacení významně změnily, zajistí společnost nové ocenění; na jmenování a odměňování znalce se obdobně použije § 59 odst. 3.

(4) If, however, the value of a non-cash contribution under subsection (1) is affected by extraordinary circumstances that would change the value materially as at the date on which it is paid up, the company must provide a new valuation. Section 59 (3) applies with appropriate changes to the appointment and remuneration of the expert.

(5) Nastaly-li nové okolnosti, které by mohly ke dni splacení nepeněžitého vkladu významně změnit jeho hodnotu určenou podle odstavců 2 a 3, zajistí společnost nové ocenění; na jmenování a odměňování znalce se obdobně použije § 59 odst. 3.

(5) If new circumstances arise that are capable of materially affecting the value, as at the date on which it is paid up, of a non-cash contribution determined under subsections (2) and (3), the company must provide a new valuation. Section 59 (3) applies with appropriate changes to the appointment and remuneration of the expert.

§ 59b

Section 59b

(1) Není-li provedeno nové ocenění nepeněžitých vkladů podle § 59a odst. 2 a 3 v případech, kdy takové ocenění mělo být v souladu s § 59a odst. 5 provedeno, mohou o toto ocenění společnost požádat ode dne, kdy o tomto nepeněžitém vkladu rozhodovala valná hromada, až do dne jeho splacení

(1) If, in accordance with section 59a (5), a new valuation of non-cash contributions under section 59a (2) and (3) is required and is not prepared, the following persons may, from the date on which the general meeting decides on the relevant non-cash contribution until the date on which the contribution is paid up, request that such a valuation be prepared:

a) společník nebo společníci, jejichž vklady v době rozhodování valné hromady o zvýšení základního kapitálu dosahovaly alespoň 5 % upsaného základního kapitálu a ke dni podání žádosti tyto podíly nejméně ve stejném rozsahu stále mají, nebo

(a) a member or members whose contributions, as at the date on which the general meeting decides to increase the registered capital, form at least 5% of the subscribed registered capital, provided that such persons still hold at least that ownership interest as at the date on which they file the relevant request; or

b) akcionář nebo akcionáři, jestliže souhrnná jmenovitá hodnota jejich akcií v době rozhodování valné hromady o zvýšení základního kapitálu dosahovala alespoň 5 % upsaného základního kapitálu společnosti, a ke dni podání žádosti tyto podíly nejméně ve stejném rozsahu stále mají.

(b) a shareholder or shareholders holding shares having a total nominal value of at least 5% of the subscribed registered capital as at the date on which the general meeting decides to increase the registered capital, provided that such persons still hold at least that shareholding as at the date on which they file the relevant request.

(2) Nenavrhne-li společnost jmenování znalce postupem podle § 59 odst. 3 do 14 dnů ode dne doručení žádosti podle odstavce 1, mohou jmenování znalce navrhnout společníci nebo akcionáři, kteří splňují podmínky podle odstavce 1, sami; na jmenování a odměňování znalce se obdobně použije § 59 odst. 3.

(2) If the company does not file a petition for the appointment of an expert under the procedure set out in section 59 (3) within 14 days of the delivery of a request under subsection (1), the members or shareholders who meet the conditions under subsection (1) may file a petition for appointment of an expert themselves. Section 59 (3) applies with appropriate changes to the appointment and remuneration of the expert.

(3) Je-li ocenění podle znaleckého posudku zajištěného společníky nebo akcionáři podle odstavce 2 stejné nebo vyšší než původní ocenění, ačkoliv tvrdili, že má být nižší, může se společnost domáhat, aby jí tito společníci nebo akcionáři uhradili náklady spojené s jeho vypracováním.

(3) If a valuation according to the expert report procured by the members or shareholders under subsection (2) is greater than or equal to the original valuation, and the members or shareholders had previously asserted that it should be lower, the company may require these members or shareholders to pay the costs of preparation of the new report.

§ 59c

Section 59c

(1) Je-li zvyšován základní kapitál nepeněžitým vkladem a jeho hodnota byla určena podle § 59a odst. 1 až 3, uloží společnost před jeho splacením do sbírky listin také oznámení obsahující náležitosti podle odstavce 2 a datum, kdy bylo rozhodnutí o zvýšení základního kapitálu přijato. Je-li splněna tato povinnost, obsahuje prohlášení podle odstavce 2 pouze sdělení, že od zveřejnění oznámení podle tohoto odstavce nenastaly nové okolnosti.

(1) If the registered capital is increased by a non-cash contribution and its value has been determined under sections 59a (1) to (3), the company must before it is paid up also file in the collection of documents a notice setting out the particulars prescribed by subsection (2) and the date on which the decision to increase the registered capital was passed. If this duty is performed, the declaration under subsection (2) only has to contain a statement that no new circumstances have arisen from the date of publication of the

notice in accordance with this subsection.

(2) Byla-li hodnota nepeněžitého vkladu určena podle § 59a odst. 1 až 3, uloží společnost do 1 měsíce ode dne splacení vkladu do sbírky listin prohlášení obsahující:

(2) If the value of a non-cash contribution has been determined under sections 59a (1) to (3), the company must file in the collection of documents a declaration within 1 month from the date on which the contribution is paid up, which must contain the following:

a) popis nepeněžitého vkladu,

(a) a description of the non-cash contribution;

b) hodnotu nepeněžitého vkladu, způsob ocenění a případně i použité metody,

(b) the value of the non-cash contribution, the valuation method and, if applicable, the valuation procedures used;

c) v případě akciové společnosti vyjádření, zda hodnota nepeněžitého vkladu odpovídá alespoň počtu a emisnímu kursu akcií, které za ně byly vydány,

(c) for a joint stock company, a statement as to whether the value of the non-cash contribution is at least equal to the number and issue price of shares issued against it;

d) v případě společnosti s ručením omezeným vyjádření, zda hodnota nepeněžitého vkladu odpovídá alespoň výši převzatého vkladu s případným emisním ážiem,

(d) for a limited liability company, a statement as to whether the value of the non-cash contribution is at least equal to the amount of the contribution assumed, if applicable, together with issue premium;

e) sdělení, že nenastaly výjimečné nebo nové okolnosti, které by mohly původní ocenění ovlivnit.

(e) a statement that no extraordinary or new circumstances have arisen that are capable of affecting the original valuation.

§ 60

Správa a splácení vkladů před vznikem společnosti

Section 60

The management and payment up of contributions before the incorporation of a company

(1) Před vznikem společnosti spravuje splacené vklady nebo jejich části zakladatel pověřený tím ve společenské nebo zakladatelské smlouvě. Správou peněžitého vkladu může být též pověřena banka, i když není zakladatelem. Vlastnické právo ke vkladům nebo jejich částem

(1) Before the incorporation of a company, all or part of the paid up contributions must be managed by a founder that is appointed to do so in the memorandum of association or memorandum. A bank may also be appointed to manage a cash contribution, even if it is not a founder. The ownership

splaceným před vznikem společnosti, popřípadě jiná práva k těmto vkladům přecházejí na společnost dnem jejího vzniku. Vlastnické právo k nemovitosti nabývá společnost vkladem vlastnického práva do katastru nemovitostí na základě písemného prohlášení vkladatele s úředně ověřeným podpisem. Jiné majetkové hodnoty, ke kterým se příslušné právo nabývá zápisem do zvláštní evidence, nabývá společnost až účinností tohoto zápisu.

title to all or parts of the contributions paid up before the incorporation of the company and, if applicable, other rights to such contributions, all pass by transmission to the company as at the date on which it is incorporated. The company acquires ownership title to real estate properties by the ownership title being recorded in the real estate register on the basis of a written declaration of the contributor on which the signature of the contributor is officially verified. The company acquires other assets for which title is acquired by entry in a special registry as at the moment when the relevant entry becomes effective.

(2) Je-li nepeněžitým vkladem nemovitost, musí vkladatel předat osobě spravující splacené vklady (dále jen "správce vkladu") písemné prohlášení podle odstavce 1 před zápisem společnosti do obchodního rejstříku. Předáním tohoto prohlášení spolu s předáním nemovitosti správci vkladu je vklad splacen. Tím není dotčeno ustanovení § 59 odst. 2. Je-li předmětem nepeněžitého vkladu věc movitá, je vklad splacen předáním věci správci vkladu, pokud nebylo ve společenské smlouvě, zakladatelské smlouvě nebo v zakladatelské listině stanoveno něco jiného. U ostatních nepeněžitých vkladů je vklad splacen uzavřením písemné smlouvy o vkladu, kterou jménem společnosti uzavírá správce vkladu. Tato smlouva musí zajistit dohled správce vkladu nad plněním do vzniku společnosti. Pokud je nepeněžitým vkladem know-how, vyžaduje se i předání dokumentace, v níž je zachyceno. Pokud je nepeněžitým vkladem podnik nebo jeho část, vyžaduje se i předání podniku nebo jeho části správci vkladu. O předání podniku nebo jeho části anebo dokumentace, v níž je zachyceno know-how, sepíší správce vkladu a osoba splácející vklad zápis.

(2) If a non-cash contribution is comprised in a real estate property, the contributor must hand over a written declaration under subsection (1) to the person managing the paid up contributions (the "contribution manager") before the company is entered in the commercial register. The contribution is paid up by that declaration and the real estate being handed over to the contribution manager. This does not affect the provisions of section 59 (2). Unless the memorandum of association, memorandum or the foundation deed provide otherwise, if a non-cash contribution is comprised in a movable object, the contribution is paid up by the relevant object being handed over to the contribution manager. For other forms of non-cash contributions, the contribution is paid up by the conclusion of a written contribution agreement, to be concluded in the name of the company by the contribution manager. The relevant agreement must ensure that the contribution manager has the ability to supervise the contributions received until the company is incorporated. If the non-cash contribution is comprised in know-how, the documents in which it is captured must also be handed over. If the non-cash contribution is comprised in all or part of an undertaking, that undertaking or the relevant part must be handed over to the contribution manager.

The contribution manager and the person paying up the contribution must prepare a record of handing over the undertaking, in whole or in part, or the documents in which the know-how is captured.

(3) Po vzniku společnosti je správce vkladu povinen splacené vklady předat i s plody a užitky bez zbytečného odkladu společnosti, ledaže jde o peněžité vklady, jež jsou uloženy na zvláštním účtu u banky nebo spořitelního a úvěrního družstva zřízeném pro tuto společnost před jejím vznikem. Nevznikne-li společnost, je správce vkladu povinen splacené vklady bez zbytečného odkladu vrátit i s plody a užitky z nich. Za splnění této povinnosti ručí zakladatelé společně a nerozdílně.

(3) After the company is incorporated, the contribution manager has a duty to hand over without undue delay to the company the paid up contributions together with any yield or other accrued benefit. This does not apply to cash contributions deposited in a separate account created for the company before its incorporation with a bank or a savings and loans cooperative society. If the company is not incorporated, the contribution manager has a duty to return without undue delay the paid up contributions, together with any yield or other accrued benefit. The founders are jointly and severally liable for the performance of this duty.

(4) Správce vkladu je povinen vydat písemné prohlášení o splacení vkladu nebo jeho částí jednotlivými společníky, které se přikládá k návrhu na zápis do obchodního rejstříku. Správce vkladu, který uvedl v prohlášení vyšší částku, než která je splacena, ručí věřitelům společnosti za její závazky až do výše tohoto rozdílu, a to po dobu pěti let od zápisu společnosti do obchodního rejstříku.

(4) The contribution manager has a duty to issue a written declaration that all or part of a contribution is paid up by individual members. The declaration must then be attached to the application for entry in the commercial register. If, in the declaration, the contribution manager states a higher amount than the paid up amount, it is liable to the creditors of the company for the company's obligations up to the amount of the difference applicable for the period of five years from the registration of the company in the commercial register.

§ 61

Podíl

(1) Podíl představuje účast společníka ve společnosti a z ní plynoucí práva a povinnosti. Každý společník může mít pouze jeden podíl ve společnosti, ledaže jde o akciovou společnost. Podíl ve společnosti nemůže být představován cenným papírem, ledaže jde o akciovou společnost. Pro účely tohoto zákona se

Section 61

The ownership interest

(1) The ownership interest represents the participation of a member in a company and the rights and duties attaching to it. Each member may only have one ownership interest in a company unless it is a joint stock company. The ownership interest in a company may not be represented by a security unless it is a joint stock company.

oceňuje podíl mírou účasti společníka na čistém obchodním majetku společnosti, jež připadá na jeho podíl, nestanoví-li zákon jinak.

For the purposes of this Code and unless the law provides otherwise, the value of an ownership interest must be determined as the proportion of the member's participation in the net assets of the company and corresponding to its ownership interest.

(2) Při zániku účasti společníka ve společnosti za trvání společnosti jinak než převodem podílu nebo udělením příklepu v řízení o výkonu rozhodnutí vzniká společníkovi právo na vypořádání (vypořádací podíl). Výše vypořádacího podílu se stanoví ke dni zániku účasti společníka ve společnosti z vlastního kapitálu zjištěného z mezitímní, řádné nebo mimořádné účetní závěrky sestavené ke dni zániku účasti společníka ve společnosti, pokud společenská smlouva nestanoví, že se má zjistit z čistého obchodního majetku na základě posudku znalce ustanoveného obdobně podle § 59 odst. 3. Vypořádací podíl se vyplácí v penězích, neplyne-li ze společenské smlouvy nebo stanov něco jiného.

(2) If a member's participation in a company terminates during the existence of the company by means other than by way of transfer of the ownership interest or following an award in enforcement proceedings, the member has the right to a settlement (a settlement amount). The settlement amount must be determined as at the date on which the member's participation in the company terminates and on the basis of the equity capital as stated in the interim, extraordinary, or annual financial statements prepared as at the date on which the member's participation in the company terminates, unless the memorandum of association provides that it must be determined from the net assets as stated in the report of an expert appointed in accordance with section 59 (3), which applies with appropriate changes. Unless the memorandum of association or the articles of association provide otherwise, the settlement amount must be paid out in cash.

(3) Právo na vyplacení vypořádacího podílu je splatné uplynutím tří měsíců od schválení účetní závěrky podle odstavce 2 nebo ode dne doručení posudku znalce podle odstavce 2 společnosti, nestanoví-li zákon, dohoda účastníků nebo společenská smlouva jinak. Jestliže společníci nebo příslušný orgán společnosti účetní závěrku bez vážného důvodu neschválí, je právo na vyplacení vypořádacího podílu splatné uplynutím tří měsíců ode dne, kdy měla být účetní závěrka schválena.

(3) Unless the law, an agreement between the participants or the memorandum of association provides otherwise, the settlement amount is due on the expiry of three months from the date on which the financial statements prepared under subsection (2) are approved or on the expiry of three months from the date of delivery to the company of the expert report prepared under subsection (2). If the members or the competent company body do not approve the financial statements without good reason, the settlement amount is due on the expiry of three months from the date on which the financial statements were to be approved.

(4) Je-li se zrušením společnosti spojena likvidace, má společník právo na podíl na majetkovém zůstatku, který vyplynul z likvidace, (podíl na likvidačním zůstatku).

(4) If the company is wound up in liquidation, a member has the right to a share in the balance of assets resulting from the liquidation (a share in the liquidation balance).

§ 62

Vznik společnosti

(1) Společnost vzniká dnem, ke kterému byla zapsána do obchodního rejstříku. Návrh na zápis do obchodního rejstříku musí být podán do 90 dnů od založení společnosti (§ 57) nebo od doručení průkazu živnostenského či jiného podnikatelského oprávnění. Není-li návrh podán ve stanovené lhůtě, nelze již na základě průkazu podnikatelského oprávnění podat návrh na zápis do obchodního rejstříku.

(2) Není-li při založení obchodní společnosti výslovně určeno, že se zakládá na dobu určitou, platí, že byla založena na dobu neurčitou.

Section 62

The incorporation of a company

(1) A company is incorporated as at the date on which it is entered in the commercial register. The application for entry in the commercial register must be filed within 90 days of the formation of the company (section 57) or the delivery of the certificate of the relevant trade or other business licence. If the application is not filed within the prescribed period, a certificate of the business licence can no longer serve as a basis for the application for entry in the commercial register.

(2) Unless it is expressly determined at the formation of a company that it is formed for a definite period of time, it is formed for an indefinite period of time.

§ 63

Právní úkony týkající se založení, vzniku, změny, zrušení nebo zániku společnosti musí mít písemnou formu s úředně ověřenými podpisy; zákon stanoví, pro které úkony se vyžaduje forma notářského zápisu. Pokud stanoví zákon formu notářského zápisu pro právní úkon, kterým se zakládá společnost, vyžaduje se forma notářského zápisu i pro změny jeho obsahu.

Section 63

All legal acts relating to the formation, incorporation, modification, winding up, or dissolution of a company must be concluded in writing affixing officially verified signatures. The law sets out the various acts that must be concluded in the form of a notarial record. If the law provides that a legal act by which a company is formed must be concluded in the form of a notarial record, all amendments to its content must also be concluded in the form of a notarial record.

§ 64

Jednání jménem společnosti před zápisem do obchodního rejstříku

(1) Kdo jedná jménem společnosti před jejím vznikem, je z tohoto jednání zavázán; jedná-li více osob, jsou zavázány společně a nerozdílně. Jestliže společníci, popřípadě příslušný orgán společnosti tato jednání schválí do tří měsíců od vzniku společnosti, platí, že z těchto jednání byla společnost zavázána od počátku.

(2) Zakladatelé jsou povinni pořídit seznam jednání uvedených v odstavci 1 a předložit jej ke schválení společníkům nebo orgánu oprávněnému je schválit tak, aby mohla být dodržena lhůta podle odstavce 1. Poruší-li zakladatelé tuto povinnost, odpovídají společně a nerozdílně věřitelům za škodu, která jim v důsledku toho vznikne.

(3) Statutární orgán je povinen bez zbytečného odkladu po schválení jednání učiněných před vznikem společnosti oznámit to účastníkům závazkových vztahů vzniklých z těchto jednání.

Section 64

Acting in the name of a company before it is entered in the commercial register

(1) A person that acts in the name of a company before its incorporation is bound by the relevant acts. If several persons act, they are bound jointly and severally. If the members or the competent company body approve the relevant acts within three months from the incorporation of the company, the company is bound from the outset by the relevant acts.

(2) The founders must prepare a list of the acts referred to in subsection (1) and must submit the list for approval by the members or the body entitled to approve it so that the period stated in subsection (1) can be satisfied. If the founders breach this duty, they are jointly and severally liable to the creditors for any damage suffered by the creditors as a result.

(3) Without undue delay following the approval of any act concluded before the incorporation of the company, the statutory body must notify the relevant approval to the other parties to any relationships of obligation arising under the relevant act.

§ 65

Zákaz konkurence

(1) Ustanovení o jednotlivých společnostech určují, které osoby a v jakém rozsahu podléhají zákazu konkurenčního jednání.

(2) Společnost je oprávněna požadovat, aby osoba, která tento zákaz porušila, vydala prospěch z obchodu, při kterém porušila zákaz konkurence, anebo převedla tomu odpovídající práva na společnost. Tím není dotčeno právo na náhradu škody.

Section 65

The prohibition on competition

(1) The provisions on individual companies set out which persons are subject to a prohibition on competition and to what extent.

(2) A company is entitled to require that a person in breach of this prohibition surrenders any benefit arising from the transaction by which it breached the prohibition on competition or transfers the corresponding rights to the company. This does not affect the right to compensation for

damages.

(3) Práva společnosti podle odstavce 2 zanikají, nebyla-li uplatněna u odpovědné osoby do tří měsíců ode dne, kdy se společnost o této skutečnosti dověděla, nejpozději však uplynutím jednoho roku od jejich vzniku. Tím není dotčeno právo na náhradu škody.

(3) The rights of the company under subsection (2) expire if they are not asserted against the responsible person within three months of the date on which the company becomes aware of the matter and not in any event later than the expiry of one year from their having arisen. This does not affect the right to compensation for damage.

§ 65a

Section 65a

(1) Jsou-li v účetnictví společnosti v aktivech vykazovány zřizovací výdaje jako dlouhodobý majetek, musí být tento majetek účetně odepsán nejpozději v průběhu pěti let od vzniku společnosti.

(1) If the formation expenses are reported in the company's accounting records as long-term assets, they must be written off within a maximum period of five years from the incorporation of the company.

(2) Dokud není majetek uvedený v odstavci 1 zcela účetně odepsán, je jakékoliv vyplácení podílů na zisku zakázáno, ledaže disponibilní zdroje, z nichž lze jinak vyplácet podíly na zisku, a nerozdělený zisk minulých období jsou nejméně rovny neodepsané části zřizovacích výdajů.

(2) In so far as the assets stated in subsection (1) have not been completely written off, a distribution of profits is prohibited unless the amount of the resources available for distribution, from which shares in profit can otherwise be paid out, and profits brought forward are at least equal to the amount of the formation expenses not written off.

§ 66

Section 66

(1) Osoba, která je statutárním orgánem nebo jeho členem anebo členem jiného orgánu společnosti, může ze své funkce odstoupit. Je však povinna oznámit to orgánu, jehož je členem, nebo orgánu, který ji zvolil nebo jmenoval. Výkon funkce končí dnem, kdy odstoupení projednal nebo měl projednat orgán, který ji zvolil nebo jmenoval, nestanoví-li společenská smlouva nebo stanovy, že postačí, projednal-li je nebo měl projednat orgán, jehož je členem. U osoby zvolené za člena orgánu zaměstnanci společnosti výkon funkce končí dnem, kdy odstoupení projednal nebo měl projednat orgán, jehož je členem. Příslušný orgán je povinen projednat odstoupení na nejbližším zasedání poté, co se o odstoupení z funkce dověděl. Jestliže osoba, která odstupuje z

(1) A person that is a statutory body, a member of a statutory body or a member of another corporate body may resign its function. The person must, however, notify the resignation to the body of which it is a member or to the body which elected or appointed it. The office terminates as at the date on which the resignation is deliberated or should have been deliberated by the body that elected or appointed the relevant person, unless the memorandum of association or articles of association provide that it is sufficient if it is deliberated or should be deliberated by the body of which it is a member. The office of a person elected as a member of a corporate body by the employees of the company terminates as at the date on which the resignation is deliberated or should have been deliberated

BELISARIUS

funkce, oznámí své odstoupení na zasedání příslušného orgánu, končí výkon funkce uplynutím dvou měsíců po takovém oznámení, neschválí-li příslušný orgán společnosti na její žádost jiný okamžik zániku funkce. Pokud působnost valné hromady vykonává jediný společník a ten neschválí na žádost osoby, která je statutárním orgánem nebo jeho členem anebo členem jiného orgánu společnosti, jiný okamžik zániku funkce, končí výkon funkce této osoby uplynutím lhůty 2 měsíců ode dne doručení odstoupení jedinému společníkovi.

by the body of which it is a member. The competent body must ensure that the resignation is deliberated at the first meeting after it becomes aware of the resignation from office. If the person resigning from office notifies its resignation at the meeting of the competent body, its office terminates on the expiry of two months from the relevant notification unless, at the person's request, the competent company body approves another time for the termination of office. If the function of the general meeting is performed by the sole member and it does not approve another time for the termination of office at the request of the person that is the statutory body or a member of the statutory body or a member of another company body, the office of such a person terminates on the expiry of a period of two months from the date on which the resignation is delivered to the sole member.

(2) Vztah mezi společností a osobou, která je statutárním orgánem nebo členem statutárního či jiného orgánu společnosti anebo společníkem při zařizování záležitostí společnosti, se řídí přiměřeně ustanoveními o mandátní smlouvě, pokud ze smlouvy o výkonu funkce, byla-li uzavřena, nebo ze zákona nevyplývá jiné určení práv a povinností. Závazek k výkonu funkce je závazkem osobní povahy. Smlouva o výkonu funkce musí mít písemnou formu a musí být schválena valnou hromadou nebo písemně všemi společníky, kteří ručí za závazky společnosti neomezeně.

(2) The provisions applicable to a mandate agreement apply, as appropriate, to the relationship between the company and a person that is its statutory body, or a member of a statutory body or a member of another company body, or a member addressing the affairs of the company, unless the agreement to perform that office, if concluded, or the law requires a different scope of rights and duties. The obligation to perform an office is a personal obligation. An agreement to perform an office must be concluded in writing and must be approved by the general meeting or in writing by all members with unlimited liability for the obligations of the company.

(3) Jakékoliv plnění společnosti ve prospěch osoby, jež je orgánem společnosti nebo jeho členem, na které neplyne právo z právního předpisu nebo z vnitřního předpisu, lze poskytnout pouze se souhlasem valné hromady, nebo je-li přiznáno ve smlouvě o výkonu funkce. Společnost plnění neposkytne, jestliže výkon funkce zřejmě přispěl k nepříznivým

(3) Valuable consideration, beyond that required by the law or internal regulations, for the benefit of a person that is a company body or a member of a company body, may only be provided by the company with the approval of the general meeting unless such consideration arises under an agreement to perform the relevant office. It is prohibited for the company to provide consideration if

hospodářským výsledkům společnosti, anebo při zaviněném porušení právní povinnosti v souvislosti s výkonem funkce.

the performance of the office apparently contributed towards unfavourable economic results of the company or if the person concerned wilfully or negligently breached a legal duty in connection with its performance of the office.

(4) Neurčují-li zákon, stanovy nebo společenská smlouva jinak, mohou se statutární a jiné orgány usnášet, jen je-li přítomna nadpoloviční většina jejich členů, a k usnesení je zapotřebí souhlasu většiny přítomných členů. Při rovnosti hlasů je rozhodující hlas předsedajícího. Stanovy či společenská smlouva mohou připustit i písemné hlasování nebo hlasování pomocí prostředků sdělovací techniky mimo zasedání orgánu, pokud s tím souhlasí všichni členové orgánu. Hlasující se pak považují za přítomné.

(4) Unless the law, the articles of association or the memorandum of association provide otherwise, the statutory body and other bodies may only pass resolutions if a simple majority of the members of that body is present and, in such a case, resolutions are passed by a simple majority of the members present. In the case of equality of votes, the chairperson's vote is decisive. The articles of association or the memorandum of association may permit, if agreed unanimously by all the members of the relevant body, voting by written means or voting by electronic means of communication outside the actual meeting of the body. In such a case, a member that casts a vote is deemed to be present.

(5) Ustanovení odstavců 1 a 4 se nevztahují na valnou hromadu.

(5) The provisions of subsections (1) and (4) do not apply to the general meeting.

(6) Ustanovení tohoto zákona a zvláštních právních předpisů o odpovědnosti a ručení orgánů a členů orgánů společnosti se vztahují také na osoby, které na základě dohody, podílu na společnosti či jiné skutečnosti ovlivňují podstatným způsobem chování společnosti, přestože nejsou orgány ani členy orgánů společnosti, bez zřetele k tomu, jaký vztah ke společnosti mají.

(6) The provisions of this Code and special legal regulations relating to the responsibility and liability of company bodies and the members of company bodies also apply to persons that, by agreement, by virtue of ownership of an interest in the company, or any other matter, materially influence the behaviour of a company even though they are not a body or member of a body of the company, and such provisions apply regardless of their relationship to the company.

(7) Osoby, které činí jménem společnosti písemné úkony, je podepisují tak, že k firmě společnosti připojí svůj podpis. Neuvedení firmy u podpisu jednající osoby však nezpůsobuje neplatnost právního úkonu.

(7) Persons that conclude written acts in the name of the company must sign them by affixing their signature with the business name of the company. The fact that the business name is not stated next to the signature of the person acting does not render the legal act void.

(8) Jsou-li orgánem nebo členy orgánu právnické osoby poslanci a senátoři, kteří takto působí se souhlasem či na návrh státu, nebo jsou-li členy orgánu právnické osoby členové prezidia, dozorčí rady nebo zaměstnanci Pozemkového fondu České republiky, kteří takto působí se souhlasem či na návrh Pozemkového fondu České republiky, hradí škodu, za kterou tyto osoby podle tohoto zákona odpovídají,

(8) If deputies and senators are bodies or members of bodies of a legal person and hold such office with the approval or by appointment of the state, or if members of the presidium, supervisory board or employees of the Land Fund of the Czech Republic are are a body or members of a body of a legal person and hold such office with the approval or by appointment of the Land Fund of the Czech Republic, the damage for which such persons are liable under this Code must be paid by the following:

a) stát, jde-li o poslance a senátory,

(a) the state in so far as deputies and senators are concerned;

b) Pozemkový fond České republiky, jde-li o členy prezidia, dozorčí rady nebo o jeho zaměstnance.

(b) the Land Fund of the Czech Republic in so far as members of its presidium, supervisory board or its employees are concerned.

(9) Stát nebo Pozemkový fond České republiky má právo, aby osoby, za které podle odstavce 8 uhradil škodu a které tuto škodu způsobily svým zaviněním, mu ji nahradily, a to nejvýše v rozsahu, ve kterém tyto osoby podle zákoníku práce odpovídají za škodu způsobenou zaviněným porušením povinnosti.

(9) The state or the Land Fund of the Czech Republic, as appropriate, has the right to be reimbursed for the damages paid under subsection (8) by the persons that wilfully or negligently caused the relevant damage, to the maximum extent to which such persons are correspondingly liable under the Labour Code for damage caused by wilful or negligent breach of duty.

(10) Jsou-li orgánem nebo členy orgánu společnosti úředníci územního samosprávného celku, kteří byli takto vysláni jako zástupci územního samosprávného celku, jehož jsou zaměstnanci, hradí škodu, za kterou tyto osoby podle tohoto zákona odpovídají, tento územní samosprávný celek.

(10) If officials of a territorial self-governing authority are a company body or members of a company body and were appointed as representatives of the territorial self-governing authority that employs them, the damage for which such persons are liable in accordance with this Code must be paid by that territorial self-governing authority.

(11) Územní samosprávný celek má právo, aby osoby, za které podle odstavce 10 uhradil škodu a které tuto škodu způsobily svým zaviněním, mu ji nahradily, a to nejvýše v rozsahu, ve kterém tyto osoby podle zákoníku práce odpovídají za škodu způsobenou zaviněným porušením

(11) The territorial self-governing authority has the right to be reimbursed for the damages paid under subsection (10) by the persons who caused such damage wilfully or negligently, to the maximum extent to which such persons are correspondingly liable under the Labour Code for damage caused

povinnosti.

by wilful or negligent breach of duty.

§ 66a

Podnikatelská seskupení

(1) Společník, který má většinu hlasů plynoucích z účasti ve společnosti, je většinovým společníkem a společnost, ve které tuto většinu má, je společností s většinovým společníkem. Hlasy plynoucí z účasti společníka ve veřejné obchodní společnosti, komanditní společnosti a společnosti s ručením omezeným jsou hlasy spojené s jeho podílem ve společnosti. U akciové společnosti se počítají do hlasů plynoucích z účasti akcionáře ve společnosti hlasy příslušející k jeho akciím s hlasovacími právy bez ohledu na to, zda již byly tyto akcie vydány. Prioritní akcie, se kterými není spojeno hlasovací právo, se považují pro účely tohoto ustanovení za akcie bez hlasovacích práv i v případech, kdy podle zákona hlasovací právo dočasně nabývají. Do celkového počtu hlasů plynoucích z účasti ve společnosti se nezapočítávají hlasy z vlastních podílů nebo akcií v majetku společnosti nebo jí ovládané osoby ani z podílů nebo akcií, které drží určitá osoba svým jménem na účet společnosti nebo osoby ovládané společností.

(2) Ovládající osobou je osoba, která fakticky nebo právně vykonává přímo nebo nepřímo rozhodující vliv na řízení nebo provozování podniku jiné osoby (dále jen "ovládaná osoba"). Je-li ovládající osobou společnost, jde o společnost mateřskou a společnost jí ovládaná je společností dceřinou. Nepřímým vlivem se rozumí vliv vykonávaný prostřednictvím jiné osoby či jiných osob.

Section 66a

Business groups

(1) A member holding a majority of the votes deriving from its participation in a company is a majority member and the company in which its holds that majority is a company with a majority member. The votes deriving from a member's participation in a private unlimited company, a limited liability partnership or a limited liability company are the votes attaching to its ownership interest in the company. For a joint stock company, the votes attached to a shareholder's voting shares may be counted as votes deriving from the shareholder's participation in the company, whether or not the relevant shares have been already issued. For the purposes of this provision, preferred shares that do not carry voting rights are treated as shares without voting rights even in cases in which such shares temporarily acquire voting rights under the law. Votes deriving from ownership interests or shares held by a company in itself or in a person controlled by it, or ownership interests or shares held by a certain person in its name for the company's account or for the account of a person controlled by the company, do not count in the total number of votes deriving from the participations in the company.

(2) A controlling person is a person that in law or in fact directly or indirectly exercises decisive influence over the management or the operation of the undertaking of another person (the "controlled person"). If the controlling person is a company, it is a parent company and the company controlled by it is a subsidiary. Indirect influence means influence exercised through another person or persons.

(3) Ovládající osobou je vždy osoba, která

a) je většinovým společníkem; to neplatí, jestliže je ovládající osoba určena podle ustanovení písmene b),

b) disponuje většinou hlasovacích práv na základě dohody uzavřené s jiným společníkem nebo společníky, nebo

c) může prosadit jmenování nebo volbu nebo odvolání většiny osob, které jsou statutárním orgánem nebo jeho členem, anebo většiny osob, které jsou členy dozorčího orgánu právnické osoby, jejímž je společníkem.

(3) The following are always a controlling person:

(a) a majority member. This does not apply if the controlling person is determined under the provisions of subsection (b);

(b) a person that holds the majority of voting rights by an agreement concluded with another member or members; or

(c) a person that is able to force the appointment or election or recall of a majority of persons that are the statutory body or are the members of the statutory body, or of a majority of the persons that are the members of the supervisory body of the legal person in which it is a member.

(4) Osoby jednající ve shodě, které společně disponují většinou hlasovacích práv na určité osobě, jsou vždy ovládajícími osobami.

(4) Persons acting in concert that together have at their disposal a majority of voting rights in a certain person are always controlling persons.

(5) Není-li prokázáno, že jiná osoba disponuje stejným nebo vyšším množstvím hlasovacích práv, má se za to, že osoba, která disponuje alespoň 40 % hlasovacích práv na určité osobě, je ovládající osobou, a že osoby jednající ve shodě, které disponují alespoň 40 % hlasovacích práv na určité osobě, jsou ovládajícími osobami.

(5) Unless it is established that another person has at its disposal the same or a higher number of voting rights, it is presumed that a person having at its disposal at least 40% of the voting rights in a certain person is the controlling person and it is presumed that persons acting in concert having at their disposal at least 40% of the voting rights in a certain person are controlling persons.

(6) Disponováním s hlasovacími právy se pro účely tohoto zákona rozumí možnost vykonávat hlasovací práva na základě vlastního uvážení bez ohledu na to, zda a na základě jakého právního důvodu jsou vykonávána, popřípadě možnost ovlivňovat výkon hlasovacích práv jinou osobou.

(6) For the purposes of this Code, having the disposal of voting rights means the ability to exercise voting rights on an unfettered basis regardless of whether and on what legal basis these are exercised or, as applicable, the ability to influence the exercise of voting rights by another person.

(7) Jestliže jsou jedna nebo více osob podrobeny jednotnému řízení (dále jen "řízená osoba") jinou osobou (dále jen

(7) If one or more persons (each a "managed person") are subjected to management on a unified basis by another person (the

"řídící osoba"), tvoří tyto osoby s řídící osobou koncern (holding) a jejich podniky včetně podniku řídící osoby jsou koncernovými podniky. Není-li prokázán opak, má se za to, že ovládající osoba a osoby jí ovládané tvoří koncern. Jednotnému řízení lze podrobit osoby i smlouvou (dále jen "ovládací smlouva"). Ovládací smlouvu lze uzavřít i ve vztazích mezi ovládající osobou a jí ovládanými osobami. Osoba, jež je řídící osobou na základě ovládací smlouvy, je vždy ovládající osobou; ustanovení odstavce 3 se v tomto případě nepoužije.

"managing person"), such persons, together with the managing person, constitute a group (a holding) and the managing person's undertakings, together with the undertaking of the managing person, constitute the businesses of the group. Unless the contrary is established, it is presumed that a controlling person and the persons controlled by it constitute a group. Persons may also be subjected to management on a unified basis by contract (a "control agreement"). A control agreement may only be concluded between a controlling person and the persons controlled by it. A person that is a managing person on the basis of a control agreement is always the controlling person. In such case the provisions of subsection (3) do not apply.

(8) Nebyla-li uzavřena ovládací smlouva, nesmí ovládající osoba využít svého vlivu k tomu, aby prosadila přijetí opatření nebo uzavření takové smlouvy, z nichž může ovládané osobě vzniknout majetková újma, ledaže vzniklou újmu uhradí nejpozději do konce účetního období, v němž újma vznikla, anebo bude v téže době uzavřena smlouva o tom, v jaké přiměřené lhůtě a jak bude ovládající osobou tato újma uhrazena.

(8) If a control agreement is not concluded, the controlling person must not exercise its influence to force through the carrying out of measures or the conclusion of contracts under which the controlled person could incur proprietary detriment, unless it pays the resulting detriment at the latest by the end of the financial year in which the detriment arises, or unless a contract is concluded within the same period providing for a reasonable period and the means by which the controlling person will settle the relevant detriment.

(9) Není-li uzavřena ovládací smlouva, je statutární orgán ovládané osoby povinen ve lhůtě 3 měsíců od skončení účetního období zpracovat písemnou zprávu o vztazích mezi ovládající a ovládanou osobou a o vztazích mezi ovládanou osobou a ostatními osobami ovládanými stejnou ovládající osobou (dále jen "propojené osoby"), je-li ovládané osobě jednající s péčí řádného hospodáře známa ovládající osoba, popřípadě touto ovládající osobou ovládané osoby. Ve zprávě se uvede, jaké smlouvy byly uzavřeny v posledním účetním období mezi propojenými osobami, jiné právní

(9) If a control agreement is not concluded, the statutory body of the controlled person has a duty to prepare within a period of 3 months from the end of the financial year a written report on the relationships between the controlling and the controlled person and on the relationships between the controlled person and other persons that are subject to the control of that controlling person (all "connected persons"), provided that the controlled person, acting with due managerial care, is aware of the identity of the controlling person and, if applicable, all other persons controlled by that controlling person. The report must set out the

úkony, které byly učiněny v zájmu těchto osob, a všechna ostatní opatření, která byla v zájmu nebo na popud těchto osob přijata nebo uskutečněna ovládanou osobou. Pokud bylo ovládanou osobou poskytnuto plnění, je ve zprávě nutno uvést, jaké bylo poskytnuto protiplnění, u opatření jejich výhody a nevýhody, a zda z těchto smluv nebo opatření vznikla ovládané osobě újma, zda byla tato újma v účetním období uhrazena, anebo zda byla uzavřena smlouva o této úhradě podle odstavce 8. Jestliže ovládaná osoba zpracovává výroční zprávu podle zvláštního právního předpisu, musí být zpráva o vztazích mezi propojenými osobami připojena k výroční zprávě. Společníci nebo členové ovládané osoby musí mít možnost seznámit se se zprávou o vztazích mezi propojenými osobami ve stejné lhůtě a za stejných podmínek jako s účetní závěrkou.

contracts concluded with connected persons in the preceding financial year, other legal acts that were concluded in the interest of these persons, and all other measures that were taken or adopted by the controlled person in the interest of or at the initiative of such persons. If consideration was provided by the controlled person, the report must describe any counter-consideration provided, and it must state the advantages and disadvantages of any measures taken, whether the controlled person incurred detriment from such contracts or measures, whether this detriment was settled in the financial year or whether an agreement on the settlement was concluded under subsection (8). If the controlled person prepares an annual report in accordance with a special legal regulation, the report on the relationships between connected persons must be annexed to the annual report. The members of the controlled person must be given an opportunity to acquaint themselves with the report on the relationships between connected persons in the same period and under the same conditions as with the financial statements.

(10) Má-li ovládaná osoba dozorčí radu či jiný obdobný orgán, přezkoumá tento orgán zprávu podle odstavce 9 a o přezkoumání zprávy informuje valnou hromadu, popřípadě jiné obdobné shromáždění či schůzi členů ovládané osoby a seznámí je se svým stanoviskem.

(10) If the controlled person has a supervisory board or another equivalent body, that body must review the report prepared under subsection (9) and it must inform the general meeting or other equivalent meeting or the meeting of the members of the controlled person of its position on the report and it must acquaint them with its position.

(11) Pokud podléhá účetní závěrka ovládané osoby ověření auditorem, je auditor povinen ověřit i správnost údajů uvedených ve zprávě podle odstavce 9.

(11) If the financial statements of the controlled person are subject to audit, the auditor must also audit whether the information stated in the report prepared under subsection (9) is correct.

(12) Každý společník nebo člen ovládané osoby má právo požádat soud, aby jmenoval znalce pro účely přezkoumání zprávy o vztazích mezi propojenými

(12) Each member of the controlled person has the right to petition the court to appoint an expert for the purpose of reviewing the report on relationships between connected

osobami, a to do jednoho roku ode dne, kdy bylo zveřejněno oznámení o uložení této zprávy do sbírky listin. Na jmenování a odměňování znalce platí obdobně ustanovení § 59 odst. 3 s tím, že místně příslušným soudem je soud, v jehož obvodu je sídlo společnosti. Návrh každého dalšího společníka na jmenování znalce pro účely přezkoumání vztahů mezi propojenými osobami podaný dříve, než je řízení pravomocně skončeno, se považuje za přistoupení k řízení, a to ode dne podání návrhu. Jakmile řízení o jmenování znalce bylo pravomocně skončeno jmenováním znalce, nejsou návrhy dalších oprávněných osob na jmenování znalce přípustné.

persons within one year of the publication of the notice of the filing of that report in the collection of documents. Section 59 (3) applies with appropriate changes to the appointment and remuneration of the expert. The locally competent court is the court for the district where the company has its registered office. A petition of another member for the appointment of an expert to review the relationships between connected persons that is filed before the proceedings are finally concluded is treated as an accession to the original proceedings from the date on which the petition is filed. Once the proceedings to appoint an expert are finally concluded by the appointment of the expert, other petitions on the appointment of an expert, by persons otherwise entitled to file them, are not admissible.

(13) Právo podle odstavce 12 vzniká pouze v případě, že

a) ve zprávě auditora podle odstavce 11 jsou uvedeny výhrady ke zprávě statutárního orgánu podle odstavce 9,

b) stanovisko podle odstavce 10 obsahuje výhrady ke zprávě statutárního orgánu podle odstavce 9, nebo

c) zpráva statutárního orgánu podle odstavce 9 obsahuje informaci o tom, že ovládané osobě v důsledku uzavření smlouvy nebo uskutečnění určitého opatření podle odstavce 8 vznikla újma a že tato újma nebyla ovládající osobou uhrazena ani nebyla uzavřena dohoda o jejím uhrazení podle odstavce 8.

(13) The right under subsection (12) only arises in the following cases:

(a) the auditor's report under subsection (11) contains qualifications to the report of the statutory body prepared under subsection (9);

(b) the opinion under subsection (10) contains qualifications to the report of the statutory body prepared under subsection (9); or

(c) the report of the statutory body prepared under subsection (9) contains the information that the controlled person has incurred detriment as a result of concluding a contract or carrying out a certain measure under subsection (8) and that the relevant detriment was not settled by the controlling person and that no agreement was concluded for the settlement of the relevant detriment under subsection (8).

(14) Vyžaduje-li ovládající osoba na ovládané osobě, s níž nemá uzavřenou ovládací smlouvu, přijetí opatření nebo uzavření smlouvy, z nichž vznikne ovládané

(14) If the controlling person requires a controlled person, with which it has not concluded a control agreement, to carry out a measure or conclude a contract from which

osobě újma, a nebude-li splněna povinnost podle odstavce 8, je ovládající osoba povinna nahradit z toho vzniklou škodu. Kromě toho je povinna nahradit škodu, která z toho vznikla společníkům nebo členům ovládané osoby nezávisle na povinnosti k náhradě škody vůči ovládané osobě. Povinnost k náhradě škody však nevzniká, pokud by taková smlouva byla uzavřena nebo takové opatření bylo přijato i osobou, která není osobou ovládanou, za předpokladu, že by plnila své povinnosti s péčí řádného hospodáře.

the controlled person incurs detriment and, if the duty under subsection (8) is not performed, the controlling person has a duty to compensate the resulting damage. In addition to that and independently from the duty to compensate the controlled person for the damage incurred, it also has a duty to compensate any damage incurred by the members of the controlled person as a result of the relevant non-performance. The duty to compensate damage does not arise if the same contract would have been concluded or the same measure would have been carried out by a person, which is not a controlled person, proceeding with due managerial care.

(15) Osoby, které jsou statutárním orgánem ovládající osoby nebo jeho členem, ručí za splnění závazku k náhradě škody podle odstavce 14 společně a nerozdílně. Společně a nerozdílně ručí za splnění závazku k náhradě škody též osoby, jež jsou statutárním orgánem ovládané osoby nebo jeho členem, jestliže ve zprávě podle odstavce 9 neuvedly smlouvy nebo opatření, z nichž vznikla společnosti újma, nebyla-li tato újma nahrazena nebo nebyla-li uzavřena smlouva o její úhradě podle odstavce 8. To však neplatí, pokud tyto osoby jednaly na základě řádného usnesení valné hromady nebo schůze členů ovládané osoby.

(15) Persons that are the statutory body of the controlling person or a member of that statutory body are jointly and severally liable for the performance of the obligation to compensate the damage under subsection (14). In the event that the detriment incurred is not settled and an agreement to settle it has not been concluded in accordance with subsection (8), the persons that are the statutory body of the controlled person or a member of the statutory body are also jointly and severally liable for the performance of the obligation to compensate the damage if they have not set out the relevant contracts or measures from which the company incurred detriment in the report prepared under subsection (9). This does not apply if such persons acted pursuant to a lawful resolution of the general meeting or the meeting of the members of the controlled person.

(16) Ustanovení odstavců 10, 12 a 13 se nepoužijí v případě, kdy ovládající osobou vůči společnosti je její jediný společník, jakož i v případě, kdy ovládajícími osobami vůči společnosti jsou všichni její společníci, kteří jednají ve shodě (§ 66b); v takovém případě se z ustanovení odstavců 14 a 15 rovněž nepoužijí ustanovení o náhradě škody společníkům nebo členům ovládané

(16) The provisions of subsections (10), (12), and (13) do not apply if the controlling person of the company is its sole member as well as if the controlling persons of the company are all of its members acting in concert (section 66b). In such a case, the provisions of subsections (14) and (15) relating to the compensation of damage to the members of the controlled person and

osoby a o právu společníků nebo členů ovládané osoby podat žalobu o náhradu škody proti ovládající osobě.

the right of the members to file an action for the compensation of damage against the controlling person also do not apply.

§ 66b

Jednání ve shodě

(1) Jednáním ve shodě je jednání dvou nebo více osob uskutečněné ve vzájemném srozumění s cílem nabýt nebo postoupit nebo vykonávat hlasovací práva v určité osobě nebo disponovat jimi za účelem prosazování společného vlivu na řízení nebo provozování podniku této osoby anebo volby statutárního orgánu nebo většiny jeho členů anebo většiny členů dozorčího orgánu této osoby nebo jiného ovlivnění chování určité osoby.

(2) Není-li prokázán opak, má se za to, že osobami, jež jednají ve shodě podle odstavce 1, jsou

a) právnická osoba a její statutární orgán nebo jeho člen, osoby v jejich přímé řídící působnosti, člen dozorčího orgánu, likvidátor, insolvenční správce nebo nucený správce anebo jakýkoliv okruh těchto osob,

b) ovládající osoba a jí ovládané osoby,

c) osoby ovládané stejnou ovládající osobou, nebo

d) osoby tvořící koncern.

Section 66b

Acting in concert

(1) Acting in concert means the conduct of two or more persons under a mutual understanding and for the purpose of acquiring, assigning, or exercising voting rights in a certain person or having the same at their disposal, for the purposes of imposing their joint influence on the management or the operation of the undertaking of that person or electing the statutory body or the majority of its members or the majority of the members of the supervisory body of that person or another form of influence on the behaviour of a certain person.

(2) Unless it is established to the contrary, it is presumed that the following persons are persons acting in concert within the meaning of subsection (1):

(a) a legal person and its statutory body or a member of the statutory body, persons under their direct managerial competence, a member of the supervisory body, a liquidator, an insolvency practitioner or a compulsory administrator or any other group of such persons;

(b) the controlling person and persons controlled by it;

(c) persons controlled by the same controlling person; or

(d) persons constituting a group.

(3) Není-li prokázán opak, má se za to, že osobami, jež jednají ve shodě podle odstavce 1, jsou i

a) společnost s ručením omezeným a její společníci nebo pouze její společníci,

b) veřejná obchodní společnost a její společníci nebo pouze její společníci,

c) komanditní společnost a komplementáři nebo pouze její komplementáři,

d) osoby blízké,

e) penzijní společnost, investiční společnost a jí obhospodařovaný investiční fond či penzijní fond nebo pouze jí obhospodařované fondy.

(4) Osoby jednající ve shodě musí plnit povinnosti z toho vyplývající společně a nerozdílně.

(3) Unless otherwise established, it is presumed that the following persons are also acting in concert within the meaning of subsection (1):

(a) a limited liability company and its members or the members themselves;

(b) a private unlimited company and its members or the members themselves;

(c) a limited liability partnership and its general partners or the general partners themselves;

(d) close persons;

(e) a pensions management company, an investment company and the investment fund or pension fund managed by them or such funds themselves.

(4) Persons acting in concert are jointly and severally liable for obligations deriving from this.

§ 66c

Každý, kdo pomocí svého vlivu ve společnosti úmyslně přiměje osobu, která je statutárním orgánem nebo jeho členem, členem dozorčího orgánu, prokuristou nebo jiným zmocněncem společnosti, jednat ke škodě společnosti nebo společníků, ručí za splnění povinnosti k náhradě škody, jež vznikla v souvislosti s takovým jednáním.

Section 66c

Any person that, using its influence over a company, deliberately induces a person that is the statutory body or a member of the statutory body or a member of the supervisory body, a procurator, or another representative of the company to act to the detriment of the company or its members, is liable for the performance of the duty to compensate the damage incurred in connection with the relevant acts.

§ 66d

Pověření obchodním vedením

(1) Statutární orgán společnosti může pověřit obchodním vedením společnosti zcela nebo zčásti jiného. Tyto činnosti mohou být též vykonávány v pracovněprávním vztahu dle zvláštního právního předpisu zaměstnancem

Section 66d

Appointment to manage business affairs

(1) The statutory body of the company may in whole or in part appoint another person to manage its business affairs. These activities may be performed by an employee of the company within an employment relationship under a special legal regulation and that

společnosti, přičemž tento zaměstnanec může být současně statutárním orgánem společnosti nebo jeho členem.

employee may at the same time be a statutory body of the company or a member of the statutory body.

(2) Při pověření obchodním vedením podle odstavce 1 zůstává nedotčena odpovědnost osob, které jsou statutárním orgánem nebo jeho členem, stanovená tímto zákonem za porušení povinnosti vykonávat funkci s péčí řádného hospodáře.

(2) An appointment to manage business affairs under subsection (1) does not affect the liability for breach of the duty to perform the office with due managerial care in relation to the persons that are the statutory body or members of the statutory body, as provided by this Code.

(3) Jestliže jsou činnosti spadající pod obchodní vedení vykonávány v pracovněprávním vztahu dle zvláštního právního předpisu zaměstnancem společnosti, který je současně statutárním orgánem společnosti nebo jeho členem, mzdu či odměnu z dohody sjednává nebo určuje ten orgán společnosti, do jehož působnosti náleží rozhodovat o odměňování statutárního orgánu nebo jeho členů.

(3) If the activities falling within the scope of the management of business affairs are carried out by an employee of the company within an employment relationship under a special legal regulation and the employee is at the same time a statutory body of the company or a member of a statutory body, the salary or remuneration under the relevant agreement must be negotiated with or determined by the company body with the competence to decide matters of remuneration of the statutory body or the members of the statutory body.

(4) Pověření obchodním vedením podle odstavce 1 nezahrnuje účast na zasedání statutárního orgánu, rozhodování o pověření obchodním vedením, rozhodování o základním zaměření obchodního vedení společnosti ani jiné činnosti v rámci obchodního vedení společnosti, které tento zákon nebo jiný právní předpis svěřuje do výlučné působnosti statutárního orgánu.

(4) An appointment to manage business affairs under subsection (1) does not include the participation in sessions of the statutory body, decisions to delegate the appointment to manage business affairs, decisions of fundamental strategy in the management of the business affairs of the company, nor other activities within the scope of the management of business affairs of the company, which this Code or another legal regulation confer exclusively to the competence of the statutory body.

§ 67

Rezervní fond

Section 67

Reserves

(1) Vyžaduje-li tento zákon zřízení rezervního fondu, lze jej použít v rozsahu, v němž je vytvářen podle tohoto zákona povinně, pouze ke krytí ztrát společnosti, nestanoví-li zákon jinak.

(1) Unless the law provides otherwise, if this Code requires reserves to be created, then to the extent to which their creation is mandatory under this Code, such reserves may only be used to cover the losses of the

company.

(2) Rezervní fond vytváří povinně společnost s ručením omezeným a akciová společnost ze zisku běžného účetního období po zdanění (dále jen "čistý zisk") nebo z jiných vlastních zdrojů mimo čistý zisk, pokud to zákon nevylučuje. Rezervní fond lze vytvořit i při vzniku společnosti nebo při zvyšování základního kapitálu příplatky společníků nad výši vkladů nebo nad emisní kurs akcií.

(2) Unless precluded by law, reserves must be created by a limited liability company and a joint stock company from the after tax profits of the current financial year ("net profit") or from other own resources not comprising net profit. Reserves may also be created on incorporation of the company or in the event of an increase of registered capital by premiums paid by the members over and above the contribution amount or the issue price of the shares.

(3) Podíl na čistém zisku společnosti lze určit teprve po doplnění rezervního fondu v souladu s tímto zákonem, společenskou smlouvou nebo stanovami.

(3) A share in the net profit of the company may only be determined after the reserves are replenished in accordance with this Code, the memorandum of association, or the articles of association.

§ 67a

nadpis vypuštěn

Ke smlouvě, na jejímž základě dochází k převodu podniku nebo jeho části, ke smlouvě o nájmu podniku nebo jeho části a ke smlouvě zřizující zástavní právo k podniku nebo jeho části musí být udělen souhlas společníků nebo valné hromady.

Section 67a

Heading repealed

An agreement giving effect to a transfer of all or part of an undertaking, a lease of all or part of an undertaking, and an agreement establishing a pledge over all or part of an undertaking must be approved by the members or the general meeting.

§ 68

Zrušení a zánik společnosti

(1) Společnost zaniká ke dni výmazu z obchodního rejstříku. Společnost zúčastněná na přeshraniční fúzi zaniká dnem zápisu přeshraniční fúze do obchodního rejstříku nebo do zahraničního obchodního rejstříku.

Section 68

The winding up and dissolution of a company

(1) A company is dissolved as at the date on which it is struck off the commercial register. A company participating in a cross-border merger is dissolved as at the date on which the cross-border merger is entered into the commercial register or into the relevant foreign commercial register.

(2) Zániku společnosti předchází její zrušení s likvidací nebo bez likvidace, nevyplývá-li z tohoto zákona, že k zániku a zrušení společnosti dochází ke stejnému okamžiku. Likvidace se rovněž nevyžaduje,

(2) A company's dissolution is preceded by its winding up in liquidation or outside liquidation, unless this Code requires that the dissolution and the winding up of a company are to occur simultaneously.

zrušuje-li se společnost z důvodů uvedených v odstavci 3 písm. f) a nemá-li žádný majetek, přičemž se nepřihlíží k věcem, právům, pohledávkám nebo jiným majetkovým hodnotám vyloučeným z majetkové podstaty. Při zrušení společnosti podle předchozí věty se k výmazu z obchodního rejstříku nevyžaduje souhlas správce daně podle zvláštního právního předpisu.

Liquidation is also not required if a company is placed in winding up for the reasons stated in subsection (3) (f) and the company has no assets, for which material objects, rights, claims, or other property excluded from the insolvency estate must be disregarded. When a company is in winding up in accordance with the previous sentence, the consent of the tax authority in accordance with a special legal regulation is not required for striking off from the commercial register.

(3) Společnost se zrušuje

a) uplynutím doby, na kterou byla založena,

b) dosažením účelu, pro který byla založena,

c) dnem uvedeným v rozhodnutí společníků nebo orgánu společnosti o zrušení společnosti, jinak dnem, kdy toto rozhodnutí bylo přijato, dochází-li ke zrušení společnosti s likvidací,

d) dnem uvedeným v rozhodnutí soudu o zrušení společnosti, jinak dnem, kdy toto rozhodnutí nabude právní moci,

e) dnem zániku společnosti, pokud dochází k zániku společnosti v důsledku fúze, převodu jmění na společníka nebo v důsledku rozdělení,

f) zrušením konkursu po splnění rozvrhového usnesení nebo zrušením konkursu z důvodu, že majetek dlužníka je zcela nepostačující.

(3) A company is placed in winding up in the event of the following:

(a) on expiry of the period for which it was formed;

(b) on fulfilment of the purpose for which it was formed;

(c) on the date stated in a decision of the members or a decision of a company body to wind up the company, or otherwise as at the date on which the relevant decision was adopted, provided that the company is being wound up in liquidation.

(d) on the date stated in a court decision to wind up the company or otherwise as at the date on which the decision becomes final;

(e) if the company is dissolved as a result of a merger, a transfer of assets and liabilities to a member or a division, as at the date of the dissolution of the company.

(f) by the discontinuation of bankruptcy proceedings on satisfaction of a formal court ruling on distribution of the bankrupt's estate or by the discontinuation of bankruptcy proceedings on the grounds that debtor's assets are insufficient.

(4) Zbude-li po zrušení společnosti z důvodů uvedených v odstavci 3 písm. f) majetek, provede se její likvidace.

(4) If any assets remain after the company is wound up on the grounds stated in subsection (3) (f), it will be required to go into liquidation.

(5) Byla-li společnost zrušena nebo bylo-li ohledně ní vydáno rozhodnutí o úpadku, vykonává statutární orgán svou působnost jen v takovém rozsahu, v jakém nepřešla na likvidátora nebo insolvenčního správce. Obdobně to platí, rozhodl-li insolvenční soud, že oprávnění nakládat s majetkovou podstatou společnosti zcela nebo zčásti přechází na insolvenčního správce. Dokud není likvidátor jmenován, nebo jestliže skončila jeho funkce a není jmenován likvidátor nový, plní povinnosti související s likvidací společnosti její statutární orgán.

(5) If a company is in winding up or if a court decision determining it to be insolvent has been issued, the statutory body may only perform its function to the extent that the same are not transferred to a liquidator or an insolvency practitioner. This also applies with appropriate changes if the insolvency court has decided that the right to the disposition of the property of a company passes in whole or in part to an insolvency practitioner. Before a liquidator is appointed or, if its office has terminated and a new liquidator is not appointed, the statutory body must perform the duties in connection with the liquidation of the company.

(6) Soud může na návrh státního orgánu nebo osoby, která osvědčí právní zájem, rozhodnout o zrušení společnosti a o její likvidaci, jestliže

(6) The court may, on petition by a state authority or by a person demonstrating a legal interest in the matter, decide to wind up a company and liquidate it in the following cases:

a) v uplynulých dvou letech se nekonala valná hromada nebo v uplynulém roce nebyly zvoleny orgány společnosti, kterým skončilo nebo jejichž všem členům skončilo funkční období před více než jedním rokem, nestanoví-li tento zákon jinak, anebo společnost po dobu delší než dva roky neprovozuje žádnou činnost,

(a) if a general meeting has not been held in the previous two years or in the previous year there was no re-election of company bodies or the members of company bodies all of whose terms of office had expired more than one year previously, unless this Code provides otherwise, or if the company has not carried on any activities for more than two years;

b) společnost pozbude oprávnění k podnikatelské činnosti,

(b) if the company has lost its licence to carry on business activities;

c) zaniknou předpoklady vyžadované zákonem pro vznik společnosti anebo jestliže společnost nemůže vykonávat činnost pro nepřekonatelné rozpory mezi společníky,

(c) if the legal requirements for incorporation of the company cease to be satisfied or the company cannot carry on its activities due to irreconcilable disputes between its members;

d) společnost porušuje povinnost vytvářet rezervní fond,

(d) if the company is in breach of its duty to create reserves;

e) společnost porušuje ustanovení § 56 odst. 3,

(e) if the company is in breach of the provisions of section 56 (3);

f) společnost neplní povinnost prodat část podniku nebo se rozdělit uloženou rozhodnutím Úřadu pro ochranu hospodářské soutěže podle zvláštního právního předpisu.

(f) if the company fails to perform the duty to sell part of its undertaking or divide itself, as imposed by a decision of the Office for the Protection of Competition under a special legal regulation.

(7) V případech, kdy tento zákon umožňuje zrušení společnosti rozhodnutím soudu, stanoví soud před rozhodnutím o zrušení společnosti lhůtu k odstranění důvodu, pro který bylo zrušení navrženo, jestliže je jeho odstranění možné.

(7) If this Code permits the winding up of a company by court decision, before the court decides on the winding up, the court must provide a period in which to remedy the grounds for the winding up petition if the same are capable of remedy.

(8) Společníci nebo příslušný orgán společnosti mohou zrušit své rozhodnutí o zrušení společnosti a jejím vstupu do likvidace do doby, než bylo započato s rozdělováním likvidačního zůstatku. Dnem účinnosti tohoto rozhodnutí končí funkce likvidátora a likvidátor je povinen předat všechny doklady o průběhu likvidace statutárnímu orgánu společnosti. V případě, že likvidátora jmenoval soud (§ 71 odst. 3 poslední věta, odst. 4 a 7), rozhoduje o zrušení rozhodnutí o zrušení společnosti a jejím vstupu do likvidace na návrh společníků či příslušného orgánu společnosti soud. Soud nezruší rozhodnutí o zrušení společnosti, jestliže by tím došlo k zásahu do práv nebo právem chráněných zájmů kteréhokoliv ze společníků nebo třetích osob.

(8) The members or the competent company body may revoke their decision to wind up the company and place it in liquidation before the distribution of the liquidation balance commences. From the date on which this decision becomes effective, the office of the liquidator is terminated and the liquidator must hand over to the statutory body of the company all documents relating to the course of the liquidation. For cases where the liquidator has been appointed by the court (sections 71 (3) last sentence, (4) and (7)), the court may decide to revoke its decision to wind up the company and place it in liquidation on petition by its members or the competent company body. The court will not revoke its decision to wind up the company if this would interfere with the rights or lawfully protected interests of any of the members or third parties.

(9) Jestliže bylo rozhodnutí o vstupu společnosti do likvidace zrušeno, sestaví společnost ke dni účinnosti tohoto rozhodnutí mezitímní účetní závěrku; to neplatí, jestliže je zrušeno rozhodnutí o vstupu společnosti do likvidace schválením projektu přeměny.

(9) If a decision to liquidate the company has been revoked, the company must prepare interim financial statements as at the date on which the revocation decision becomes effective. This does not apply if the decision to liquidate the company is revoked under an approved scheme of transformation.

§ 68a

Neplatnost společnosti

(1) Po vzniku společnosti nelze zrušit rozhodnutí, jímž se povoluje zápis společnosti do obchodního rejstříku, a nelze se domáhat určení, že společnost nevznikla.

(2) Neplatnost společnosti může prohlásit jenom soud, a to i bez návrhu, jestliže

a) nebyla uzavřena společenská nebo zakladatelská smlouva nebo nebyla pořízena zakladatelská listina nebo nebyla dodržena jejich předepsaná forma,

b) předmět podnikání (činnosti) je nedovolený nebo odporuje veřejnému pořádku,

c) ve společenské nebo zakladatelské smlouvě, zakladatelské listině nebo ve stanovách chybí údaj o firmě společnosti nebo o vkladech společníků nebo o výši základního kapitálu, jestliže zákon takový údaj předepisuje, nebo o předmětu podnikání (činnosti),

d) nebyla dodržena ustanovení o minimálním splacení vkladů,

e) všichni zakládající společníci jsou nezpůsobilí k právním úkonům,

f) v rozporu se zákonem je počet zakladatelů nižší než dva.

(3) Ke dni právní moci rozhodnutí soudu o neplatnosti společnosti vstupuje společnost do likvidace.

Section 68a

The invalidity of a company

(1) After the incorporation of a company, the decision to permit the entry of a company in the commercial register is irrevocable and no person may require a declaration that the company was not incorporated.

(2) The invalidity of a company may only be declared by the court, with or without a petition, in the following cases:

(a) if the memorandum of association or memorandum was not properly concluded or the foundation deed was not prepared or their prescribed form was not observed;

(b) if the scope of its business (activities) is contrary to the law or public policy;

(c) if the memorandum of association or memorandum, the foundation deed, or the articles of association omit the information on the business name of the company or the contributions of members or the amount of registered capital if law prescribes such information or the scope of business (activities);

(d) if the provisions on the minimum level of paid up contributions have not been complied with;

(e) if none of the founding members has the capacity to conclude legal acts;

(f) if the number of founders is less than two in cases where the law requires to the contrary.

(3) A company goes into liquidation as at the date on which the court decision on the invalidity of the company becomes final.

(4) Právní vztahy, do nichž neplatná společnost vstoupila, nejsou neplatností společnosti dotčeny. Povinnost společníků splatit nesplacené vklady trvá, pokud to vyžaduje zájem věřitelů na splnění závazků neplatné společnosti.

(4) The legal relationships entered into by a void company are not affected by the invalidity of the company. The duty of its members to pay up contributions that are not paid up subsists if this is necessary for the protection of the interests of creditors in satisfaction of obligations of the void company.

nadpis vypuštěn

Heading repealed

§ 69

zrušen

Section 69

Repealed

§ 69a

zrušen

Section 69a

Repealed

§ 69b

zrušen

Section 69b

Repealed

§ 69c

zrušen

Section 69c

Repealed

§ 69d

zrušen

Section 69d

Repealed

§ 69e

zrušen

Section 69e

Repealed

§ 69f

zrušen

Section 69f

Repealed

§ 69g

zrušen

Section 69g

Repealed

§ 69h

zrušen

Section 69h

Repealed

Likvidace společnosti

§ 70

(1) Je-li společnost zrušena s likvidací nebo zbude-li po zrušení společnosti z důvodů uvedených v § 68 odst. 3 písm. f) majetek, provede se likvidace podle tohoto zákona, pokud ze zvláštního právního předpisu nevyplývá jiný způsob vypořádání jejího jmění.

(2) Společnost vstupuje do likvidace ke dni, k němuž je zrušena, pokud zákon nestanoví jinak. Vstup společnosti do likvidace se zapisuje do obchodního rejstříku. Po dobu likvidace se užívá firma společnosti s dovětkem "v likvidaci".

(3) Jmenováním likvidátora na něj přechází v rámci § 72 působnost statutárního orgánu jednat jménem společnosti. Je-li jmenováno více likvidátorů a z jmenování nevyplývá nic jiného, má tuto působnost každý likvidátor.

§ 71

(1) Likvidátora jmenuje statutární orgán společnosti, není-li zákonem, společenskou smlouvou nebo stanovami určeno jinak. Není-li likvidátor jmenován bez zbytečného odkladu, jmenuje ho soud. Likvidátorem může být jen fyzická osoba, nestanoví-li tento zákon nebo zvláštní právní předpis jinak.

(2) Při likvidaci společnosti na základě rozhodnutí soudu jmenuje likvidátora soud, který o zrušení společnosti rozhodl. Soud podle předchozí věty může jmenovat likvidátorem i bez jeho souhlasu některého ze společníků nebo statutární orgán anebo člena statutárního orgánu. Společník, statutární orgán nebo člen statutárního orgánu, kterého jmenoval likvidátorem

The liquidation of a company

Section 70

(1) If a company is wound up in liquidation or assets remain after the winding up of a company for the reasons stated in section 68 (3) (f), it will be liquidated in accordance with this Code, unless a special legal regulation provides for other means of the settlement of its assets and liabilities.

(2) A company goes into liquidation as at the date on which it is placed in winding up, unless the law provides otherwise. The event of the company's going into liquidation must be entered in the commercial register. During liquidation, the business name must be used with the addition "v likvidaci".

(3) The function of the statutory body to act in the name of the company passes within the meaning of section 72 to the liquidator on its appointment. If several liquidators are appointed and the appointment does not provide otherwise, each liquidator must perform the relevant function.

Section 71

(1) The liquidator must be appointed by the statutory body of the company, unless the law, the memorandum of association or the articles of association provide otherwise. If the liquidator is not appointed without undue delay, the court must appoint it. Unless this Code or a special legal regulation provide otherwise, only a natural person may be a liquidator.

(2) When liquidating a company on the basis of a court decision, the court that decides to wind up the company must appoint a liquidator. For the purposes of the previous sentence, the court may appoint one of the members or the statutory body or a member of the statutory body as liquidator even without their consent. A member, the statutory body, or a member of a statutory

soud, se nemůže vzdát své funkce. Může však požádat soud o odvolání z funkce likvidátora, nelze-li po něm spravedlivě požadovat, aby ji vykonával. Je-li likvidátorem právnická osoba, je povinna určit fyzickou osobu, která bude jejím jménem vykonávat funkci likvidátora a jež se zapisuje do obchodního rejstříku podle § 38g odst. 1; neučiní-li tak do 10 dnů ode dne, kdy se rozhodnutí o jmenování likvidátora stane vykonatelným, bude funkci likvidátora vykonávat její statutární orgán, popřípadě jeho členové.

body appointed as a liquidator by the court cannot resign from office. Such a person may, however, petition the court to be recalled from office as liquidator provided that it ought fairly to be excused from performing the office. If a legal person is a liquidator, it must appoint a natural person to perform the office of liquidator in its name and to be entered in the commercial register in accordance with section 38g (1). If it does not do so within 10 days from the date on which the decision to appoint a liquidator becomes enforceable, the office of liquidator must be performed by its statutory body or members of its statutory body.

(3) Zemře-li likvidátor, je-li odvolán nebo vzdá-li se své funkce anebo nemůže-li ji vykonávat, jmenuje se nový likvidátor způsobem, kterým byl jmenován předchozí likvidátor, a zapíše se místo dosavadního likvidátora do obchodního rejstříku. Soud jmenuje nového likvidátora, jestliže tak neučiní bez zbytečného odkladu orgán, který je k tomu podle odstavce 1 oprávněn.

(3) If a liquidator dies, is recalled from office, resigns its office or is unable to perform it, a new liquidator must be appointed by the procedure used to appoint the previous liquidator and it must be entered in the commercial register in the place of the current liquidator. Unless the new liquidator is appointed without undue delay by the body entitled to do so in accordance with subsection (1), the court must appoint the new liquidator.

(4) Bez ohledu na způsob určení likvidátora může soud na návrh osoby, jež na tom osvědčí právní zájem, odvolat likvidátora, který porušuje své povinnosti, a nahradit ho jinou osobou.

(4) Regardless of the procedure by which the liquidator is determined, the court may on petition by a person that provides evidence of its legal interest in the matter recall a liquidator in breach of its duties and replace it with another person.

(5) Likvidátor je orgánem společnosti (§ 66) a za výkon své působnosti odpovídá týmž způsobem jako členové statutárních orgánů.

(5) A liquidator is a company body (section 66) and it is liable for the performance of its functions in the same manner as the members of statutory bodies.

(6) Odměnu likvidátora určuje orgán společnosti, který likvidátora jmenoval. Byl-li likvidátor jmenován soudem, určuje jeho odměnu soud. Likvidátorovi lze přiznat právo na vyplácení zálohy. Jde-li o likvidátora jmenovaného soudem podle § 71 odst. 2 věta druhá, odměna mu nenáleží.

(6) A liquidator's remuneration must be determined by the company body that appointed it. If the liquidator has been appointed by the court, the court must determine its remuneration. A liquidator may be granted the right to receive advance payments. A liquidator appointed by the court in accordance with the second

sentence of section 71 (2) is not entitled to remuneration.

(7) Nelze-li jmenovat likvidátora podle odstavců 1 až 4, jmenuje likvidátora soud z osob zapsaných v seznamu insolvenčních správců nebo fyzickou osobu, která splňuje obecné a kvalifikační předpoklady pro zápis do seznamu insolvenčních správců a se svým ustanovením souhlasí.

(7) If a liquidator cannot be appointed under subsections (1) to (4), the court must appoint a liquidator from such persons as are registered in the register of insolvency practitioners or a natural person that fulfils the general requirements and the qualification requirements to be entered in the register of insolvency practitioners and accepts its appointment.

(8) Likvidátorovi jmenovanému soudem jsou třetí osoby povinny poskytnout součinnost v rozsahu, v jakém jsou povinny ji poskytnout insolvenčnímu správci podle zvláštního právního předpisu.

(8) Third parties must cooperate with a liquidator appointed by the court to the same extent to which they must cooperate with an insolvency practitioner appointed under a special legal regulation.

(9) Ministerstvo spravedlnosti stanoví vyhláškou pravidla pro určení výše odměny likvidátora nebo člena orgánu společnosti jmenovaného soudem, a v jakých případech náhradu hotových výdajů a odměnu likvidátora hradí stát.

(9) The Ministry of Justice will set out the rules for determining the remuneration of a liquidator or a member of a company body appointed by the court and when the state must reimburse the cash expenses and remuneration of the liquidator.

§ 72

Likvidátor činí jménem společnosti jen úkony směřující k likvidaci společnosti. Při výkonu této působnosti plní závazky společnosti, uplatňuje pohledávky a přijímá plnění, zastupuje společnost před soudy a jinými orgány, uzavírá smíry a dohody o změně a zániku práv a závazků a vykonává práva společnosti. Nové smlouvy může uzavírat jen v souvislosti s ukončením nevyřízených obchodů, nebo je-li to potřebné k zachování hodnoty majetku společnosti nebo k jeho využití, nejedná-li se o pokračování v provozu podniku. Likvidátor je oprávněn jednat jménem společnosti též ve věcech zápisu do obchodního rejstříku.

Section 72

A liquidator may only conclude legal acts in name of the company that lead to the liquidation of the company. In performing its functions, it performs the company's obligations, asserts its claims, and accepts consideration, it represents the company before the courts and other authorities, it concludes settlements and agreements to modify and terminate rights and obligations and it exercises the rights of the company. It may only conclude new contracts in connection with the termination of incomplete transactions or, if necessary, to maintain the value of the company's assets or to use these assets, provided this does not constitute continuation of the operation of the undertaking. The liquidator is also entitled to act in the name of the company in matters relating to entries in commercial register.

§ 73

Likvidátor oznámí vstup společnosti do likvidace všem známým věřitelům. Zároveň je povinen bez zbytečného odkladu zveřejnit nejméně dvakrát za sebou s alespoň dvoutýdenním časovým odstupem rozhodnutí o zrušení společnosti s výzvou pro věřitele, aby přihlásili své pohledávky ve lhůtě, která nesmí být kratší než tři měsíce.

Section 73

The liquidator must notify all known creditors as to the event of the company's going into liquidation. It must also without undue delay publish the decision to wind up the company on at least two separate occasions, with at least two weeks between the relevant publications, together with a call on creditors to register their claims within a period which cannot be less than three months.

§ 74

(1) Likvidátor sestaví ke dni vstupu společnosti do likvidace zahajovací likvidační účetní rozvahu a soupis jmění. Účetní závěrku předcházející dni vstupu do likvidace sestavuje statutární orgán. Nesestaví-li statutární orgán tuto účetní závěrku bez zbytečného odkladu po vstupu společnosti do likvidace, přechází tato povinnost na likvidátora.

(2) Likvidátor je povinen zaslat soupis jmění každému společníku a věřiteli společnosti, kteří o to požádají.

(3) V průběhu likvidace uspokojí likvidátor přednostně mzdové nároky zaměstnanců společnosti, není-li povinen podat insolvenční návrh.

Section 74

(1) The liquidator must prepare an opening liquidation balance sheet and a list of assets and liabilities as at the date on which the company goes into liquidation. The statutory body must prepare financial statements as at the date preceding the date on which the company goes into liquidation. If the statutory body fails to prepare the financial statements without undue delay after the company goes into liquidation, this duty passes to liquidator.

(2) The liquidator must send a copy of the list of assets and liabilities to each member or creditor of the company that so requests.

(3) In the course of the liquidation, the liquidator must satisfy claims for wages by the employees of the company in priority to all other claims, unless it must file an insolvency petition.

§ 75

(1) Bez zbytečného odkladu po provedení všech úkonů nezbytných k provedení likvidace sestaví likvidátor zprávu o průběhu likvidace s návrhem na rozdělení čistého majetkového zůstatku, jenž vyplyne z likvidace (likvidační zůstatek), mezi společníky, a předloží ji společníkům nebo orgánu k tomu příslušnému ke schválení (dále jen "návrh rozdělení likvidačního zůstatku"). Ke dni zpracování

Section 75

(1) Without undue delay after having performed all the acts necessary to effect the liquidation, the liquidator must prepare a report on the course of the liquidation together with a proposal for the distribution of the net balance of the assets resulting from the liquidation (the liquidation balance) between the members and it must submit it to the members or the competent body for approval (the "proposal for distribution of

návrhu na rozdělení likvidačního zůstatku sestaví likvidátor účetní závěrku. Neschválení návrhu na rozdělení likvidačního zůstatku nebrání výmazu společnosti z obchodního rejstříku.

the liquidation balance"). The liquidator must prepare financial statements as at the date on which it prepares the proposal for distribution of the liquidation balance. A failure to approve the proposal for the distribution of the liquidation balance does not affect the striking off of the company from the commercial register.

(2) Každý společník, který s návrhem rozdělení likvidačního zůstatku nesouhlasí, se může domáhat, aby soud přezkoumal výši podílu na likvidačním zůstatku, který má podle návrhu rozdělení likvidačního zůstatku obdržet. Není-li toto právo uplatněno do tří měsíců ode dne, kdy byl návrh na rozdělení likvidačního zůstatku projednán nebo zveřejněn v souladu s § 75aa odst. 1, zaniká. Soudní rozhodnutí, kterým soud přezkoumal výši podílu společníka na likvidačním zůstatku, je pro společnost co do základu přiznaného práva závazné i vůči ostatním společníkům.

(2) Any member that disagrees with the proposal for distribution of the liquidation balance may require the court to review the share in the liquidation balance that the relevant member is to receive under the proposal for distribution of the liquidation balance. This right expires if it is not asserted within three months of the date on which the proposal for the distribution of the liquidation balance was deliberated or published in accordance with section 75aa (1). The court decision by which the court reviews the share of any member in the liquidation balance is, in the determinative issue, also binding on the company and in relation to its other members.

(3) Společníkům nelze poskytnout plnění z důvodů jejich práva na podíl na likvidačním zůstatku, a to ani ve formě zálohy, dříve, než jsou uspokojeny nároky všech známých věřitelů společnosti, kteří včas přihlásili své pohledávky. Před uplynutím lhůty podle odstavce 2 nemůže být poskytnuto žádné plnění z důvodu rozdělování podílu na likvidačním zůstatku.

(3) The members are not entitled to receive consideration in respect of the right to a share in the liquidation balance, including advance payments, before the claims of all known creditors of the company are satisfied, in the event that they register such claims in time. No consideration may be provided in respect of any distribution of any share in the liquidation balance before the expiry of the period under subsection (2).

(4) Je-li pohledávka sporná nebo není-li ještě splatná, lze rozdělit likvidační zůstatek, jen byla-li věřiteli poskytnuta odpovídající jistota.

(4) If a claim is disputed or is not yet due, the liquidation balance may only be distributed if creditors are given adequate security.

(5) Ustanovení odstavců 1 až 4 se nepoužije v případě, že došlo ke zrušení společnosti podle § 68 odst. 3 písm. f) a společnost má pouze majetek, který nepostačuje k úhradě všech závazků. V takovém případě zpeněží likvidátor

(5) The provisions of subsections (1) to (4) do not apply if the company is in winding up in accordance with section 68 (3) (f) and the company has insufficient assets to satisfy all of its obligations. In such a case, the liquidator must realize the company's assets

majetek společnosti a z výtěžku prodeje uhradí nejprve náklady likvidace, dále uspokojí mzdové nároky zaměstnanců a poté pohledávky ostatních věřitelů podle pořadí jejich splatnosti. Není-li možné uspokojit pohledávky stejného pořadí v plné výši, uhradí se poměrně. Nepodaří-li se likvidátorovi v přiměřené době majetek zpeněžit, nabídne jej věřitelům k úhradě dluhů podle pořadí jejich pohledávek. Pokud věřitelé odmítnou převzít majetek k úhradě dluhu, přechází tento majetek dnem výmazu společnosti z obchodního rejstříku na stát.

and, from the proceeds of sale, pay the costs of the liquidation first, then it must satisfy employees' wage claims, and then claims of the other creditors in order of rank according to due date. If the claims of the same rank cannot all be satisfied in full, they must be paid in equal proportions. If the liquidator fails to realize the assets within a reasonable period, it must offer them to the creditors in payment of the relevant debts in order of the rank of their claims. If the creditors refuse to take over assets in payment of the relevant debt, these assets will pass by transmission to the state as at the date on which the company is struck off the commercial register.

(6) O způsobu naložení s majetkem podle odstavce 5 sestaví likvidátor zprávu, ve které uvede zejména, jakého výtěžku z prodeje majetku bylo dosaženo, jaký majetek nebyl zpeněžen a zda byl převzat věřiteli k úhradě dluhu či nikoliv, jací věřitelé a v jaké výši byli uspokojeni a kteří věřitelé uspokojeni nebyli, popřípadě jaký majetek přejde na stát výmazem společnosti z obchodního rejstříku (zpráva o naložení s majetkem). Zprávu o naložení s majetkem předloží společníkům nebo orgánu k tomu příslušnému ke schválení. Neschválení zprávy nebrání výmazu společnosti z obchodního rejstříku. Ke dni zpracování zprávy o naložení s majetkem sestaví likvidátor účetní závěrku.

(6) The liquidator must prepare a report on the disposals of assets under subsection (5), in which it must state the proceeds of the sale of the assets, identify the assets that were not realized and whether or not these were taken over by a creditor in payment of a debt, the creditors that were satisfied and the amount to which they were satisfied, any creditors that were not satisfied and, if applicable, the assets that will pass by transmission to the state when the company is struck off the commercial register (the report on the disposal of assets). It must submit the report on the disposal of assets for the approval of the members or the competent body. If the report is not so approved, this does not affect striking off of the company from the commercial register. The liquidator must prepare financial statements as at the date on which it prepares the report on the disposal of assets.

§ 75a

(1) Likvidace končí rozdělením likvidačního zůstatku nebo použitím prostředků z výtěžku z prodeje majetku k uspokojení věřitelů anebo převzetím majetku věřiteli k úhradě jejich pohledávek anebo odmítnutím věřitelů převzít majetek k úhradě dluhů podle § 75 odst. 5. Po

Section 75a

(1) The liquidation process concludes in a distribution of the liquidation balance or by the use of the proceeds of the sale of assets to satisfy creditors or by creditors taking over assets in payment of their claims or by a refusal of creditors to take over assets in payment of the relevant debts under section

rozdělení likvidačního zůstatku sestaví likvidátor seznam společníků, kterým vyplatil podíl na likvidačním zůstatku.

75 (5). After the distribution of the liquidation balance, the liquidator must prepare a list of the members to which it paid a share in the liquidation balance.

(2) Do 30 dnů po skončení likvidace podá likvidátor návrh na výmaz společnosti z obchodního rejstříku. K návrhu na výmaz společnosti z obchodního rejstříku, s výjimkou bytového družstva, přiloží likvidátor potvrzení územně příslušného státního oblastního archivu, že s ním bylo projednáno zabezpečení archivu a dokumentů zanikající společnosti.

(2) The liquidator must file an application for the striking off of the company from the commercial register within 30 days from the end of the liquidation process. With the exception of a housing cooperative society, the liquidator must annex to the application for the striking off of the company from the commercial register a confirmation of the locally competent regional state archive that the matter of securing the archive and documents of the dissolved company was deliberated by it.

§ 75aa

Section 75aa

(1) Pokud o zrušení společnosti a její likvidaci rozhodl soud a likvidátor byl ustanoven podle § 71 odst. 7, nepředkládá společníkům nebo orgánu k tomu příslušnému ke schválení návrh na rozdělení likvidačního zůstatku a zprávu o naložení s majetkem. Musí je však bez zbytečného odkladu po jejich vyhotovení uložit do sbírky listin.

(1) If the court decides to wind up and liquidate a company and the liquidator is appointed under section 71 (7), it is not required to submit the proposal for the distribution of the liquidation balance and the report on the disposal of assets to the members or the competent body for approval. It must, however, file such documents in the collection of documents without undue delay after preparing them.

(2) Není-li likvidátorovi poskytnuta dostatečná součinnost a likvidátor nemá dostatek podkladů pro plnění svých daňových povinností, oznámí tuto skutečnost soudu a správci daně. V takovém případě poskytne likvidátor správci daně součinnost pro stanovení daně podle pomůcek.

(2) If the liquidator does not receive sufficient cooperation and does not have sufficient basis for performing its duties with regard to taxation, it must notify this fact to the court and to the tax authority. In such a case, the liquidator must cooperate with the tax authority to assess the tax using the materials available.

§ 75b

Section 75b

(1) Jestliže se po skončení likvidace společnosti zjistí dosud neznámý majetek nebo se objeví potřeba jiných nezbytných opatření souvisejících s likvidací, rozhodne soud na návrh státního orgánu, společníka, věřitele nebo dlužníka o obnovení likvidace společnosti a jmenuje likvidátora. Po

(1) If new and previously unknown assets are discovered after the end of the liquidation process for a company or if a need arises for other measures relating to the liquidation process, the court must decide on petition by a state authority, a member, a creditor or a debtor whether to renew the liquidation

právní moci rozhodnutí zapíše rejstříkový soud do obchodního rejstříku, že došlo k obnovení likvidace společnosti, a osobu likvidátora.

process for the company and to appoint a liquidator. After the decision becomes final, the registration court must enter in the commercial register that the liquidation of the company is renewed and must state the identity of the liquidator.

(2) Jestliže se zjistí dosud neznámý majetek po výmazu společnosti z obchodního rejstříku, rozhodne soud na návrh státního orgánu, společníka, věřitele nebo dlužníka o zrušení zápisu o jejím výmazu a o obnovení likvidace společnosti nebo o jejím vstupu do likvidace a jmenuje likvidátora. Po právní moci rozhodnutí zapíše rejstříkový soud do obchodního rejstříku, že došlo k obnovení společnosti, že společnost je v likvidaci, a osobu likvidátora.

(2) If new and previously unknown assets are discovered after the striking off of the company from the commercial register, the court must decide on petition by a state authority, a member, a creditor or a debtor to revoke the entry on its striking off and it must either decide to renew the liquidation of the company or it must decide on the event of its going into liquidation, in which case it must appoint a liquidator. After the decision becomes final, the registration court must enter in the commercial register that the existence of the company has been renewed, that the company is in liquidation, and the identity of the liquidator.

(3) Ke dni zápisu do obchodního rejstříku podle odstavce 1 nebo 2 sestaví likvidátor zahajovací rozvahu. Ustanovení § 68 odst. 8 se nepoužije.

(3) The liquidator must prepare the opening balance sheet as at the date of entry into the commercial register under subsection (1) or (2). The provisions of section 68 (8) do not apply.

§ 75c

Section 75c

Ustanovení tohoto zákona upravující vstup do likvidace nemají vliv na výkon práv a splnění povinností vyplývajících z ujednání o finančním zajištění za podmínek stanovených zákonem upravujícím finanční zajištění nebo srovnatelných podmínek zahraničního právního předpisu, jestliže finanční zajištění bylo sjednáno a vzniklo před vstupem do likvidace. To platí i v případě, že finanční zajištění bylo sjednáno nebo vzniklo v den vstupu do likvidace, avšak až poté, co tato skutečnost nastala, ledaže příjemce finančního kolaterálu o takové skutečnosti věděl nebo vědět měl a mohl. Ustanovení tohoto zákona upravující vstup do likvidace nemají vliv také na splnění závěrečného vyrovnání podle

The provisions of this Code regulating the event of its going into liquidation apply without affecting the exercise of rights and the performance of duties deriving from financial collateral arrangements under the conditions prescribed by the act regulating financial collateral or under comparable conditions of a foreign legal regulation if financial collateral was agreed and created before the event of its going into liquidation. The same applies if financial collateral was agreed or occurred on the date of the event of going into liquidation but only after this fact occurred, unless the financial collateral taker knew or ought to have known about it. The provisions of this Code regulating the event of its going into liquidation do not zákona upravujícího podnikání na kapitálovém trhu, jestliže závěrečné vyrovnání bylo uzavřeno před vstupem do likvidace.

affect the realization of close-out netting in accordance with the act regulating carrying on business on the capital market, if the close-out netting was made before going into liquidation.

DÍL II

VEŘEJNÁ OBCHODNÍ SPOLEČNOST

ODDÍL 1

ZÁKLADNÍ USTANOVENÍ

§ 76

(1) Veřejnou obchodní společností je společnost, ve které alespoň dvě osoby podnikají pod společnou firmou a ručí za závazky společnosti společně a nerozdílně celým svým majetkem.

(2) Společníkem veřejné obchodní společnosti může být jen fyzická osoba, která splňuje všeobecné podmínky provozování živnosti podle zvláštního právního předpisu a u níž není dána překážka provozování živnosti stanovená zvláštním právním předpisem, bez ohledu na předmět podnikání společnosti.

(3) Je-li společníkem právnická osoba, vykonává práva a povinnosti spojená s účastí ve společnosti její statutární orgán, popřípadě jím pověřený zástupce, který splňuje podmínky podle odstavce 2.

§ 77

Firma musí obsahovat označení "veřejná obchodní společnost", jež může být nahrazeno zkratkou "veř. obch. spol." nebo "v. o. s.". Obsahuje-li firma jméno alespoň jednoho ze společníků, postačí dodatek "a spol.".

CHAPTER II

THE PRIVATE UNLIMITED COMPANY

SUB-CHAPTER 1

FUNDAMENTAL PROVISIONS

Section 76

(1) A private unlimited company is a company in which at least two persons carry on a business under a common business name and are jointly and severally liable for the obligations of the company up to the amount of all their assets.

(2) Only a natural person may be a member in a private unlimited company and, even then, provided that it meets the general conditions for carrying on a trade under a special legal regulation and provided that there is no legal obstacle for carrying on a trade imposed by a special legal regulation, regardless of the scope of business of the company.

(3) If a member is a legal person, its statutory body or, if applicable, an appointed representative meeting the conditions under subsection (2), must exercise the rights and perform the duties connected with the participation in the company.

Section 77

The business name must contain the designation "veřejná obchodní společnost", although the abbreviation "veř. obch. spol." or "v. o. s." may be used in substitution. If the business name contains the name of at least one member, the addition "a spol." is sufficient.

§ 78

(1) Společenská smlouva musí obsahovat

a) firmu a sídlo společnosti,

b) určení společníků uvedením firmy nebo názvu a sídla právnické osoby nebo jména a bydliště fyzické osoby,

c) předmět podnikání společnosti.

(2) Návrh na zápis společnosti do obchodního rejstříku podepisují všichni společníci a přikládá se k němu společenská smlouva.

Section 78

(1) The memorandum of association must contain the following:

(a) the business name and registered office of the company;

(b) the identification details of the members of the company by stating, for a legal person, the business name or corporate name and registered office or, for a natural person, the full name and residential address;

(c) the scope of business of the company.

(2) All of the members of a company must sign the application for entry of the company in the commercial register and the memorandum of association must be attached to it.

ODDÍL 2

PRÁVA A POVINNOSTI SPOLEČNÍKŮ

§ 79

(1) Práva a povinnosti společníků se řídí společenskou smlouvou. K její změně je třeba souhlasu všech společníků, nestanoví-li tento zákon jinak. Společenská smlouva může určit, že k její změně postačuje souhlas většiny společníků.

(2) K rozhodnutí o ostatních záležitostech je zapotřebí souhlasu všech společníků, nestanoví-li společenská smlouva nebo zákon, že postačí souhlas většiny společníků.

SUB-CHAPTER 2

THE RIGHTS AND DUTIES OF MEMBERS

Section 79

(1) The rights and duties of members are governed by the memorandum of association. Unless this Code provides otherwise, the unanimous consent of all the members is required to amend the memorandum of association. The memorandum of association may provide that consent by a majority of members is sufficient to approve an amendment to it.

(2) Unless the memorandum of association or the law provides that the consent of a majority of members is sufficient, the unanimous consent of all the members is required to pass decisions on other matters.

(3) Pokud je podle společenské smlouvy k rozhodnutí podle odstavců 1 a 2 dostačující souhlas většiny společníků, má každý ze společníků jeden hlas. Společenská smlouva může stanovit jiný počet hlasů.

(3) If the memorandum of association provides that the consent of a majority of the members is sufficient to pass decisions under subsections (1) and (2), each of the members has one vote. The memorandum of association may provide for a different number of votes.

§ 79a

Společník je při plnění svých povinností povinen postupovat s péčí řádného hospodáře.

Section 79a

In performing its duties, a member must proceed with due managerial care.

§ 80

(1) Společník je povinen splatit svůj vklad ve lhůtě stanovené ve společenské smlouvě, jinak bez zbytečného odkladu po vzniku společnosti, popřípadě po vzniku své účasti ve společnosti.

(2) Při prodlení se splácením peněžitého vkladu je společník povinen platit úrok z prodlení ve výši 20 % z dlužné částky, nestanoví-li společenská smlouva jinak.

(3) Společník může vložit do společnosti i více vkladů. Tyto vklady se pro účely výpočtu podílu sčítají.

Section 80

(1) A member must pay up its contribution within the period set out in the memorandum of association, and otherwise without undue delay after the incorporation of the company, or if applicable, after it acquires its participation in the company.

(2) Unless the memorandum of association provides otherwise, if a member is in breach of its obligation to pay up its cash contribution, it must pay default interest in the amount of 20% of the amount outstanding.

(3) A member may make additional contributions to the company. The ownership interest is then calculated using the sum of these contributions.

§ 81

(1) K obchodnímu vedení společnosti je oprávněn každý společník v rámci zásad mezi nimi dohodnutých.

(2) Pověří-li společníci ve společenské smlouvě obchodním vedením společnosti zčásti nebo zcela jednoho nebo více společníků, ostatní společníci tohoto oprávnění v tomto rozsahu pozbývají. Pověřený společník je povinen řídit se při

Section 81

(1) Each member is entitled to manage the business affairs of the company according to the principles agreed between the members.

(2) If in the memorandum of association the members appoint, in full or in part, one or more members to manage the business affairs of the company, the entitlement of the other members to do so is revoked to the same extent. A member so appointed has a

výkonu obchodního vedení zásadami, které s ostatními společníky dohodl. Pověřený společník je povinen se řídit rozhodnutím společníků učiněným většinou hlasů. Nestanoví-li společenská smlouva něco jiného, má každý společník jeden hlas.

duty to manage the business affairs in accordance with the principles agreed with the other members. The appointed member has a duty to comply with decisions of the members passed by a majority of votes. Unless the memorandum of association provides otherwise, each member has one vote.

(3) Nestanoví-li společenská smlouva něco jiného, může být pověření společníka odvoláno, jestliže se na tom dohodnou ostatní společníci. Porušuje-li pověřený společník své povinnosti podstatným způsobem (§ 345 odst. 2), odejme soud pověření na návrh kteréhokoli společníka, i když je pověření podle smlouvy neodvolatelné. V tomto případě platí odstavec 1, dokud se společníci nedohodnou na novém pověření.

(3) Unless the memorandum of association provides otherwise, the appointment of a member may be revoked if the other members so agree. If the appointed member substantially breaches its duties (section 345 (2)), the court must revoke its appointment on petition of any of the members, even if the appointment is stated in the memorandum of association to be irrevocable. In such a case, subsection (1) applies until the members agree to a new appointment.

(4) Společník pověřený obchodním vedením může své pověření z důležitých důvodů písemně vypovědět, je však povinen vykonat všechna opatření, která nesnesou odkladu. Výpověď musí být doručena společnosti a všem společníkům. Výpověď je účinná uplynutím jednoho měsíce ode dne, kdy byla doručena společnosti. Ode dne účinnosti výpovědi vykonávají obchodní vedení ostatní společníci.

(4) A member appointed to manage the business affairs may resign from its appointment for good reasons by notice in writing, but it must promptly perform all the measures which must be taken without delay. The relevant notice of termination must be delivered to the company and all its members. The relevant notice of termination becomes effective on expiry of one month from the date of its being delivered to the company. From the effective date of the notice of termination, the other members must manage the business affairs.

(5) Společník pověřený obchodním vedením společnosti je povinen na požádání informovat ostatní společníky o všech záležitostech společnosti. Každý společník je oprávněn nahlížet do všech dokladů společnosti a kontrolovat tam obsažené údaje anebo k tomu zmocnit auditora nebo daňového poradce.

(5) A member appointed to manage the business affairs of the company has a duty, on request, to inform the other members as to the state of all the affairs of the company. Each member is entitled to inspect all documents of the company and to verify any information contained in them or to authorise an auditor or a tax advisor to do

so.

§ 82

(1) Zisk se dělí mezi společníky rovným dílem. Podíl na zisku stanovený na základě účetní závěrky je splatný do tří měsíců od jejího schválení, nestanoví-li společenská smlouva jinak.

(2) Ztrátu zjištěnou účetní závěrkou nesou společníci rovným dílem.

(3) Ustanovení odstavců 1 a 2 se použijí, nestanoví-li společenská smlouva jinak.

Section 82

(1) Profits must be distributed to the members in equal shares. Unless the memorandum of association provides otherwise, a share in profit as stated in the financial statements is due within three months of the approval of the financial statements.

(2) The losses as stated in the financial statements must be borne by the members in equal shares.

(3) Unless the memorandum of association provides otherwise, the provisions of subsections (1) and (2) apply.

§ 82a

Každý společník je oprávněn podat jménem společnosti žalobu o náhradu škody proti společníkovi, který odpovídá společnosti za škodu, a žalobu o splacení vkladu proti společníkovi, který je se splacením vkladu v prodlení, a v tomto řízení ji zastupovat. To neplatí, jestliže již jménem společnosti vymáhá náhradu škody nebo splacení vkladu statutární orgán společnosti. Jiná osoba než společník, který podal žalobu, nebo osoba jím zmocněná nemůže v řízení činit úkony za společnost nebo jejím jménem.

Section 82a

Each member is entitled to file in the name of the company an action for the compensation of damage against a member that is liable to the company for damages and to file an action for paying up a contribution against a member in default with its obligation to pay up its contribution, and to represent the company in such proceedings. This does not apply if the statutory body of the company is directly enforcing the payment of damages or the payment of a contribution. No person other than the member that files the action or a person authorised by that member may act in the proceedings for the company or on its behalf.

§ 83

Změnou společenské smlouvy může do společnosti přistoupit další společník anebo může společník ze společnosti vystoupit, zůstanou-li ve společnosti alespoň dva společníci.

Section 83

Another member may accede to the company or a member may withdraw from the company by amending the memorandum of association, provided that at least two members remain in the company.

§ 84

Zákaz konkurence

Bez svolení ostatních společníků nesmí společník podnikat v předmětu podnikání společnosti, a to ani ve prospěch jiných osob, ani zprostředkovávat obchody společnosti pro jiného. Nemůže být ani statutárním nebo jiným orgánem nebo členem orgánu společnosti s obdobným předmětem podnikání. Společenská smlouva může upravit zákaz konkurence jinak.

Section 84

The prohibition on competition

Except with the consent of the other members, a member must not carry on a business within the same scope of business as the company, not even for the benefit of other persons, and it must not procure transactions of the company for another person. A member cannot be a statutory or other body or a member of a body of a company with a similar scope of business. The memorandum of association may set out further or other requirements for this prohibition on competition.

ODDÍL 3

PRÁVNÍ VZTAHY K TŘETÍM OSOBÁM

SUB-CHAPTER 3

LEGAL RELATIONSHIPS WITH THIRD PARTIES

§ 85

(1) Statutárním orgánem veřejné obchodní společnosti jsou všichni společníci. Společenská smlouva může stanovit, že statutárním orgánem jsou pouze někteří společníci nebo jeden společník.

(2) Je-li statutárním orgánem více společníků, je oprávněn jednat jménem společnosti každý z nich samostatně, nestanoví-li společenská smlouva jinak. Omezit jednatelské oprávnění statutárního orgánu může jen společenská smlouva. Takové omezení je však vůči třetím osobám neúčinné.

(3) Společník může z funkce statutárního orgánu odstoupit, je však povinen vykonat všechna opatření, která nesnesou odkladu. Odstoupení musí být doručeno společnosti a všem společníkům. Odstoupení je účinné uplynutím jednoho měsíce ode dne, kdy bylo doručeno společnosti. Jestliže takto

Section 85

(1) The statutory body of a private unlimited company is comprised of all its members. The memorandum of association may provide that only some members or one member is the statutory body.

(2) If the statutory body is comprised of several members, each of them is independently entitled to to act in the name of the company unless the memorandum of association provides otherwise. Only the memorandum of association may restrict the power of the statutory body to act in the name of the company. Any such restriction is not, however, effective against third parties.

(3) A member may resign from the office of a statutory body but it must perform all the measures that must be taken without delay. The resignation must be delivered to the company and all its members. The resignation becomes effective on the expiry of one month from the date of its being

odstoupil společník, který byl jediným statutárním orgánem společnosti, jsou ode dne účinnosti odstoupení statutárním orgánem všichni ostatní společníci.

delivered to the company. If a member that is the only statutory body of the company resigns in this way then, from the effective date of the resignation, the statutory body is comprised in all the other members.

Ručení společníka

The liability of a member

§ 86

Section 86

Veřejná obchodní společnost odpovídá za své závazky celým svým majetkem. Společníci ručí za závazky společnosti veškerým svým majetkem společně a nerozdílně.

A private unlimited company is liable for its obligations up to the amount of all of its assets. Its members are jointly and severally liable for the obligations of the company up to the amount of all their assets.

§ 87

Section 87

(1) Společník, který do společnosti přistoupil, ručí i za závazky společnosti vzniklé před jeho přistoupením. Může však požadovat na ostatních společnících, aby mu poskytli náhradu za poskytnutí tohoto plnění a nahradili náklady s tím spojené.

(2) Jestliže zanikne účast společníka za trvání společnosti, ručí jen za závazky, které vznikly před zánikem jeho účasti.

(1) A member that has acceded to the company is also liable for the obligations of the company created before its accession. It may, however, require the other members to compensate it for assuming such a liability and for the related costs.

(2) If a member's participation terminates during the existence of the company, it is only liable for the obligations that were created before the termination of its participation.

ODDÍL 4

ZRUŠENÍ A LIKVIDACE SPOLEČNOSTI

SUB-CHAPTER 4

THE WINDING UP AND LIQUIDATION OF A COMPANY

§ 88

Section 88

(1) Kromě případů uvedených v § 68 se společnost zrušuje:

a) byla-li smlouva uzavřena na dobu neurčitou, výpovědí společníka podanou nejpozději 6 měsíců před uplynutím účetního období, nestanoví-li společenská smlouva lhůtu jinou,

(1) In addition to the cases stated in section 68, a company is placed in winding up in the following cases:

(a) if the memorandum of association has been concluded for an indefinite period of time, by a member giving a notice not later than 6 months before the end of the relevant financial year except where the memorandum of association provides a different notice period;

b) rozhodnutím soudu podle § 90 odst. 1,

(b) by a court decision under section 90 (1);

c) smrtí společníka, ledaže společenská smlouva připouští dědění podílu, podíl zůstavitele zdědil jeho dědic (dědicové), nedojde-li k odmítnutí dědictví a ve společnosti zůstávají alespoň dva společníci,

(c) on the death of a member, unless the memorandum of association allows for the inheritance of its ownership interest, in which case, the deceased person's ownership interest is inherited by its heir (heirs) if the inheritance is not renounced and at least two members remain in the company;

d) zánikem právnické osoby, která je společníkem, ledaže společenská smlouva připouští přechod podílu na právního nástupce a ve společnosti zůstávají alespoň dva společníci,

(d) on the dissolution of a legal person that is a member, unless the memorandum of association allows for transmission of the ownership interest to a legal successor and at least two members remain in the company;

e) prohlášením konkursu na majetek některého ze společníků nebo zamítnutím insolvenčního návrhu pro nedostatek majetku,

(e) on a declaration of bankruptcy over the assets of one of the members or the dismissal of an insolvency petition for a member on the grounds that the assets are insufficient;

f) pravomocným nařízením výkonu rozhodnutí postižením podílu některého společníka ve společnosti, nebo právní mocí exekučního příkazu k postižení podílu některého společníka ve společnosti po uplynutí lhůty uvedené ve výzvě ke splnění vymáhané povinnosti podle zvláštního právního předpisu a, byl-li v této lhůtě podán návrh na zastavení exekuce, po právní moci rozhodnutí o tomto návrhu,

(f) by an order becoming final for the enforcement of a decision by way of seizure of the ownership interest of one of the members in the company, or by an execution order to seize the ownership interest of one of the members of the company after the expiry of the period stated in the invitation to perform the enforced duty under special legal regulations, and if a petition for the discontinuation of the execution is filed within such a period, after the decision on the relevant petition becomes final;

g) zbavením nebo omezením způsobilosti k právním úkonům některého ze společníků,

(g) by one of the members losing or becoming restricted in its legal capacity;

h) jestliže společník přestane splňovat předpoklady podle § 76 odst. 2,

i) z dalších důvodů stanovených ve společenské smlouvě.

(h) if a member ceases to fulfil the requirements under section 76 (2);

(i) by the occurrence of such other grounds as may be set out in the memorandum of association.

(2) Při důvodech zrušení společnosti uvedených v odstavci 1 písm. a), c), d), e), f), g), h) a i) se mohou zbývající společníci změnou společenské smlouvy dohodnout, že společnost trvá i nadále bez společníka, jehož se důvod zániku týká. Není-li dohoda o změně společenské smlouvy uzavřena do tří měsíců od zrušení společnosti, toto právo zaniká a společnost vstupuje tímto dnem do likvidace, jestliže se společníci nedohodli na jejím vstupu do likvidace před uplynutím této lhůty.

(2) If a company has gone into winding up on the grounds stated in subsections (1) (a), (c), (d), (e), (f), (g), (h) and (i), the remaining members may agree by amending the memorandum of association that the existence of the company will continue without the member to which the grounds for dissolution related. Unless an agreement to change the memorandum of association is concluded within three months of the company's going into winding up, this right expires and the company will go into liquidation as at that date, unless the members agree that it will go into liquidation before the expiry of the three month period.

(3) Jestliže byl poté, co se zbývající společníci dohodli na dalším trvání společnosti (odstavec 2), zrušen konkurs na majetek společníka z jiných důvodů než po splnění rozvrhového usnesení nebo proto, že majetek dlužníka je zcela nepostačující, účast společníka ve společnosti se obnovuje; jestliže již společnost vyplatila jeho vypořádací podíl, musí jej do 2 měsíců od zrušení konkursu společnosti nahradit. To platí obdobně i v případě, že byl pravomocně zastaven výkon rozhodnutí postižením podílu společníka ve společnosti nebo pravomocně zastavena exekuce podle zvláštního právního předpisu.

(3) The participation in the company of the affected member renews if, after the remaining members have agreed to continue the existence of the company (subsection (2)), bankruptcy proceedings over the assets of the affected member are discontinued on grounds other than by satisfaction of a formal court ruling on distribution of the bankrupt's estate or because the debtor's assets are insufficient. If the company has already paid its settlement amount, the affected member must refund it to the company within 2 months after the discontinuation of the bankruptcy proceedings. The same applies with appropriate changes in the event that a decision to seize the ownership interest of a member in a company is discontinued with final effect or in the event if an execution under a special legal regulation is discontinued with final effect.

(4) Jestliže společnost, která byla zrušena podle odstavce 1 písm. e) nebo f), dosud nezanikla, mohou se při splnění podmínek podle odstavce 3 společníci, včetně společníka, jehož účast se ve společnosti obnovila, dohodnout, že společnost nadále trvá.

(4) Until the dissolution of a company in winding up under subsections (1) (e) or (f), the members, including a member whose participation in the company has renewed, may agree that the company will continue on satisfaction of the conditions under subsection (3).

§ 89

V případech uvedených v § 88 odst. 2 vzniká bývalému společníku nebo jeho dědici, popřípadě právnímu nástupci vůči společnosti nárok na vypořádací podíl. Tento podíl se vypočte obdobně jako podíl na likvidačním zůstatku (§ 92).

Section 89

In the cases stated in section 88 (2), a former member or its heir or legal successor is entitled to claim a settlement amount from the company. The relevant share must be calculated using same method, with appropriate changes, as for a share in the liquidation balance (section 92).

§ 90

(1) Společník může navrhnout, aby soud společnost zrušil, jsou-li pro to důležité důvody, zejména porušuje-li jiný společník závažným způsobem svoje povinnosti nebo není-li možné dosáhnout účelu, pro který byla společnost založena.

(2) Společnost se může domáhat u soudu vyloučení společníka, který porušuje závažným způsobem své povinnosti, ačkoliv byl k jejich plnění vyzván a na možnost vyloučení byl písemně upozorněn. S podáním tohoto návrhu musí souhlasit společníci, kteří mají alespoň poloviční podíl na společnosti.

Section 90

(1) A member may petition for the court to wind up a company if there are material grounds for it, in particular if another member substantially breaches its duties or if it is impossible to achieve the purpose for which the company was formed.

(2) The company may require that the court excludes a member that substantially breaches its duties provided that the member has been invited to perform the relevant duties and notified in writing about the possibility of exclusion. The submission of such a petition requires the consent of members having at least half of the ownership interests in the company.

§ 91

Smrt společníka

Dědic podílu je oprávněn vypovědět účast ve společnosti, i když je společnost založena na dobu určitou, ve lhůtě tří měsíců od právní moci rozhodnutí soudu o dědictví, jinak toto právo zaniká. Výpovědní lhůta dědice podílu činí 3

Section 91

The death of a member

The heir to an ownership interest is entitled to give notice of termination of its participation in the company, even if the company was formed for a definite period, within a period of three months from the court decision on succession becoming final, měsíce. Dědic, který podal výpověď, není povinen osobně se podílet na činnosti společnosti, ani když společenská smlouva takovou povinnost stanoví.

or otherwise the right to do so expires. For a notice of termination by an heir to an ownership interest, the notice period is 3 months. An heir that has given such a notice does not have to participate in person in the activities of the company even if the memorandum of association sets out a duty to do so.

§ 92

Vypořádání společníků

(1) Při zrušení společnosti s likvidací mají společníci nárok na podíl na likvidačním zůstatku. Likvidační zůstatek se rozdělí mezi společníky nejprve do výše hodnoty jejich splacených vkladů. Zbytek likvidačního zůstatku se rozdělí mezi společníky rovným dílem.

(2) Nestačí-li likvidační zůstatek na vrácení splacených vkladů, podílejí se na něm společníci v poměru k jejich výši.

(3) Společenská smlouva může upravit rozdělení likvidačního zůstatku jinak.

Section 92

Settlement between the members

(1) When a company is wound up in liquidation, its members are entitled to a share in the liquidation balance. First, the members must receive the amount of their paid up contributions from the liquidation balance. The remainder of the liquidation balance must be distributed between the members in equal shares.

(2) If the liquidation balance is insufficient to refund the paid up contributions, the members must share it in proportion to the amount of their contributions.

(3) The memorandum of association may provide for a different distribution of the liquidation balance.

ODDÍL 5

ZRUŠEN

§ 92a

zrušen

§ 92b

zrušen

§ 92c

zrušen

SUB-CHAPTER 5

REPEALED

Section 92a

Repealed

Section 92b

Repealed

Section 92c

Repealed

§ 92d	**Section 92d**
zrušen	Repealed
ODDÍL 6	**Sub-chapter 6**
ZRUŠEN	Repealed
§ 92e	**Section 92e**
zrušen	Repealed

DÍL III

KOMANDITNÍ SPOLEČNOST

ODDÍL 1

ZÁKLADNÍ USTANOVENÍ

§ 93

(1) Komanditní společnost je společnost, v níž jeden nebo více společníků ručí za závazky společnosti do výše svého nesplaceného vkladu zapsaného v obchodním rejstříku (komanditisté) a jeden nebo více společníků celým svým majetkem (komplementáři).

(2) Komplementářem může být jen osoba, která splňuje všeobecné podmínky provozování živnosti podle zvláštního právního předpisu a u níž není dána překážka provozování živnosti stanovená zvláštním právním předpisem bez ohledu na předmět podnikání společnosti.

(3) Je-li komplementářem právnická osoba, vykonává práva a povinnosti spojené s účastí v komanditní společnosti její statutární orgán, popřípadě jím pověřený zástupce, který splňuje podmínky podle odstavce 2.

(4) Pokud dále není stanoveno jinak, použijí se na komanditní společnost přiměřeně ustanovení tohoto zákona o veřejné obchodní společnosti a na právní postavení komanditistů ustanovení o společnosti s ručením omezeným.

CHAPTER III

THE LIMITED LIABILITY PARTNERSHIP

SUB-CHAPTER 1

FUNDAMENTAL PROVISIONS

Section 93

(1) The limited liability partnership is a company in which one or more members are liable for obligations of the company up to the amount of their unpaid contributions as stated in the commercial register (limited partners) and in which one or more members are liable up to the amount of all their assets (general partners).

(2) Regardless of the scope of business of the company, a person may only be a general partner if it meets the general conditions for carrying on a trade under a special legal regulation and for which there is no legal obstacle to carrying on a trade imposed by a special legal regulation.

(3) If a general partner is a legal person, the rights and duties connected with its participation in the limited liability partnership must be performed by its statutory body or a representative appointed by it and satisfying the conditions set out in subsection (2).

(4) Unless further provided otherwise, the provisions of this Code relating to the private unlimited company apply as appropriate to the limited liability partnership and the provisions relating to the limited liability company apply as appropriate to the legal status of limited partners.

§ 94

Společenská smlouva musí obsahovat:

a) firmu a sídlo společnosti,

b) určení společníků uvedením firmy nebo názvu a sídla právnické osoby nebo jména a bydliště fyzické osoby,

c) předmět podnikání,

d) určení, kteří ze společníků jsou komplementáři a kteří komanditisté,

e) výši vkladu každého komanditisty.

§ 95

Firma společnosti musí obsahovat označení "komanditní společnost", postačí však zkratka "kom. spol." nebo "k. s.". Obsahuje-li firma společnosti jméno komanditisty, ručí tento komanditista za závazky společnosti jako komplementář.

§ 96

Návrh na zápis komanditní společnosti do obchodního rejstříku podepisují všichni společníci a přikládá se k němu společenská smlouva.

Section 94

The memorandum of association must contain the following:

(a) the business name and registered office of the company;

(b) the identification details of the members of the company by stating, for a legal person, the business name or corporate name and registered office or, for a natural person, the full name and residential address;

(c) the scope of business;

(d) details as to which members are general partners and which are limited partners;

(e) the amount of the contribution of each limited partner.

Section 95

The business name of the partnership must contain the designation "komanditní společnost", although the abbreviation "kom. spol." or "k. s." is sufficient. If the business name of the company contains the name of a limited partner, the relevant limited partner is liable for the obligations of the company as a general partner.

Section 96

The application for entry of a limited liability partnership in the commercial register must be signed by all members of the company and the memorandum of association must be attached to it.

ODDÍL 2

PRÁVA A POVINNOSTI SPOLEČNÍKŮ

§ 97

(1) K obchodnímu vedení společnosti jsou oprávněni pouze komplementáři.

(2) V ostatních záležitostech rozhodují komplementáři společně s komanditisty většinou hlasů, pokud společenská smlouva nestanoví jinak.

(3) Při hlasování má každý společník jeden hlas, nestanoví-li společenská smlouva jiný počet hlasů.

(4) Ke změně společenské smlouvy je zapotřebí souhlasu všech společníků, nestanoví-li tento zákon jinak. Společenská smlouva může stanovit, že k její změně postačuje souhlas většiny komplementářů spolu se souhlasem většiny komanditistů. Může rovněž stanovit, že k převodu podílu komanditisty na jinou osobu se nevyžaduje souhlas ostatních společníků. Ustanovení § 115 platí obdobně.

(5) K uzavření smluv podle § 67a se vyžaduje souhlas většiny komplementářů spolu se souhlasem většiny komanditistů.

§ 97a

Komanditista je povinen vložit do základního kapitálu společnosti vklad ve výši určené společenskou smlouvou, minimálně však 5 000 Kč. Vklad je povinen splatit ve lhůtě stanovené společenskou smlouvou, jinak bez zbytečného odkladu po vzniku společnosti, popřípadě po vzniku

SUB-CHAPTER 2

THE RIGHTS AND DUTIES OF MEMBERS

Section 97

(1) Only general partners are entitled to manage the business affairs of the company.

(2) Unless the memorandum of association provides otherwise, in the other matters, the general partners and limited partners must decide together by a majority of votes.

(3) Unless the memorandum of association provides otherwise, each member has one vote.

Unless this Code provides otherwise, the unanimous consent of all the members is required to amend the memorandum of association. The memorandum of association may provide that, in order to amend it, the consent of a majority of the general partners, together with a majority of the limited partners, is sufficient. It may also provide that the consent of the other members is not required to transfer an ownership interest of a limited partner to another person. The provisions of section 115 apply with appropriate changes.

(5) The consent of a majority of the general partners, together with the consent by the majority of the limited partners, is required to conclude contracts under section 67a.

Section 97a

A limited partner must contribute to the registered capital of the company the contribution set out in the memorandum of association, which cannot be less than CZK 5,000. It must pay up its contribution within the period provided in the memorandum of association, and otherwise without undue delay after the incorporation of the company své účasti na společnosti.

or, if applicable, after the creation of its participation in the company.

§ 98

Komanditista je oprávněn nahlížet do účetních knih a účetních dokladů společnosti a kontrolovat tam obsažené údaje nebo k tomu zmocnit auditora. Má právo na vydání stejnopisu účetní závěrky a právo požadovat od komplementářů informace o všech záležitostech společnosti.

Section 98

A limited partner is entitled to inspect the accounting books and documents of the company and it is entitled to check the information contained in them or give the power to an auditor to do so. It has the right to receive a counterpart of the financial statements and to request from the general partners information on all affairs of the company.

§ 99

Zákaz konkurence neplatí pro komanditistu, nestanoví-li společenská smlouva jinak.

Section 99

Unless the memorandum of association provides otherwise, the prohibition on competition does not apply to limited partners.

§ 100

(1) Rozdělení zisku na část připadající společnosti a část připadající komplementářům se určí poměrem stanoveným ve společenské smlouvě, jinak se zisk mezi ně dělí na polovinu. Nevyplývá-li ze společenské smlouvy něco jiného, část zisku, která připadla společnosti, se po zdanění rozdělí mezi komanditisty v poměru stanoveném ve společenské smlouvě, jinak v poměru splacených vkladů.

(2) Nevyplývá-li ze společenské smlouvy něco jiného, rozdělí si komplementáři část zisku na ně připadající rovným dílem a komanditisté podle výše splacených vkladů.

Section 100

(1) Profits must be divided into a part belonging to the company and a part belonging to the general partners in the proportion set out in the memorandum of association or, in the absence of such provision, into two halves. Unless the memorandum of association requires otherwise, the part of the profits belonging to the partnership must after taxation be distributed between the limited partners in the proportion set out in the memorandum of association and, if not so provided, in proportion to the amount paid up on their contributions.

(2) Unless the memorandum of association requires otherwise, the general partners must distribute the part of profits allocated to them in equal shares, the limited partners in proportion to the amount paid up on their contributions.

(3) Ztrátu zjištěnou účetní závěrkou nesou komplementáři rovným dílem, nestanoví-li společenská smlouva jinak. Komanditisté jsou povinni podílet se na úhradě ztráty, stanoví-li tak společenská smlouva. Na úhradu ztráty nejsou komanditisté povinni vracet podíly na zisku, které již byly společností vyplaceny.

(3) Unless the memorandum of association provides otherwise, the losses as stated in the financial statements must be borne by the general partners in equal shares. The limited partners have a duty to participate in covering the losses if the memorandum of association so provides. Limited partners do not have to return shares in profit already paid out by the partnership in order to cover losses.

ODDÍL 3

PRÁVNÍ VZTAHY K TŘETÍM OSOBÁM

SUB-CHAPTER 3

LEGAL RELATIONSHIPS WITH THIRD PARTIES

§ 101

Section 101

(1) Statutárním orgánem společnosti jsou komplementáři. Pokud ze společenské smlouvy nevyplývá něco jiného, je každý komplementář oprávněn jednat jménem společnosti samostatně.

(1) The statutory body of the company is comprised in the general partners. Unless the memorandum of association provides otherwise, each general partner is entitled to act independently in the name of the company.

(2) Komanditista ručí za závazky ze smluv, které jménem společnosti uzavřel bez zmocnění, ve stejném rozsahu jako komplementář.

(2) A limited partner is liable to the extent of a general partner for obligations resulting from any contracts that it has concluded in the name of the partnership without the power to do so.

ODDÍL 4

ZRUŠENÍ A LIKVIDACE SPOLEČNOSTI

SUB-CHAPTER 4

THE WINDING UP AND LIQUIDATION OF A COMPANY

§ 102

Section 102

(1) Komanditista není oprávněn ze společnosti vystoupit. Společnost se nezrušuje ani zánikem právnické osoby, která je komanditistou. Ztráta či omezení způsobilosti komanditisty k právním úkonům není důvodem pro zánik jeho účasti ve společnosti ani pro zrušení společnosti.

(1) A limited partner cannot withdraw from the company. A company also does not go into winding up as at the date of dissolution of a legal person that is a limited partner. A loss or limitation of limited partner's legal capacity is not grounds for the termination of its participation in the company or for the winding up of the company.

(2) Prohlášením konkursu na majetek komanditisty nebo zamítnutím insolvenčního návrhu pro nedostatek majetku, doručením vyrozumění o neúspěšné opakované dražbě v řízení o výkon rozhodnutí nebo v exekuci nebo, není-li podíl komanditisty převoditelný, pravomocným nařízením výkonu rozhodnutí postižením podílu komanditisty, nebo právní mocí exekučního příkazu k postižení podílu komanditisty po uplynutí lhůty uvedené ve výzvě ke splnění vymáhané povinnosti podle zvláštního právního předpisu a, byl-li v této lhůtě podán návrh na zastavení exekuce, po právní moci rozhodnutí o tomto návrhu zaniká jeho účast ve společnosti. Nárok komanditisty na vypořádací podíl se stává součástí majetkové podstaty.

(2) On the declaration of bankruptcy over the assets of a limited partner, or a dismissal of an insolvency petition on the grounds that its assets are insufficient, the service of a notification of an unsuccessful repeat auction in a proceeding for the enforcement of a decision or in execution or, if a limited partner’s ownership interest is not transferable, an order becoming final for the enforcement of a previous decision by way of seizure of the ownership interest of a limited partner in the company, or an execution order to seize the ownership interest of the limited partner in the company after the period stated in the invitation to perform the enforced duty under special legal regulations and, if a petition for discontinuation of the execution is filed within the relevant period, after the decision on such a petition becomes final, its participation in the company terminates. A limited partner's claim to a settlement amount becomes a part of the insolvency estate.

(3) Jestliže byl zrušen konkurs na majetek komanditisty z jiných důvodů než po splnění rozvrhového usnesení nebo proto, že majetek dlužníka je zcela nepostačující, jeho účast ve společnosti se obnovuje; jestliže již společnost vyplatila jeho vypořádací podíl, je komanditista, jehož účast se ve společnosti obnovila, povinen jej do 2 měsíců od zrušení konkursu společnosti nahradit. To platí obdobně i v případě, že byl pravomocně zastaven výkon rozhodnutí postižením podílu komanditisty ve společnosti nebo byla pravomocně zastavena exekuce podle zvláštního právního předpisu.

(3) If bankruptcy over the assets of a limited partner is closed on other grounds than by satisfaction of a formal court ruling on distribution of the bankrupt's estate or because the debtor's assets are insufficient, its participation in the company renews. If the company has paid its settlement amount, the limited partner whose participation in the company has been renewed must refund it to the company within 2 months after the discontinuation of the bankruptcy proceedings. The same applies with appropriate changes if the enforcement of a decision by seizure of the ownership interest of a limited partner in a company or execution under a special legal regulation has been effectively discontinued.

(4) Smrtí komanditisty se společnost neruší a jeho podíl na společnosti se dědí. Společenská smlouva může dědění podílu vyloučit; v tomto případě náleží dědicům

(4) The death of a limited partner does not constitute grounds for winding up. A limited partner's ownership interest in the company may be inherited. The memorandum of

vypořádací podíl.

association, however, may exclude the succession to an ownership interest and in such case the heirs are entitled to a settlement amount.

(5) Společnost informuje bez zbytečného odkladu společníky, že jí byla doručena dražební vyhláška podle zákona upravujícího výkon rozhodnutí postižením podílu komanditisty a že tato dražební vyhláška je k nahlédnutí v sídle společnosti. Společnost zašle společníkovi, který o to požádá, opis dražební vyhlášky na jeho náklady a nebezpečí na adresu uvedenou v žádosti.

(5) The company must without undue delay inform the members that it was served with auction rules under the act governing the enforcement of a decision by seizure of an ownership interest of a limited partner and that these auction rules are available for inspection at the company's registered office. The company must send to a member that so requests a copy of the auction rules at that member's cost and risk to an address set out in the request.

§ 103

zrušen

Section 103

Repealed

§ 104

(1) Při zrušení společnosti s likvidací mají společníci nárok na podíl na likvidačním zůstatku. Každý ze společníků má nárok na vrácení částky ve výši splaceného vkladu. Pokud likvidační zůstatek nestačí k tomuto vrácení, mají přednostní právo na vrácení komanditisté. Zbytek likvidačního zůstatku, který zůstal po vrácení částky ve výši vkladů, se rozdělí mezi společníky podle stejných zásad jako zisk.

(2) Nestačí-li likvidační zůstatek na rozdělení podle odstavce 1, rozdělí se mezi společníky podle stejných zásad jako zisk.

(3) Společenská smlouva může stanovit jiný způsob rozdělení likvidačního zůstatku mezi společníky.

Section 104

(1) When a company is wound up in liquidation, its members are entitled to a share in the liquidation balance. Each member is entitled to repayment of the amount of its paid up contribution. If the liquidation balance is insufficient for this purpose, the limited partners must be repaid in priority. The remainder of the liquidation balance after repayment of the paid up contributions must be distributed to the members according to the principles for distributions of profits.

(2) If the liquidation balance is insufficient for distribution under subsection (1), it must be distributed to the members according to the principles for distribution of profits.

(3) The memorandum of association may provide a different distribution of the liquidation balance between the members.

(4) Vypořádací podíl se vypočte obdobně jako podíl na likvidačním zůstatku.

(4) A settlement amount must be calculated using the same method as for a share in liquidation balance, with appropriate changes.

ODDÍL 5

ZRUŠEN

SUB-CHAPTER 5

REPEALED

§ 104a

zrušen

Section 104a

Repealed

§ 104b

zrušen

Section 104b

Repealed

§ 104c

zrušen

Section 104c

Repealed

§ 104d

zrušen

Section 104d

Repealed

ODDÍL 6

ZRUŠEN

SUB-CHAPTER 6

REPEALED

§ 104e

zrušen

Section 104e

Repealed

DÍL IV

SPOLEČNOST S RUČENÍM OMEZENÝM

ODDÍL 1

ZÁKLADNÍ USTANOVENÍ

§ 105

(1) Společností s ručením omezeným je společnost, jejíž základní kapitál je tvořen vklady společníků a jejíž společníci ručí za závazky společnosti, dokud nebylo zapsáno splacení vkladů do obchodního rejstříku (§ 106 odst. 2).

(2) Společnost s ručením omezeným může být založena jednou osobou. Společnost s ručením omezeným s jediným společníkem nemůže být jediným zakladatelem nebo jediným společníkem jiné společnosti s ručením omezeným. Jedna fyzická osoba může být jediným společníkem nejvýše tří společností s ručením omezeným.

(3) Společnost může mít nejvíce padesát společníků.

§ 106

(1) Společnost odpovídá za porušení svých závazků celým svým majetkem.

(2) Společníci ručí společně a nerozdílně za závazky společnosti do výše souhrnu nesplacených částí vkladů všech společníků podle stavu zápisu v obchodním rejstříku. Zápisem splacení všech vkladů do obchodního rejstříku ručení zaniká. Zaplacením kterémukoliv z věřitelů ručení nezaniká ani se nesnižuje jeho rozsah. Plnění za společnost poskytnuté z důvodu ručení se započítává na splacení vkladu toho společníka, který plnění věřiteli poskytl, a není-li to možné,

CHAPTER IV

THE LIMITED LIABILITY COMPANY

SUB-CHAPTER 1

FUNDAMENTAL PROVISIONS

Section 105

(1) A limited liability company is a company having a registered capital comprised in the contributions of its members, which are liable for the obligations of the company until all such contributions are entered in the commercial register as fully paid up (section 106(2)).

(2) A limited liability company may be formed by one person. A limited liability company having a sole member cannot be the sole founder or the sole member of another limited liability company. The same natural person cannot be the sole member in more than three limited liability companies.

(3) A company cannot have more than fifty members.

Section 106

(1) A company is liable for a breach of its obligations up to the amount of all its assets.

(2) The members are jointly and severally liable for the obligations of the company up to the total amount of the unpaid parts of all the members' contributions, as entered in the commercial register. This liability is discharged on entry into the commercial register that all such contributions are paid up. A payment to a creditor does not discharge or reduce the extent of this liability. Consideration provided to a creditor on behalf of the company on grounds of this liability must be credited as a paid up

může společník požadovat náhradu od společnosti. Nemůže-li dosáhnout této náhrady, může požadovat náhradu od společníka, jehož vklad nebyl splacen, jinak od každého ze společníků v rozsahu jeho účasti na základním kapitálu společnosti.

contribution of the member that has provided the relevant consideration and, if this is not possible, the member may require compensation from the company accordingly. If such compensation cannot be achieved, the member may require compensation from another member whose contribution remains unpaid and otherwise from each member to the extent of their participation in the registered capital of the company.

§ 107

Firma společnosti musí obsahovat označení "společnost s ručením omezeným", postačí však zkratka "spol. s r. o." nebo "s. r. o.".

Section 107

The business name of the company must contain the addition "společnost s ručením omezeným", although the abbreviation "spol. s r. o." or "s. r. o." is sufficient.

§ 108

(1) Výše základního kapitálu společnosti musí činit alespoň 200 000 Kč.

(2) Nárok společnosti na splacení nesplacené části vkladu společníka a jakýkoli nárok společníka vůči společnosti s výjimkou nároku podle § 106 jsou vzájemně nezapočitatelné, ledaže s takovým započtením vysloví souhlas valná hromada při zvyšování základního kapitálu.

Section 108

(1) The amount of the registered capital of the company must be at least CZK 200,000.

(2) A claim of the company for the payment of the unpaid part of a member's contribution cannot be mutually set off against a claim of a member against the company, with the exception of a claim under section 106, unless the general meeting consents to the set off under an increase of registered capital.

§ 109

(1) Výše vkladu společníka musí činit alespoň 20 000 Kč.

(2) Na základním kapitálu společnosti se může každý společník účastnit pouze jedním vkladem. Výše vkladu může být pro jednotlivé společníky stanovena rozdílně, musí však být dělitelná na celé tisíce. Celková výše vkladů musí souhlasit s výší základního kapitálu společnosti.

Section 109

(1) The amount of a member's contribution must be at least CZK 20,000.

(2) Each member may only participate in the registered capital of the company through one contribution. The amount of the contribution may be different for each individual member, but it must be divisible into whole thousands. The aggregate amount of all contributions must correspond to the amount of the registered capital of the

company.

(3) Mají-li být poskytnuty nepeněžité vklady na splacení vkladu, musí být ve společenské smlouvě nebo v písemném prohlášení o zvýšení vkladu nebo v prohlášení o převzetí vkladu (§ 143 odst. 6) uveden předmět nepeněžitého vkladu a částka, kterou se započítává na vklad společníka. Ustanovení § 163a odst. 3 a 4 se použijí přiměřeně.

(3) If non-cash contributions are to be provided in order to pay up a contribution, the memorandum of association or, if applicable, the written declaration increasing the contribution or the declaration taking over the contribution (section 143 (6)) must state the subject-matter of the non-cash contribution and the amount that is to be credited as the member's contribution. The provisions of sections 163a (3) and (4) apply as appropriate.

§ 110

Section 110

(1) Společenská smlouva musí obsahovat alespoň

a) firmu a sídlo společnosti,

b) určení společníků uvedením firmy nebo názvu a sídla právnické osoby nebo jména a bydliště fyzické osoby,

c) předmět podnikání (činnosti),

d) výši základního kapitálu a výši vkladu každého společníka včetně způsobu a lhůty splácení vkladu,

e) jména a bydliště prvních jednatelů společnosti a způsob, jakým jednají jménem společnosti,

f) jména a bydliště členů první dozorčí rady, pokud se zřizuje,

(1) The memorandum of association must contain at least the following:

(a) the business name and registered office of the company;

(b) the identification details of the members of the company by stating, for a legal person, the business name or corporate name and registered office or, for a natural person, the full name and residential address;

(c) the scope of business (activities);

(d) the amount of the registered capital, the amount of the contribution of each member and the manner and period for payment of the contribution;

(e) the full names and residential addresses of the first executives of the company and the manner by which they may act in the name of the company;

(f) the full names and residential addresses of the members of the first supervisory board, if a supervisory board is to be established;

g) určení správce vkladu,

h) jiné údaje, které vyžaduje tento zákon.

(2) Společenská smlouva může určit, že společnost vydá stanovy, které upraví vnitřní organizaci společnosti a podrobněji některé záležitosti obsažené ve společenské smlouvě.

§ 111

(1) Před podáním návrhu na zápis společnosti do obchodního rejstříku musí být splaceno celé emisní ážio a na každý peněžitý vklad musí být splaceno nejméně 30 %. Celková výše splacených peněžitých vkladů spolu s hodnotou splacených nepeněžitých vkladů musí však činit alespoň 100 000 Kč.

(2) Je-li společnost založena jedním zakladatelem, může být zapsána do obchodního rejstříku, jen když je v plné výši splacen její základní kapitál.

§ 112

Návrh na zápis společnosti do obchodního rejstříku podepisují všichni jednatelé.

ODDÍL 2

PRÁVA A POVINNOSTI SPOLEČNÍKŮ

§ 113

(1) Společník je povinen splatit vklad za podmínek a ve lhůtě určené ve společenské smlouvě, nejpozději však do pěti let od vzniku společnosti nebo od převzetí závazku ke zvýšení vkladu nebo k novému vkladu. Této povinnosti nemůže být společník zproštěn, ledaže jde o snížení

(g) the identification details of the contribution manager;

(h) any other information that this Code requires.

(2) The memorandum of association may specify that the company will issue articles of association to regulate the internal organization of the company and specify in more detail certain matters contained in the memorandum of association.

Section 111

(1) Before the filing of an application for entry of the company in the commercial register, all issue premium and at least 30% of each cash contribution must be paid up. The total amount of all paid up cash contributions, when added to the paid up value of all non-cash contributions, must be at least CZK 100,000.

(2) If the company is formed by a sole founder, it may only be entered in the commercial register if the amount of the registered capital is paid up in full.

Section 112

All the executives must attach their signatures to the application for entry of the company in the commercial register.

SUB-CHAPTER 2

THE RIGHTS AND DUTIES OF MEMBERS

Section 113

(1) A member has a duty to pay up its contribution under the conditions and within the period specified in the memorandum of association and, in any event, not later than five years from the date of incorporation of the company or, if applicable, from the date of assuming the obligation to increase the

základního kapitálu prominutím dluhu. Jednatelé oznámí rejstříkovému soudu bez zbytečného odkladu splacení celého vkladu každého společníka.

contribution or to make the new contribution. A member cannot be released from this duty except by waiver of the relevant debt on a reduction of registered capital. The executives must without undue delay notify the registration court when the entire contribution of any member is paid up.

(2) Společník, který ve lhůtě podle odstavce 1 nesplatil předepsanou hodnotu peněžitého vkladu, je povinen platit úrok z prodlení ve výši 20 % z nesplacené částky, nestanoví-li společenská smlouva jinak.

(2) Unless the memorandum of association provides otherwise, a member that has not paid up the prescribed amount of a cash contribution within the period set out in subsection (1) has a duty to pay default interest in the amount of 20% of the amount that is not paid up.

(3) Je-li společník s placením vkladu v prodlení, může ho společnost pod pohrůžkou vyloučení vyzvat, aby svoji povinnost splnil ve lhůtě, která nesmí být kratší než tři měsíce.

(3) If a member is in default with the payment of a contribution, the company may under the threat of exclusion invite it to satisfy this duty within a period of not less than three months.

(4) Společník, který nesplní svou povinnost ani v dodatečné lhůtě, může být valnou hromadou ze společnosti vyloučen.

(4) The general meeting may exclude from the company a member that does not satisfy this duty within the additional period.

(5) Obchodní podíl (§ 114) vyloučeného společníka přechází na společnost, která jej může převést na jiného společníka nebo třetí osobu. O převodu rozhoduje valná hromada.

(5) The ownership interest (section 114) of the excluded member passes by transmission to the company, which may then transfer it to another member or to a third party. The transfer must be approved by a decision of the general meeting.

(6) Nedojde-li k převodu obchodního podílu podle odstavce 5, rozhodne valná hromada do šesti měsíců ode dne, kdy k vyloučení společníka došlo, buď o snížení základního kapitálu o vklad vyloučeného společníka, nebo o tom, že ostatní společníci převezmou jeho obchodní podíl v poměru svých obchodních podílů za úplatu ve výši vypořádacího podílu, jinak může soud společnost i bez návrhu zrušit a nařídit její likvidaci. Rozhodnutím valné hromady o rozdělení obchodního podílu mezi společníky přechází na společníky

(6) If a transfer of an ownership interest does not occur in accordance with subsection (5), the general meeting must within six months from the date on which a member was excluded pass a decision either reducing the registered capital in the amount of the contribution of the excluded member, or approving the assumption of its ownership interest by the other members in proportion to their existing ownership interests in return for the payment of a settlement amount. Otherwise, the court may, with or without a petition, place the company in winding up

rozdělený obchodní podíl za podmínek stanovených valnou hromadou.

and order its liquidation. As from the moment of a decision of the general meeting approving the division of the ownership interest between the remaining members, the divided ownership interest will pass by transmission to the members under the conditions set out by the general meeting.

§ 114

Section 114

(1) Obchodní podíl představuje účast společníka na společnosti a z této účasti plynoucí práva a povinnosti. Jeho výše se určuje podle poměru vkladu společníka k základnímu kapitálu společnosti, nestanoví-li společenská smlouva jinak.

(1) An ownership interest represents the participation of a member in the company and the rights and duties resulting from that participation. Unless the memorandum of association provides otherwise, its value must be determined according to the proportion of the relevant member's contribution to the registered capital of the company.

(2) Každý společník může mít pouze jeden obchodní podíl. Jestliže se společník účastní dalším vkladem, zvyšuje se odpovídajícím způsobem jeho vklad, popřípadě i jeho obchodní podíl.

(2) Each member may only have one ownership interest. If a member participates by making a further contribution, its aggregate contribution increases in a corresponding manner and, if applicable, also its ownership interest.

(3) Jeden obchodní podíl může náležet více osobám. Svá práva z tohoto obchodního podílu mohou tyto osoby vykonávat jen společným zástupcem a k splácení vkladu jsou zavázáni společně a nerozdílně. Na vztahy mezi osobami, jimž náleží obchodní podíl, se použijí přiměřeně ustanovení občanského zákoníku o spoluvlastnictví.

(3) The same ownership interest may belong to several persons. Such persons may only exercise the rights attaching to the ownership interest through a common representative, although they are jointly and severally liable to pay up the relevant contribution. The provisions of the Civil Code on co-ownership apply as appropriate to the relationships between the persons holding ownership interests.

§ 115

Section 115

(1) Se souhlasem valné hromady může společník smlouvou převést svůj obchodní podíl na jiného společníka, nestanoví-li společenská smlouva jinak.

(1) Unless the memorandum of association provides otherwise, a member may only conclude an agreement to transfer its ownership interest to another member with the consent of the general meeting.

(2) Připouští-li to společenská smlouva, může společník převést svůj obchodní podíl na jinou osobu. Společenská smlouva může podmínit převod obchodního podílu na jinou osobu i souhlasem valné hromady. Má-li společnost jediného společníka, je obchodní podíl vždy převoditelný na třetí osoby.

(2) A member may only transfer its ownership interest to another person if the memorandum of association expressly permits it. The memorandum of association may provide that the transfer of an ownership interest to another person is conditional on the consent of the general meeting. If the company has a sole member, the ownership interest is always transferable to third parties.

(3) Smlouva o převodu obchodního podílu musí mít písemnou formu a nabyvatel, který není společníkem, v ní musí prohlásit, že přistupuje ke společenské smlouvě, popřípadě stanovám. Podpisy musí být úředně ověřeny. Převodce ručí za závazky, které přešly převodem obchodního podílu.

(3) An ownership interest transfer agreement must be concluded in writing and a transferee that is not a member must declare in the agreement that it accedes to the memorandum of association and, if applicable, the articles of association. The signatures affixed to it must be officially verified. The transferor is liable for the obligations that pass together with the transfer of an ownership interest.

(4) Účinky převodu obchodního podílu podle odstavců 1 a 2 nastávají vůči společnosti dnem doručení účinné smlouvy o převodu.

(4) An ownership interest transfer under subsections (1) and (2) is effective as against the company from the date on which an effective transfer agreement is delivered to it.

§ 116

Section 116

(1) Zánikem právnické osoby, která je společníkem, přechází obchodní podíl na jejího právního nástupce. Společenská smlouva může přechod obchodního podílu na právního nástupce vyloučit.

(1) On the dissolution of a member that is a legal person, its ownership interest passes by transmission to its legal successor. The memorandum of association may exclude the passing of an ownership interest to a legal successor by transmission.

(2) Obchodní podíl se dědí. Společenská smlouva může dědění obchodního podílu vyloučit, nejde-li o společnost o jediném společníku. Ustanovení § 156 odst. 10 se použije přiměřeně. Dědic se může domáhat zrušení své účasti ve společnosti soudem, nelze-li na něm spravedlivě požadovat, aby byl společníkem, a to ve lhůtě 3 měsíců od právní moci rozhodnutí soudu o dědictví, jinak toto právo zaniká.

(2) An ownership interest may be inherited. The memorandum of association may exclude inheritance of an ownership interest, except in relation to a company with a sole member. The provisions of section 156 (10) apply as appropriate. The heir may, within a period of three months from the court decision on succession becoming final, require the court to discharge its participation in the company if the heir

Dědic, který se domáhá zrušení své účasti ve společnosti soudem, není povinen osobně se podílet na činnosti společnosti, ani když společenská smlouva takovou povinnost stanoví. Účast dědice ve společnosti však nelze zrušit, jestliže je jediným společníkem.

ought fairly to be excused from being a member. Otherwise, the heir's right to do so expires. An heir that requires the court to discharge its participation in a company does not have a duty to participate personally in the activities of the company even if the memorandum of association sets out such a duty. The duty of an heir to participate in the company, however, cannot be discharged if it is the sole member.

(3) Nepřechází-li obchodní podíl na dědice nebo právního nástupce, použije se obdobně ustanovení § 113 odst. 5 a 6.

(3) If the ownership interest does not pass by transmission to the heir or legal successor, the provisions of sections 113 (5) and (6) apply with appropriate changes.

§ 117

Section 117

(1) Rozdělení obchodního podílu je možné jen při jeho převodu nebo přechodu na dědice nebo právního nástupce společníka. K rozdělení podílu je třeba souhlasu valné hromady.

(1) An ownership interest may only be divided under a transfer or if it is passed by transmission to an heir or a legal successor of a member. An ownership interest may only be divided with the consent of the general meeting.

(2) Rozdělení obchodního podílu může společenská smlouva vyloučit.

(2) The memorandum of association may exclude the division of an ownership interest.

(3) Jestliže má při rozdělení obchodního podílu vzniknout samostatný obchodní podíl, musí být zachována výše vkladu uvedená v § 109 odst. 1.

(3) If a separate ownership interest is to be created under a division of an ownership interest, the contribution amount stated in section 109 (1) must be maintained.

§ 117a

Zastavení obchodního podílu

Section 117a

Establishing a pledge over an ownership interest

(1) Obchodní podíl může být předmětem zástavního práva. Zástavní smlouva musí mít písemnou formu. Podpisy na zástavní smlouvě musí být úředně ověřeny.

(1) An ownership interest may form the subject of a pledge. A pledge agreement must be concluded in writing. The signatures affixed to a pledge agreement must be officially verified.

(2) Jestliže lze obchodní podíl převádět pouze se souhlasem valné hromady,

(2) If an ownership interest may only be transferred with the consent of the general

vyžaduje se souhlas valné hromady i k zastavení obchodního podílu. Bez tohoto souhlasu zástavní právo nevznikne. Zastavený obchodní podíl nelze po dobu trvání zástavního práva opětovně zastavit.

meeting, the consent of the general meeting is also required to establish a pledge over that ownership interest. The pledge cannot exist without such consent. If there is a pledge over an ownership interest, during the existence of the pledge, a further pledge over the interest cannot be established.

(3) Zástavní právo k obchodnímu podílu vzniká zápisem zástavního práva k obchodnímu podílu do obchodního rejstříku. Návrh na zápis zástavního práva k obchodnímu podílu do obchodního rejstříku a na jeho výmaz je oprávněn podat zástavní věřitel nebo zástavce. K návrhu se přikládá zástavní smlouva nebo listiny potvrzující zánik zástavního práva a doklad o souhlasu valné hromady, je-li potřebný, nestanoví-li tento zákon jinak.

(3) A pledge over an ownership interest is established by its being entered in the commercial register. The pledgor or the pledgee is entitled to file an application for entry in the commercial register of a pledge over an ownership interest, or for its striking off. Unless this Code provides otherwise, the application must attach the pledge agreement or documents establishing the discharge of the pledge and, if required, the documents setting out the consent of the general meeting.

(4) Není-li pohledávka zajištěná zástavním právem k obchodnímu podílu řádně a včas splněna, je zástavní věřitel oprávněn svým jménem obchodní podíl zástavce i bez souhlasu valné hromady na náklady dlužníka prodat v obchodní veřejné soutěži nebo, umožňuje-li to zvláštní právní předpis, ve veřejné dražbě. Zástavní věřitel vydá bez zbytečného odkladu dlužníku výtěžek prodeje převyšující jeho zajištěnou pohledávku po odečtení účelně vynaložených nákladů.

(4) If a claim secured by a pledge over an ownership interest is not satisfied in full and on time, the pledgee is entitled to sell in its own name the ownership interest of the pledgor, even without the consent of the general meeting, and the sale must occur at the debtor's cost by commercial public tender or, if permitted by a special legal regulation, by public auction. The pledgee must without undue delay deliver to the debtor all proceeds of sale exceeding the amount of the secured claim less the costs reasonably incurred.

(5) Převodem obchodního podílu podle odstavce 4 zástavní právo k němu zaniká.

(5) A pledge over an ownership interest is discharged by the transfer of the ownership interest under subsection (4).

(6) Po dobu trvání zástavního práva vykonává společník i nadále práva spojená s účastí ve společnosti. Plnění, na která vznikne nárok na základě účasti ve společnosti po splatnosti zajištěné pohledávky, náležejí do výše zajištěné pohledávky a jejího příslušenství

(6) During the existence of the pledge, a member may continue to exercise the rights attaching to the participation in the company. If a claim to receive consideration arises on the basis of a participation in the company after the secured claim falls due, that consideration belongs to the pledgee up

zástavnímu věřiteli a započítávají se na zajištěnou pohledávku.

to the amount of the secured claim, including accessories, and the consideration may be credited as payment of the secured claim.

(7) Jestliže se nepodaří zastavený obchodní podíl prodat způsobem uvedeným v odstavci 4, je zástavní věřitel oprávněn vykonávat práva spojená se zastaveným obchodním podílem. Zástavní věřitel může vykonávat práva spojená s obchodním podílem od okamžiku neúspěšného pokusu o prodej. Zástavní věřitel se může se zástavcem dohodnout, že přijme jeho obchodní podíl na úhradu dluhu smlouvou podle § 115. Ve smlouvě musí být uvedeno, že se obchodní podíl převádí na úhradu dluhu, včetně jeho důvodu a výše. K převodu obchodního podílu na úhradu dluhu se nevyžaduje souhlas valné hromady. Převodem obchodního podílu na zástavního věřitele zástavní právo zaniká. Pro účely převodu na úhradu dluhu však musí být hodnota podílu stanovena znalcem jmenovaným soudem na návrh zástavního věřitele. Pro jmenování a odměňování znalce platí obdobně § 59 odst. 3. Zástavní věřitel je povinen vyplatit bez zbytečného odkladu po převodu zástavci částku, o niž převyšuje takto stanovená hodnota dlužnou pohledávku s příslušenstvím včetně nákladů znaleckého posudku.

(7) If the pledgee is unable to sell the ownership interest in the manner stated in subsection (4), the pledgee is entitled to exercise all rights attaching to the ownership interest forming the subject of the pledge. The pledgee may exercise the rights attaching to the ownership interest from the moment it unsuccessfully tries to sell it. The pledgee may agree with the pledgor, under a contract concluded in accordance with section 115, to take over its ownership interest in settlement of the debt. That contract must state the basis and amount of the debt and that the ownership interest is being transferred in settlement of the debt. The consent of the general meeting is not required for a transfer of ownership interest in settlement of a debt. The pledge is discharged on transfer to the pledgee of the ownership interest. For the purposes of a transfer in settlement of a debt, the value of the ownership interest must be determined by an expert appointed by the court on petition of the pledgee. Section 59 (3) applies with appropriate changes to the appointment and remuneration of the expert. The pledgee has a duty to pay to the pledgor without undue delay following the transfer the amount by which the value, as determined, exceeds the outstanding amount of the debt claim, together with all accessories including the costs of the expert report.

(8) Není-li stanoveno jinak, použijí se pro zástavní právo k obchodnímu podílu obecná ustanovení občanského a obchodního zákoníku o zástavním právu k movitým věcem.

(8) Unless provided otherwise, the general provisions of the Civil Code and the Commercial Code relating to a pledge over movable objects apply to a pledge over an ownership interest.

§ 118

Změna osoby společníka se zapisuje do seznamu společníků a do obchodního rejstříku. Společnost je povinna zapsat změnu v osobě společníka do seznamu společníků, jakmile je jí tato změna prokázána.

Section 118

A change to the persons that are members must be entered in the register of members and in the commercial register. The company has a duty to enter the change to the persons that are members into the register of members as soon as the relevant change is established.

§ 119

Spojí-li se všechny obchodní podíly v rukou jednoho společníka, je společník povinen nejpozději do tří měsíců od spojení obchodních podílů splatit zcela všechny peněžité vklady nebo převést část obchodního podílu na jinou osobu. Poruší-li společník tuto povinnost, soud společnost i bez návrhu zruší a nařídí její likvidaci.

Section 119

If all the ownership interests are consolidated into the ownership of a sole member, that member has a duty, at the latest within three months from the consolidation of the ownership interests, to pay up in full all unpaid cash contributions or it must transfer the affected part of the ownership interest to another person. If the member breaches this duty, the court must, with or without a petition, place the company in winding up and order its liquidation.

§ 120

(1) Společnost nemůže nabývat vlastních obchodních podílů smlouvou o převodu obchodního podílu. Smlouva uzavřená v rozporu s tímto zákazem je neplatná. Jestliže společnost nabude vlastních obchodních podílů, je povinna postupovat podle § 113 odst. 5 a 6.

(2) Nabude-li společnost v souladu se zákonem vlastní obchodní podíl, nezanikají práva a povinnosti, jež jsou součástí obchodního podílu, splynutím, avšak společnost není oprávněna vykonávat práva společníka. Ustanovení § 161d odst. 2 a 3 platí přiměřeně.

Section 120

(1) A company cannot acquire ownership interests in itself under an ownership interest transfer agreement. An agreement concluded to the contrary of this prohibition is void. If a company acquires ownership interests in itself, it has a duty to proceed under section 113 (5) and (6).

(2) If a company acquires an ownership interest in itself in accordance with the law, the rights and duties forming a part of the ownership interest do not terminate by merger but the company is not entitled to exercise the rights of a member. The provisions of section 161d (2) and (3) apply as appropriate.

§ 120a

(1) Neurčí-li společenská smlouva další podmínky, může společnost poskytnout zálohu, půjčku, úvěr nebo jiné peněžité plnění anebo poskytnout zajištění pro účely získání podílů v ní (dále jen „finanční asistence"), jestliže

a) finanční asistence je poskytnuta za podmínek obvyklých v obchodním styku,

b) poskytnutí finanční asistence nepřivodí společnosti bezprostředně úpadek podle zvláštního právního předpisu,

c) společnost nevykazuje neuhrazené ztráty,

d) jednatel vypracuje písemnou zprávu, kde

1. poskytnutí finanční asistence věcně zdůvodní, včetně uvedení výhod a rizik z toho pro společnost plynoucích,

2. uvede podmínky, za jakých bude finanční asistence poskytnuta, a

3. zdůvodní, proč je poskytnutí finanční asistence v zájmu společnosti.

(2) Zprávu podle odstavce 1 písm. d) uloží společnost bez zbytečného odkladu poté, co je vypracována, avšak vždy před konáním valné hromady, která poskytnutí finanční asistence schvaluje, do sbírky listin; zpráva musí být společníkům na jednání této valné hromady volně

Section 120a

(1) Subject to any further conditions specified in the memorandum of association, a company may provide an advance payment, a loan, credit, or other cash consideration or it may provide security for the purposes of an acquisition of an ownership interest in itself ("financial assistance") provided that:

(a) the financial assistance is provided on terms that are typical for business dealings;

(b) the provision of financial assistance does not cause the immediate insolvency of the company under a special legal regulation;

(c) the company has not reported losses that are not covered;

(d) an executive has prepared a written report containing the following:

1. an objective justification for the provision of financial assistance, including a statement of the resulting benefits and risks for the company;

2. a statement of the conditions under which the financial assistance will be provided; and

3. an explanation as to why the provision of financial assistance is in the interests of the company.

(2) The company must file the report prepared under subsection (1) (d) in the collection of documents without undue delay after it is prepared, and in any event before the general meeting is held at which the provision of financial assistance is approved. The report must be available for inspection

dostupná.

by the members at that general meeting.

(3) Při poskytování finanční asistence se odstavce 1 a 2 nevztahují na finanční instituce podle jiného právního předpisu upravujícího činnost bank, pokud je poskytována za podmínek stanovených v § 161f odst. 5.

(3) When providing financial assistance, subsections (1) and (2) do not apply to financial institutions under a special legal regulation governing the activities of banks, if it is provided under the conditions set out in section 161f (5).

§ 120b

Section 120b

(1) Ovládaná osoba nesmí smluvně nabývat obchodní podíl společnosti ji ovládající. Na nabývání obchodních podílů na společnosti osobou jí ovládanou a na poskytování finanční asistence pro účely získání obchodních podílů na společnosti osobou jí ovládanou se přiměřeně použijí ustanovení § 120a, § 161b odst. 1 písm. b), § 161b odst. 3 a 4 a § 161g odst. 2 až 5.

(1) A controlled person cannot conclude an agreement to acquire ownership interests in a company that controls it. The provisions of section 120a, section 161b (1) (b), sections 161b (3) and (4) and sections 161g (2) to (5) apply as appropriate to an acquisition of ownership interests in a company by a person controlled by it and to the provision of financial assistance for the purposes of an acquisition of ownership interests in a company by a person controlled by it.

(2) Společnost může vzít do zástavy vlastní podíl jen za podmínek stanovených v § 120a, § 161a odst. 1 písm. a), § 161a odst. 2, § 161b a 161d.

(2) A company may only become a pledgee of an ownership interest in itself under the conditions set out in section 120a, section 161a (1) (a), section 161a (2), and sections 161b and 161d.

§ 121

Section 121

(1) Společenská smlouva může určit, že valná hromada je oprávněna uložit společníkům povinnost přispět na vytvoření vlastního kapitálu příplatkem mimo základní kapitál (dále jen "příplatek") peněžitým plněním nad výši vkladu až do poloviny základního kapitálu podle výše svých vkladů. Dosáhne-li výše příplatku hodnoty poloviny základního kapitálu, nelze již další příplatek uložit. O porušení této povinnosti platí ustanovení § 113 odst. 2 až 6 obdobně.

(1) The memorandum of association may specify that the general meeting is entitled to impose a duty on the members to contribute to the creation of equity capital, by payment of a premium outside the registered capital (a "premium") by way of a cash consideration in excess of their contribution, in an amount of up to half of the registered capital and according to to the amounts of their existing contributions. When the amount of the premium reaches half of the amount of the registered capital, further premium cannot be imposed. The provisions of sections 113 (2) to (6) apply with appropriate changes in relation to a

breach of this duty.

(2) Společník může poskytnout příplatek se souhlasem valné hromady, i když tak nestanoví společenská smlouva.

(2) A member may provide premium with the consent of the general meeting even if the memorandum of association does not provide for this.

(3) Splnění povinnosti uvedené v odstavci 1 ani plnění podle odstavce 2 nemá vliv na výši vkladu společníka ani na výši základního kapitálu.

(3) The performance of the duty stated in subsection (1) and the consideration provided under subsection (2) do not affect the amount of a member's contribution or the amount of the registered capital.

(4) Příplatky lze společníkům vrátit jen v rozsahu, v jakém převyšují ztráty společnosti.

(4) Premium may only be returned to members to the extent that this exceeds the losses of the company.

§ 122

Section 122

(1) Společníci vykonávají svá práva týkající se řízení společnosti a kontroly její činnosti na valné hromadě v rozsahu a způsobem uvedeným ve společenské smlouvě, popřípadě ve stanovách.

(1) Members must exercise their rights relating to the management of the company and the supervision of its activities at the general meeting within the scope and in the manner set out in the memorandum of association, or if applicable, in the articles of association.

(2) Společníci mají zejména právo požadovat od jednatelů informace o záležitostech společnosti a nahlížet do dokladů společnosti a kontrolovat tam obsažené údaje nebo k tomu zmocnit auditora nebo daňového poradce.

(2) The members have, in particular, the right to request information from the executives with respect to the affairs of the company, to inspect the documents of the company and to verify the information contained in them, or they may give the power to an auditor or a tax advisor to do so.

§ 123

Section 123

(1) Společníci se podílejí na zisku určeném valnou hromadou k rozdělení mezi společníky v poměru svých obchodních podílů, nestanoví-li společenská smlouva jinak.

(1) Unless the memorandum of association provides otherwise, the members share in the profit specified by the general meeting for distribution to the members in proportion to their ownership interests.

(2) K výplatě zisku nelze použít základního kapitálu, rezervního fondu ani ostatních kapitálových fondů ani prostředků, které podle tohoto zákona, společenské smlouvy

(2) The registered capital, reserves and other capital funds or resources that, under this Code, the memorandum of association, or the articles of association, must be used to

nebo stanov mají být použity k doplnění těchto fondů. Ustanovení § 178 odst. 1 věty třetí, odst. 2, odst. 3 a odst. 5 až 7 se použijí přiměřeně.

replenish these funds, cannot be used for a distribution of profits. The provisions of sections 178 (1) third sentence, (2), (3) and (5) to (7) apply as appropriate.

(3) Po dobu trvání společnosti nemohou společníci žádat vrácení vkladu. Za vrácení vkladu se nepovažují platby společníkům poskytnuté při snížení základního kapitálu.

(3) During the existence of the company, the members are not entitled to request for their contribution to be refunded. Payments to members on a reduction of the registered capital are not considered to comprise a refund of a contribution.

(4) Podíl na zisku vyplacený v rozporu s těmito ustanoveními jsou společníci povinni společnosti vrátit. Za toto vrácení ručí společně a nerozdílně jednatelé, kteří vyslovili souhlas s touto výplatou.

(4) The members have a duty to refund to the company any share in profit distributed contrary to these provisions. Any executives expressing consent to such a distribution are jointly and severally liable for the refund.

§ 124

Section 124

(1) Společnost vytvoří rezervní fond (§ 67) v době a ve výši určené ve společenské smlouvě. Není-li rezervní fond vytvořen již při vzniku společnosti, je společnost povinna vytvořit jej z čistého zisku vykázaného v řádné účetní závěrce za rok, v němž poprvé čistý zisk vytvoří, a to ve výši nejméně 10 % z čistého zisku, avšak ne více než 5 % z hodnoty základního kapitálu. Tento fond se ročně doplňuje o částku určenou ve společenské smlouvě nebo ve stanovách, nejméně však 5 % z čistého zisku, až do dosažení výše rezervního fondu určené ve společenské smlouvě nebo ve stanovách, nejméně však do výše 10 % základního kapitálu.

(1) A company must create reserves (section 67) at the times and in the amounts specified in the memorandum of association. If reserves are not already created on formation of the company, the company has a duty to create them from the net profit as reported in the annual financial statements for the year in which the first net profit is generated, and the reserves must be created in the amount of at least 10% of the net profit, but not in any event more than 5% of the amount of registered capital. The reserves must be replenished annually by the amount specified in the memorandum of association or in the articles of association, which must be at least an amount of 5% of the net profit, until the amount of reserves specified in the memorandum of association or the articles of association is attained and, in any event, at least an amount of 10% of the registered capital.

(2) O použití rezervního fondu rozhodují jednatelé v souladu s § 67, nejde-li o případy, kdy zákon svěřuje toto rozhodnutí valné hromadě.

(2) The executives may pass a decision on the use of reserves in accordance with section 67, except for cases in which the law entrusts the relevant decision to the general meeting.

(3) Rezervní fond do výše 10 % základního kapitálu lze použít pouze k úhradě ztráty společnosti.

(3) The reserves of up to the amount of up to 10% of the registered capital may only be used to cover the losses of the company.

ODDÍL 3

ORGÁNY SPOLEČNOSTI

Valná hromada

§ 125

SUB-CHAPTER 3

THE COMPANY BODIES

The general meeting

Section 125

(1) Valná hromada je nejvyšším orgánem společnosti. Do její působnosti patří

a) schválení jednání učiněných jménem společnosti před jejím vznikem podle § 64,

b) schvalování řádné, mimořádné a konsolidované a v případech stanovených zákonem i mezitímní účetní závěrky, rozhodování o rozdělení zisku nebo jiných vlastních zdrojů a o úhradě ztrát,

c) schvalování stanov a jejich změn,

d) rozhodování o změně obsahu společenské smlouvy, nedochází-li k němu na základě jiných právních skutečností (§ 141),

e) rozhodování o zvýšení či snížení základního kapitálu nebo o připuštění nepeněžitého vkladu či o možnosti započtení peněžité pohledávky vůči společnosti proti pohledávce na splacení vkladu,

(1) The general meeting is the highest company body. Its areas of competence include the following:

(a) the approval of the acts concluded under section 64 in the name of the company before its incorporation;

(b) the approval of the annual, extraordinary and consolidated financial statements and, if required by law, interim financial statements, and of decisions declaring distributions of profit or its own resources and on covering losses;

(c) the approval of the articles of association and any amendments to them;

(d) the passing of decisions amending the content of the memorandum of association, except where the relevant amendment occurs on the basis of other matters of law (section 141);

(e) the passing of decisions to increase or reduce the registered capital, or to approve a non-cash contribution, or to approve the possibility to set off a monetary claim against the company against a claim for the payment of a contribution;

f) jmenování, odvolání a odměňování jednatelů,

(f) the appointment, recall and remuneration of the executives;

g) jmenování, odvolání a odměňování členů dozorčí rady,

(g) the appointment, recall and remuneration of the members of the supervisory board;

h) vyloučení společníka podle § 113 a 121,

(h) the exclusion of a member under sections 113 and 121;

i) jmenování, odvolání a odměňování likvidátora a rozhodování o zrušení společnosti s likvidací, jestliže to společenská smlouva připouští,

(i) if the memorandum of association so permits, the appointment, recall and remuneration of a liquidator and the passing of a decision to wind up the company in liquidation;

j) schvalování smluv uvedených v § 67a.

(j) the approval of the contracts stated in section 67a;

k) rozhodování o fúzi, převodu jmění na společníka, rozdělení a změně právní formy,

(k) the passing of decisions in relation to a merger, transfer of business assets and liabilities to a member, division and change of legal form;

l) schválení ovládací smlouvy (§ 190b), smlouvy o převodu zisku (§ 190a) a smlouvy o tichém společenství a jejich změn,

(l) the approval of a control agreement (section 190b), profit transfer agreement (section 190a) and a silent partnership agreement and any amendments to any of them;

m) schválení smlouvy o výkonu funkce (§ 66 odst. 2),

(m) the approval of a contract to perform an office (section 66 (2));

n) schválení poskytnutí finanční asistence podle § 120a,

(n) the approval of the provision of financial assistance in accordance with section 120a;

o) další otázky, které do působnosti valné hromady svěřuje zákon nebo společenská smlouva.

(o) other matters that the law or the memorandum of association entrusts to the competence of the general meeting.

(2) Neurčí-li společenská smlouva jinak, uděluje a odvolává valná hromada prokuru.

(2) Unless the memorandum of association specifies otherwise, the general meeting may grant and revoke a power of procuration.

(3) Valná hromada si může vyhradit rozhodování věcí, které jinak náleží do

(3) The general meeting may reserve for itself the decision on matters that otherwise belong to the competence of other company

působnosti jiných orgánů společnosti.

bodies.

§ 126

Společník se zúčastňuje jednání valné hromady osobně anebo v zastoupení zmocněncem na základě písemné plné moci.

Section 126

A member may participate at the general meeting in person or through a representative given the power on the basis of a written power of attorney.

§ 127

(1) Valná hromada je schopná usnášení, jsou-li přítomni společníci, kteří mají alespoň polovinu všech hlasů, nevyžaduje-li společenská smlouva vyšší počet hlasů.

(2) Každý společník má jeden hlas na každých 1 000 Kč svého vkladu, neurčuje-li společenská smlouva jiný počet hlasů.

(3) Valná hromada rozhoduje alespoň prostou většinou hlasů přítomných společníků, nevyžaduje-li zákon nebo společenská smlouva vyšší počet hlasů.

(4) K rozhodnutím podle § 125 odst. 1 písm. c), d), e) a j) a o zrušení společnosti s likvidací je vždy zapotřebí souhlasu alespoň dvoutřetinové většiny všech hlasů společníků, nevyžaduje-li zákon nebo společenská smlouva vyšší počet hlasů; o těchto rozhodnutích musí být pořízen notářský zápis. Snižuje-li se základní kapitál tak, že se snižují vklady společníků nerovnoměrně, vyžaduje se souhlas všech společníků.

(5) Společník nemůže vykonávat hlasovací právo, jestliže

a) valná hromada rozhoduje o jeho

Section 127

(1) Unless the memorandum of association requires a higher number of votes, the general meeting is able to pass decisions if members are present holding at least half of all the votes.

(2) Unless the memorandum of association specifies a different number of votes, each member has one vote for each CZK 1,000 of its contribution.

(3) Unless the law or the memorandum of association requires a higher number of votes, the general meeting passes decisions by at least a simple majority of the votes of the members present.

(4) Unless the law or the memorandum of association requires a higher number of votes, decisions under section 125 (1) (c), (d), (e) and (j) and decisions to wind up the company in liquidation always require the consent of a majority of at least two thirds of all the members' votes. All such decisions must be recorded in the form of a notarial record. The unanimous consent of all the members is required to reduce the registered capital in such a manner that the contributions of the members are reduced in unequal proportions.

(5) A member cannot exercise its voting rights in the event of the following:

(a) the general meeting is deciding whether to accept a non-cash nepeněžitém vkladu,

contribution from that member;

b) valná hromada rozhoduje o jeho vyloučení nebo o podání návrhu na jeho vyloučení,

(b) the general meeting is deciding on that member's exclusion or on the submission of a petition for its exclusion;

c) valná hromada rozhoduje o tom, zda mu nebo osobě, s níž jedná ve shodě, má být prominuto splnění povinnosti, anebo zda má být odvolán z funkce orgánu nebo člena orgánu společnosti pro porušení povinností při výkonu funkce,

(c) the general meeting is deciding whether that member or a person acting in concert with it should be excused from the performance of a duty or whether that member should be recalled from office as a company body or a member of a company body on the grounds of breach of duties to perform an office;

d) je v prodlení se splacením vkladu,

(d) that member is in default with paying up its contribution;

e) tak v dalších případech stanoví zákon.

(e) in other cases where the law so provides.

(6) Ustanovení § 186c odst. 1 a § 186d se použijí obdobně.

(6) The provisions of section 186c (1) and section 186d apply with appropriate changes.

(7) Společníci, kteří nebyli přítomni na valné hromadě, mohou projevit svůj souhlas s navrhovaným rozhodnutím valné hromady i mimo valnou hromadu. Souhlas společníka musí být společnosti doručen ve lhůtě jednoho měsíce ode dne, v němž se konala nebo měla konat valná hromada. Vyžaduje-li zákon, aby byl o rozhodnutí valné hromady pořízen notářský zápis, musí mít souhlas společníka formu notářského zápisu, v němž se uvede i obsah návrhu rozhodnutí valné hromady, jehož se souhlas týká.

(7) Members that were not present at a general meeting may also express their consent to a proposed decision of the general meeting from outside the general meeting. The consent of a member must be delivered to the company within the period of one month from the date on which the general meeting was held or should have been held. If the law requires a notarial record to be prepared in relation to the passing of a decision of the general meeting, the consent of the relevant member must be concluded as a notarial record, which must also state the content of the proposal for the decision of the general meeting to which the consent relates.

(8) Jestliže je usnesení valné hromady přijato postupem podle odstavce 7, oznámí jednatelé písemně do 14 dnů jeho přijetí všem společníkům.

(8) If a resolution of the general meeting is passed by the procedure under subsection (7), the executives must notify this in writing to all of the members within 14 days.

(9) Zákaz výkonu hlasovacích práv podle odstavce 5 neplatí v případě, kdy všichni společníci společnosti jednají ve shodě (§ 66b).

(9) The prohibition on exercising voting rights under subsection (5) does not apply in the cases when all the members of the company are acting in concert (section 66b).

§ 128

Section 128

(1) Nestanoví-li zákon, společenská smlouva, popřípadě stanovy kratší lhůtu, svolávají valnou hromadu jednatelé nejméně jednou za rok. Valná hromada, která schvaluje řádnou účetní závěrku, se musí konat nejpozději do šesti měsíců od posledního dne účetního období.

(1) The executives must call a general meeting at least once in any given year unless the law, the memorandum of association, or the articles of association provide for a shorter period. A general meeting that is to approve the annual financial statement must be held not later than six months from the last day of the financial year.

(2) Ustanovení § 193 platí obdobně.

(2) The provisions of section 193 apply with appropriate changes.

§ 129

Section 129

(1) Termín a program valné hromady se oznámí společníkům ve lhůtě určené společenskou smlouvou, jinak nejméně 15 dnů přede dnem jejího konání, a to písemnou pozvánkou, nestanoví-li společenská smlouva jinak. Záležitosti neuvedené v pozvánce lze projednat, jen jsou-li přítomni na valné hromadě všichni společníci. Společník se může vzdát práva na včasné svolání valné hromady, popřípadě na její svolání způsobem, který stanoví zákon nebo společenská smlouva, prohlášením, které musí být obsaženo v zápisu z valné hromady, popřípadě v notářském zápisu o rozhodnutí valné hromady, jinak musí mít formu notářského zápisu.

(1) The time and the agenda for the general meeting must be notified to the members within the period specified in the memorandum of association, and otherwise at least 15 days before the date on which it is held. Unless the memorandum of association provides otherwise, notice must be given in the form of a written invitation. Matters omitted from the invitation may only be deliberated if all the members are present at the general meeting. A member may in the manner prescribed by law or the memorandum of association waive its right to timely notice of a general meeting or, if applicable, to notice being given at all. The waiver may occur by a declaration contained in the minutes of the general meeting or, if applicable, in the notarial record setting out the decision of the general meeting, or otherwise it must be concluded as a notarial record.

(2) Požádat o svolání valné hromady mohou společníci, jejichž vklady dosahují alespoň 10 % základního kapitálu. Nesvolají-li jednatelé valnou hromadu do jednoho měsíce od doručení jejich žádosti, jsou společníci oprávněni svolat ji sami. Nemá-li společnost jednatele, je oprávněn svolat valnou hromadu kterýkoli společník.

(2) Members representing contributions of at least 10% of the registered capital may request that a general meeting is called. If the executives do not call a general meeting within one month from the delivery of such a request, these members are entitled to call it themselves. If the company has no executives, any member is entitled to call a general meeting.

(3) Valná hromada zvolí svého předsedu a zapisovatele. Do zvolení předsedy řídí valnou hromadu jednatel, popřípadě pověřený společník. Sčítání hlasů provádí předsedající.

(3) The general meeting must elect a chairperson and a recorder. Until a chairperson is elected, an executive or, if applicable, a specially appointed member may chair the general meeting. The chairperson must count the votes.

(4) Jednatel je povinen zajistit vyhotovení zápisu z jednání valné hromady a zaslat jej na náklady společnosti bez zbytečného odkladu všem společníkům. Zápis podepisuje předseda valné hromady a zapisovatel. Pro obsah zápisu platí přiměřeně ustanovení § 188 odst. 2 a 3.

(4) An executive has a duty to ensure that counterparts of the minutes of the conduct of the general meeting are prepared, and are sent to all the members of the company without undue delay and at the company's cost. The minutes must be signed by the chairperson of the general meeting and the recorder. The provisions of sections 188 (2) and (3) apply as appropriate to the content of the minutes.

§ 130

(1) Společníci mohou přijímat rozhodnutí i mimo valnou hromadu. V takovém případě osoba, která je jinak oprávněna svolat valnou hromadu, předloží návrh usnesení společnosti společníkům k vyjádření s oznámením lhůty, ve které mají učinit písemné vyjádření. Nevyjádří-li se společník ve lhůtě, platí, že nesouhlasí. Osoba, která předložila návrh usnesení, pak oznámí výsledky hlasování jednotlivým společníkům. Většina se počítá z celkového počtu hlasů příslušejících všem společníkům.

Section 130

(1) The members may also pass decisions outside the general meeting. In such a case, a person otherwise entitled to call a general meeting may submit, for the approval of the members, a proposal for a resolution of the company, together with a notice period within which they may comment in writing. If a member does not comment within the period stated, it is treated as having refused its consent. The person submitting the proposal for the resolution must then notify the results of the vote to the individual members. The majority is counted from the total number of votes of all the members.

(2) Vyžaduje-li zákon pořízení notářského zápisu o rozhodnutí valné hromady, může být rozhodnutí mimo valnou hromadu přijato pouze tehdy, pokud projev vůle společníka, jímž vysloví s návrhem usnesení souhlas, bude mít formu notářského zápisu, v němž se uvede i obsah příslušného usnesení.

(2) If the law requires a decision of the general meeting to be concluded in the form of a notarial record, that decision can only be passed outside the general meeting if the expression of will of the member, by which it declares its consent to the proposed resolution, is also concluded in the form of a notarial record, which must also state the content of the relevant resolution.

§ 131

Section 131

(1) Každý společník, jednatel, likvidátor, insolvenční správce nebo člen dozorčí rady se může domáhat, aby soud vyslovil neplatnost usnesení valné hromady, pokud je v rozporu s právními předpisy, společenskou smlouvou, zakladatelskou listinou nebo stanovami. Není-li toto právo uplatněno do tří měsíců ode dne konání valné hromady nebo, nebyla-li řádně svolána, ode dne, kdy se mohl dovědět o konání valné hromady, nejdéle však do jednoho roku od konání valné hromady, zaniká. Jestliže bylo usnesení přijato postupem podle § 127 odst. 7, lze toto právo uplatnit do tří měsíců ode dne, kdy společnost oznámila společníkovi přijetí usnesení, nejdéle však do jednoho roku od přijetí usnesení.

(1) Each member, executive, liquidator, insolvency practitioner or member of the supervisory board may require the court to declare that a resolution of the general meeting is void in the event that it is contrary to legal regulations, the memorandum of association, the foundation deed or the articles of association. This right expires if it is not asserted within three months from the date on which the general meeting was held or, if the meeting was not properly called, from the date on which the relevant person could have become aware of the holding of the general meeting and, in any event, within one year from the date on which the general meeting was held. If the resolution was passed by the procedure under section 127 (7), this right may be asserted within three months from the date on which the company notified the member of the passing of the relevant resolution and, in any event, within one year from the date on which the resolution was passed.

(2) Jestliže je důvodem návrhu podle odstavce 1 to, že tvrzené usnesení valná hromada nepřijala proto, že o něm nehlasovala, anebo to, že obsah tvrzeného usnesení neodpovídá usnesení, které valná hromada přijala, lze podat návrh do tří měsíců ode dne, kdy se navrhovatel o tvrzeném usnesení dozvěděl, nejdéle však do jednoho roku ode dne konání nebo

(2) If a petition under subsection (1) is filed on the grounds that the general meeting has not passed the alleged resolution because the meeting did not vote on it, or that the content of the alleged resolution differs from the resolution that the general meeting actually passed, the petition may be filed within three months from the date on which the petitioner became aware of the alleged resolution but, in any event, within one year

tvrzeného konání valné hromady.

(3) Soud neplatnost podle odstavce 1 nebo 2 nevysloví, jestliže

a) došlo k porušení právních předpisů, společenské smlouvy, zakladatelské listiny nebo stanov, jehož důsledkem je jen nepodstatné porušení práv osob oprávněných domáhat se rozhodnutí podle odstavce 1 nebo jiných osob, nebo jestliže porušení nemělo závažné právní následky,

b) by postupem podle odstavce 1 došlo k podstatnému zásahu do práv získaných v dobré víře třetími osobami, nebo

c) se vyslovení neplatnosti usnesení valné hromady proto, že byla svolána v rozporu se zákonem, společenskou smlouvou nebo stanovami, domáhá jen osoba, která takto valnou hromadu svolala anebo se podílela na jejím svolání, anebo jestliže na valné hromadě, která byla svolána v rozporu se zákonem, byli přítomni všichni společníci anebo společníci, kteří na valné hromadě přítomni nebyli, následně projevili s usnesením souhlas.

(4) Osoby, které utrpěly škodu v důsledku toho, že rozhodnutí valné hromady bylo vydáno v rozporu s právními předpisy, společenskou smlouvou, zakladatelskou listinou nebo stanovami, mají vůči společnosti právo na její náhradu, dále právo na přiměřené zadostiučinění za porušení základních práv společníka, které může být poskytnuto i v penězích. Toto právo mají osoby uvedené v předchozí větě i v případě, že soud nevysloví

from the date on which the general meeting was held or is alleged to have been held.

(3) The court cannot declare invalidity under subsection (1) or (2) if:

(a) the consequences of the relevant breach of legal regulations, the memorandum of association, the foundation deed, or the articles of association are only minor infringements of the rights of the persons entitled to require a decision under subsection (1) or other persons, or if the breach did not have serious legal consequences;

(b) the procedure under subsection (1) would seriously interfere with rights of third parties acquired in good faith; or

(c) the person that called the general meeting or participated in the calling of the general meeting is the only person to require a declaration of invalidity of the resolution on grounds that the general meeting was called contrary to the law, the memorandum of association or the articles of association or, even though it is alleged that it was called contrary to the law, all the members were present at the general meeting, or the members that were absent from that general meeting subsequently expressed consent to the relevant resolution.

(4) Persons suffering damage as a result of a general meeting decision being issued contrary to legal regulations, the memorandum of association, the foundation deed or the articles of association, have the right against the company to compensation for their damage, and also have the right to reasonable satisfaction, which may be provided in cash, for breach of the fundamental rights of a member. The persons stated in the previous sentence have

neplatnost usnesení valné hromady z důvodů uvedených v odstavci 3. Právo na přiměřené zadostiučinění musí být uplatněno ve lhůtě stanovené pro podání návrhu na neplatnost usnesení valné hromady nebo ve lhůtě 3 měsíců ode dne, kdy nabylo právní moc rozhodnutí soudu podle odstavce 3, jinak zaniká.

this right even if the court, on the grounds stated in subsection (3), cannot declare the invalidity of the resolution of the general meeting. The right to reasonable satisfaction must be asserted within the period prescribed for submitting a petition for the invalidity of a general meeting resolution, or within a period of 3 months from the date on which a court decision under subsection (3) becomes final, or otherwise, this right expires.

(5) Jednatelé, kteří nepostupovali v souvislosti s přijímáním usnesení valné hromady podle ustanovení § 127 odst. 8, § 129 a § 135 odst. 2, ručí za závazky společnosti podle odstavce 4 společně a nerozdílně.

(5) The executives that do not proceed in accordance with the provisions of section 127 (8) and sections 129 and 135 (2) in connection with the passing of the relevant general meeting resolution are jointly and severally liable for the obligations of the company under subsection (4).

(6) V řízení jednají za společnost jednatelé; jsou-li však účastníky řízení sami jednatelé, zastupuje společnost určený člen (členové) dozorčí rady. Navrhují-li jak jednatelé, tak členové dozorčí rady, nebo není-li dozorčí rada zřízena, určí zástupce společnosti valná hromada. Neučiní-li tak do tří měsíců od doručení návrhu společnosti, ustanoví soud společnosti opatrovníka.

(6) In the relevant proceedings, the executives must act on behalf of the company. If, however, the executives are themselves parties to the proceedings, the company must be represented by a specially designated member (or members) of the supervisory board. If the executives so propose, the members of the supervisory board and, if a supervisory board is not established, the general meeting must determine this company representative. If it does not do so within three months of the delivery of the proposal to the company, the court must appoint a litigation friend for the company.

(7) Výrok pravomocného rozhodnutí soudu podle odstavců 1, 2 nebo 3 je závazný pro každého.

(7) The concluding order of a final court decision under subsections (1), (2) or (3) is binding for any person.

(8) Jestliže nebyl podán návrh na neplatnost usnesení valné hromady podle odstavce 1 nebo 2 anebo jestliže nebyla úspěšná, lze jeho platnost přezkoumávat jen v rejstříkovém řízení, ve kterém soud rozhoduje o povolení zápisu skutečnosti

(8) If a petition has not been filed under subsection (1) or (2) for a declaration of invalidity of the general meeting resolution, or if such a petition has been unsuccessful, the issue of its validity may only be reviewed in registration proceedings in which the court

založené usnesením valné hromady do obchodního rejstříku. To neplatí, jestliže se přijetím usnesení valné hromady o změně společenské smlouvy nebo stanov dostal do rozporu obsah stanov nebo společenské smlouvy s donucujícím ustanovením zákona, a v případech podle odstavce 9.

must decide whether to permit an entry into the commercial register and the particular entry relates to a matter brought about by the relevant general meeting resolution. This does not apply to the passing of a general meeting resolution to amend the memorandum of association or the articles of association if the content of the memorandum of association or of the articles of association has become contrary to a mandatory provision of law, and in the circumstances set out in subsection (9).

(9) Řízení k dosažení shody mezi skutečným stavem a zápisem skutečnosti založené usnesením valné hromady v obchodním rejstříku podle zvláštního právního předpisu může soud zahájit, kromě případů, kdy soud vysloví neplatnost usnesení valné hromady k návrhu podle odstavce 1 nebo 2, jen jestliže je na zahájení takového řízení veřejný zájem a nebudou-li jím podstatně dotčena práva třetích osob nabytá v dobré víře, nejdéle však do tří let od zápisu skutečnosti vzniklé z usnesení do obchodního rejstříku.

(9) With the exception of the cases in which the court declares, on petition submitted under subsection (1) or (2), the invalidity of a general meeting resolution, the court may only initiate proceedings under a special legal regulation to restore the conformity in the commercial register between the actual state of affairs and an entry of a matter brought about by a general meeting resolution if the commencement of such proceedings is in the public interest and if it does not materially interfere with the rights of third parties acquired in good faith, and in any event not later than three years after the entry in the commercial register of the matter arising from the relevant resolution.

(10) Jestliže má být řízení o návrhu podaném podle odstavců 1 a 2 zastaveno proto, že navrhovatel vzal návrh zpět, nebo pro jinou překážku, kterou lze vstupem dalšího navrhovatele do řízení a jeho jednáním odstranit, a je-li zvláštní zájem společníků, kteří návrh nepodali, hodný právní ochrany, soud řízení nezastaví. V takovém případě soud vydá a vyvěsí na úřední desce soudu usnesení, v němž uvede

(10) If the proceedings on a petition submitted under subsections (1) and (2) are to be discontinued on the grounds that the petitioner withdraws the petition or there is another obstacle that could be remedied by another petitioner becoming a party to the proceeding and if a special legal interest of the members that have not filed the petition merits legal protection, the court is required not to discontinue the proceedings. In such a case, the court must issue and publish a formal ruling on the official notice board of the court, in which it must state the following:

a) jaké věci se řízení o neplatnost

(a) the matter to which the proceedings

usnesení valné hromady týká,

on invalidity of the general meeting resolution relates;

b) z jakého důvodu má být řízení zastaveno a jak lze překážku odstranit, a

(b) the grounds for which the proceedings are to be discontinued and how the obstacle may be remedied; and

c) poučení, že řízení bude zastaveno, pokud k podanému návrhu do tří měsíců od vyvěšení usnesení nepřistoupí další navrhovatel a neodstraní v této lhůtě překážku odůvodňující zastavení řízení.

(c) a direction that the proceedings will be discontinued if no other petitioner accedes to the petition submitted or if another petitioner does not remedy the obstacle justifying discontinuation of the proceedings within three months of the publication of the formal ruling.

(11) Usnesení soud doručí osobám uvedeným v odstavci 1 a uvede, kdy končí lhůta podle odstavce 10 písm. c). Uplyne-li lhůta marně, soud řízení zastaví.

(11) The court must deliver the formal ruling to the persons stated in subsection (1) and it must state when the period under subsection (10) (c) expires. If the period expires without the required actions having been taken, the court must discontinue the proceedings.

(12) S řízením o vyslovení neplatnosti usnesení valné hromady je spojeno každé další řízení o neplatnosti téhož usnesení.

(12) All additional proceedings relating to the invalidity of a general meeting resolution must be consolidated with the first proceedings.

§ 131a

Žaloba společníka

Section 131a

The rights of action of a member

(1) Každý společník je oprávněn podat jménem společnosti žalobu o náhradu škody proti jednateli, který odpovídá společnosti za škodu, kterou jí způsobil, a žalobu o splacení vkladu proti společníkovi, který je v prodlení se splacením vkladu. Jiná osoba než společník, který žalobu podal, nebo osoba jím zmocněná nemůže v řízení činit úkony za společnost nebo jejím jménem.

Each member is entitled to file in the name of the company an action for the compensation of damage against an executive that is liable to the company for the damage caused by that executive, and to file an action for payment up of a contribution against a member that is in default with the payment up of its contribution. No person other than a member that has filed an action or a person given the power to do so by that member may act in the proceedings on behalf of the company or in its name.

(2) Ustanovení odstavce 1 se nepoužije, vymáhá-li splacení vkladu jednatel nebo jestliže valná hromada rozhodla o vyloučení společníka, který je v prodlení.

(2) The provisions of subsection (1) do not apply if an executive is enforcing the payment of a contribution or if the general meeting has decided on the exclusion of a member in default.

§ 132

Section 132

(1) Má-li společnost jediného společníka, nekoná se valná hromada a působnost valné hromady vykonává tento společník. Projev vůle společníka při výkonu působnosti valné hromady musí mít písemnou formu (dále jen „rozhodnutí společníka“). Rozhodnutí společníka musí mít formu notářského zápisu o právním úkonu v těch případech, kdy se o rozhodnutí valné hromady pořizuje notářský zápis. Ustanovení § 127 odst. 5 se nepoužije.

(1) If the company has a sole member, a general meeting does not need to be held and the function of the general meeting may be exercised by that member. An expression of the will of the member exercising the competence of the general meeting must be concluded in writing (a "decision of the sole member"). A decision of the sole member must be concluded in the form of a notarial record for a legal act in the cases where a notarial record must be prepared for decisions of the general meeting. The provisions of section 127 (5) do not apply.

(2) Jediný společník je oprávněn vyžadovat, aby se rozhodování podle odstavce 1 účastnil i jednatel a dozorčí rada, pokud byla zřízena. Písemné rozhodnutí jediného společníka musí být doručeno jednateli a dozorčí radě, pokud byla zřízena.

(2) The sole member is entitled to require the executive and the supervisory board, if it is established, also to participate in decision-making under subsection (1). A written decision of the sole member must be delivered to the executive and the supervisory board, if it is established.

(3) Smlouvy uzavřené mezi společností a jediným společníkem této společnosti, pokud tento společník jedná rovněž jménem společnosti, musejí mít formu notářského zápisu nebo písemnou formu a listina musí být podepsána před orgánem pověřeným legalizací.

(3) Contracts concluded between a company and its sole member, if this member is acting also in the name of the company, must be concluded in the form of a notarial record or in writing and the document must be signed before an authority appointed to legalize documents.

Jednatelé

The executives

§ 133

Section 133

(1) Statutárním orgánem společnosti je jeden nebo více jednatelů. Je-li jednatelů více, je oprávněn jednat jménem společnosti každý z nich samostatně, nestanoví-li společenská smlouva nebo

(1) The statutory body of the company is comprised in one or more executives. Unless the memorandum of association or the articles of association provide otherwise, if there are several executives, each of them is

stanovy jinak.

entitled to act independently in the name of the company.

(2) Omezit jednatelská oprávnění může pouze společenská smlouva, stanovy nebo valná hromada. Takové omezení je však vůči třetím osobám neúčinné.

(2) The powers of the executives may only be restricted by the memorandum of association, the articles of association or the general meeting. However, no such restriction is effective against third parties.

(3) Jednatele jmenuje valná hromada z řad společníků nebo jiných fyzických osob.

(3) The general meeting may appoint members or other natural persons as executives.

§ 134

Section 134

Jednateli náleží obchodní vedení společnosti. K rozhodnutí o obchodním vedení společnosti, má-li společnost více jednatelů, se vyžaduje souhlas většiny jednatelů, nestanoví-li společenská smlouva jinak.

The management of the business affairs of the company is within the competence of the executives. Unless the memorandum of association provides otherwise, if the company has several executives, the consent of a simple majority of the executives is required to pass a decision relating to the management of the business affairs of the company.

§ 135

Section 135

(1) Jednatelé jsou povinni zajistit řádné vedení předepsané evidence a účetnictví, vést seznam společníků a informovat společníky o záležitostech společnosti.

(1) The executives must ensure that the statutory registrations, accounting records and the register of members are properly maintained and they must keep the members informed as to the affairs of the company.

(2) Ustanovení § 194 odst. 2 první až páté věty, odstavce 4 až 7 a § 196a se použijí obdobně.

(2) The provisions of section 194 (2) first to fifth sentence, (4) to (7) and section 196a apply with appropriate changes.

§ 136

Zákaz konkurence

Section 136

The prohibition on competition

(1) Nevyplývají-li ze společenské smlouvy nebo stanov další omezení, jednatel nesmí

(1) In addition to such further restrictions as may be set out in the memorandum of association or the articles of association, an executive must not undertake the following:

a) podnikat v oboru stejném nebo

(a) carry on a business in the same or

obdobném oboru podnikání společnosti ani vstupovat se společností do obchodních vztahů,

similar areas of business as the company or enter into commercial relationships with the company;

b) zprostředkovávat nebo obstarávat pro jiné osoby obchody společnosti,

(b) mediate or procure transactions of the company for other persons;

c) účastnit se na podnikání jiné společnosti jako společník s neomezeným ručením nebo jako ovládající osoba jiné osoby se stejným nebo podobným předmětem podnikání, a

(c) participate in the business of another company as a member with unlimited liability, or as a controlling person of another person with the same or similar scope of business; and

d) vykonávat činnost jako statutární orgán nebo člen statutárního nebo jiného orgánu jiné právnické osoby se stejným nebo s obdobným předmětem podnikání, ledaže jde o koncern.

(d) carry on activities as a statutory body or a member of a statutory body or another body of another legal person having the same or a similar scope of business, unless it is part of a group.

(2) Porušení odstavce 1 má důsledky stanovené v § 65.

(2) The consequences of a breach of subsection (1) are set out in section 65.

(3) Společenská smlouva může určit, v jakém rozsahu se vztahuje zákaz konkurence i na společníky.

(3) The memorandum of association may specify the extent to which the prohibition on competition also applies to members.

Dozorčí rada

The supervisory board

§ 137

Section 137

(1) Dozorčí rada se zřizuje, stanoví-li tak společenská smlouva nebo zvláštní zákon.

(1) A supervisory board must be established if the memorandum of association or a special act so provides.

(2) Jestliže způsobem a za podmínek stanovených zákonem o přeměnách obchodních společností a družstev vznikne zaměstnancům nástupnické společnosti po zápisu přeshraniční fúze do obchodního rejstříku právo volit a odvolávat jednoho nebo více členů dozorčí rady společnosti s ručením omezeným, která má své sídlo po zápisu přeshraniční fúze do obchodního rejstříku na území České republiky, je společnost povinna zřídit dozorčí radu. Počet členů dozorčí rady volených

(2) If, after the entry of a cross-border merger in the commercial register, the employees of the successor company, in the manner and under the conditions set out in the Transformation of Commercial Companies and Cooperative Societies Act, acquire the right to elect and recall one or more members of the supervisory board of a limited liability company having its registered office, after the entry of a cross-border merger in the commercial register in the territory of the Czech Republic, that

zaměstnanci nesmí být vyšší než počet členů dozorčí rady volených valnou hromadou. Ustanovení § 200 odst. 5 až 7 se zde použijí obdobně.

company must establish a supervisory board. The number of supervisory board members elected by the employees must not exceed the number of supervisory board members elected by the general meeting. The provisions of sections 200 (5) to (7) apply with appropriate changes.

(3) Jestliže se společnost, která má po zápisu přeshraniční fúze do obchodního rejstříku své sídlo na území České republiky a ve které mají zaměstnanci právo volit a odvolávat jednoho nebo více členů dozorčí rady společnosti, zúčastní ve lhůtě stanovené zákonem o přeměnách obchodních společností a družstev vnitrostátní fúze, mají stejné právo a za stejných podmínek i zaměstnanci společnosti nebo jejího právního nástupce po zápisu vnitrostátní fúze do obchodního rejstříku; to neplatí, pokud zákon o přeměnách obchodních společností a družstev stanoví něco jiného. Ustanovení věty první se použije i na případy druhé a dalších vnitrostátních fúzí, kterých se společnost nebo její právní nástupce, kteří mají po zápisu přeshraniční fúze do obchodního rejstříku své sídlo na území České republiky, a ve kterých mají zaměstnanci právo volit a odvolávat jednoho nebo více členů dozorčí rady, zúčastní ve lhůtě stanovené zákonem o přeměnách obchodních společností a družstev.

(3) If a company has its registered office in the territory of the Czech Republic after a cross-border merger is entered in the commercial register and its employees have the right to elect and recall one or more members of the supervisory board of the company, and within the period set out in the Transformation of Commercial Companies and Cooperative Societies Act it concludes a domestic merger, the employees of that company or its legal successor have the same rights under the same conditions after the domestic merger is entered in the commercial register. This does not apply if the Transformation of Commercial Companies and Cooperative Societies Act provides otherwise. The provisions of the first sentence also apply to a second and subsequent domestic mergers concluded during the period set out in the Transformation of Commercial Companies and Cooperative Societies Act by a company or its legal successor that has its registered office in the territory of the Czech Republic after the cross-border merger is entered in the commercial register and whose employees have the right to elect and recall one or more supervisory board members.

(4) Jestliže zaměstnancům zanikne za podmínek a způsobem stanoveným zákonem o přeměnách obchodních společností a družstev právo na členství jedné nebo více osob volených zaměstnanci v dozorčí radě společnosti s ručením omezeným, zaniká členství osob zvolených zaměstnanci v dozorčí radě a

(4) If the right of the employees to membership of one or more persons elected by the employees in the supervisory board of a limited liability company expires under the conditions and in the manner set out in the Transformation of Commercial Companies and Cooperative Societies Act, the membership in the supervisory board of the persons elected by the employees

společnost může dozorčí radu zrušit.

terminates and the company may recall the supervisory board.

§ 138

(1) Dozorčí rada:

a) dohlíží na činnost jednatelů,

b) nahlíží do obchodních a účetních knih a jiných dokladů a kontroluje tam obsažené údaje,

c) přezkoumává řádnou, mimořádnou a konsolidovanou, popřípadě i mezitímní účetní závěrku a návrh na rozdělení zisku nebo úhradu ztráty a předkládá své vyjádření valné hromadě,

d) podává zprávy valné hromadě ve lhůtě stanovené společenskou smlouvou, jinak jednou ročně.

(2) Pro členy dozorčí rady platí obdobně ustanovení § 194 odst. 2, 4 až 7.

Section 138

(1) The supervisory board undertakes the following:

(a) supervises the activities of the executives;

(b) inspects the commercial records and books of account and other documents and verifies the information contained in them;

(c) reviews the annual, extraordinary and consolidated financial statements and, if applicable, also any interim financial statements, reviews proposals for the distribution of profit or for covering losses and submits its opinion to the general meeting;

(d) submits reports to the general meeting within the period set out in the memorandum of association or otherwise once in a given year.

(2) The provisions of sections 194 (2) and (4) to (7) apply with appropriate changes to the members of the supervisory board.

§ 139

(1) Členové dozorčí rady jsou voleni valnou hromadou.

(2) Členem dozorčí rady nemůže být jednatel společnosti.

(3) Dozorčí rada musí mít alespoň tři členy.

(4) Na členy dozorčí rady se vztahuje zákaz konkurence (§ 136).

Section 139

(1) The general meeting may elect the members of the supervisory board.

(2) An executive of the company cannot be a member of its supervisory board.

(3) The supervisory board must have at least three members.

(4) The prohibition on competition (section 136) applies to the members of the supervisory board.

§ 140

(1) Členové dozorčí rady jsou oprávněni účastnit se valné hromady. Musí jim být uděleno slovo, kdykoli o to požádají.

(2) Dozorčí rada svolá valnou hromadu, jestliže to vyžadují zájmy společnosti. Pro způsob svolávání valné hromady platí přiměřeně ustanovení § 129 odst. 1.

Section 140

(1) The members of the supervisory board are entitled to participate in the general meeting. They must be permitted to speak if they so request.

(2) The supervisory board may call a general meeting if the interests of the company so require. The provisions of section 129 (1) apply, as appropriate, to the manner for the calling of a general meeting.

ODDÍL 4

ZMĚNA SPOLEČENSKÉ SMLOUVY

§ 141

(1) Ke změně obsahu společenské smlouvy je třeba souhlasu všech společníků nebo rozhodnutí valné hromady, nestanoví-li zákon jinak. Rozhodování valné hromady podle §125 odst. 1 písm. f), g) a i), jde-li o jmenování, odvolání a odměňování likvidátora, § 113, 115, 117 a 121 se nepovažuje za rozhodování o změně společenské smlouvy; o rozhodnutích podle § 113, 115, 117 a 121 však musí být pořízen notářský zápis. Ustanovení § 173 odst. 3 platí přiměřeně.

(2) Jestliže se mění obsah společenské smlouvy rozhodnutím valné hromady a zasahuje se tím do práv pouze některých společníků, je třeba i souhlasu těchto společníků. Zasahuje-li se změnou obsahu společenské smlouvy do práv všech společníků, je zapotřebí souhlasu všech společníků.

SUB-CHAPTER 4

AMENDMENTS TO THE MEMORANDUM OF ASSOCIATION

Section 141

(1) Unless the law provides otherwise, the unanimous consent of all the members or a decision of the general meeting is required to amend the content of the memorandum of association. Decisions of the general meeting under sections 125 (1) (f), (g) and (i), as regards the appointment, recall and remuneration of a liquidator, and sections 113, 115, 117 and 121 are not considered to be decisions amending the memorandum of association. A notarial record must, however, be prepared for all decisions passed under sections 113, 115, 117 and 121. The provisions of section 173 (3) apply as appropriate.

(2) If the content of the memorandum of association is amended by a decision of the general meeting and the amendment affects exclusively the rights of specific individual members, the consent of these members is also required. If the relevant amendment to the content of the memorandum of association affects the rights of all of the members, the unanimous consent of all the members is required.

(3) Obsahem notářského zápisu o rozhodnutí valné hromady, jímž se mění obsah společenské smlouvy, je též schválený text změny obsahu společenské smlouvy. V tomto notářském zápisu musí být jmenovitě uvedeni společníci, kteří pro změnu společenské smlouvy hlasovali.

(3) A notarial record of a decision of the general meeting amending the content of the memorandum of association must contain the approved wording of the amendment to the content of the memorandum of association. The notarial record must state by name the members that vote in favour of the amendment to the memorandum of association.

(4) Jestliže došlo ke změně společenské smlouvy na základě jakékoliv právní skutečnosti, je jednatel povinen bez zbytečného odkladu poté, co se o tom dověděl, vyhotovit úplné znění společenské smlouvy a uložit je spolu s listinami prokazujícími změnu společenské smlouvy do sbírky listin příslušného rejstříkového soudu.

(4) If the memorandum of association is amended on the basis of a matter of law, an executive must without undue delay after it becomes aware of the matter prepare the consolidated text of the memorandum of association and file it in the collection of documents at the competent registration court, together with documents establishing the relevant amendment to the memorandum of association.

Zvýšení a snížení základního kapitálu

Increases and reductions of registered capital

§ 142

Section 142

Zvýšení základního kapitálu peněžitými vklady je přípustné, jen když dosavadní peněžité vklady jsou zcela splaceny. Zvýšení základního kapitálu nepeněžitými vklady je přípustné již před tímto splacením.

The registered capital may only be increased by way of cash contribution if the existing cash contributions are fully paid up. The registered capital may be increased by way of non-cash contributions before the same are paid up.

§ 143

Section 143

(1) Společníci mají přednostní právo k účasti na zvýšení základního kapitálu, zvyšuje-li se peněžitými vklady, a to převzetím závazku ke zvýšení vkladu. Závazek ke zvýšení vkladu jsou oprávněni převzít společníci v poměru podle výše jejich obchodních podílů, neurčuje-li společenská smlouva jinak. Přednostní právo společníků k účasti na zvýšení základního kapitálu může společenská smlouva vyloučit.

(1) For increases of capital by cash contribution, the members have a pre-emption right to participate in an increase of registered capital by assumption of an obligation to increase their contributions. Unless the memorandum of association specifies otherwise, members are entitled to assume an obligation to increase their respective contributions in proportion to the amount of their existing ownership interest. The memorandum of association may exclude the pre-emption right of members to

participate in an increase of registered capital.

(2) Nevyužijí-li společníci přednostního práva ve lhůtě stanovené společenskou smlouvou nebo stanovami, jinak do jednoho měsíce ode dne, kdy se dověděli o usnesení valné hromady o zvýšení základního kapitálu, nebo jestliže se přednostního práva vzdají, může se souhlasem valné hromady převzít závazek k novému vkladu kdokoliv. Prohlášení o vzdání se práva musí mít písemnou formu s úředně ověřeným podpisem nebo musí být učiněno na valné hromadě. Prohlášení o vzdání se práva na valné hromadě se uvede v notářském zápisu o rozhodnutí valné hromady. Vzdání se práva má právní účinky i vůči právnímu nástupci společníka. Se souhlasem valné hromady může převzít závazek ke zvýšení vkladu až do výše navrženého zvýšení základního kapitálu též kterýkoliv společník.

(2) If the members do not exercise their pre-emption rights within the period prescribed by the memorandum of association or the articles of association, or otherwise within one month from the date on which they become aware of the resolution of the general meeting on an increase of the registered capital, or if they waive the pre-emption right, any person may assume the obligation to make the new contribution subject to the consent of the general meeting. A waiver of rights declaration must be concluded in writing affixing an officially verified signature or it must be concluded at the general meeting. A waiver of rights declaration made at the general meeting must be stated in the notarial record of the general meeting decision. A waiver of rights also has legal effect against any legal successor of the member. Further, with the consent of the general meeting, any member may assume an obligation to increase its contribution up to the amount of the proposed increase of the registered capital.

(3) Usnesení valné hromady musí určit

a) částku, o kterou se zvyšuje základní kapitál,

b) lhůtu, do níž musí být závazky ke zvýšení vkladu nebo k převzetí nového vkladu převzaty, popřípadě

c) předmět nepeněžitého vkladu a částku, kterou se započítává na vklad společníka.

(3) The relevant resolution of the general meeting must specify the following:

(a) the amount by which the registered capital is to be increased;

(b) the period within which the obligations to increase an existing contribution or to make a new contribution must be assumed; and, if applicable

(c) the subject-matter of any non-cash contribution and the amount to be credited as the contribution of a member.

(4) Pozvánka na valnou hromadu, která má o zvýšení základního kapitálu rozhodovat, musí obsahovat návrh údajů uvedených v odstavci 3.

(4) An invitation to a general meeting that is to decide on an increase of registered capital must contain a proposal for the information stated in subsection (3).

(5) Nebudou-li převzaty závazky ke zvýšení vkladu nebo k novému vkladu ve lhůtě určené rozhodnutím valné hromady nebo zamítne-li soud návrh na zápis zvýšení základního kapitálu do obchodního rejstříku, je zvýšení základního kapitálu neúčinné. Ustanovení § 167 odst. 2 se použije přiměřeně.

(5) If the obligations to increase a contribution or to make a new contribution are not assumed within the period specified in the decision of the general meeting or if the court dismisses the application for entry of the increase of registered capital in the commercial register, the increase of the registered capital is not effective. The provisions of section 167 (2) apply as appropriate.

(6) Závazek ke zvýšení vkladu nebo k novému vkladu se přebírá písemným prohlášením, které musí obsahovat náležitosti uvedené v odstavci 3 písm. a) a c), lhůtu pro splacení peněžitého, popřípadě nepeněžitého vkladu a ve kterém zájemce, který není společníkem, musí prohlásit, že přistupuje ke společenské smlouvě; podpis zájemce musí být úředně ověřen. Prohlášení nabývá účinnosti doručením společnosti. Ustanovení § 204 odst. 3 se použije obdobně.

(6) The obligation to increase a contribution or to make a new contribution must be assumed by means of a written declaration that must contain the particulars stated in subsections (3) (a) and (c), and the period for paying up the relevant cash contribution or, if applicable, non-cash contribution. An interested person that is not a member must also declare that it accedes to the memorandum of association. The signature of the interested person must be officially verified. The declaration becomes effective on delivery to the company. The provisions of section 204 (3) apply with appropriate changes.

§ 144

Valná hromada může rozhodnout o zvýšení základního kapitálu z vlastních zdrojů vykázaných v řádné, mimořádné nebo mezitímní účetní závěrce ve vlastním kapitálu společnosti, pokud nejsou podle zákona účelově vázány. Tím se zvýší výše vkladu každého společníka v poměru jejich dosavadních vkladů. Ustanovení § 208 odst. 1 až 5 a odst. 6 písm. a) a b) se použijí obdobně. Usnesení valné hromady musí obsahovat i novou výši vkladu každého společníka. Pozvánka na valnou hromadu,

Section 144

The general meeting may decide to increase the registered capital from the company's own resources, as reported as equity capital of the company in the annual, extraordinary financial statements or interim financial statements, provided that the same are not required by law to be applied for another purpose. In such a case, the amount of the contribution of each member increases in proportion to its existing contribution. The provisions of sections 208 (1) to (5) and (6) (a) and (b) apply with appropriate changes.

která má o zvýšení základního kapitálu rozhodovat, musí obsahovat návrh usnesení o zvýšení základního kapitálu.

The resolution of the general meeting must also contain the new contribution amount of each member. The invitation to a general meeting that is to decide on the increase of the registered capital must contain the proposed resolution for the increase of registered capital.

§ 145

Jednatelé jsou povinni bez zbytečného odkladu podat návrh na zápis zvýšení základního kapitálu do obchodního rejstříku. Před podáním tohoto návrhu musí být na každý peněžitý vklad splaceno nejméně 30 % nebo uzavřena dohoda o započtení. Zvýšení základního kapitálu je účinné ke dni zápisu jeho nové výše do obchodního rejstříku. Má-li společnost jediného společníka, platí ustanovení § 111 odst. 2 obdobně.

Section 145

The executives must without undue delay file an application for entry in the commercial register of an increase of registered capital. Before the relevant application is filed, at least 30% of each cash contribution must be paid up or an agreement on set off must be concluded. An increase of the registered capital is effective as at the date on which the new registered capital amount is entered in the commercial register. If the company has a sole member, the provisions of section 111 (2) apply with appropriate changes.

§ 146

(1) Rozhodnutí valné hromady o snížení základního kapitálu musí obsahovat

a) částku, o kterou se základní kapitál snižuje,

b) údaj, jak se mění výše vkladů společníků,

c) údaj o tom, zda částka odpovídající snížení základního kapitálu bude celá nebo zčásti vyplacena společníkům nebo zda bude prominuta povinnost splatit vklad anebo jakým jiným způsobem bude s touto částkou naloženo.

(2) Z důvodu snížení základního kapitálu může zaniknout pouze ten vklad, který připadá na obchodní podíl v majetku

Section 146

(1) A decision of the general meeting to reduce the registered capital must state the following:

(a) the amount by which the registered capital is to be reduced;

(b) information relating to any changes to the amounts of the members' contributions;

(c) the information as to whether the amount corresponding to the reduction of registered capital will be paid out to the members in full or in part or whether the duty to pay up any contribution will be waived or in what other manner this amount will be applied.

(2) Only contributions corresponding to ownership interests in the company may be discharged on grounds of a reduction of

společnosti. Vklady lze snížit nerovnoměrně, jen když s tím souhlasí všichni společníci anebo se snižuje základní kapitál o výši nesplaceného vkladu. Přitom se nesmí snížit výše základního kapitálu společnosti a výše vkladu každého společníka pod částku stanovenou v § 108 odst. 1 a § 109 odst. 1.

registered capital. Contributions may only be reduced in unequal proportions with the unanimous consent of all the members or if the registered capital is reduced by the amount of an unpaid contribution. In such a case, the amount of the registered capital of the company and the contribution amounts of each member cannot be reduced below the amounts set out in section 108 (1) and section 109 (1).

(3) Pozvánka na valnou hromadu, jež má rozhodovat o snížení základního kapitálu, musí obsahovat návrh údajů podle odstavce 1.

(3) An invitation to a general meeting that is to decide on a reduction of registered capital must contain a proposal for the information under subsection (1).

§ 147

Section 147

(1) Jednatelé jsou povinni zveřejnit rozhodnutí o snížení základního kapitálu a jeho výši do 15 dnů po jeho přijetí dvakrát po sobě s časovým odstupem 30 dnů. V oznámení se vyzvou věřitelé společnosti, aby přihlásili své pohledávky ve lhůtě do 90 dnů po posledním oznámení, nejde-li o snížení základního kapitálu za účelem úhrady ztráty nebo vytvoření rezervního fondu.

(1) The executives must publish a decision to reduce the registered capital and must publish its new amount within 15 days from the date on which it is passed, and on two separate occasions with 30 days between them. Except in the cases where a reduction of registered capital is being applied for the purpose of covering losses or to create reserves, in the published notice, the executives must invite the creditors of the company to register their claims within the period of 90 days from the latest notice published.

(2) Společnost je povinna věřitelům, kteří včas přihlásí své pohledávky podle odstavce 1, poskytnout přiměřené zajištění jejich pohledávek nebo tyto pohledávky uspokojit; to neplatí, nezhorší-li se snížením základního kapitálu dobytnost pohledávek za společností. Má-li věřitel za to, že se zhoršila dobytnost jeho pohledávek, rozhodne o dostatečném zajištění soud s ohledem na druh a výši pohledávky.

(2) The company must provide appropriate security for, or it must satisfy, the claims of those creditors that register their claims in time under subsection (1). This does not apply if the recoverability of the claims against the company is not adversely affected by the reduction of registered capital. If a creditor believes that the recoverability of its claims is adversely affected, the court must decide on the additional security having regard to the type and amount of the claim.

(3) Snížení základního kapitálu zapíše soud do obchodního rejstříku, jen je-li prokázáno, že snížení základního kapitálu bylo oznámeno způsobem uvedeným v odstavci 1 a věřitelům bylo poskytnuto zajištění podle odstavce 2, pokud jejich pohledávky nebyly uspokojeny, ledaže se takové zajištění nevyžaduje. Snížení základního kapitálu je účinné ke dni zápisu jeho nové výše do obchodního rejstříku.

(3) The court may only enter a reduction of registered capital in the commercial register if it is established that the reduction of registered capital was notified in the manner stated in subsection (1) and that security was provided to creditors under subsection (2) if their claims were not satisfied, unless such security is not required. A reduction of registered capital is effective as at the date on which the new registered capital amount is entered in the commercial register.

(4) Společníkům nelze poskytnout plnění z důvodu snížení základního kapitálu nebo prominout povinnost splatit vklad nebo jeho část před zápisem snížení základního kapitálu do obchodního rejstříku.

(4) Until a reduction of registered capital is entered in the commercial register, no consideration may be provided to the members on the grounds of the reduction of registered capital and the members are not discharged from the duty to pay up all or part of a contribution.

Zánik účasti společníka ve společnosti

The discharge of a member's participation in the company

§ 148

Section 148

Zrušení účasti společníka soudem

The termination of a member's participation by the court

(1) Společník nemůže ze společnosti vystoupit, může však, nejde-li o jediného společníka, navrhnout, aby soud zrušil jeho účast ve společnosti, nelze-li na něm spravedlivě požadovat, aby ve společnosti setrval. Ustanovení § 113 odst. 5 a 6 platí obdobně.

(1) A member cannot withdraw from the company but, unless it is the sole member, it may petition the court to have its participation in the company terminated on grounds that it ought fairly to be excused from participating in the company. The provisions of sections 113 (5) and (6) apply with appropriate changes.

(2) Stejné účinky jako zrušení jeho účasti ve společnosti soudem má

(2) The following have the same effect as a termination of a participation in a company by the court:

a) prohlášení konkursu na majetek společníka,

(a) A declaration of bankruptcy over the assets of a member;

b) zamítnutí insolvenčního návrhu pro nedostatek majetku,

(b) the dismissal of an insolvency petition on grounds that the assets are insufficient;

c) doručení vyrozumění o neúspěšné opakované dražbě v řízení o výkon rozhodnutí nebo v exekuci, nebo

(c) service of a notice of an unsuccessful repeat auction in a proceeding for the enforcement of a decision or in execution; or

d) pravomocné nařízení výkonu rozhodnutí postižením obchodního podílu, nebo právní moc exekučního příkazu k postižení obchodního podílu po uplynutí lhůty uvedené ve výzvě ke splnění vymáhané povinnosti podle zvláštního právního předpisu a, byl-li v této lhůtě podán návrh na zastavení exekuce, po právní moci rozhodnutí o tomto návrhu, není-li obchodní podíl převoditelný.

(d) if the ownership interest is not transferable, a final order to enforce a previous decision by way of seizure of the ownership interest after the period stated in the invitation to perform the enforced duty under special legal regulations expires and, if a petition for discontinuation of the execution is filed within the relevant period, after the decision on that petition becomes final.

(3) Společnost informuje bez zbytečného odkladu společníky způsobem stanoveným pro svolání valné hromady, že jí byla doručena dražební vyhláška podle zákona upravujícího výkon rozhodnutí postižením obchodního podílu a že tato dražební vyhláška je k nahlédnutí v sídle společnosti. Společnost zašle společníkovi, který o to požádá, opis dražební vyhlášky na jeho náklady a nebezpečí na adresu uvedenou v žádosti. Udělením příklepu v řízení o výkon rozhodnutí nebo v exekuci postižením obchodního podílu společníka ve společnosti se vydražitel stává společníkem namísto toho, jehož obchodní podíl byl vydražen.

(3) The company must without undue delay inform the members in the manner set out for calling a general meeting that it was served with auction rules under the act governing the enforcement of a decision by seizure of the ownership interest and that these auction rules are available for inspection at the company's registered office. The company must send to a member that so requests a copy of the auction rules at that member's cost and risk to an address set out in the request. By granting an award in a proceeding for the enforcement of a decision, or in execution, by seizure of a member's ownership interest in the company, the successful bidder becomes a member instead of the person whose ownership interest was auctioned.

(4) Jde-li o společnost s jedním společníkem, nemá prohlášení konkursu na jeho majetek účinky uvedené v odstavci 2. Prohlášením konkursu se obchodní podíl jediného společníka stává součástí majetkové podstaty a práva společníka je

(4) If it concerns a company with a sole member, a declaration of bankruptcy over the member's assets does not have the effects set out in subsection (2). When bankruptcy is declared, the ownership interest of the sole member becomes a part

oprávněn vykonávat pouze insolvenční správce s tím, že přijatá plnění náleží do konkursní podstaty.

of the insolvency estate and only an insolvency practitioner is entitled to exercise the rights of the member, while the consideration received belongs to the insolvency estate.

(5) Jestliže byl konkurs na majetek společníka, jehož účast ve společnosti zanikla podle odstavce 2, zrušen z jiných důvodů než po splnění rozvrhového usnesení nebo proto, že majetek dlužníka je zcela nepostačující, a společnost dosud nenaložila s uvolněným obchodním podílem podle § 113 odst. 5 a 6, účast společníka ve společnosti se obnovuje; jestliže již společnost vyplatila jeho vypořádací podíl, obnoví se účast společníka jen, nahradí-li do 2 měsíců společnosti vypořádací podíl. To platí obdobně i v případě, že byl pravomocně zastaven výkon rozhodnutí postižením podílu společníka ve společnosti nebo pravomocně zastavena exekuce podle zvláštního právního předpisu.

(5) If bankruptcy over the assets of a member, whose participation in the company has been discharged under subsection (2), is discontinued for reasons other than the satisfaction of a formal court ruling or because the debtor's assets are insufficient, and the company has not yet disposed of the ownership interest released in accordance with section 113 (5) and (6), the member's participation in the company renews. If the company has already paid out the member's settlement amount, the member's participation in the company only renews if the member refunds the settlement amount to the company within 2 months. The same applies with appropriate changes in the event that a decision to seize the ownership interest of a member in a company is discontinued with final effect or in the event if an execution under a special legal regulation is discontinued with final effect.

§ 149

Vyloučení společníka

Společnost se může domáhat u soudu vyloučení společníka, který porušuje závažným způsobem své povinnosti, ačkoliv k jejich plnění byl vyzván a na možnost vyloučení byl písemně upozorněn. S podáním tohoto návrhu musí souhlasit společníci, jejichž vklady představují alespoň jednu polovinu základního kapitálu. Ustanovení § 113 odst. 4 tím není dotčeno. Ustanovení § 113 odst. 5 a 6 platí obdobně.

Section 149

The exclusion of a member

The company may require the court to exclude a member that substantially breaches its duties, despite having been invited to perform these duties and having been notified in writing about the possibility of exclusion. The relevant petition may be filed with the consent of members whose contributions represent at least half of the registered capital. This has no effect on the provisions of section 113 (4). The provisions of sections 113 (5) and (6) apply with appropriate changes.

§ 149a

Dohoda o ukončení účasti

Účast společníka ve společnosti může skončit i dohodou všech společníků. Dohoda musí mít písemnou formu a podpisy musí být úředně ověřeny. Ustanovení § 113 odst. 5 a 6 platí obdobně.

§ 150

Vypořádání

(1) Jestliže přešel obchodní podíl na společnost, vzniká společníku, jehož účast ve společnosti zanikla, nebo jeho právnímu nástupci právo na vypořádací podíl (§ 61 odst. 2). Tento podíl se určuje poměrem obchodních podílů, nestanoví-li společenská smlouva něco jiného.

(2) Osoba, které vzniklo právo na vypořádací podíl, ručí za splacení dosud nesplaceného vkladu nabyvatelem obchodního podílu.

(3) Společnost je povinna vyplatit vypořádací podíl bez zbytečného odkladu poté, co splnila povinnost podle § 113 odst. 5 nebo 6, jestliže byl vklad společníka splacen. Není-li v době splnění povinnosti podle § 113 odst. 5 nebo 6 vklad společníka splacen, je společnost povinna vyplatit vypořádací podíl bez zbytečného odkladu po splacení tohoto vkladu. Společenská smlouva může lhůtu pro splatnost vypořádacího podílu prodloužit.

Section 149a

An agreement to discontinue participation

A member's participation in the company may also be discontinued by agreement of all the members. The agreement must be concluded in writing and the signatures affixed to the agreement must be officially verified. The provisions of sections 113 (5) and (6) apply with appropriate changes.

Section 150

Settlement

(1) If an ownership interest has passed by transmission to the company, the member whose participation in the company is discharged, or its legal successor, has the right to receive a settlement amount (section 61 (2)). Unless the memorandum of association provides otherwise, the relevant amount must be determined in proportion to the ownership interest.

(2) A person, for which the right to receive a settlement amount has arisen, is liable to pay up the then unpaid contribution of the transferee of the ownership interest.

(3) The company must pay out the settlement amount without undue delay after it has satisfied the duty under section 113 (5) or (6), provided that the member's contribution has been paid up. If, at the time of performance of the duty under section 113 (5) or (6), the member's contribution has not been paid up, the company must pay the settlement amount without undue delay after the relevant contribution is paid up. The memorandum of association may extend the period for payment of the settlement amount.

ODDÍL 5

ZRUŠENÍ A LIKVIDACE SPOLEČNOSTI

SUB-CHAPTER 5

THE WINDING UP AND LIQUIDATION OF A COMPANY

§ 151

Kromě případů uvedených v § 68 se společnost zrušuje:

a) rozhodnutím soudu podle ustanovení § 152,

b) z jiných důvodů uvedených ve společenské smlouvě.

Section 151

In addition to the cases stated in section 68, a company is placed in winding up in the following cases:

(a) by a court decision under the provisions of section 152;

(b) on any other grounds for winding up that are stated in the memorandum of association.

§ 152

(1) Nesvěřuje-li společenská smlouva rozhodnutí o zrušení společnosti do působnosti valné hromady, zrušuje se společnost dohodou všech společníků, jež musí mít formu notářského zápisu.

(2) Společníci se mohou u soudu domáhat zrušení společnosti z důvodů a za podmínek stanovených ve společenské smlouvě.

Section 152

(1) Unless the memorandum of association provides that a decision to wind up the company is within the competence of the general meeting, the company may be placed in winding up by the unanimous agreement of all its members, which must be concluded in the form of a notarial record.

(2) The members may require the court to wind up the company on the grounds and under conditions set out in the memorandum of association.

§ 153

Při zrušení společnosti s likvidací má každý společník nárok na podíl na likvidačním zůstatku. Tento podíl se určuje poměrem obchodních podílů, nestanoví-li společenská smlouva něco jiného.

Section 153

On the winding up of a company in liquidation, each member is entitled to a share in the liquidation balance. Unless the memorandum of association provides otherwise, the relevant share must be determined in proportion to the ownership interests.

ODDÍL 6	**SUB-CHAPTER 6**
ZRUŠEN	**REPEALED**
§ 153a	**Section 153a**
zrušen	Repealed
§ 153b	**Section 153b**
zrušen	Repealed
§ 153c	**Section 153c**
zrušen	Repealed
§ 153d	**Section 153d**
zrušen	Repealed
§ 153e	**Section 153e**
zrušen	Repealed

DÍL V

AKCIOVÁ SPOLEČNOST

ODDÍL 1

ZÁKLADNÍ USTANOVENÍ

§ 154

(1) Akciovou společností je společnost, jejíž základní kapitál je rozvržen na určitý počet akcií o určité jmenovité hodnotě. Společnost odpovídá za porušení svých závazků celým svým majetkem. Akcionář neručí za závazky společnosti.

(2) Firma společnosti musí obsahovat označení "akciová společnost" nebo zkratku "akc. spol." nebo zkratku "a. s.".

§ 155

(1) Akcie je cenným papírem, s nímž jsou spojena práva akcionáře jako společníka podílet se podle tohoto zákona a stanov společnosti na jejím řízení, jejím zisku a na likvidačním zůstatku při zániku společnosti. Osoba, která se podílí na základním kapitálu společnosti, je oprávněna vykonávat práva akcionáře jako společníka, i když společnost dosud nevydala akcie nebo zatímní listy, a to ode dne zápisu základního kapitálu, na němž se podílí, do obchodního rejstříku. Osoba, která se podílí na základním kapitálu, je při zvýšení základního kapitálu oprávněna vykonávat akcionářská práva v rozsahu upsaných akcií od okamžiku, kdy byly účinně upsány, i když ještě nebylo zvýšení základního kapitálu zapsáno do obchodního rejstříku, ledaže soud návrh na zápis do obchodního rejstříku zamítne nebo bude zrušeno rozhodnutí o zvýšení základního kapitálu. Tím nejsou dotčena až

CHAPTER V

THE JOINT STOCK COMPANY

SUB-CHAPTER 1

FUNDAMENTAL PROVISIONS

Section 154

(1) A joint stock company is a company having a registered capital that is divided into a certain number of shares of a certain nominal value. The company is liable for a breach of its obligations up to the amount of all of its assets. A shareholder is not liable for the company's obligations.

(4) The business name of the company must contain the designation "akciová společnost" or the abbreviation "akc. spol." or the abbreviation "a.s.".

Section 155

(1) A share is a security to which shareholder rights attach to participate as a member in accordance with this Code and the articles of association of the company in its management, in its profit and in the liquidation balance on the dissolution of the company. A person participating in the registered capital of the company is entitled, as a member, to exercise shareholder rights from the date on which the registered capital in which it participates is entered in the commercial register, even if the company has not yet issued the shares or interim certificates. A person participating in the registered capital is, on an increase of registered capital, entitled to exercise shareholder rights to the extent of the shares subscribed and from the moment at which such shares are effectively subscribed, even if the increase of registered capital has not yet been entered in the commercial register, unless the court dismisses the relevant

do té doby vykonaná akcionářská práva.

application for entry in the commercial register or the relevant decision to increase the registered capital is revoked. This does not affect the shareholder rights exercised up to that moment.

(2) Akcie mohou být vydány v souladu se zvláštním zákonem v listinné podobě (dále jen "listinné akcie") nebo v zaknihované podobě (dále jen "zaknihované akcie").

(2) Shares may be issued in accordance with a special act in certificated form ("certificated shares") or in uncertificated form ("uncertificated shares").

(3) Akcie musí obsahovat

a) firmu a sídlo společnosti,

b) jmenovitou hodnotu,

c) označení formy akcie, u akcie na jméno firmu, název nebo jméno akcionáře,

d) výši základního kapitálu a počet akcií k datu emise akcie,

e) datum emise.

(3) A share must contain the following:

(a) the business name and registered office of the company;

(b) the nominal value;

(c) a designation of the type of share and, for a registered share, the business name, corporate name or full name of the shareholder;

(d) the amount of the registered capital and the number of issued shares as at the date of issue of the share;

(e) the date of issue.

(4) Listinná akcie musí obsahovat i číselné označení a podpis člena nebo členů představenstva, kteří jsou oprávněni jménem společnosti jednat k datu emise. Zaknihovaná akcie musí obsahovat číselné označení v případech, kdy to stanoví zákon.

(4) A certificated share must contain a unique reference number and must bear the signature of the member or members of the management board that are entitled to act in the name of the company as at the date of issue. An uncertificated share must contain a unique reference number in the cases where the law so provides.

(5) Akcie téže společnosti mohou mít různou jmenovitou hodnotu, pokud zvláštní zákon nestanoví něco jiného.

(5) Unless a special act provides otherwise, the various shares of the same company may have different nominal values.

(6) Je-li vydáno více druhů akcií, musí akcie obsahovat označení druhu a listinné akcie musí obsahovat i určení práv s nimi spojených alespoň odkazem na stanovy. Akcie, s nimiž nejsou spojena žádná

(6) If several classes of shares are issued, a share must contain a designation of its class, and certificated shares must contain the various rights attaching to them, at least, by reference to the articles of association.

zvláštní práva (kmenové akcie), nemusí označení druhu obsahovat.

Shares to which no special rights attach (ordinary shares) do not have to contain a designation of their class.

(7) Nestanoví-li tento zákon jinak, musí být s akciemi téhož druhu spojena stejná práva. Akciová společnost musí zacházet za stejných podmínek se všemi akcionáři stejně. Jiné druhy akcií, než které upravuje zákon, nesmějí být vydávány.

(7) Unless this Code provides otherwise, the same rights must attach to all shares of the same class. A joint stock company must treat all shareholders equally under the same conditions. Shares cannot be issued in classes other than those set out in the law.

§ 156

Forma akcie

Section 156

The type of share

(1) Akcie může znít na jméno nebo na majitele.

(1) A share may be a registered share or a bearer share.

(2) Jestliže společnost vydala akcie na jméno, vede seznam akcionářů, v němž se zapisuje označení druhu a formy akcie, její jmenovitá hodnota, firma nebo název a sídlo právnické osoby nebo jméno a bydliště fyzické osoby, která je akcionářem, popřípadě číselné označení akcie a změny těchto údajů. Společnost je povinna každému svému akcionáři na jeho písemnou žádost a jen za úhradu nákladů vydat opis seznamu všech akcionářů, kteří jsou vlastníky akcií na jméno, nebo požadované části seznamu, a to nejpozději do sedmi dnů od doručení žádosti. Vydala-li společnost zaknihované akcie, mohou stanovy určit, že seznam akcionářů nahrazuje evidence zaknihovaných cenných papírů vedená podle zvláštního právního předpisu.

(2) If a company issues registered shares, it must maintain a register of shareholders, in which a designation must be entered of the class and type of the share, its nominal value, for shareholders that are legal persons, the business name or corporate name and the registered office or, for shareholders that are natural persons, the full name and residential address and the applicable unique reference number of the share and any changes to this information. The company must, on written request and only on settlement of the applicable costs, issue to each shareholder a copy of the register for all of the shareholders that own registered shares or a copy of the required part of the register, to be delivered by no later than seven days from the delivery of the request. If the company has issued uncertificated shares, the articles of association may specify that the register of uncertificated securities maintained under a special legal regulation takes the place of the register of shareholders.

(3) Práva spojená s akcií na jméno je oprávněna ve vztahu ke společnosti vykonávat osoba uvedená v seznamu akcionářů, nestanoví-li tento zákon jinak,

(3) A person listed in the register of shareholders is entitled to exercise the rights attaching to a registered share in relation to the company unless this Code provides

ledaže se prokáže, že zápis v seznamu neodpovídá skutečnosti. Neodpovídá-li zápis v seznamu akcionářů skutečnosti, je oprávněn vykonávat akcionářská práva vlastník akcie na jméno. Jestliže však vlastník akcie na jméno způsobil, že není zapsán v seznamu akcionářů, nemůže se domáhat prohlášení usnesení valné hromady za neplatné proto, že mu společnost neumožnila účast na valné hromadě nebo výkon hlasovacího práva.

otherwise, and unless it is established that the relevant entry in the register does not correspond to the actual state of affairs. If an entry in the register of shareholders does not correspond to the actual state of affairs, the owner of the registered share is entitled to exercise shareholder rights. If, however, the owner of a registered share has caused the matter for which it is not entered in the register of shareholders, that shareholder cannot require a resolution of a general meeting to be declared void on grounds that the company did not allow it to participate at the general meeting or to exercise voting rights.

(4) Stanovy mohou omezit, nikoliv však vyloučit, převoditelnost akcií na jméno. Nejsou-li splněny podmínky pro převod akcií na jméno určené stanovami, je smlouva o převodu těchto akcií neplatná, ledaže nabyvatel akcií jednal v dobré víře. Osoba, která takto převedla akcie na jméno, odpovídá za škodu, která z toho důvodu vznikla. Je-li převod akcií na jméno podmíněn souhlasem orgánu společnosti, smlouva o převodu akcií nemůže nabýt účinnosti dříve, než tento orgán udělí souhlas, nestanoví-li smlouva jinou lhůtu. Nenabude-li smlouva účinnosti do tří měsíců od uzavření, může kterýkoliv z účastníků od smlouvy odstoupit. Jestliže stanovy podmíní převoditelnost akcie na jméno souhlasem některého orgánu společnosti, mohou též určit, v jakých případech a za jakých podmínek je tento orgán povinen udělit k převodu souhlas, popřípadě v jakých případech je povinen udělení souhlasu odmítnout. Jestliže tento orgán odmítne udělit souhlas k převodu akcie na jméno v případech, kdy podle stanov nebyl povinen udělení souhlasu odmítnout, je společnost povinna na žádost akcionáře tuto akcii odkoupit za cenu přiměřenou jejich hodnotě. Jestliže příslušný orgán společnosti nerozhodne do

(4) The articles of association may restrict but cannot exclude the transferability of registered shares. If the conditions for a transfer of registered shares, as specified in the articles of association, are not satisfied, a share transfer agreement for the affected shares is void unless the transferee was acting in good faith. A person that transfers registered shares in such a manner is liable for the damage that occurs as a result. If a transfer of registered shares is conditional on the consent of a company body, a share transfer agreement cannot be effective until the relevant company body gives its consent, if the agreement does not provide for another period. If the agreement does not become effective within three months from its conclusion, any of the parties may withdraw from the agreement. If the articles of association make the transferability of a registered share conditional on the consent of a company body, they may also specify in which cases and on what conditions the relevant body is under a duty to give its consent to the transfer and, if applicable, in which cases it is under a duty to refuse its consent. If the relevant body refuses its consent to the transfer of registered shares in the cases in which it was not under a duty to refuse its consent, the company must at

dvou měsíců od doručení žádosti, platí, že byl souhlas udělen. Právo na odkoupení akcie lze uplatnit do jednoho měsíce ode dne, v němž bylo akcionáři doručeno odmítnutí souhlasu s převodem akcie, jinak zaniká. Pro postup při uzavírání smlouvy o koupi akcií platí přiměřeně ustanovení § 186a odst. 6.

the request of the shareholder buy the affected shares for a price adequate to their value. If the competent company body does not decide within two months from the delivery of the request for consent, its consent is considered to have been given. The right to have one's shares purchased can be asserted within one month from the date on which a decision refusing consent to a transfer of a share is delivered to the shareholder, or otherwise, it expires. The provisions of section 186a (6) apply as appropriate to the procedure for the conclusion of a share purchase agreement.

(5) Je-li převod akcií na jméno podmíněn souhlasem orgánu společnosti, je nutný souhlas tohoto orgánu též k zastavení těchto akcií. Smlouva o zastavení akcií na jméno nemůže nabýt účinnosti dříve, než příslušný orgán společnosti udělí souhlas k jejich zastavení. Jestliže příslušný orgán společnosti o souhlasu nerozhodne do dvou měsíců od doručení žádosti společnosti, platí, že byl souhlas udělen. K prodeji zastavených akcií na jméno při uplatnění zástavního práva se souhlas příslušného orgánu společnosti nevyžaduje.

(5) If a transfer of registered shares is conditional on the consent of a company body, the consent of that body is also required to establish a pledge over the affected shares. A pledge agreement over registered shares cannot be effective until the competent company body gives its consent to the pledge over the affected shares. If the competent company body does not decide whether to consent within two months from the date of delivery of the request to the company, the relevant consent is treated as given. The consent of the competent company body is not required to sell the pledged registered shares when asserting the right of pledge.

(6) Listinná akcie na jméno je převoditelná rubopisem a předáním. V rubopisu se uvede firma nebo název a sídlo právnické osoby nebo jméno a bydliště fyzické osoby, na niž se akcie převádí, a den převodu akcie. Na rubopis se jinak použijí přiměřeně předpisy upravující směnky. K účinnosti převodu akcie na jméno vůči společnosti se vyžaduje zápis o změně v osobě akcionáře v seznamu akcionářů. Společnost provede zápis týkající se změny v osobě akcionáře bez zbytečného odkladu poté, co jí bude taková změna prokázána.

(6) Certificated registered shares are transferred by endorsement and on being handed over. The endorsement must state the date of the share transfer and, for a transferee that is a legal person, the business name or corporate name and registered address or, for a transferee that is a natural person, the full name and residential address. Otherwise, the special regulations relating to bills of exchange apply to the endorsement as appropriate. For a transfer of a registered share to be effective as against the company, the change to the persons that are shareholders must be

entered in the register of shareholders. The company must effect the entry relating to the change to the persons who are shareholders without undue delay after the relevant change is established.

(7) Akcie na majitele je neomezeně převoditelná. Práva spojená s listinnou akcií na majitele vykonává ten, kdo ji předloží, nebo ten, kdo prokáže písemným prohlášením osoby, která vykonává úschovu nebo uložení podle zvláštního právního předpisu, že akcie je pro něho uložena podle zvláštního právního předpisu. Předložení akcie nebo prohlášení podle věty druhé může být nahrazeno identifikací akcie podle § 184 odst. 2. V prohlášení musí být uveden účel, pro který se prohlášení vydává, a den jeho vystavení. Osoba, která prohlášení vystavila, nesmí akcii, o které je vystavila, vydat uschovateli (uložiteli) ani třetí osobě do uplynutí doby stanovené pro uplatnění práva, k jehož uplatnění prohlášení vystavila, nebo do uplatnění tohoto práva. Práva spojená se zaknihovanou akcií na majitele vykonává osoba vedená v evidenci zaknihovaných cenných papírů podle zvláštního právního předpisu.

(7) A bearer share is freely transferable. A person may exercise the rights attaching to a certificated bearer share if it presents the share or if it establishes by a written declaration of the person holding the relevant share in safekeeping or custody under a special legal regulation that the share is being held in custody for it under a special legal regulation. The identification details of the share under section 184 (2) may take the place of the presentation of the actual share or the declaration under the second sentence. The declaration must state the purpose for which it is issued and the date of its issue. A person that issues such a declaration cannot release the shares for which it makes the declaration, either to a custodian (the depositor) or a third party, until the period expires for the assertion of the right for which that declaration was made or until the relevant right is asserted. A person entered in the register of uncertificated securities maintained under a special legal regulation may exercise the rights attaching to an uncertificated bearer share.

(8) Na převody akcií se jinak použijí ustanovení zvláštního právního předpisu.

(8) Otherwise, the provisions of a special legal regulation apply to transfers of shares.

(9) Akcie může být společným majetkem více osob. Spolumajitelé akcie se musí dohodnout, kdo z nich bude vykonávat práva spojená s akcií, nebo musí určit společného zmocněnce. Na vzájemné vztahy mezi spolumajiteli akcie se použijí obdobně ustanovení občanského zákoníku o spoluvlastnictví.

(9) A share may be owned jointly by several persons. The co-owners of a share must agree as to which of them will exercise the rights attaching to the share or they must specify a joint representative. The provisions of the Civil Code on co-ownership apply with appropriate changes to the mutual relationships between the co-owners of a share.

(10) Zemře-li akcionář, je oprávněn vykonávat práva s akcií spojená dědic, nestanoví-li tento zákon něco jiného. Je-li více dědiců, platí ustanovení odstavce 9 obdobně. Pokud se dědicové nedohodnou, určí na návrh společnosti osobu oprávněnou vykonávat práva spojená s akcií do doby skončení řízení o dědictví soud.

(10) Unless this Code provides otherwise, if a shareholder dies, its heir is entitled to exercise the rights attaching to a share. If there are several heirs, the provisions of subsection (9) apply with appropriate changes. If the heirs do not reach an agreement, before the conclusion of the inheritance proceedings, the court must appoint on petition by the company a person entitled to exercise the rights attaching to a share.

§ 156a

Samostatně převoditelná práva

Section 156a

Individually transferable rights

(1) Převodem akcie se převádějí všechna práva s ní spojená, pokud zákon nestanoví jinak.

(1) Unless the law provides otherwise, all rights attaching to a share are transferred with the transfer of the share.

(2) Samostatně lze převádět právo na vyplacení dividendy, přednostní právo na upisování akcií a vyměnitelných a prioritních dluhopisů (§ 160) a právo na vyplacení podílu na likvidačním zůstatku spojené jinak s akcií (dále jen "samostatně převoditelné právo").

(2) The right to receive a dividend, the pre-emption right to subscribe for shares and convertible and pre-emption bonds (section 160), and the right to receive a share in the liquidation balance (each an "individually transferable right"), all of which otherwise attach to a share, may be transferred individually.

(3) Samostatně převoditelné právo spojené s akcií se převádí smlouvou o postoupení pohledávky. Osoba, která uplatňuje samostatně převoditelné právo na základě smlouvy o postoupení pohledávky, je povinna prokázat, že jí toto právo bylo postoupeno osobou, která byla v době jeho postoupení akcionářem společnosti a byla oprávněna z tohoto samostatně převoditelného práva, nebo osobou, která byla v době jeho postoupení oprávněná ze samostatně převoditelného práva.

(3) An individually transferable right attaching to a share may be transferred separately by a claim assignment agreement. A person asserting an individually transferable right on the basis of a claim assignment agreement must establish that the relevant right was assigned to it by a person that was, at the time of its assignment, a shareholder of the company and was entitled to that individually transferable right or by a person that was, at the time of its assignment, otherwise entitled to the individually transferable right.

(4) Pokud společnost podala příkaz k zápisu samostatně převoditelného práva spojeného se zaknihovanou akcií osobě, která vede evidenci zaknihovaných

(4) Where the company has issued an instruction to the person maintaining the register of uncertificated securities to register an individually transferable right

cenných papírů, převádí se toto právo zápisem převodu v evidenci zaknihovaných cenných papírů. Na postup při zápisu samostatně převoditelného práva a jeho převody se použijí obdobně ustanovení zvláštního zákona upravující vydávání a převody zaknihovaných cenných papírů.

attaching to an uncertificated share, the relevant right is transferred by the entry of a transfer in the register of uncertificated securities. The provisions of a special act regulating the issue and transfer of uncertificated securities apply with appropriate changes to the procedure for the registration of the existence and transfer of individually transferable rights.

(5) Pokud tak stanoví zákon, může být právo spojené jinak s akcií od akcie odděleno a spojeno s cenným papírem vydaným k této akcii.

(5) If the law so provides, a right otherwise attaching to a share may be separated from the share and attached to a security issued in relation to the share.

(6) Pokud byl vydán k akcii cenný papír nebo bylo v evidenci zaknihovaných cenných papírů evidováno samostatně převoditelné právo, nepřechází spolu s akcií právo, na které byl vydán cenný papír podle odstavce 5 nebo které bylo evidováno podle odstavce 4. Převod samostatně převoditelného práva musí být na listinné akcii nebo v evidenci zaknihovaných cenných papírů vyznačen.

(6) If a security has been issued in relation to a share or if an individually transferable right has been entered in the register of uncertificated securities, the right for which the security was issued under subsection (5), or which was registered under subsection (4), does not pass by transmission together with the share. The transfer of an individually transferable right must be endorsed on a certificated share or entered in the register of uncertificated securities.

§ 156b

Rozhodný den

(1) V případech určených zákonem může samostatně převoditelné, popřípadě jiné právo spojené s cennými papíry uplatňovat vůči společnosti pouze osoba, která je oprávněna vykonávat toto právo k určitému dni stanovenému zákonem (dále jen "rozhodný den"), a to i v případě, že po rozhodném dnu dojde k převodu cenného papíru. Jestliže společnost vydala akcie na jméno a práva spojená s akcií na jméno může vykonávat pouze osoba, která měla tato práva k rozhodnému dni, je oprávněna je vykonat osoba, která byla k rozhodnému dni zapsána v seznamu akcionářů nebo, nahrazuje-li tento seznam evidence podle § 156 odst. 2, osoba

Section 156b

The priority date

(1) In the cases prescribed by this Code, an individually transferable right or, if applicable, another right attaching to securities may only be exercised against the company by a person that is entitled to exercise that right as at the specific date prescribed by law (the "priority date"), even in the cases that the security is transferred after the priority date. If a company has issued registered shares and the rights attaching to a registered share may only be exercised by a person that had such rights as at the priority date, the person entered in the register of shareholders as at the priority date or, if a registry under section 156 (2) has taken the place of the register of

zapsaná v této evidenci.

shareholders, the person entered in the register, is entitled to exercise the rights attaching to the registered share.

(2) Má se za to, že ten, kdo při uplatnění práva podle odstavce 1 předloží společnosti listinné akcie na majitele, byl oprávněn vykonávat toto právo k rozhodnému dni.

(2) It is presumed that a person that, when asserting a right under subsection (1), presents a certificated bearer share to the company was entitled to exercise that right as at the priority date.

§ 157

Section 157

Stanovy musí určit jmenovitou hodnotu všech druhů akcií, které mají být vydány. Součet jmenovitých hodnot těchto akcií musí odpovídat výši základního kapitálu.

The articles of association must specify the nominal value of all classes of shares that are to be issued. The aggregate of the nominal values of the affected shares must equal the amount of the registered capital.

§ 158

Section 158

(1) Stanovy mohou určit, že zaměstnanci společnosti mohou nabývat akcie společnosti za zvýhodněných podmínek uvedených v odstavci 2.

(1) The articles of association may specify that the employees of the company may acquire shares in the company on the preferential conditions stated in subsection (2).

(2) Stanovy nebo usnesení valné hromady o zvýšení základního kapitálu mohou určit, že zaměstnanci nemusí splatit celý emisní kurs akcií vydávaných podle odstavce 1 nebo celou cenu, za něž je společnost pro zaměstnance nakoupila, pokud bude rozdíl pokryt z vlastních zdrojů společnosti. Souhrn částí emisního kursu nebo kupních cen všech akcií, jež nepodléhají splacení zaměstnanci, nesmí překročit 5 % základního kapitálu v době, kdy se o upsání akcií zaměstnanci nebo jejich prodeji zaměstnancům rozhoduje.

(2) The articles of association or a resolution of the general meeting on an increase of the registered capital may provide that the employees do not have to pay up the entire issue price of shares issued under subsection (1) or the full price for which the company purchased the same for the employees if the difference will be covered by the company's own resources. The aggregate parts of the issue price or of the aggregate purchase price of all the shares, which are not required to be paid up by employees, cannot exceed 5% of registered capital as at the time of the decision on the subscription of shares by employees or the sale of shares to employees.

(3) Zvláštní práva podle odstavce 1 mohou uplatnit pouze zaměstnanci společnosti a zaměstnanci společnosti, kteří odešli do

(3) The special rights under subsection (1) may only be asserted by present and retired company employees.

důchodu.

§ 159

(1) Stanovy mohou určit vydání druhu akcií, s nimiž jsou spojena přednostní práva týkající se dividendy nebo podílu na likvidačním zůstatku (prioritní akcie), jestliže souhrn jejich jmenovitých hodnot nepřekročí polovinu základního kapitálu.

(2) Vydání akcií, s nimiž je spojeno právo na určitý úrok nezávisle na hospodářských výsledcích společnosti, není dovoleno.

(3) Nestanoví-li zvláštní právní předpis jinak, mohou stanovy určit vydání prioritních akcií, s nimiž není spojeno právo hlasování na valné hromadě, ledaže zákon vyžaduje hlasování podle druhů akcií. Jejich vlastníci mají všechna ostatní práva spojená s akciemi. Ode dne, který následuje po dni, v němž valná hromada rozhodla o tom, že prioritní dividenda nebude vyplacena, nebo ode dne prodlení s výplatou prioritní dividendy nabývá akcionář hlasovacího práva do doby, kdy valná hromada rozhodne o vyplacení prioritní dividendy, a pokud byla společnost v prodlení s výplatou prioritní dividendy, do doby jejího vyplacení. Vlastníci prioritních akcií, kteří přechodně nabyli hlasovací právo, mají právo hlasovat ještě na valné hromadě, která rozhodne o vyplacení prioritní dividendy v rozsahu celého jejího programu.

Section 159

(1) The articles of association may provide for the issue of a class of shares attaching a right of priority relating to dividends or the liquidation balance (preferred shares), provided that the aggregate of their nominal values does not exceed half of the registered capital.

(2) The issue of shares carrying a right to fixed interest independent of the economic results of the company is not permitted.

(3) Unless a special legal regulation provides otherwise, the articles of association may provide for the issue of preferred shares that do not carry a right to vote at the general meeting, unless the law requires voting by classes of shares. The owners of preferred shares have all of the other rights attaching to shares. From the date following the date on which the general meeting decides that a preferred dividend will not be paid out or from the date of default in the payment of a preferred dividend, the shareholder acquires a voting right until the general meeting decides to pay out the preferred dividend and, if the company is in default with the payment of the preferred dividend, until it is paid. The owners of preferred shares that have temporarily acquired voting rights even have the right to vote at the general meeting deciding on the payment of a preferred dividend and to the extent of its entire agenda.

§ 160

Vyměnitelné a prioritní dluhopisy

(1) Pokud tak určují stanovy společnosti, může společnost na základě usnesení valné hromady vydat dluhopisy, s nimiž je spojeno právo na jejich výměnu za akcie

Section 160

Convertible and pre-emption bonds

(1) If the articles of association of the company so provide, the company may on the basis of a resolution of the general meeting issue bonds carrying a right to be

společnosti (dále jen "vyměnitelné dluhopisy") nebo přednostní právo na upisování akcií (dále jen "prioritní dluhopisy"), pokud současně rozhodne o podmíněném zvýšení základního kapitálu (§ 207).

exchanged for shares in the company ("convertible bonds") or a pre-emption right to subscribe for shares in the company ("pre-emption bonds"), provided that the company at the same time decides on a conditional increase of registered capital (section 207).

(2) Usnesení valné hromady podle odstavce 1 musí být přijato alespoň dvěma třetinami hlasů přítomných akcionářů, pokud stanovy nevyžadují vyšší počet hlasů, a musí obsahovat

(2) A resolution of the general meeting under subsection (1) must be passed by at least two thirds of the votes of the shareholders present, unless the articles of association require a higher number of votes, and the resolution must contain the following:

a) jmenovitou hodnotu dluhopisů a určení výnosu z dluhopisu,

(a) the nominal value of the bonds and the yield accruing on the bonds;

b) počet dluhopisů,

(b) the number of bonds;

c) místo a lhůtu pro uplatnění práv z vyměnitelného dluhopisu nebo práv z prioritního dluhopisu s uvedením, jak bude oznámen počátek běhu této lhůty; lhůta pro uplatnění práva na výměnu dluhopisů za akcie (výměnné právo) nebo přednostního práva na upisování akcií nesmí být kratší než dva týdny,

(c) the place and period for asserting the rights attaching to the convertible bonds or to the pre-emption bonds, together with a statement of how the commencement of that period will be notified. The period for asserting the right for the bonds to be exchanged for shares (the exchange right) or the pre-emption right to subscribe for shares cannot be shorter than two weeks;

d) druh, formu, podobu, jmenovitou hodnotu a počet akcií, které lze za jeden dluhopis vyměnit nebo upsat; jmenovitá hodnota akcií, které mohou být vyměněny za vyměnitelné dluhopisy, nesmí být vyšší, než je součet jmenovitých hodnot dluhopisů, za něž mohou být vyměněny,

(d) the class, type, form, nominal value and number of shares that may be exchanged or subscribed for one bond. The nominal value of shares that may be exchanged for convertible bonds cannot be higher than the aggregate nominal values of the bonds for which these may be exchanged;

e) emisní kurs akcií upisovaných s uplatněním přednostního práva z prioritních dluhopisů nebo způsob, jak bude stanoven, anebo zmocnění pro představenstvo společnosti, aby stanovilo jeho výši, ledaže je vyloučeno nebo omezeno přednostní právo akcionářů na získání těchto dluhopisů.

(3) Pokud společnost vydala vyměnitelné nebo prioritní dluhopisy v zaknihované podobě, může výměnné nebo přednostní právo vykonat osoba, která je uvedena v evidenci zaknihovaných cenných papírů v den, kdy toto právo mohlo být vykonáno poprvé (rozhodný den).

(4) K tomu, aby bylo přednostní právo z prioritních dluhopisů vydaných v zaknihované podobě samostatně převoditelné, se vyžaduje vydání opčního listu (§ 217a).

(5) Na přednostní právo z prioritních dluhopisů se použijí ustanovení § 204a odst. 1 až 5 obdobně. Na vyměnitelné a prioritní dluhopisy se vztahují ustanovení zákona upravujícího dluhopisy, pokud tento zákon nestanoví něco jiného. Pokud společnost vydává dluhopisy v zaknihované podobě, musí emisní podmínky vyměnitelných dluhopisů a prioritních dluhopisů obsahovat datum rozhodného dne pro určení osoby oprávněné vykonat práva z těchto dluhopisů.

(6) Akcionáři společnosti mají přednostní právo na získání vyměnitelných a prioritních dluhopisů. Na toto přednostní právo se použijí ustanovení § 204a obdobně.

(e) unless the shareholders' pre-emption right to acquire such securities is excluded or restricted, the issue price for the shares subscribed by the exercise of the pre-emption right attaching to pre-emption bonds or the manner by which this will be determined, or an express power for the management board of the company to determine this.

(3) If a company has issued convertible bonds, or pre-emption bonds, in uncertificated form, the exchange right, or the pre-emption right, may only be exercised by the person that is entered in the register of uncertificated securities as at the date on which such a right could have been exercised for the first time (the priority date).

(4) For the pre-emption right attached to pre-emption bonds issued in uncertificated form to be individually transferable, a subscription warrant (section 217a) must be issued.

(5) The provisions of sections 204a (1) to (5) apply with appropriate changes to the pre-emption right attaching to pre-emption bonds. If this Code does not provide otherwise, the provisions of the act that regulates bonds apply to convertible and pre-emption bonds. If the company issues bonds in uncertificated form, the conditions of issue of convertible bonds and pre-emption bonds must contain a priority date for determining the person entitled to exercise the rights for the relevant bonds.

(6) The shareholders of the company have a pre-emption right to acquire convertible bonds and pre-emption bonds. The provisions of section 204a apply with appropriate changes to the pre-emption right.

(7) V dalším platí pro dluhopisy ustanovení zvláštních právních předpisů.

(7) For residual matters relating to bonds, the provisions of special legal regulations apply.

Nabývání vlastních zatímních listů a akcií

Acquiring one's own interim certificates and shares

§ 161

Section 161

(1) Společnost nesmí upisovat vlastní akcie. Společnost může nabývat jí vydané zatímní listy nebo akcie, jen pokud to zákon dovoluje.

(1) A company cannot subscribe for its own shares. The company may only acquire interim certificates and shares issued by itself if the law so permits.

(2) Upíše-li akcie osoba, která jedná vlastním jménem, avšak na účet společnosti, jejíž akcie se upisují, platí, že tato osoba upsala akcie na svůj účet.

(2) If a person subscribes for shares acting in its own name but for the account of the company whose shares are subscribed, that person is treated as having subscribed for the shares for its own account.

(3) Zakladatelé anebo v případě zvýšení základního kapitálu členové představenstva jsou povinni společně a nerozdílně splatit emisní kurs akcií upsaných v rozporu s odstavcem 1 a stávají se tím jejich vlastníky. Tohoto závazku se zprostí, pokud prokáží, že o takovém upsání akcií nevěděli ani vědět nemohli.

(3) The founders or, in the case of an increase of registered capital, the members of the management board are jointly and severally liable to pay up the issue price for any shares subscribed in breach of subsection (1) and, in so doing, they become their owners. They are exempt from this obligation if they establish that they did not know and could not have known about the relevant subscription for shares.

(4) Osoba, na jejíž účet platí akcie za upsané podle odstavce 2, ani osoba, jež je vlastníkem akcií podle odstavce 3, není oprávněna vykonávat práva s takto upsanými akciemi spojená.

(4) A person for the account of which the shares are treated as subscribed under subsection (2) or a person that becomes the owner of shares under subsection (3) is not entitled to exercise the rights attaching to the shares subscribed in this manner.

§ 161a

Section 161a

(1) Společnost může sama nebo prostřednictvím jiné osoby jednající vlastním jménem na účet společnosti nabývat své vlastní akcie, jen byl-li zcela splacen jejich emisní kurs a jen pokud

(1) The company may itself, or through another person acting in its own name but for the account of the company, acquire its own shares if their issue price has been paid up in full and only if the following conditions are satisfied:

a) se na nabytí vlastních akcií usnesla valná hromada; usnesení upraví podrobnosti předpokládaného nabytí akcií, alespoň však:

1. nejvyšší počet akcií, které může společnost nabýt, a jejich jmenovitou hodnotu,

2. dobu, po kterou může společnost akcie nabývat, ne delší než 5 let,

3. při nabytí akcií za úplatu rovněž nejvyšší a nejnižší cenu, za niž může společnost akcie nabýt,

b) nabytí akcií, včetně akcií, které společnost nabyla již dříve a které stále vlastní, a akcií, které na účet společnosti nabyla jiná osoba jednající vlastním jménem, nezpůsobí snížení vlastního kapitálu pod základní kapitál zvýšený o částky uvedené v § 178 odst. 2 písm. a) a b),

c) si nabytím vlastních akcií nepřivodí úpadek podle zvláštního právního předpisu,

d) má zdroje na vytvoření zvláštního rezervního fondu na vlastní akcie, je-li vytvoření tohoto fondu podle § 161d odst. 2 vyžadováno.

(2) Podmínka stanovená v odstavci 1 písm. a) nemusí být splněna, je-li nabytí vlastních akcií nutné k odvrácení značné škody, jež bezprostředně hrozí společnosti. Představenstvo je povinno seznámit nejbližší valnou hromadu s důvody a účelem uskutečněných nákupů, s počtem a jmenovitou hodnotou nabytých akcií, s

(a) the general meeting has resolved to acquire the company's own shares. In such a case, the resolution must set out the details of the anticipated acquisition of shares, being at least the following:

1. the maximum number of shares that the company may acquire and their nominal value;

2. the period for which the company may acquire the shares, being not more than 5 years;

3. when acquiring the shares for a payment, the maximum and minimum price for which the company may acquire the shares;

(b) the acquisition of shares, including shares previously acquired by the company and still owned by it and also shares acquired by another person acting in its own name but for the account of the company, will not cause a reduction of the share capital to an amount lower than the registered capital as increased by the amounts set out in section 178 (2) (a) and (b);

(c) by acquiring its own shares, the company will not cause its insolvency under a special legal regulation;

(d) the company has the resources to create special reserves for its own shares if the creation of such reserves is required under section 161d (2).

(2) The condition set out in subsection (1) (a) does not have to be satisfied if the acquisition of the company's own shares is necessary to avert substantial and imminent damage to the company. The management board has a duty to present, to the resultant general meeting following the purchase, the grounds for and the purpose of the

jejich podílem na základním kapitálu společnosti a s cenou, která za ně byla zaplacena. Takto nabyté akcie je společnost povinna zcizit do 18 měsíců od jejich nabytí.

purchases concluded, the number and nominal value of the shares so acquired, the proportion of the shares to the registered capital of the company, and the price that was paid for them. The company must alienate the shares acquired in this way within 18 months of acquiring them.

(3) Ustanovení odstavce 1 písm. a) se nevztahuje na nabytí akcií, jež nabývá společnost nebo jiná osoba jednající vlastním jménem na účet společnosti za účelem jejich prodeje zaměstnancům podle § 158. Takto nabyté akcie je společnost povinna zcizit nejpozději do 12 měsíců od jejich nabytí.

(3) The provisions of subsection (1) (a) do not apply to an acquisition of shares concluded by the company, or another person acting in its own name for the account of the company, for the purposes of their sale to employees in accordance with section 158. The company must alienate shares acquired in this way within 12 months of acquiring them.

(4) Za splnění povinností podle odstavce 1 písm. b) a c) odpovídá představenstvo.

(4) The management board is liable for the performance of the duties under subsection (1) (b) and (c).

§ 161b

Section 161b

(1) Společnost může nabývat vlastní akcie i bez splnění podmínek uvedených v § 161a, nabývá-li je

a) za účelem provedení rozhodnutí valné hromady o snížení základního kapitálu,

b) jako právní nástupce vstupující do všech práv osoby, která byla jejich vlastníkem,

c) z důvodu plnění povinnosti uložené jí zákonem nebo na základě soudního rozhodnutí k ochraně menšinových akcionářů, zvláště při fúzi nebo rozdělení, změně právní formy nebo zavedení omezení převoditelnosti akcií na jméno anebo vyřazení akcií z obchodování na evropském regulovaném trhu,

(1) A company may acquire its own shares even without satisfying the conditions set out in section 161a if it acquires them in the following circumstances:

(a) for the purposes of implementing a decision of the general meeting to reduce the registered capital;

(b) as a legal successor assuming all of the rights of the person that was previously their owner;

(c) on grounds of performing a duty imposed on it by the law or on the basis of a court decision to protect minority shareholders, particularly in the case of a merger or division, a change of legal form or an introduction of a restriction on transferability of registered shares or the withdrawal of shares from trading on a European regulated market;

d) v soudní dražbě při výkonu rozhodnutí na vymožení pohledávky společnosti proti vlastníku splacených akcií,

(d) under a court auction occurring pursuant to a decision to enforce a claim of the company against the owner of paid up shares;

e) jako finanční kolaterál nebo z důvodu výkonu práva na uspokojení z finančního kolaterálu.

(e) as financial collateral or on the grounds of exercising rights of satisfaction from financial collateral.

(2) I bez splnění podmínek uvedených v § 161a může společnost nabýt vlastní akcie bezúplatně. Pro nabývání vlastních zatímních listů platí obdobně ustanovení odstavce 1 písm. a) až c). To platí i pro zatímní listy nabývané od upisovatele, který je v prodlení se splácením vkladu, jestliže společnost rozhodla o uplatnění postupu podle § 177 odst. 3 až 7.

(2) A company may acquire its own shares at no cost even without having to satisfy the conditions set out in section 161a. The provisions of subsection (1) (a) to (c) apply with appropriate changes to acquisitions by a company of interim certificates in itself. This applies also to interim certificates acquired from a subscriber that is in default with paying up a contribution, if the company has decided to apply the procedure under sections 177 (3) to (7).

(3) Akcie a zatímní listy nabyté podle odstavce 2 je společnost povinna zcizit do 18 měsíců od jejich nabytí a akcie a zatímní listy nabyté podle odstavce 1 písm. b) až e) je společnost povinna zcizit do tří let ode dne jejich nabytí.

(3) The company must alienate the shares and interim certificates acquired under subsection (2) within 18 months of acquiring them, and the shares and interim certificates acquired under subsection (1) (b) to (e) within three years of acquiring them.

(4) Jestliže společnost vlastní akcie nebo zatímní listy ve lhůtách stanovených v odstavci 3 nebo v § 161a nezcizí, je povinna bez zbytečného odkladu o jejich jmenovitou hodnotu snížit základní kapitál. Společnost je povinna snížit bez zbytečného odkladu základní kapitál i tehdy, vykáže-li v rozvaze vlastní akcie a součet výše základního kapitálu a částek uvedených v § 178 odst. 2 písm. a) a b) přesáhne hodnotu vlastního kapitálu, a to nejméně o částku, která se rovná tomuto rozdílu. Nesplní-li společnost povinnost snížit základní kapitál, může ji soud i bez návrhu zrušit a nařídit její likvidaci.

(4) If the company fails to alienate its own shares or interim certificates in the periods stated in subsection (3) or in section 161a, it must without undue delay reduce its registered capital by their nominal value. The company must also reduce its registered capital without undue delay in the case that it reports its own shares in the balance sheet and the aggregate of the registered capital and the amounts referred to in section 178 (2) (a) and (b) exceeds the amount of the equity capital. The reduction must amount to at least the amount of this difference. If the company does not satisfy the duty to reduce its registered capital, the court may, with or without a petition, place the company in winding up and order its liquidation.

(5) Nabytím zatímního listu společností nezaniká závazek splatit emisní kurs akcií, které zatímní list nahrazuje, ledaže jde o nabytí z důvodu, že společnost rozhodla o snížení základního kapitálu.

(5) The obligation to pay up the issue price for shares for which an interim certificate takes their place does not expire with the acquisition of the interim certificate by the company, unless it is an acquisition on the grounds that the company has decided to reduce its registered capital.

§ 161c

Section 161c

(1) Právní úkon učiněný v rozporu s § 161a a 161b není neplatný, ledaže druhá strana nebyla v dobré víře.

(1) A legal act concluded to the contrary of sections 161a and 161b is not void unless the other party lacked good faith.

(2) Společnost je povinna zcizit akcie nebo zatímní listy nabyté v rozporu s ustanovením § 161a a 161b do jednoho roku ode dne, kdy je nabyla, jinak je povinna o jejich jmenovitou hodnotu snížit základní kapitál. Nesplní-li společnost tuto povinnost, může ji soud i bez návrhu zrušit a nařídit její likvidaci.

(2) A company has a duty to alienate shares or interim certificates acquired contrary to the provisions of sections 161a and 161b within one year of acquiring them. Otherwise, it has a duty to reduce its registered capital by their nominal value. If the company fails to perform this duty, the court may, with or without a petition, place the company in winding up and order its liquidation.

§ 161d

Section 161d

(1) Jestliže společnost nabude vlastní akcie nebo zatímní listy, nemůže vykonávat hlasovací a přednostní práva s nimi spojená. Rozhodne-li v takovém případě valná hromada o rozdělení zisku mezi akcionáře podle § 178, společnosti nevznikne právo na dividendu a valná hromada současně určí, zda zisk, připadající na vlastní akcie nebo zatímní listy bude poměrně rozdělen mezi ostatní akcie nebo zatímní listy, nebo zda zůstane na účtu nerozděleného zisku minulých let.

(1) If a company acquires its own shares or interim certificates, it cannot exercise the voting and pre-emption rights attaching to them. If, in such cases, the general meeting decides to distribute profits to the shareholders in accordance with section 178, the company does not acquire the right to a dividend and the general meeting must at the same time determine whether the profit attributable to the company's own shares or interim certificates will be proportionally distributed to the holders of the other shares or interim certificates or whether it will remain on the account of the profit brought forward.

(2) Vykáže-li společnost vlastní akcie nebo zatímní listy v rozvaze v aktivech, musí vytvořit zvláštní rezervní fond ve stejné výši. Tento zvláštní rezervní fond zruší

(2) If the company reports its own shares or interim certificates as assets in the balance sheet, it must create special reserves in the same amount. It must cancel or reduce the

nebo sníží, pokud vlastní akcie nebo zatímní listy zcela nebo zčásti zcizí nebo použije na snížení základního kapitálu. Jiným způsobem tento rezervní fond využít nelze.

relevant reserve if it alienates its own shares or interim certificates in whole or in part or if it uses them to reduce the registered capital. These reserves cannot be used in any other manner.

(3) Na vytvoření nebo doplnění rezervního fondu pro účely uvedené v odstavci 2 může společnost použít nerozdělený zisk nebo jiné fondy, které může společnost použít podle svého uvážení.

(3) The company may use undistributed profits or other funds that the company may use at its own discretion to create or replenish the reserves for the purposes stated in subsection (2).

(4) Ustanovením odstavců 2 a 3 není dotčena povinnost vytvářet a doplňovat rezervní fond podle § 217 odst. 2.

(4) The provisions of subsections (2) and (3) do not affect the duty to create and replenish the reserves arising under section 217 (2).

(5) Nabude-li společnost vlastní akcie nebo zatímní listy, obsahuje zpráva o stavu majetku společnosti předkládaná valné hromadě podle § 192 odst. 2 také alespoň tyto údaje:

(5) If the company acquires its own shares or interim certificates, the report on the company's assets submitted to the general meeting pursuant to section 192 (2) must also contain at least the following information:

a) důvody nabytí akcií, k němuž došlo v průběhu účetního období,

(a) the grounds for the acquisitions of shares that occurred during the financial year;

b) počet a jmenovitou hodnotu akcií nabytých a zcizených v průběhu účetního období,

(b) the number and nominal value of the shares acquired and alienated during the financial year;

c) součet kupních cen nakoupených a prodaných akcií za účetní období s uvedením nejnižší a nejvyšší ceny v případě, že akcie byly nabyty za úplatu,

(c) the aggregate of the purchase prices for the shares purchased and sold during the financial year, together with a statement of the lowest and the highest price paid for shares that were acquired in return for payment;

d) počet a jmenovitou hodnotu všech akcií společnosti, které byly v majetku společnosti, a jejich podíl na základním kapitálu, a to na počátku a na konci účetního období.

(d) the number and nominal value of all the shares in the company that were stated as assets of the company and their proportion of the registered capital as at the beginning and the end of the financial year.

§ 161e

(1) Společnost může vzít do zástavy vlastní akcie nebo zatímní listy jen za podmínek stanovených v § 161a odst. 1 písm. a) a § 161a odst. 2, § 161b, 161d a v § 161f.

(2) Omezení podle odstavce 1 se nevztahuje na banky a finanční instituce podle jiného právního předpisu upravujícího činnost bank, pokud jde o obchody uzavírané v obvyklých mezích jejich hlavní činnosti.

Section 161e

(1) The company may only become a pledgee of its own shares or interim certificates under the conditions set out in section 161a (1) (a) and section 161a (2), sections 161b, 161d and section 161f.

(2) The restrictions under subsection (1) do not apply to banks and financial institutions regulated under another legal regulation relating to banking activities, in respect of transactions made within the usual scope of their main activity.

§ 161f

Finanční asistence

(1) Finanční asistenci pro účely získání akcií nebo zatímních listů společnosti může společnost poskytovat, jen určí-li tak stanovy a jen za splnění alespoň těchto podmínek:

a) finanční asistence je poskytnuta za podmínek obvyklých v obchodním styku,

b) představenstvo prošetřilo finanční způsobilost osoby, které je finanční asistence poskytována,

c) poskytnutí finanční asistence předem schválí valná hromada, a to na základě zprávy představenstva podle písmene d); k přijetí rozhodnutí je potřebný souhlas alespoň dvou třetin hlasů přítomných akcionářů,

d) představenstvo vypracuje písemnou zprávu, kde

Section 161f

Financial assistance

(1) The company may only provide financial assistance for the purposes of acquiring shares or interim certificates in the company if the articles of association so determine and on satisfaction of at least the following conditions:

(a) the financial assistance must be provided on terms that are typical in business dealings;

(b) the management board must have investigated the financial capacity of the person to which the financial assistance is being provided;

(c) the general meeting must give prior approval to the provision of the financial assistance on the basis of the report of the management board under subsection (d). The consent of at least two thirds of the votes of the shareholders present is necessary to pass this decision,

(d) the management board must prepare a report in writing, which includes the following:

1. poskytnutí finanční asistence věcně zdůvodní, včetně uvedení výhod a rizik z toho pro společnost plynoucích,

2. uvede podmínky, za jakých bude finanční asistence poskytnuta, včetně ceny, za kterou budou akcie příjemcem finanční asistence získány,

3. uvede závěry prošetření finanční způsobilosti podle písmene b),

4. zdůvodní, proč je poskytnutí finanční asistence v zájmu společnosti,

e) jsou-li za pomoci finanční asistence získávány akcie od společnosti finanční asistenci poskytující, musí být cena, za kterou budou tyto akcie získány, přiměřená,

f) poskytnutí finanční asistence nezpůsobí snížení vlastního kapitálu pod základní kapitál zvýšený o částky uvedené v § 178 odst. 2 písm. a) a b),

g) společnost vytvoří ve výši poskytnuté finanční asistence zvláštní rezervní fond; § 161d odst. 3 se použije přiměřeně,

h) poskytnutí finanční asistence nepřivodí společnosti bezprostředně úpadek podle zvláštního právního předpisu.

1. an objective justification for the provision of financial assistance, including a statement of the benefits and risks resulting for the company from the provision of financial assistance;

2. a statement of the conditions under which the financial assistance will be provided, including the price for which the shares will be acquired by the recipient of the financial assistance;

3. a statement of the conclusions of the investigation of financial capacity occurring under subsection (b);

4. a justification as to why the provision of financial assistance is in the interest of the company;

(e) if, by virtue of the financial assistance, shares are acquired from the company providing the financial assistance, the price for which such shares are acquired must be adequate;

(f) the provision of financial assistance will not cause a reduction of equity capital to an amount lower than the registered capital as increased by the amounts stated in section 178 (2) (a) and (b).

(g) the company must create special reserves in the amount of the financial assistance provided. Section 161d (3) applies as appropriate;

(h) the provision of financial assistance will not cause immediate insolvency of the company under a special legal regulation.

(2) Zprávu podle odstavce 1 písm. d) uloží představenstvo bez zbytečného odkladu poté, co ji vypracuje, avšak vždy před konáním valné hromady, která poskytnutí finanční asistence schvaluje, do sbírky listin; zpráva musí být akcionářům na jednání této valné hromady volně dostupná.

(2) The management board must file the report under subsection (1) (d) in the collection of documents without undue delay after preparing it, and in any event before the general meeting approving the provision of the financial assistance is held. The report must be made freely available to the shareholders for the course of that general meeting.

(3) Má-li být finanční asistence poskytnuta členu statutárního orgánu společnosti, osobě společnost ovládající, členu jejího statutárního orgánu nebo osobě, která jedná se společností nebo se kteroukoli z výše uvedených osob ve shodě, přezkoumá zprávu podle odstavce 1 písm. d) na společnosti a těchto osobách obecně uznávaný nezávislý odborník, určený dozorčí radou. Ve své písemné zprávě tento odborník zhodnotí správnost písemné zprávy představenstva a výslovně se vyjádří k tomu, zda poskytnutí finanční asistence není v rozporu se zájmy společnosti; odstavec 2 se použije obdobně.

(3) If the financial assistance is to be provided to a member of a statutory body of the company, a person controlling the company, a member of its statutory body, or a person acting in concert with the company or any of the persons stated above, the report prepared under subsection (1) (d) must be reviewed by a generally recognized professional independent from the company and these persons, which must be appointed by the supervisory board. This professional must in its written report evaluate the correctness of the written report of the management board and it must expressly state its opinion as to whether or not the provision of financial assistance is contrary to the interests of the company. Subsection (2) applies with appropriate changes.

(4) Ustanovení odstavce 1 písm. a) až e) a h) a odstavce 2 se nepoužijí na jednání společnosti s cílem nabytí vlastních akcií nebo zatímních listů pro zaměstnance společnosti podle § 158.

(4) The provisions of subsection (1) (a) to (e) and (h) and subsection (2) do not apply to acts of the company for the purposes of acquiring its own shares or interim certificates for its employees under section 158.

(5) Při poskytování finanční asistence se odstavce 1 až 4 nevztahují na banky a finanční instituce podle jiného právního předpisu upravujícího činnost bank, pokud je poskytována v obvyklých mezích jejich hlavní činnosti a pokud nezpůsobí snížení jejich vlastního kapitálu pod upsaný základní kapitál zvýšený o fondy, které nelze podle zákona nebo stanov rozdělit

(5) For the provision of financial assistance, subsections (1) to (4) do not apply to banks and financial institutions regulated by a special legal regulation relating to banking activities if it is provided within the usual scope of their main activity and if it does not give rise a reduction of their equity capital below the amount below the subscribed registered capital, as increased by the funds that cannot be distributed to the

mezi akcionáře.

shareholders under the law or the articles of association.

§ 161g

(1) Na upisování, nabývání a přijímání akcií nebo zatímních listů společnosti do zástavy osobou jí ovládanou a na poskytování finanční asistence pro účely získání akcií nebo zatímních listů společnosti osobou jí ovládanou se použijí obdobně ustanovení § 161, § 161a odst. 1 písm. a) a c), § 161 odst. 2, § 161b odst. 1 písm. b) až e), § 161b odst. 2 až 5, § 161c a 161f.

(2) Nezcizí-li ovládaná osoba akcie nebo zatímní listy společnosti v zákonem stanovené lhůtě, může ji soud zrušit a nařídit její likvidaci. Ustanovení § 161d se použije přiměřeně.

(3) Ustanovení odstavců 1 a 2 se nepoužije, jestliže ovládaná osoba

a) jedná na účet jiné osoby, ledaže jedná na účet společnosti nebo osoby touto ovládanou osobou nebo společností ovládané,

b) je obchodníkem s cennými papíry a jde-li o činnost uskutečněnou v rámci jejího podnikání jako obchodníka s cennými papíry, nebo

c) získala postavení ovládané osoby až po nabytí akcií nebo zatímních listů společnosti.

Section 161g

The provisions of section 161, section 161a (1) (a) and (c), section 161 (2), section 161b (1) (b) to (e), sections 161b (2) to (5), section 161c and 161f apply with appropriate changes to the subscription, acquisition, and receipt by transmission of shares or interim certificates of a company under a pledge, by a person controlled by it and to the provision of financial assistance for the purposes of acquiring shares or interim certificates of the company controlled by it.

(2) If the controlled person fails to alienate the shares or interim certificates of the company within the period prescribed by law for so doing, the court may place the company in winding up and order its liquidation. The provisions of section 161d apply as appropriate.

(3) The provisions of subsections (1) and (2) do not apply in the event of the following:

(a) the controlled person acts for the account of another person, unless it acts for the account of a company or a person controlled by that controlled person or company;

(b) the controlled person is a securities broker and the relevant activities are carried on within the scope of its business as a securities broker; or

(c) the controlled person only acquired the status of a controlled person after the acquisition of the shares or interim certificates of the company.

(4) Hlasovací práva spojená s akciemi nebo zatímními listy společnosti, nabytými podle odstavce 3, nelze vykonávat a tyto akcie a zatímní listy se zahrnují do výpočtu poměru vlastního kapitálu k základnímu kapitálu podle § 161a odst. 1 písm. b).

(4) The voting rights attaching to shares or interim certificates of the company that are acquired under subsection (3) cannot be exercised and these shares and interim certificates must be included in the calculation of the proportion of equity capital to registered capital under section 161a (1) (b).

(5) Ustanovení § 161a až 161d a § 161f se použijí i na případy, kdy akcie nebo zatímní listy společnosti nabývá třetí osoba svým jménem na účet společnosti nebo na účet osoby společností ovládané.

(5) The provisions of sections 161a to 161d and 161f also apply in the cases when the shares or interim certificates of the company are acquired by a third party in its name, for the account of the company or for the account of a person controlled by the company.

(6) Ustanovení § 161f odst. 4 se použije přiměřeně s tím, že omezení podle § 158 odst. 2 věty druhé se stanoví podle výše základního kapitálu ovládané osoby.

(6) The provisions of section 161f (4) apply as appropriate and the restriction under section 158 (2) second sentence must be assessed according to the amount of registered capital of the controlled person.

ODDÍL 2

ZALOŽENÍ A VZNIK SPOLEČNOSTI

SUB-CHAPTER 2

THE FORMATION AND INCORPORATION OF A COMPANY

§ 162

Section 162

(1) Společnost může být založena jedním zakladatelem nebo více zakladateli.

(1) A company may be formed by one founder or several founders.

(2) Zakládají-li společnost dva nebo více zakladatelů, uzavřou zakladatelskou smlouvu. Jediný zakladatel zakládá společnost zakladatelskou listinou.

(2) If a company is formed by two or more founders, they must conclude a memorandum. A sole founder must form the company by a foundation deed.

(3) Základní kapitál společnosti založené s veřejnou nabídkou akcií musí činit alespoň 20 000 000 Kč, nestanoví-li zvláštní právní předpis vyšší částku. Základní kapitál společnosti založené bez veřejné nabídky akcií musí činit alespoň 2 000 000 Kč.

(3) The registered capital of a company formed by a public offer for shares must amount to at least CZK 20,000,000 unless a special legal regulations provides for a higher amount. The registered capital of a company formed without a public offer for shares must amount to at least CZK 2,000,000.

(4) Jestliže zvyšuje společnost, jejíž základní kapitál je nižší než 20 000 000 Kč, základní kapitál veřejnou nabídkou, musí jej zvýšit nejméně na 20 000 000 Kč.

(2) If a company having a registered capital less than CZK 20,000,000 increases its registered capital by public offer, it must increase it to at least CZK 20,000,000.

§ 163

Zakladatelská smlouva

(1) Zakladatelská smlouva nebo zakladatelská listina musí obsahovat

a) firmu, sídlo a předmět podnikání (činnosti),

b) navrhovaný základní kapitál,

c) počet akcií a jejich jmenovitou hodnotu, podobu, v níž budou akcie vydány, jakož i určení, zda akcie budou znít na jméno nebo na majitele, popřípadě kolik akcií bude znít na jméno a kolik na majitele; mají-li být vydány akcie různých druhů, jejich název a popis práv s nimi spojených, popřípadě údaj o omezení převoditelnosti akcií na jméno,

d) kolik akcií který zakladatel upisuje, za jaký emisní kurs, způsob a lhůtu pro splacení emisního kursu a jakým vkladem bude emisní kurs splacen,

e) splácí-li se emisní kurs akcií nepeněžitými vklady, i určení předmětu nepeněžitého vkladu a způsobu jeho splacení, počet, jmenovitou hodnotu, podobu, formu a druh akcií, jež se vydají za tento nepeněžitý vklad,

Section 163

The memorandum

(1) The memorandum or foundation deed must contain the following:

(a) the business name, registered office, and scope of business (activities);

(b) the proposed registered capital;

(c) the number of shares and their nominal value, the form in which the shares will be issued, as well as details as to whether the shares will be of registered or bearer type and, if applicable, how many shares will be of registered type and how many will be of bearer type. If shares of various classes are to be issued, their name and a description of rights attaching to them and, if applicable, information as to any restrictions on the transferability of the registered shares;

(d) how many shares are subscribed and by which founder, for what issue price, the manner of payment and the period for paying the issue price and by what contribution the issue price will be paid;

(e) if the issue price of a share is paid up by way of non-cash contributions, details of the subject-matter of the non-cash contribution and the manner of its payment up, the number, nominal value, form, type and class of shares that will be issued for this non-cash contribution;

f) alespoň přibližnou výši nákladů, které v souvislosti se založením společnosti vzniknou,

(f) at least an estimated amount of the costs arising in connection with the formation of the company;

g) určení správce vkladu podle § 60 odst. 1,

(g) the identification details of the contribution manager under section 60 (1);

h) má-li být alespoň část akcií vydána na základě veřejné nabídky akcií, i údaje uvedené v odstavci 2 písm. a) až g),

(h) the information stated in subsection (2) (a) to (g) in the event that at least a part of the shares is to be issued on the basis of a public offer for shares;

i) návrh stanov.

(i) the proposed articles of association.

(2) Má-li být společnost založena na základě veřejné nabídky akcií, je podmínkou platného založení společnosti schválení prospektu cenného papíru Českou národní bankou. Veřejná nabídka akcií musí obsahovat kromě údajů uvedených v odstavci 1 též

(2) If the company is to be formed on the basis of a public offer for shares, the valid formation of the company is conditional on the approval of the securities prospectus by the Czech National Bank. A public offer for shares must in addition to the information stated in subsection (1) also contain the following:

a) místo a dobu upisování akcií, která nesmí být kratší než dva týdny,

(a) the location and period for subscribing for shares, which cannot be shorter than two weeks;

b) postup při upisování akcií, zejména zda účinnost upisování akcií při dosažení nebo překročení navrhované výše základního kapitálu bude posuzována podle toho, kdy k upsání akcií došlo, popřípadě zda bude možno krátit jednotlivým upisovatelům, kteří upíší akcie ve stejné době, počet upsaných akcií podle poměru jmenovitých hodnot jimi upsaných akcií,

(b) the procedure of subscribing for shares, in particular in cases where the effectiveness of any given subscription for shares in excess of the proposed amount of registered capital will be assessed on the basis of the subscription date and, if applicable, whether it will be possible to reduce the number of subscribed shares of the subscribers who subscribe for shares simultaneously in proportion to the nominal values of the shares subscribed by them;

c) připouštějí-li zakladatelé upisování akcií převyšujících navrhovaný základní kapitál, postup při takovém upsání,

(c) if the founders allow for subscriptions of shares exceeding the proposed registered capital, the procedure for such subscriptions;

d) určení, že zájemci mohou splácet emisní kurs akcie pouze peněžitými vklady,

(d) the specification that the interested persons must pay up the issue price of a share with cash contributions only;

e) místo, dobu, popřípadě účet u banky nebo spořitelního a úvěrního družstva pro splacení emisního kursu,

(e) the place, time and, if applicable, account number at a bank or a savings and loans cooperative society for the payment of the issue price;

f) emisní kurs upisovaných akcií nebo způsob jeho určení; emisní kurs nebo způsob jeho určení musí být pro všechny upisovatele stejný, nestanoví-li zákon jinak,

(f) the issue price of the subscribed shares or the manner of its determination. Unless the law provides otherwise, the issue price or the manner of its determination must be the same for all subscribers;

g) způsob svolání ustavující valné hromady a místo jejího konání,

(g) the manner for calling the founding general meeting and the place where it is to be held;

h) způsob tvoření rezervního fondu,

(h) the manner for creating reserves;

i) podmínky výkonu hlasovacího práva.

(i) the conditions for exercising voting rights.

(3) Nikdo nemůže být zproštěn závazku splatit emisní kurs s výjimkou případů, kdy dochází ke snížení základního kapitálu společnosti. Proti pohledávce společnosti na splacení emisního kursu není přípustné započtení, ledaže s tím souhlasí valná hromada při zvyšování základního kapitálu společnosti.

(3) No person may be released from the obligation to pay up the applicable issue price, except for cases in which the registered capital of the company is reduced. A claim of the company for payment of the issue price cannot be resolved by set off unless the general meeting consents to this as part of an increase of the registered capital of the company.

(4) Nikomu, kdo se podílel na založení společnosti nebo na činnostech vedoucích k získání oprávnění k její činnosti, nelze přiznat žádnou zvláštní výhodu.

(4) No person participating in the formation of the company or in the activities leading to the acquisition of a licence for its activities may be given any special treatment.

§ 163a

Emisní kurs akcie

Section 163a

The issue price of a share

(1) Emisní kurs akcie je částka, za niž společnost vydává akcie. Emisní kurs nesmí být nižší než její jmenovitá hodnota.

(1) The issue price of a share is the amount for which the company issues shares. The issue price cannot be lower than the nominal

value.

(2) Pokud je emisní kurs akcií vyšší než jmenovitá hodnota akcií, tvoří rozdíl mezi emisním kursem a jmenovitou hodnotou akcií emisní ážio. Pokud částka placená na splacení emisního kursu akcií nebo hodnota splaceného nepeněžitého vkladu je nižší než emisní kurs, započte se plnění nejprve na emisní ážio. Pokud částka placená na splacení emisního kursu nebo hodnota splaceného nepeněžitého vkladu nepostačuje na splacení splatné části jmenovité hodnoty všech upsaných akcií, započítává se postupně na splacení splatné části jmenovitých hodnot jednotlivých akcií, pokud nebude v souladu se stanovami dohodnuto něco jiného.

(2) If the issue price is higher than the nominal value of the shares, the difference between the issue price and the nominal value of the shares must be treated as issue premium. If the amount paid against the issue price of shares or the value of a paid up non-cash contribution is lower than the issue price, the consideration must first be applied towards issue premium. If the amount of a payment against the issue price, or the value of a paid up non-cash contribution, is not sufficient to pay up the part of the nominal value that is due for all the shares subscribed, it must be credited as a payment of the part of the nominal value that is due for individual shares in succession, unless it is otherwise agreed in accordance with the articles of association.

(3) Rozdíl mezi hodnotou nepeněžitého vkladu a jmenovitou hodnotou akcií, které mají být vydány akcionáři jako protiplnění, se považuje za emisní ážio, pokud stanovy, zakladatelská smlouva nebo zakladatelská listina anebo usnesení valné hromady neurčují, že tento rozdíl nebo jeho část je společnost povinna vyplatit upisovateli anebo že jde o tvorbu rezervního fondu.

(3) The difference between the value of a non-cash contribution and the nominal value of shares that are to be issued to the shareholder as counter-consideration must be treated as issue premium, unless the articles of association, the memorandum or the foundation deed, or a resolution of the general meeting specifies that the company has a duty to pay out all or part of the difference to the subscriber or that all or part of the difference will be applied against reserves.

(4) Peněžité vklady, jimiž se splácí emisní kurs, musí být splaceny na zvláštní účet u banky nebo spořitelního a úvěrního družstva, který za tím účelem zřídí správce vkladu na firmu zakládané společnosti. Banka nebo spořitelní a úvěrní družstvo neumožní disponovat se splacenými vklady na tomto účtu dříve, než bude společnost zapsána do obchodního rejstříku, ledaže je prokázáno, že jde o úhradu zřizovacích výdajů anebo o vrácení vkladů

(4) Cash contributions by which the issue price is paid up must be paid to a separate account with a bank or a savings and loans cooperative society, which the contribution manager must open for this purpose in the business name of the newly formed company. The bank or savings and loans cooperative society cannot allow the use of the paid up contributions on that account before the company is entered in the commercial register, unless it is established that this relates to the settlement of

upisovatelům.

formation expenses or refunding contributions to the subscribers.

Založení společnosti na základě veřejné nabídky akcií

The formation of a company on the basis of a public offer for shares

§ 164

Section 164

(1) Zakladatel nebo zakladatelé zabezpečují vytvoření základního kapitálu převyšujícího jmenovitou hodnotu jimi upsaných akcií veřejnou nabídkou akcií.

(1) The founder or founders must ensure, by a public offer for shares, the creation of a registered capital that exceeds the nominal value of the shares subscribed by the founder or founders.

(2) Veřejná nabídka akcií se vhodným způsobem uveřejní a její obsah nelze měnit.

(2) The public offer for shares must be published in an appropriate manner and its contents cannot be amended.

(3) Návrh stanov musí být k nahlédnutí v každém upisovacím místě.

(3) The proposed articles of association must be available for inspection at every location where shares are subscribed.

§ 165

Section 165

(1) K upsání akcie na základě veřejné nabídky akcií podle § 164 odst. 1 dochází zápisem do listiny upisovatelů. Zápis zahrnuje počet, jmenovitou hodnotu, formu, podobu, popřípadě druh upisovaných akcií, emisní kurs upsaných akcií, lhůty pro splácení upsaných akcií, firmu nebo název a sídlo právnické osoby nebo jméno a bydliště fyzické osoby, která je upisovatelem, a podpis, jinak je upsání neúčinné (§ 167 odst. 2). Podpis upisovatele na listině upisovatelů nemusí být úředně ověřen.

(1) A subscription for a share on the basis of a public offer for shares under section 164 (1) occurs on entry into the list of subscribers. The entry must include the number, nominal value, type, form and, if applicable, class of the subscribed shares, the issue price of the subscribed shares, the periods for paying up the subscribed shares, for a legal person that is a subscriber, the business name or corporate name and registered office or, for a natural person that is a subscriber, the full name and residential address, and a signature. Otherwise, the subscription is ineffective (section 167 (2)). The subscriber's signature on the list of subscribers does not have to be officially verified.

(2) Na základě veřejné nabídky akcií nelze upisovat akcie nepeněžitými vklady.

(2) The shares subscribed on the basis of a public offer for shares cannot be subscribed by way of non-cash contributions.

(3) Upisovatel je povinen splatit případné emisní ážio a alespoň 10 % jmenovité hodnoty upsaných akcií v době a na účet u banky nebo spořitelního a úvěrního družstva, které jsou určeny zakladateli ve veřejné nabídce akcií. Nesplní-li upisovatel tuto povinnost, je upsání neúčinné (§ 167 odst. 2).

(3) The subscriber has a duty to pay up any applicable issue premium and at least 10% of the nominal value of the subscribed shares at the time of subscription to the account of the bank or savings and loans cooperative society specified by the founders in the public offer for shares. If the subscriber fails to perform this duty, the subscription is ineffective (section 167 (2)).

§ 166

Section 166

(1) Po upsání navrhovaného základního kapitálu mohou zakladatelé nebo zakladatel další upisování odmítnout, nestanoví-li zakladatelská smlouva nebo zakladatelská listina něco jiného. Jestliže tak neučiní, rozhodne o přijetí nebo odmítnutí upsání akcií, k němuž došlo po dosažení upsání navrhovaného základního kapitálu, ustavující valná hromada. Po odmítnutí upsání akcií jsou zakladatelé povinni společně a nerozdílně bez zbytečného odkladu vrátit upisovateli částku zaplacenou po upsání akcií spolu s úrokem ve výši úroku obvykle poskytované bankami podle smlouvy o běžném účtu ke dni, kdy vznikla povinnost vrátit zaplacenou částku, v místě, v němž má mít společnost sídlo.

(1) After the proposed registered capital is subscribed, the founders or founder may refuse further subscriptions unless the memorandum or the foundation deed provides otherwise. If they do not refuse further subscriptions, the founding general meeting must decide whether to accept or reject the subscriptions of shares occurring after the proposed registered capital has been achieved. If a subscription for shares is rejected, the founders have a duty jointly and severally and without undue delay to return to the subscriber the amount paid against the subscription of the shares together with interest at the rate of interest usually provided by the banks under a current account agreement as at the date on which the duty to refund the paid amount arose and at the location where the company was to have its registered office.

(2) Zakladatelé nebo zakladatel musí další upisování odmítnout, pokud zakladatelská smlouva nebo zakladatelská listina nepřipouští upsání akcií převyšující navrhovaný základní kapitál.

(2) The founder or founders must reject further subscriptions if the memorandum or the foundation deed does not allow for a subscriptions for shares above the proposed registered capital.

§ 167

Section 167

(1) Upisování akcií je neúčinné, jestliže do konce lhůty vyhlášené ve veřejné nabídce akcií nedosáhne jmenovitá hodnota účinně upsaných akcií výše navrhovaného základního kapitálu, ledaže akcie chybějící do této výše jsou do jednoho měsíce

(1) The subscriptions for shares are ineffective if, by the end of the acceptance period stated in the public offer for shares, the nominal value of the shares effectively subscribed does not reach the amount of the proposed registered capital, unless the

dodatečně upsány zakladateli nebo některými z nich.

shares up to this amount are subscribed subsequently within one month by one or more of the founders.

(2) Je-li upisování akcií podle tohoto zákona neúčinné, zanikají práva a povinnosti upisovatelů z upsání akcií a zakladatel nebo zakladatelé jsou povinni společně a nerozdílně vrátit bez zbytečného odkladu upisovatelům částku zaplacenou při upsání akcií spolu s úrokem ve výši úroku obvykle poskytované bankami podle smlouvy o běžném účtu ke dni, kdy vznikla povinnost vrátit zaplacenou částku, v místě, v němž měla mít společnost sídlo.

(2) If a subscription for shares is ineffective under this Code, the rights and duties of the subscribers from their subscription for shares terminates and the founders must jointly and severally and without undue delay return to each subscriber the amounts paid against its subscription for shares, together with interest at a rate of interest usually provided by the banks under a current account agreement as at the date on which the duty to return the paid amount arose and at the location where the company was to have its registered office.

§ 168

Section 168

(1) Upisovatelé, kteří upsali akcie na základě veřejné nabídky akcií podle § 164 odst. 1, jsou povinni splácet upsané akcie ve lhůtách stanovených v listině upisovatelů. Upisovatelé, kteří upsali akcie v zakladatelské smlouvě nebo zakladatelské listině, jsou povinni splácet akcie ve lhůtě tam uvedené. Případné emisní ážio a alespoň 30 % jmenovité hodnoty upsaných akcií, které mají být splaceny peněžitými vklady, jsou upisovatelé povinni splatit nejpozději do zahájení ustavující valné hromady.

(1) The subscribers for shares on the basis of a public offer for shares made under section 164 (1) have a duty to pay up the subscribed shares in the periods set out in the list of subscribers. The subscribers for shares under the memorandum or the foundation deed have a duty to pay up the shares within the period stated in those documents. Subscribers have a duty to pay all applicable share premium and at least 30% of the nominal value of the subscribed shares that are to be paid up in cash contributions by the commencement of the founding general meeting at the latest.

(2) Při splacení vkladu nebo jeho části před zápisem společnosti do obchodního rejstříku vydá správce vkladu (§ 60) upisovateli písemné potvrzení, ve kterém uvede:

(2) On payment of all or part of a contribution before the company is entered in the commercial register, the contribution manager (section 60) must issue a written confirmation to the subscriber in which it must state the following:

a) druh, formu, podobu, počet a jmenovitou hodnotu upsaných akcií,

(a) the class, type, form, number, and nominal value of the subscribed shares;

b) celkovou hodnotu emisního kursu

(b) the total value of the issue price of

upsaných akcií,

c) rozsah splacení emisního kursu upsaných akcií.

(3) Společnost vymění toto potvrzení bez zbytečného odkladu po zápisu společnosti do obchodního rejstříku za zatímní list, pokud jde o upsané akcie, jejichž emisní kurs nebyl splacen v plném rozsahu, a za akcie, byl-li jejich emisní kurs zcela splacen.

the shares subscribed;

(b) the extent to which the issue price of the shares subscribed is paid up;

(3) Without undue delay after the company is entered in the commercial register, the company must exchange this confirmation for an interim certificate for the shares for which the issue price is not paid up in full and for the actual shares if the issue price is fully paid up.

Ustavující valná hromada

§ 169

(1) Upisovatelé, kteří splnili povinnost stanovenou v § 165 a 168, jsou oprávněni účastnit se ustavující valné hromady. Zakladatelé svolají ustavující valnou hromadu tak, aby se konala do 60 dnů ode dne, kdy bylo dosaženo účinného upsání navrhovaného základního kapitálu.

(2) Nedodrží-li zakladatelé lhůtu stanovenou v odstavci 1, považuje se upisování akcií za neúčinné a nastanou účinky § 167 odst. 2.

The founding general meeting

Section 169

(1) The subscribers that satisfy the duties set out in sections 165 and 168 are entitled to participate in the founding general meeting. The founders must call a founding general meeting and ensure that it is held within 60 days from the date on which an effective subscription for the proposed registered capital is achieved.

(2) If the founders fail to observe the period set out in subsection (1), the subscriptions for shares are treated as ineffective and the consequences set out in section 167 (2) apply.

§ 170

(1) Ustavující valná hromada se může konat, jen když byly účinně upsány akcie v hodnotě navrhovaného základního kapitálu a bylo splaceno alespoň 30 % jmenovité hodnoty akcií a případné emisní ážio.

(2) Ustavující valná hromada je způsobilá se usnášet, jestliže se jí účastní upisovatelé alespoň poloviny upsaných akcií, kteří mají právo se zúčastnit ustavující valné hromady (§ 169 odst. 1) a hlasovat na ní. Ustavující valné hromadě předsedá při

Section 170

(1) The founding general meeting may only be held if shares in the amount of the proposed registered capital are effectively subscribed and at least 30% of the nominal value of the shares and any applicable issue premium is paid up.

(2) The founding general meeting is capable of passing resolutions if there are subscribers participating in the meeting, which represent at least half of the total subscribed shares having the right to participate in and vote at the founding general meeting (section 169

zahájení zakladatel nebo jeden ze zakladatelů zmocněný k tomu ostatními zakladateli anebo jeho zástupce, dokud není zvolen předseda ustavující valné hromady.

(1)). On commencement of the founding general meeting, it must be chaired by the founder or one of the founders given the power to do so by the other founders, or its representative, until a chairperson of the founding general meeting is elected.

(3) Pro rozhodnutí ustavující valné hromady se vyžaduje souhlas většiny hlasů přítomných upisovatelů, kteří mají právo zúčastnit se ustavující valné hromady. Tím není dotčeno ustanovení § 171 odst. 2 poslední věta. Rozhodnutí schválené touto většinou může stanovit, ve kterých případech se vyžaduje jiná většina nebo souhlas všech přítomných upisovatelů oprávněných k hlasování. Ustanovení § 186c se použije přiměřeně.

(3) A decision of the founding general meeting is passed by the consent of a simple majority of the votes of the subscribers present having the right to participate in the founding general meeting. This does not affect the provisions of the last sentence of section 171 (2). A decision approved by this majority may set out the cases requiring a different majority or the unanimous consent of all the subscribers present and entitled to vote. The provisions of section 186c apply as appropriate.

§ 171

Section 171

(1) Ustavující valná hromada

a) rozhoduje o založení společnosti,

b) schvaluje stanovy společnosti,

c) volí orgány společnosti, jež je podle stanov oprávněna volit valná hromada. Ustanovení o volbě členů dozorčí rady zaměstnanci se nepoužije.

(1) The founding general meeting has the following areas of competence:

(a) the decision to form the company;

(b) the approval of the articles of association of the company;

(c) the election of the company bodies that the general meeting is entitled to elect under the articles of association. The provisions relating to election of the members of the supervisory board by the employees do not apply.

(2) Rozhodne-li ustavující valná hromada, že připouští upsání akcií nad navrženou výši základního kapitálu, rozhodne o jeho nové výši. V tomto případě je účinné upsání akcií upisovateli, kteří nejdříve upsali akcie do nově stanovené výše základního kapitálu a splnili povinnost podle § 168 odst. 1. Jestliže více osob upsalo akcie ve stejné době, krátí se počet upsaných akcií těmto upisovatelům

(2) If the founding general meeting decides that it will permit subscriptions for shares beyond the proposed amount of the registered capital, it must decide on a new amount of registered capital. In such a case, the shares are effectively subscribed for the subscribers that were the first in time to subscribe for the shares up to the newly prescribed amount of registered capital, and satisfied the duty under section 168 (1). If

poměrně. Umožňovala-li veřejná nabídka akcií krácení počtu upsaných akcií, provede se krácení poměrně podle poměru jmenovitých hodnot akcií do výše základního kapitálu. Pokud se upsání akcií nestalo účinným, použije se obdobně ustanovení § 167 odst. 2. Upisovatel akcií nad původně navrženou výši základního kapitálu nabývá hlasovacího práva, jestliže ustavující valná hromada rozhodne o nové výši základního kapitálu tak, že základní kapitál zahrnuje jím upsané akcie, a to od okamžiku tohoto rozhodnutí.

several persons subscribe for shares at the same time, the number of subscribed shares for these subscribers must be reduced in equal proportions. If a public offer for shares permits a reduction in the number of subscribed shares, the reduction must be carried out in proportion to the nominal value of the shares up to the amount of the registered capital. The provisions of section 167 (2) apply with appropriate changes if a subscription for shares does not become effective. A subscriber for shares above the original proposed amount of the registered capital acquires voting rights if the the founding general meeting decides on a new amount of the registered capital such that the registered capital includes the shares subscribed by that subscriber, and from the moment of that decision.

(3) Ustavující valná hromada schvaluje v souladu s posudkem znalce nebo znalců předmět nepeněžitých vkladů a počet, jmenovitou hodnotu, podobu, formu a druh akcií, které mají být jako protiplnění na ten který vklad vydány.

(3) It is within the competence of the founding general meeting to approve the subject-matter of non-cash contributions in accordance with the report of an expert or experts and the number, nominal value, form, type, and class of shares that are to be issued as counter-consideration for the relevant contribution.

(4) Od zakladatelské smlouvy nebo zakladatelské listiny se může s výjimkou zvýšení základního kapitálu ustavující valná hromada odchýlit jen se souhlasem všech přítomných upisovatelů.

(4) Except with regard to an increase of registered capital, the founding general meeting may only deviate from the memorandum or foundation deed with the unanimous consent of all the subscribers present.

(5) Průběh ustavující valné hromady se osvědčuje notářským zápisem, jehož přílohou je seznam upisovatelů, který obsahuje též jmenovitou hodnotu akcií upsaných každým z nich, jakož i výši splacené části emisního kursu jím upsaných akcií a seznam zvolených členů orgánů společnosti. O rozhodnutí ustavující valné hromady o schválení stanov se pořídí notářský zápis, který musí

(5) The course of the founding general meeting must be recorded as a notarial record annexing the list of subscribers, which must also contain the nominal value of the shares subscribed by each of the subscribers and the amount of the paid up part of the issue price for the shares subscribed by them, and the record must also annex a list of the members of the company bodies appointed. A notarial record must be

obsahovat též schválený text stanov.

prepared of the decision of the founding general meeting approving the articles of association and the record must also contain the approved wording of the articles of association.

nadpis vypuštěn

§ 172

Založení společnosti bez veřejné nabídky akcií

(1) Jestliže se zakladatelé v zakladatelské smlouvě dohodnou, že v určitém poměru upisují akcie na celý základní kapitál společnosti, nevyžaduje se veřejná nabídka akcií a konání ustavující valné hromady.

(2) Právní postavení, které má při založení společnosti na základě veřejné nabídky akcií ustavující valná hromada, mají zakladatelé.

(3) Rozhodnutí, která jinak přijímá ustavující valná hromada, musí být obsažena v zakladatelské smlouvě. Ustanovení § 170 odst. 1 se nepoužije.

(4) Ustanovení odstavců 1 až 3 platí obdobně, zakládá-li společnost bez veřejné nabídky akcií jedna právnická osoba.

Heading repealed

Section 172

The formation of a company without a public offer for shares

(1) If the founders agree in the memorandum to subscribe in certain proportions for shares comprising the entire registered capital of the company, a public offer for shares and the holding of a founding general meeting are not required.

(2) The founders are given the legal status of a founding general meeting in the formation of the company following a public offer for shares.

(3) The decisions that would otherwise fall within the competence of the founding general meeting must be contained in the memorandum. The provisions of section 170 (1) do not apply.

(4) The provisions of subsections (1) to (3) apply with appropriate changes if the company is formed by one legal person without making a public offer for shares.

nadpis vypuštěn

§ 173

Stanovy

(1) Stanovy musí obsahovat

a) firmu a sídlo společnosti,

Heading repealed

Section 173

The articles of association

(1) The articles of association must contain the following:

(a) the business name and registered office of the company;

b) předmět podnikání (činnosti),

(b) the scope of business (activities);

c) výši základního kapitálu a způsob splácení emisního kursu akcií,

(c) the amount of the registered capital and the manner of paying up the issue price for the shares;

d) počet a jmenovitou hodnotu akcií, podobu akcií, jakož i určení, zda akcie znějí na jméno nebo na majitele, nebo kolik akcií zní na jméno a kolik na majitele,

(d) the number and the nominal value of shares, the form of the shares and a statement as to whether the shares are registered or bearer shares, or how many shares are registered and how many are bearer shares;

e) počet hlasů spojených s jednou akcií a způsob hlasování na valné hromadě; vydala-li společnost akcie v různé jmenovité hodnotě, počet hlasů vztahující se k té které výši jmenovité hodnoty akcií,

(e) the number of votes attaching to one share and the manner of voting at the general meeting. If the company has issued shares for various nominal values, the number of votes attaching to the respective nominal values of share;

f) způsob svolávání valné hromady (§ 184a odst. 2), její působnost a způsob jejího rozhodování,

(f) the manner for calling a general meeting (section 184a (2)), its competences and the procedure for its decision-making;

g) určitý počet členů představenstva, dozorčí rady nebo jiných orgánů, délku funkčního období člena orgánu, jakož i vymezení jejich působnosti a způsob rozhodování, jestliže se zřizují,

(g) the prescribed number of members of the management board, supervisory board, or other bodies, their terms of office, a statement of their functions and a description of the decision-making process, if such bodies are established;

h) způsob tvorby rezervního fondu a výši, do které je společnost povinna jej doplňovat, a způsob doplňování,

(h) the manner for creating reserves and the amount up to which the company has a duty to replenish them and the manner for replenishing them;

i) způsob rozdělení zisku a úhrady ztráty,

(i) the manner for the distribution of profits and the settlement of losses;

j) důsledky porušení povinnosti splatit včas upsané akcie,

(j) the consequences of a breach of the duty to pay up the subscribed shares in time;

k) pravidla postupu při zvyšování a snižování základního kapitálu, zejména možnost snižovat základní kapitál

(k) the rules of procedure on an increase and reduction of the registered capital, in particular the possibility to reduce the vzetím akcií z oběhu losováním,

l) postup při doplňování a změně stanov,

m) další údaje, pokud tak stanoví zákon.

(2) Rozhoduje-li společnost o zvýšení nebo snížení základního kapitálu, o štěpení akcií či spojení více akcií do jedné akcie, o změně formy nebo druhu akcií anebo omezení převoditelnosti akcií na jméno či její změně, nabývá změna stanov účinnosti ke dni zápisu těchto skutečností do obchodního rejstříku. Ostatní změny stanov, o nichž rozhoduje valná hromada, nabývají účinnosti okamžikem, kdy o nich rozhodla valná hromada, neplyne-li z rozhodnutí valné hromady o změně stanov nebo ze zákona, že nabývají účinnosti později.

(3) Přijme-li valná hromada rozhodnutí, jehož důsledkem je změna obsahu stanov, toto rozhodnutí nahrazuje rozhodnutí o změně stanov. Jestliže z rozhodnutí valné hromady neplyne, zda, popřípadě jakým způsobem se stanovy mění, rozhodne o změně stanov představenstvo v souladu s rozhodnutím valné hromady.

(4) Jestliže dojde ke změně v obsahu stanov na základě jakékoliv právní skutečnosti, je představenstvo společnosti povinno vyhotovit bez zbytečného odkladu poté, co se kterýkoliv člen představenstva

registered capital by withdrawing shares from circulation by drawing lots;

(l) the procedure for supplementing and amending the articles of association;

(m) other information if the law so provides.

(2) If a company decides to increase or reduce its registered capital, divide shares or consolidate several shares into a single share, modify the types or classes of shares or restrict the transferability of registered shares or change such restrictions, the relevant amendment to the articles of association becomes effective as at the date of entering these matters in the commercial register. Other amendments to the articles of association, as decided by the general meeting, become effective at the moment of the general meeting decision, unless the decision of the general meeting or on the amendment to the articles of association or the law anticipates that the relevant amendment will become effective afterwards.

(3) If the general meeting passes a decision the consequence of which is to amend the content of the articles of association, that decision takes the place of a decision amending the articles of association. If it is unclear from a decision of the general meeting exactly whether or how the articles of association are amended, it is for the management board to decide on the amendment of the articles of association so as to reflect the decision of the general meeting.

(4) If there is an amendment to the contents of the articles of association on the basis of a matter of law, the management board of the company has a duty to prepare a consolidated text of the articles of association without undue delay after any

o takové změně doví, úplné znění stanov.

member of the management board learns of the relevant amendment.

(5) Jestliže se mění druh nebo forma akcií, mění se práva spojená s tímto druhem nebo formou akcií účinností změny stanov bez ohledu na to, kdy dojde k výměně akcií. Pokud se mění podoba akcií, mění se právní postavení akcionáře až výměnou akcií nebo prohlášením akcií za neplatné.

(5) If a class or type of shares is amended, the rights attaching to that class or type of shares are amended when the amendment to the articles of association becomes effective, irrespective of when the shares are replaced. If the form of shares is amended, the legal status of the shareholder is only amended by replacing the shares or by declaring the shares void.

§ 174

Section 174

Stanovy podle potřeby rovněž upraví:

a) vydávání různých druhů akcií, pokud vydání takového druhu akcií zákon dovoluje, jejich označení, počet a práva s nimi spojená,

b) pravidla pro vydávání dluhopisů podle § 160 a práva s nimi spojená,

c) pravidla pro zvýhodněné nabývání akcií zaměstnanci společnosti,

d) název deníku, ve kterém představenstvo uveřejní oznámení podle § 204b odst. 4 nebo 5, jestliže společnost vydá poukázky na akcie, které mají být vyměněny za akcie na jméno.

The articles of association may, if necessary, also regulate the following:

(a) the issue of different classes of shares if the law permits the issue of that class of shares, their designation, number, and the rights attaching to them;

(b) the rules for issuing bonds under section 160 and the rights attaching to them;

(c) the rules for acquiring discounted shares by the employees of the company;

(d) the name of the daily newspaper in which the management board will publish a notice under section 204b (4) or (5) if the company issues share warrants that are to be exchanged for registered shares.

Vznik společnosti

The incorporation of a company

§ 175

Section 175

Návrh na zápis do obchodního rejstříku podává představenstvo a podepisují ho všichni členové představenstva.

The management board must file an application for entry in the commercial register and all of the members of the management board must affix their signatures to it.

nadpis vypuštěn

§ 176

Zatímní list

(1) Pokud upisovatel nesplatil celý emisní kurs upsané akcie před zápisem společnosti do obchodního rejstříku (dále jen "nesplacená akcie"), vydá společnost bez zbytečného odkladu po tomto zápisu upisovateli zatímní list nahrazující všechny jím upsané a nesplacené akcie jednoho druhu.

(2) Zatímní list obsahuje

a) označení "zatímní list",

b) firmu, sídlo a výši základního kapitálu společnosti,

c) firmu nebo název a sídlo nebo jméno a bydliště vlastníka zatímního listu,

d) jmenovitou hodnotu tvořenou součtem jmenovitých hodnot upsaných nesplacených akcií,

e) počet, podobu a formu akcií, které zatímní list nahrazuje, popřípadě i určení jejich druhu,

f) splacenou a nesplacenou část emisního kursu akcií a lhůty pro splácení emisního kursu,

g) datum emise zatímního listu a podpis nebo podpisy členů představenstva, kteří jsou oprávněni jménem společnosti jednat.

Heading repealed

Section 176

Interim certificates

(1) If a subscriber has not paid up the entire issue price of a subscribed share before the entry of the company in the commercial register (an "unpaid share"), the company must issue to the subscriber an interim certificate covering all the shares of the same class subscribed and not paid up by that subscriber without undue delay after the relevant entry.

(2) An interim certificate must contain the following:

(a) the designation "interim certificate";

(b) the business name, the registered office and the amount of the registered capital of the company;

(c) the business name or corporate name and registered office or the full name and residential address of the owner of the interim certificate;

(d) the nominal value consisting of the aggregate nominal value of the shares that are subscribed and unpaid;

(e) the number, form, and type of shares that are covered by the interim certificate, or if applicable, a designation of their class;

(f) the paid up and the unpaid part of the issue price of the shares and the periods for paying up the issue price;

(g) the date of issue of the interim certificate and the signature or signatures of the members of the management board that are entitled to act in the name of the company.

(3) Zatímní list je cenným papírem na řad, se kterým jsou spojena práva vyplývající z akcií, které zatímní list nahrazuje, a povinnost splatit jejich emisní kurs. Jestliže vlastník zatímního listu převede zatímní list na jinou osobu před splacením emisního kursu nesplacených akcií, ručí za splacení zbytku emisního kursu. Zní-li zatímní list nebo jeho rubopis na jméno několika osob, jsou tyto osoby zavázány ke splacení nesplaceného emisního kursu akcií, které tento zatímní list nahrazuje, společně a nerozdílně.

(3) An interim certificate is a registered security carrying the rights attaching to the shares covered by the interim certificate and the duty to pay up the issue price. If the owner of the interim certificate transfers the interim certificate to another person before paying up the issue price for the unpaid shares, it remains liable for paying up the remainder of the issue price. If the interim certificate or an endorsement is concluded in favour of several persons, these persons are jointly and severally liable to pay the unpaid issue price of the shares covered by the interim certificate.

(4) Na zatímní list se použijí obdobně ustanovení o akciích na jméno. Pokud zatímní list nahrazuje nesplacené akcie na jméno, jejichž převoditelnost je podle stanov společnosti omezena, je stejným způsobem omezena i převoditelnost zatímního listu.

(4) The provisions relating to registered shares apply to interim certificates with appropriate changes. If the interim certificate covers registered shares that are not paid up and their transferability is restricted under the articles of association of the company, the transferability of the interim certificate is restricted in the same manner.

(5) Představenstvo vyzve bez zbytečného odkladu po splacení emisního kursu nesplacených akcií akcionáře, aby předložil zatímní list k výměně za akcie, nebo na jeho žádost zatímní list za akcie vymění. Pokud bude splacen emisní kurs jen některých nesplacených akcií, vymění společnost zatímní list za akcie, jejichž emisní kurs byl splacen, a za nový zatímní list o jmenovité hodnotě tvořené součtem dosud nesplacených akcií, které nový zatímní list nahrazuje. Pro postup při výměně zatímního listu za akcie nebo za nový zatímní list se použije přiměřeně ustanovení § 213a odst. 2. Pokud má být vyměněn zatímní list za zaknihované akcie, postupuje společnost při vydání zaknihovaných akcií podle zvláštního zákona bez zbytečného odkladu po vrácení

(5) The management board must without undue delay after the issue price of the unpaid shares is paid up invite the shareholder to submit the interim certificate to be exchanged for shares or it must exchange the interim certificate for shares on request of the shareholder. If the issue price of only some of the unpaid shares is paid, the company must exchange the interim certificate for the shares for which the issue price has been paid up and for a new interim certificate having a nominal value equal to the aggregate of the shares remaining unpaid, which will then be covered by the new interim certificate. The provisions of section 213a (2) apply to the procedure for exchanging an interim certificate for shares or for a new interim certificate as appropriate. If the interim

zatímního listu.

certificate is to be exchanged for uncertificated shares, when issuing the uncertificated shares, the company must proceed in accordance with a special act without undue delay after the interim certificate is returned.

§ 177

(1) Upisovatel je povinen splatit emisní kurs akcií, které upsal, v době určené ve stanovách, nejpozději však do jednoho roku od vzniku společnosti.

(2) Při porušení povinnosti splatit emisní kurs upsaných akcií nebo jeho část zaplatí upisovatel úroky z prodlení určené ve stanovách, jinak ve výši 20 % ročně.

(3) Jestliže upisovatel nesplatí emisní kurs upsaných akcií nebo jeho splatnou část, vyzve jej představenstvo, aby ji splatil ve lhůtě, kterou určí stanovy společnosti, jinak ve lhůtě do 60 dnů od doručení výzvy.

(4) Po marném uplynutí lhůty uvedené v odstavci 3 vyloučí představenstvo upisovatele ze společnosti a vyzve jej, aby vrátil zatímní list v přiměřené lhůtě, kterou mu určí, pokud nepřijme v souladu se zákonem a stanovami společnosti jiné opatření. Vyloučený upisovatel ručí společnosti za splacení emisního kursu jím upsaných akcií.

(5) Pokud vyloučený upisovatel v určené lhůtě zatímní list nevrátí, prohlásí představenstvo tento zatímní list za

Section 177

(1) A subscriber has a duty to pay up the issue price of the shares for which it has subscribed within the period set out in the articles of association, and not in any event later than one year from the date of incorporation of the company.

(2) If a subscriber breaches the duty to pay up all or part of the issue price for shares subscribed, it must pay default interest as specified in the articles of association, or otherwise in the amount of 20% annually.

(3) If the subscriber fails to pay up all or the overdue part of the issue price for subscribed shares, the management board must invite it to pay it within the period set out in the articles of association of the company, and otherwise within a period of 60 days from the date of delivery of the invitation.

(4) On expiry of the period stated in subsection (3) without the required actions having been taken, unless other measures are taken in accordance with the law and the articles of association of the company, the management board must exclude the subscriber from the company and invite it to return the interim certificate within a reasonable period as prescribed by the management board. The excluded subscriber is liable to the company for the payment up of the issue price of the shares subscribed by it.

(5) If the excluded subscriber does not return the interim certificate within the prescribed period, the management board must declare

neplatný. Toto rozhodnutí uveřejní představenstvo způsobem určeným zákonem a stanovami pro svolání valné hromady; písemné oznámení o tom zašle upisovateli a současně rozhodnutí zveřejní.

the relevant interim certificate void. The management board must publish the relevant decision in the manner prescribed by the law and the articles of association for the calling of a general meeting. It must send a written notice of the decision to the subscriber at the same time that it publishes the decision.

(6) Pokud představenstvo prohlásí zatímní list za neplatný, vydá místo něho nový zatímní list nebo akcie osobě schválené valnou hromadou, která splatí emisní kurs těchto akcií.

(6) If the management board declares an interim certificate void, it must instead issue a new interim certificate or shares to a person approved by the general meeting, which person must pay up the issue price for the affected shares.

(7) Majetek, který získá společnost prodejem vráceného zatímního listu nebo vydáním nového zatímního listu anebo akcií podle odstavce 6, použije k vrácení plnění poskytnutého vyloučeným upisovatelem na splacení emisního kursu akcií upsaných vyloučeným upisovatelem a po započtení nároků vzniklých společnosti z porušení jeho povinností.

(7) The company must use the assets that it realises from the sale of an interim certificate so returned or by issuing a new interim certificate or shares under subsection (6) to refund the consideration provided by the excluded subscriber in payment of the issue price for the shares subscribed by the excluded subscriber and on set off of any claims by the company as a result of the subscriber's breach of it duties.

ODDÍL 3

PRÁVA A POVINNOSTI AKCIONÁŘŮ

§ 178

Podíly na zisku společnosti

(1) Akcionář má právo na podíl na zisku společnosti (dividendu), který valná hromada podle hospodářského výsledku schválila k rozdělení. Nevyplývá-li z ustanovení stanov týkajících se prioritních akcií něco jiného, určuje se tento podíl poměrem jmenovité hodnoty jeho akcií k jmenovité hodnotě akcií všech akcionářů. Společnost nesmí vyplácet zálohy na podíly na zisku.

(2) Společnost není oprávněna rozdělit zisk nebo jiné vlastní zdroje mezi akcionáře, je-li vlastní kapitál zjištěný z řádné nebo mimořádné účetní závěrky nebo by v důsledku rozdělení zisku byl nižší než základní kapitál společnosti, zvýšený o

a) upsanou jmenovitou hodnotu akcií, pokud byly upsány akcie společnosti na zvýšení základního kapitálu a zvýšený základní kapitál nebyl ke dni sestavení řádné nebo mimořádné účetní závěrky zapsán v obchodním rejstříku, a

b) tu část rezervního fondu nebo ty rezervní fondy, které podle zákona a stanov nesmí společnost použít k plnění akcionářům.

SUB-CHAPTER 3

THE RIGHTS AND DUTIES OF SHAREHOLDERS

Section 178

Shares in the profits of the company

(1) A shareholder has the right to a share in the profits of the company (a dividend) that the general meeting has approved for distribution having regard to the economic results. Unless the provisions of the articles of association relating to preferred shares provide otherwise, this profit share of a shareholder must be determined according to the proportion of the nominal value of its shares against the nominal value of the shares of all the shareholders. The company cannot make advanced payments towards shares in profit.

(2) The company is not entitled to distribute profits or its other resources to the shareholders if the equity capital as stated in the annual or extraordinary financial statements is, or as a result of the distribution of profits would be, lower than the registered capital of the company, when added to the following:

(a) the subscribed nominal value of shares if the shares of the company were subscribed to increase the registered capital and the increased amount of the registered capital was not, as at the date of preparing the annual or extraordinary financial statements, entered in the commercial register; and

(b) the part of the reserve or those reserves that the company cannot use to provide consideration to the shareholders under the law or the articles of association.

(3) Podíl členů představenstva a členů dozorčí rady na zisku (tantiému) může stanovit valná hromada ze zisku schváleného k rozdělení.

(3) The general meeting may determine the level of the share of the members of the management board and the members of the supervisory board in the profits (emoluments) as a proportion of the profits approved for distribution.

(4) Nestanoví-li zvláštní právní předpis jinak, mohou se zaměstnanci společnosti ve shodě se stanovami podílet na rozdělení zisku. Stanovy mohou určit, že tento podíl ze zisku lze použít pouze k úhradě části emisního kursu akcií, jež podléhá splacení zaměstnanci společnosti podle § 158, nebo kupních cen akcií společnosti zaměstnanci, a to formou započtení.

(4) Unless a special legal regulation provides otherwise, a company's employees may, in accordance with the articles of association, share in a distribution of profits. The articles of association may specify that the relevant share in the profits may only be applied to settle a proportion of the issue price of the shares that is payable by the company employees under section 158, or or to settle the purchase prices for the shares of the company by the employees, both by way of set-off.

(5) Ustanovení odstavců 1 a 2 se použijí obdobně i na rozdělení zisku na tantiému a na určení podílu zaměstnanců na zisku. Ustanovení odstavce 8 se použije přiměřeně.

(5) The provisions of subsections (1) and (2) also apply with appropriate changes to distributions of profits as emoluments and to determine the employees' shares in the profits. The provisions of subsection (8) apply as appropriate.

(6) Částka určená k vyplacení jako podíl na zisku společnosti nesmí být vyšší, než je hospodářský výsledek účetního období vykázaný v účetní závěrce snížený o povinný příděl do rezervního fondu podle § 217 odst. 2 a o neuhrazené ztráty minulých let a zvýšený o nerozdělený zisk minulých let a fondy vytvořené ze zisku, které společnost může použít dle svého volného uvážení.

(6) The amount allocated to be paid out as a share in the profits of the company cannot be higher than the economic results of the financial year as reported in the financial statement, minus the mandatory allocation to the reserves in accordance with section 217 (2) and losses brought forward from previous years, and increased by the profits brought forward from previous years and funds created from profits that the company may use in its discretion .

(7) Nestanoví-li stanovy nebo rozhodnutí valné hromady něco jiného, je dividenda a tantiéma splatná do tří měsíců ode dne, kdy bylo přijato usnesení valné hromady o rozdělení zisku.

(7) Unless the articles of association or a decision of the general meeting provides otherwise, the dividends and emoluments are due within three months from the date on which the resolution of the general meeting is passed on the distribution of profits.

(8) Neurčí-li stanovy nebo usnesení valné hromady anebo dohoda s akcionářem jinak, je společnost povinna vyplatit dividendu na své náklady a nebezpečí na adrese akcionáře vedené v seznamu akcionářů k rozhodnému dni, pokud vydala akcie na jméno, nebo na adrese vedené v evidenci zaknihovaných cenných papírů v části určené pro emitenta k rozhodnému dni, pokud vydala zaknihované akcie na majitele. Pokud společnost vydala listinné akcie na majitele, určí místo výplaty dividendy stanovy nebo rozhodnutí valné hromady, pokud nebylo dohodnuto něco jiného. Nebylo-li místo výplaty určeno, vyplatí společnost dividendu akcionáři v místě sídla společnosti.

(8) Unless the articles of association or a resolution of the general meeting or an agreement with the shareholder provides otherwise, the company has a duty to pay out a dividend at its own cost and risk to the address of the shareholder as recorded, if it relates to registered shares, in the register of shareholders as at the priority date or, if it relates to registered uncertificated shares, to the address recorded in the register of uncertificated securities in the part designated for the issuer as at the priority date. For a company that has issued certificated bearer shares, unless it was otherwise agreed, the articles of association or the decision of the general meeting must determine the place of payment of the dividend. If the place of payment has not been determined, the company must pay out the dividend to the shareholder at the registered office of the company.

(9) Jsou-li akcie společnosti vydány na majitele a nebyly-li přijaty k obchodování na evropském regulovaném trhu, je představenstvo povinno oznámit den výplaty dividendy, místo a způsob její výplaty, popřípadě rozhodný den způsobem určeným zákonem a stanovami pro svolání valné hromady, neurčí-li stanovy něco jiného. Jestliže společnost vydala akcie na jméno a stanovy neurčují den splatnosti dividendy, je představenstvo povinno zaslat akcionářům oznámení o dnu splatnosti dividendy bez zbytečného odkladu po dni konání valné hromady, která o výplatě dividendy rozhodla, nezasílá-li společnost dividendu na své náklady a nebezpečí.

(9) If the shares in the company are issued as bearer shares and are not accepted for trading on a European regulated market, the management board must notify the dividend payment date, the place and the manner of its payment and, if applicable, the priority date, in the manner prescribed by the law and the articles of association for the calling of a general meeting, unless the articles of association provide otherwise. If the company has issued registered shares and the articles of association do not set out a due date for the dividend, the management board must send the shareholders a notice of the due date of the dividend without undue delay after the general meeting deciding on the payment of the dividend is held, unless the company sends the dividend at its own cost and risk.

(10) Rozhodným dnem pro uplatnění práva na dividendu je den konání valné hromady, která rozhodla o výplatě dividendy. Stanovy mohou určit, že rozhodný den pro

(10) The priority date for asserting a right to a dividend is the date on which the general meeting deciding on the payment of the dividend is held. The articles of association

uplatnění práva na dividendu je shodný s rozhodným dnem pro účast na valné hromadě, která rozhodne o výplatě dividendy.

may provide that the priority date for asserting the right to a dividend is the same as the priority date for participation at the general meeting deciding on the payment of the dividend.

(11) Valná hromada může rozhodnout, že rozhodným dnem pro uplatnění práva na dividendu je jiný určený den, který nesmí předcházet dnu konání valné hromady, která rozhodla o výplatě dividendy, a nesmí následovat po dnu splatnosti dividendy. Takové rozhodnutí se nepovažuje za rozhodnutí o změně stanov.

(11) The general meeting may decide that the priority date for the asserting the right to a dividend is another specified date, which cannot precede the date on which the general meeting deciding on payment of the dividend is held, and it cannot be later than the date on which the dividend is due. Such a decision is not treated as a decision amending the articles of association.

(12) Právo na výplatu dividendy je samostatně převoditelné podle § 156a ode dne, kdy valná hromada rozhodla o výplatě dividendy. Jestliže však byly nebo mají být vydány kupóny, je právo na dividendu spojené s kupónem převoditelné pouze spolu s kupónem. Kupóny lze vydat i před rozhodnutím valné hromady o rozdělení zisku za účetní období, k němuž se kupón vztahuje.

(12) The right to the payment of a dividend is individually transferable in accordance with section 156a from the date on which the general meeting decides to pay out a dividend. If, however, coupons have been issued or are to be issued, the right to a dividend attaching to a coupon can only be transferred together with the coupon. Coupons may be issued even before the decision of the general meeting on the distribution of profits for the financial year to which the coupon relates.

§ 179

Section 179

(1) Dividendu přijatou v dobré víře není příjemce povinen vrátit. V pochybnostech se dobrá víra předpokládá. Představenstvo nesmí rozhodnout o výplatě dividendy ani jiných podílů na zisku v rozporu s ustanoveními § 65a a 178, ani když výplatu schválila valná hromada. Jestliže došlo k takové výplatě podílu na zisku, nemohou se členové představenstva zprostit odpovědnosti za škodu, která tím společnosti vznikne. Došlo-li k výplatě jiných podílů na zisku, než jsou dividendy, v rozporu s ustanoveními § 65a a 178, je příjemce povinen vyplacený podíl na zisku vrátit a členové představenstva ručí

(1) The recipient of a dividend received in good faith does not have to return it. In cases of doubt, there is a rebuttable presumption of good faith. The management board cannot decide to pay out a dividend or other shares in profit to the contrary of the provisions of sections 65a and 178, even if the payment has been approved by the general meeting. If such a payment of shares in profit has occurred, the members of the management board cannot be exempted from the liability for damage that the company incurs as a result. If payments of a share in the profits other than dividends have occurred to the contrary of

společně a nerozdílně za splnění tohoto závazku.

the provisions of sections 65a and 178, the recipient has a duty to return the share in profits so paid and the members of the management board are jointly and severally liable for the performance of this obligation.

(2) Po dobu trvání společnosti ani v případě jejího zrušení není akcionář oprávněn požadovat vrácení svých vkladů. Za vrácení vkladů se nepovažuje plnění poskytnuté

a) v důsledku snížení základního kapitálu,

b) při odkoupení akcií společností, jsou-li splněny zákonem stanovené podmínky,

c) při vrácení zatímního listu nebo jeho prohlášení za neplatný (§ 177),

d) při rozdělování podílu na likvidačním zůstatku.

(2) A shareholder is not entitled to require the return of its contributions during the existence of the company, not even when the company is in winding up. Consideration provided on the following grounds is not to be treated as a return of a contribution:

(a) consideration as a result of a reduction of registered capital;

(b) the company repurchasing shares if the legally prescribed conditions are satisfied;

(c) an interim certificate being returned or declared void (section 177);

(d) a distribution of a share in the liquidation balance.

(3) Po zrušení společnosti s likvidací má akcionář právo na podíl na likvidačním zůstatku.

(3) After a company has been wound up in liquidation, its shareholders have the right to a share in the liquidation balance.

(4) Společnost může bezúplatně převádět majetek na akcionáře jen v případech, kdy to zákon výslovně dovoluje.

(4) A company may only transfer its assets to shareholders at no cost in the cases where the law expressly allows this.

§ 180

(1) Akcionář je oprávněn účastnit se valné hromady, hlasovat na ní, má právo požadovat a dostat na ní vysvětlení záležitostí týkajících se společnosti, je-li takové vysvětlení potřebné pro posouzení předmětu jednání valné hromady, a uplatňovat návrhy a protinávrhy. Neurčí-li stanovy jinak, hlasuje se nejprve o protinávrhu akcionáře.

Section 180

(1) Every shareholder is entitled to participate in and vote at the general meeting, and it has a right to request and receive an explanation in that meeting of the affairs relating to the company, provided that the relevant explanation is necessary for the assessment of matters forming the subject-matter of the agenda of the general meeting, and it has a right to assert proposals and counter-proposals. Unless the articles of association provide otherwise, the

general meeting must first vote on a shareholder's counter-proposal.

(2) Hlasovací právo je spojeno s akcií. Stanovy musí určit počet hlasů spojených s akcií tak, aby na akcie se stejnou jmenovitou hodnotou připadal stejný počet hlasů. Jestliže společnost vydává akcie s různou jmenovitou hodnotou, musí být počet hlasů spojených s těmito akciemi určen ve stejném poměru, jako je poměr jmenovitých hodnot těchto akcií. Stanovy mohou omezit výkon hlasovacího práva stanovením nejvyššího počtu hlasů jednoho akcionáře, a to ve stejném rozsahu pro každého akcionáře nebo i pro akcionáře a jím ovládané osoby.

(2) A voting right attaches to a share. The articles of association must specify the number of votes attaching to shares, so that shares with the same nominal value carry the same number of votes. If a company issues shares with different nominal values, the number of votes attaching to the shares must be determined in the same proportion as the nominal values of the affected shares. The articles of association may restrict the exercise of voting rights by determining the maximum number of votes per shareholder, but this restriction must apply equally to the same extent to each shareholder or, if applicable, it may also apply to a shareholder and the persons controlled by that shareholder.

(3) Akcionář přítomný na valné hromadě má právo na vysvětlení podle odstavce 1 i ohledně záležitostí týkajících se osob ovládaných společností.

(3) A shareholder present at a general meeting has the right to receive explanations under subsection (1), including explanations of the affairs relating to the persons controlled by the company.

(4) Informace obsažená ve vysvětlení musí být určitá a musí poskytovat dostatečný obraz o skutečnosti. Informace může být zcela nebo zčásti odmítnuta, jestliže z pečlivého podnikatelského uvážení vyplývá, že by mohlo její poskytnutí přivodit společnosti újmu nebo jde o vnitřní informaci podle zvláštního právního předpisu anebo je předmětem obchodního tajemství společnosti nebo utajovanou informací podle zvláštního právního předpisu. Zda jde o takovou informaci, rozhoduje představenstvo. Odmítne-li představenstvo z uvedených důvodů informaci sdělit, může být informace vyžadována, jen pokud bude s jejím poskytnutím souhlasit dozorčí rada. Jestliže nesouhlasí s poskytnutím informace ani dozorčí rada, rozhodne o

(4) The information contained in an explanation must be specific and it must provide a sufficient presentation of the facts. The company may wholly or partly refuse to provide the information if, by exercising due managerial care, it is considered that disclosure of the information could cause detriment to the company, or if the relevant information is inside information under special regulations, or if it is the subject-matter of a trade secret of the company or confidential information under a special legal regulation. The management board must decide if it is such a case. If the management board refuses to provide the information requested for the reasons stated, the information may only still be requested if the supervisory board consents to the provision of the information. If the supervisory board

tom, zda je společnost povinna informaci poskytnout, soud na základě žaloby akcionáře. Tím nejsou dotčena ustanovení zvláštních právních předpisů na ochranu informací.

does not consent to the provision of the information, the court may, on the basis of an action by the shareholder, decide whether the company has a duty to provide the relevant information. This does not affect the provisions of the special legal regulations relating to the protection of information.

(5) Vysvětlení může být poskytnuto formou souhrnné odpovědi na více otázek obdobného obsahu. Platí, že vysvětlení se akcionáři dostalo i tehdy, pokud bylo doplňující vysvětlení k bodům programu uveřejněno na internetových stránkách společnosti nejpozději v den předcházející konání valné hromady a je k dispozici akcionářům v místě konání valné hromady.

(5) An explanation may be provided in the form of a consolidated answer to several questions having similar content. If a supplementary explanation relating to the points of the agenda is published on the internet pages of the company not later than on the day preceding the holding of the general meeting and that explanation is available to the shareholders at the place where the general meeting is held, it is considered that the shareholder has been given the relevant explanation.

(6) Jestliže akcionář hodlá uplatnit na valné hromadě protinávrhy k návrhům, jejichž obsah je uveden v pozvánce na valnou hromadu nebo oznámení o jejím konání, nebo v případě, že o rozhodnutí valné hromady musí být pořízen notářský zápis, je povinen doručit písemné znění svého návrhu nebo protinávrhu společnosti nejméně pět pracovních dnů přede dnem konání valné hromady. To neplatí, jde-li o návrhy na volbu konkrétních osob do orgánů společnosti. Představenstvo je povinno uveřejnit jeho protinávrh se svým stanoviskem, pokud je to možné, nejméně tři dny před oznámeným datem konání valné hromady.

(6) If a shareholder intends at the general meeting to assert counter-proposals against proposals having their content set out in the invitation to that general meeting or in the notice of its being held or if the general meeting decision must be recorded in the form of a notarial record, it must deliver the written text of its proposal or counter-proposal to the company at least five working days before the date on which the general meeting is held. This does not apply to proposals for the election of specific persons to company bodies. The management board has a duty to publish its counter-proposal together with its position, if it is possible to do so, at least three days before the date notified for the holding of the general meeting.

(7) Akcionář má právo uplatňovat své návrhy k bodům, které budou zařazeny na pořad jednání valné hromady, ještě před uveřejněním pozvánky na valnou hromadu nebo oznámení o jejím svolání.

(7) A shareholder has a right to assert its proposals for the points that are to be included in the agenda of the general meeting even before the publication of the invitation to the general meeting or the

Představenstvo uveřejní návrh, který bude společnosti doručen nejpozději do 7 dnů před uveřejněním pozvánky na valnou hromadu nebo oznámení o jejím svolání, spolu s pozvánkou na valnou hromadu nebo s oznámením o jejím svolání. Na návrhy doručené po této lhůtě se obdobně použije odstavec 6. Stanovy společnosti mohou lhůtu podle věty druhé zkrátit.

notice of its being called. The management board must, together with the invitation to the general meeting or the notice relating to its being called, publish a proposal delivered to the company at the latest 7 days before the publication of the invitation to the general meeting or the notice relating to its being called. Subsection (6) applies with appropriate changes to proposals delivered after this period. The articles of association may shorten the period under the second sentence.

§ 181

(1) Akcionář nebo akcionáři společnosti, jejíž základní kapitál je vyšší než 100 000 000 Kč, kteří mají akcie, jejichž souhrnná jmenovitá hodnota dosahuje alespoň 3 % základního kapitálu, a dále akcionář nebo akcionáři společnosti, která má základní kapitál 100 000 000 Kč a nižší, kteří mají akcie, jejichž souhrnná jmenovitá hodnota dosahuje alespoň 5 % základního kapitálu, mohou požádat představenstvo o svolání mimořádné valné hromady k projednání navržených záležitostí.

(2) Představenstvo za předpokladu, že je každý z bodů návrhu doplněn odůvodněním nebo návrhem usnesení, svolá mimořádnou valnou hromadu tak, aby se konala nejpozději do 40 dnů ode dne, kdy mu došla žádost o její svolání. Lhůta uvedená v § 184a odst. 2 se zkracuje na 15 dnů. Jde-li o společnost, jejíž akcie byly přijaty k obchodování na evropském regulovaném trhu nebo zahraničním trhu obdobném regulovanému trhu, činí lhůta podle první věty 50 dnů a lhůta uvedená podle druhé věty 21 dnů. Představenstvo není oprávněno navržený pořad jednání měnit. Představenstvo je oprávněno navržený pořad jednání doplnit pouze se souhlasem osob, které požádaly o svolání mimořádné valné hromady podle odstavce

Section 181

(1) A shareholder or shareholders of a company having a registered capital higher than CZK 100 million, which hold shares with a total nominal value of at least 3% of the registered capital, and also a shareholder or shareholders of a company having a registered capital of CZK 100 million or less, which hold shares with a total nominal value of at least of 5% of the registered capital, may request the management board to call an extraordinary general meeting to deliberate matters proposed by them.

(2) Provided that each of the points of the proposal is accompanied by a justification or a proposal for a resolution, the management board must call an extraordinary general meeting so that it is held at the latest within 40 days from the date on which it receives the request to call it. The period stated in section 184a (2) is shortened to 15 days. For a company whose shares have been accepted for trading on a European regulated market or on a foreign market equivalent to a regulated market, the period under the first sentence amounts to 50 days and the period stated under the second sentence amounts to 21 days. The management board is not entitled to change the agenda proposed for the meeting. The management board is only entitled to

1.

supplement the proposed agenda with the consent of the persons that requested the extraordinary general meeting to be called under subsection (1).

(3) Nesplní-li představenstvo povinnost podle odstavce 2, rozhodne soud na žádost akcionáře nebo akcionářů uvedených v odstavci 1 o tom, že je zmocňuje svolat mimořádnou valnou hromadu a ke všem úkonům s ní souvisejícím. Současně může soud určit i bez návrhu předsedu valné hromady.

(3) If the management board does not perform the duty under subsection (2), the court must decide, at the request of the shareholder or shareholders stated in subsection (1), to authorise them to call an extraordinary general meeting and to carry out all acts connected with it. The court may at the same time, with or without a petition, appoint a chairperson for the general meeting.

(4) Pozvánka na mimořádnou valnou hromadu nebo oznámení o jejím konání musí obsahovat výrok rozhodnutí podle odstavce 3 s uvedením soudu, který rozhodnutí vydal, a dne, kdy se rozhodnutí stalo vykonatelným. Pro účely zajištění této valné hromady jsou zmocnění akcionáři oprávněni vyžádat si výpis z evidence zaknihovaných cenných papírů.

(4) The invitation to an extraordinary general meeting or the notice of its being held must contain a statement of the court decision issued under subsection (3), together with the name of the court that issued the decision and the date on which it became enforceable. The shareholders with the power to do so are entitled to request an extract from the register of uncertificated securities for the purposes of organizing the relevant general meeting.

(5) Jestliže soud zmocní akcionáře ke svolání mimořádné valné hromady, hradí náklady soudního řízení a konání mimořádné valné hromady společnost. Za závazek uhradit náklady řízení a konání mimořádné valné hromady ručí členové představenstva společně a nerozdílně. Společnost má právo na náhradu škody, která jí vznikla úhradou nákladů soudního řízení vůči členům představenstva.

(5) If the court gives the power to a shareholder to call an extraordinary general meeting, the company must bear the costs of the court proceedings and of the holding of the extraordinary general meeting. The members of the management board are jointly and severally liable for the obligation to settle the costs of the proceedings and of the holding of the extraordinary general meeting. The company has the right to compensation from the members of the management board for damage incurred in the settlement of the costs of the court proceedings.

§ 182

(1) Na žádost akcionáře nebo akcionářů uvedených v § 181 odst. 1

a) představenstvo za předpokladu, že je každý z bodů návrhu doplněn odůvodněním nebo návrhem usnesení a že je mu doručen nejpozději do 20 dnů před konáním valné hromady nebo je-li určen, před rozhodným dnem, zařadí jimi určenou záležitost na pořad jednání valné hromady; pokud žádost došla po zaslání pozvánky na valnou hromadu nebo po uveřejnění oznámení o jejím konání, uveřejní představenstvo doplnění pořadu jednání valné hromady ve lhůtě do deseti dnů před konáním valné hromady případně, je-li určen, před rozhodným dnem k účasti na valné hromaděpřípadně, je-li určen, před rozhodným dnem k účasti na valné hromadě případně, je-li určen, před rozhodným dnem k účasti na valné hromadě způsobem určeným zákonem a stanovami pro svolání valné hromady; jestliže takové uveřejnění není již možné, lze určenou záležitost na pořad jednání této valné hromady zařadit jen postupem podle § 185 odst. 4,

b) dozorčí rada přezkoumá výkon působnosti představenstva v záležitostech určených v žádosti,

c) dozorčí rada uplatní právo na náhradu škody, které má společnost vůči členovi představenstva,

d) představenstvo podá žalobu na splacení emisního kursu akcií proti akcionářům, kteří jsou v prodlení s jeho splacením, nebo uplatní postup

Section 182

(1) At the request of the shareholder or shareholders stated in section 181 (1):

(a) the management board must include a matter determined by the shareholders on the agenda of the general meeting, provided that each of the points of the proposal is accompanied by a justification or a proposal for a resolution, and that it is delivered to the management board not later than 20 days before the general meeting is held or, if it has been determined, the priority date. If the request is delivered after the invitation to the general meeting is sent or after the notice of its being held is published, the management board must publish - in the manner prescribed by the law and the articles of association for the calling of a general meeting - a supplement to the agenda of the general meeting within the period of ten days before the general meeting is held or, if it has been determined, before the priority date for participation at the general meeting. If such a publication is no longer possible, the relevant matter can only be included on the agenda of the general meeting by the procedure under section 185 (4);

(b) the supervisory board must review the performance of the functions of the management board with regard to the matters raised in the relevant request;

(c) the supervisory board must assert any right to compensation for damage that the company has against a member of the management board;

(d) the management board must file an action for payment up of the issue price of the shares against shareholders in default with its payment up, or it must podle § 177.

apply the procedure under section 177.

(2) Pokud dozorčí rada nebo představenstvo bez zbytečného odkladu nesplní žádost akcionáře, mohou akcionáři uvedení v § 181 odst. 1 uplatnit právo na náhradu škody nebo na splacení emisního kursu akcií jménem společnosti sami. Jiná osoba než akcionář, který žalobu podal, nebo osoba jím zmocněná nemůže v řízení činit úkony za společnost nebo jejím jménem.

(2) If the supervisory board or the management board does not comply with a request of a shareholder without undue delay, the shareholders referred to in section 181 (1) may themselves assert the right to compensation for damage or the payment up of the issue price of the shares in the name of the company. A person other than the shareholder that brings such an action, or a person given the power to do so by it, cannot act in the proceedings on behalf of the company or in the name of the company.

(3) Akcionáři uvedení v § 181 odst. 1 mohou požádat soud, aby jmenoval znalce pro přezkoumání zprávy o vztazích mezi ovládanou osobou a propojenými osobami podle § 66a odst. 12, jsou-li pro to závažné důvody, i když nejsou splněny předpoklady uvedené v § 66a odst. 13.

(3) Even if the requirements stated in section 66a (13) are not satisfied, the shareholders referred to in section 181 (1) may request the court to appoint an expert to review the report on the relationships between a controlled person and connected persons prepared pursuant to section 66a (12) if there are serious reasons to do so.

§ 183

Neplatnost usnesení valné hromady

Section 183

The invalidity of a resolution of the general meeting

(1) O vyslovení neplatnosti usnesení valné hromady platí obdobně ustanovení § 131 odst. 1 až 10 a 12.

(1) The provisions of sections 131 (1) to (10) and (12) apply with appropriate changes to any declaration on the invalidity of a resolution of the general meeting.

(2) Za nepodstatné porušení práv osob ve smyslu § 131 odst. 3 písm. a) se považuje zejména to, že pozvánka na valnou hromadu nebo oznámení o konání valné hromady neobsahuje náležitosti podle § 184a odst. 3 písm. c), popřípadě § 202 odst. 2 písm. a), d).

(2) Minor infringements of the rights of persons within the meaning of section 131 (3) (a) include, in particular, instances that an invitation to a general meeting or a notice of its being held does not contain the prescribed particulars in accordance with section 184a (3) (c) or, if applicable, section 202 (2) (a) and (d).

(3) Usnesení podle § 131 odst. 10 soud na náklady navrhovatele ve zkráceném znění uveřejní způsobem stanoveným zákonem a stanovami pro svolání valné hromady a

(3) The court must publish a formal ruling under section 131 (10) at the cost of the petitioner, in abridged form and in the manner provided by the law and the articles

uvede, kdy končí lhůta podle § 131 odst. 10 písm. c). Uplyne-li lhůta marně, soud řízení zastaví.

of association for the calling of a general meeting and it must state when the period under section 131 (10) (c) expires. If the period expires without the required actions having been taken, the court must discontinue the proceedings.

Veřejný návrh na koupi nebo směnu účastnických cenných papírů

The public offer to purchase or to exchange participating securities

§ 183a

Section 183a

nadpis vypuštěn

Heading repealed

(1) Kdo činí veřejný návrh smlouvy na odkoupení nebo směnu cenných papírů vydaných akciovou společností, se kterými je spojen podíl na základním kapitálu nebo hlasovacích právech společnosti, nebo cenných papírů vydaných touto společností, s nimiž je spojeno právo takové cenné papíry získat (dále jen „účastnické cenné papíry“), postupuje podle tohoto ustanovení; tím nejsou dotčena pravidla pro nabídky převzetí podle zákona o nabídkách převzetí a pravidla pro veřejnou nabídku investičních cenných papírů podle zákona o podnikání na kapitálovém trhu.

(1) A person that makes a public offer to conclude a contract for the purchase or exchange of securities issued by a joint stock company, to which a share in the registered capital or in the voting rights of the company attach, or other securities issued by that company carrying a right to acquire such securities (all together "participating securities"), must proceed under these provisions. This does not affect the rules for takeover offers under the Takeover Offers Act and the rules for a public offer for investment securities under the Business on the Capital Market Act.

(2) Navrhovatel uveřejní veřejný návrh smlouvy způsobem, kterým se podle tohoto zákona a stanov společnosti, jejíž účastnické cenné papíry hodlá nabýt, svolává valná hromada.

(2) The offeror must publish the public offer to conclude a contract in the manner provided by this Code and the articles of association of the company for calling a general meeting of the company whose participating securities it intends to acquire.

(3) Veřejný návrh smlouvy obsahuje alespoň tyto údaje

(3) The public offer to conclude a contract must contain at least the following information:

a) jméno nebo firmu a bydliště nebo sídlo navrhovatele,

(a) the full name or business name and the residential address or registered office of the offeror;

b) podstatné náležitosti kupní nebo směnné smlouvy, včetně údaje o výši protiplnění nabízeného za každý účastnický cenný papír, popřípadě dostatečně přesný způsob jeho určení,

c) dobu závaznosti veřejného návrhu smlouvy,

d) důvody, proč je veřejný návrh smlouvy činěn,

e) další podmínky uzavření smlouvy na základě veřejného návrhu, včetně způsobu jeho přijetí, okamžiku uzavření smlouvy a možnosti odstoupení od takto uzavřené smlouvy.

(4) Navrhovatel odešle znění veřejného návrhu smlouvy do sídla společnosti, jejíž účastnické cenné papíry hodlá nabýt (dále jen „cílová společnost“), ve lhůtě 10 pracovních dnů před jeho uveřejněním; to neplatí, je-li navrhovatelem cílová společnost. Představenstvo a dozorčí rada cílové společnosti odešlou do 5 pracovních dnů od doručení návrhu navrhovateli společné stanovisko k návrhu, pro jehož obsah platí obdobně ustanovení upravující obsah stanoviska orgánů cílové společnosti podle zákona o nabídkách převzetí; navrhovatel stanovisko uveřejní spolu s veřejným návrhem smlouvy. Pokud členové orgánů cílové společnosti poruší povinnost podle předchozí věty, ručí společně a nerozdílně za všechny pohledávky vůči navrhovateli vzniklé podle odstavce 7. Poruší-li navrhovatel povinnost podle první a druhé věty, nemá tato skutečnost vliv na platnost smluv uzavřených na základě veřejného návrhu smlouvy. Ustanovení zákona o nabídkách převzetí upravující postup při uzavírání smlouvy, jejích změn a odstoupení od

(b) the prescribed particulars of the contract of purchase or exchange, including the information as to the amount of consideration offered for each participating security, or a sufficiently certain manner of its determination;

(c) the period for which the public offer to conclude a contract is binding;

(d) the grounds for which the public offer to conclude a contract is being made;

(e) other conditions for concluding the contract on the basis of the public offer, including the manner of its acceptance, the moment of conclusion of the contract and the possibility of withdrawal from the contract so concluded.

(4) The offeror must send the text of the public offer, within a period of 10 working days before its publication, to the registered office of the company whose participating securities the offeror intends to acquire (the "target company"). This does not apply if the target company is the offeror. The management board and the supervisory board of the target company are required to send to the offeror their joint position with respect to the offer within 5 working days of the delivery of the offer. The provisions regulating the content of the position of the bodies of the target company under the Takeover Offers Act apply to the content of the joint position with appropriate changes. The offeror must publish the position together with the public offer to conclude a contract. If the members of the bodies of the target company breach their duty under the previous sentences, they are jointly and severally liable for all claims against the offeror that may occur under subsection (7). If the offeror breaches its duty under the previous sentences, this fact does not affect the validity of the contracts concluded on the

BELISARIUS

takto uzavřené smlouvy, včetně postupu při částečné nebo podmíněné nabídce převzetí, se použijí obdobně.

basis of the public offer to conclude a contract. The provisions of the Takeover Offers Act that regulate the procedure for concluding a contract, amending it, and withdrawing from a contract so concluded, including the procedure for partial or conditional takeover offers, apply with appropriate changes.

(5) Činí-li se veřejný návrh smlouvy proto, že tak ukládá zákon, musí být výše protiplnění přiměřená hodnotě účastnických cenných papírů; navrhovatel doloží přiměřenost protiplnění posudkem znalce. Pro jmenování, odměňování a obsah posudku znalce platí obdobně § 59 odst. 3 a 4. Doba závaznosti veřejného návrhu podle věty první nesmí být kratší než 4 týdny ode dne jeho uveřejnění. Jsou-li cenné papíry, které jsou předmětem veřejného návrhu smlouvy podle věty první, přijaty k obchodování na regulovaném trhu, předloží navrhovatel návrh veřejného návrhu smlouvy České národní bance a doloží přiměřenost výše protiplnění nabízeného za každý účastnický cenný papír; znalecký posudek podle věty první se v tomto případě nevyžaduje, pokud navrhovatel jinak řádně odůvodní přiměřenost protiplnění.

(5) If a public offer to conclude a contract is being made because it is required by law, the amount of consideration must be adequate to the value of the participating securities. The offeror must provide evidence of the adequacy of the consideration by an expert report. Sections 59 (3) and (4) apply with appropriate changes to the appointment, remuneration and content of the report of the expert. A public offer made under the first sentence cannot be binding for less than 4 weeks from the date on which it is published. If the securities that are the subject of a public offer to conclude a contract issued in accordance with the first sentence are admitted to trading on a regulated market, the offeror must submit to the Czech National Bank a draft of the public offer to conclude a contract and it must provide evidence of the adequacy of the consideration offered for each participating security. An expert report under the first sentence is not required in such a case, provided that the offeror otherwise and in full gives a justification for the adequacy of the consideration.

(6) Česká národní banka může ve lhůtě 15 pracovních dnů ode dne doručení veřejného návrhu smlouvy vydat rozhodnutí o zákazu učinit veřejný návrh smlouvy nebo vyzvat navrhovatele k odstranění vad návrhu včetně nedostatečného odůvodnění přiměřenosti protiplnění; k tomu stanoví dostatečnou lhůtu. Účastníkem řízení před Českou národní bankou je pouze navrhovatel. V

(6) The Czech National Bank may within a period of 15 working days from the date on which the public offer to conclude a contract is delivered to it issue a decision prohibiting the making of the public offer to conclude a contract or invite the offeror to remedy any defects contained in the offer, including an insufficient justification for the adequacy of the consideration. The Czech National Bank must provide a sufficient period in which to

případě, že navrhovatel nepředloží veřejný návrh smlouvy nebo odůvodnění výše navrženého protiplnění ve stanovené lhůtě, nebo v případě, že veřejný návrh smlouvy nadále vykazuje vady, Česká národní banka vydá rozhodnutí o zákazu učinit veřejný návrh smlouvy. Rozhodnutí o zákazu učinit veřejný návrh smlouvy může Česká národní banka vydat ve lhůtě 15 pracovních dnů ode dne, který následuje po posledním dni lhůty určené ve výzvě podle věty první. Veřejný návrh smlouvy, jehož předmětem jsou účastnické cenné papíry, které byly přijaty k obchodování na regulovaném trhu, lze učinit až poté, co marně uplyne lhůta pro vydání rozhodnutí o zákazu učinit veřejný návrh smlouvy podle tohoto odstavce.

do so. Only the offeror may be party to the proceedings before the Czech National Bank. In the cases that the offeror does not submit the public offer to conclude a contract or the justification for the amount of the proposed consideration within the prescribed period, or if the public offer to conclude a contract continues to be defective, the Czech National Bank must issue a decision prohibiting the making of the public offer to conclude a contract. In such a case, the Czech National Bank may issue the decision prohibiting the making of a public offer to conclude a contract within the period of 15 working days from the date following the last day of the period prescribed in the invitation delivered in accordance with the first sentence. A public offer to conclude a contract relating to participating securities admitted to trading on a regulated market may only be made after the expiry of the period for issuing a decision prohibiting the making of the public offer to conclude a contract in accordance with this subsection without such a decision having been issued.

(7) Neučiní-li povinná osoba veřejný návrh smlouvy podle odstavce 5, jsou osoby, kterým vzniklo právo na odkoupení účastnických cenných papírů, oprávněny se ve lhůtě 6 měsíců ode dne, kdy se povinná osoba dostala do prodlení s plněním této povinnosti, domáhat uzavření smlouvy u soudu nebo požadovat náhradu škody. Vyjde-li najevo, že vlastníci účastnických cenných papírů, které byly předmětem veřejného návrhu smlouvy, neobdrželi nebo nemají obdržet přiměřené protiplnění podle odstavce 5, mohou se domáhat, aby jim navrhovatel protiplnění dorovnal. Na řízení podle tohoto odstavce se přiměřeně použijí ustanovení zákona o nabídkách převzetí upravující žalobu pro nesplnění nabídkové povinnosti a žalobu na dorovnání.

(7) If a person under a duty to make a public offer to conclude a contract under subsection (5) fails to do so, all persons having the right to have their participating securities purchased are entitled, within a period of 6 months from the date on which the obligor defaults in the performance of that duty, to require the court to order conclusion of the relevant contract or they may require compensation for damage. If it transpires that the holders of participating securities forming the subject of a public offer to conclude a contract have not obtained or are not going to obtain adequate consideration under subsection (5), they may require that the offeror pays the difference between the consideration provided and adequate consideration. The provisions of the Takeover Offers Act that regulate an action that may be brought on the basis of

the non-performance of the duty to make an offer and for the payment of the difference between the consideration provided and adequate consideration apply as appropriate to the proceedings under this subsection.

(8) Nabízení odkoupení nebo směny účastnických cenných papírů širšímu okruhu osob jinak než formou veřejného návrhu smlouvy podle odstavce 1 se zakazuje. To neplatí, hodlá-li někdo nabídnout odkoupení nebo směnu účastnických cenných papírů méně než 100 osobám nebo hodlá-li někdo na základě veřejného návrhu odkoupit nebo směnit účastnické cenné papíry, jejichž souhrnná jmenovitá hodnota nepřesáhne 1 % objemu emise, nebo jde-li o nabídku na odkoupení nebo směnu účastnických cenných papírů činěnou výlučně na evropském regulovaném trhu nebo zahraničním trhu obdobném regulovanému trhu. Stanovy společnosti mohou dále předem určit, že se na její účastnické cenné papíry odstavce 1 až 4 nepoužijí, pokud je nabídka na koupi nebo směnu v průběhu po sobě jdoucích 12 měsíců učiněna jen vůči akcionářům vlastnícím dohromady účastnické cenné papíry, jejichž jmenovitá hodnota nepřesahuje 5 % základního kapitálu; to neplatí pro případy, kdy povinnost učinit veřejný návrh smlouvy stanoví tento zákon nebo zvláštní právní předpis.

(8) It is prohibited to offer to purchase or exchange participating securities with an unascertained group of people except in the form of a public offer to conclude a contract under subsection (1). This does not apply if a person intends to offer the purchase or exchange of participating securities to fewer than 100 persons or if a person intends, on the basis of a public offer, to purchase or exchange participating securities with an aggregate nominal value not exceeding 1% of the entire issue, or it is an offer to purchase or exchange participating securities made exclusively on a European regulated market or a foreign market equivalent to a regulated market. The articles of association of the company may further provide in advance that the provisions of subsections (1) to (4) do not apply to its participating securities, provided that the offer to purchase or exchange is made within 12 consecutive months and only in relation to shareholders holding participating securities having an aggregate nominal value not exceeding 5% of the registered capital. This does not apply to cases in which the duty to make a public offer to conclude a contract is required by this Code or a special legal regulation.

§ 183b

zrušen

Section 183b

Repealed

§ 183c

zrušen

Section 183c

Repealed

§ 183d

zrušen

Section 183d

Repealed

§ 183e

zrušen

Section 183e

Repealed

§ 183f

zrušen

Section 183f

Repealed

§ 183g

zrušen

Section 183g

Repealed

§ 183h

zrušen

Section 183h

Repealed

Právo výkupu účastnických cenných papírů

§ 183i

(1) Osoba, která vlastní ve společnosti účastnické cenné papíry,

a) jejichž souhrnná jmenovitá hodnota činí alespoň 90 % základního kapitálu společnosti, s nímž jsou spojena hlasovací práva, a

b) s nimiž je spojen alespoň 90% podíl na hlasovacích právech ve společnosti (dále jen „hlavní akcionář"),

je oprávněna požadovat, aby představenstvo svolalo valnou hromadu, která rozhodne o přechodu všech ostatních účastnických cenných papírů společnosti na její osobu.

(2) K přijetí usnesení valné hromady je potřebný souhlas alespoň devíti desetin hlasů všech vlastníků účastnických cenných papírů, přičemž vlastníci prioritních akcií a hlavní akcionář mají vždy právo hlasovat. O rozhodnutí valné hromady se pořizuje notářský zápis, jehož přílohou je znalecký posudek o výši

The right of 'squeeze-out' over participating securities

Section 183i

(1) A person that owns the following participating securities in a company (the "principal shareholder"):

(a) participating securities having a total nominal value of at least 90% of the registered capital of the company carrying voting rights; and

(b) participating securities carrying at least a 90% share in the voting rights of the company;

is entitled to require the management board to call a general meeting to decide on the passing to it by transmission of all the remaining participating securities in the company.

(2) The consent of at least nine tenths of all votes of all holders of participating securities is necessary to pass the relevant resolution of the general meeting. The owners of preferred shares and the principal shareholder always have the right to vote. A notarial record of the decision of the general meeting must be prepared. An expert report

protiplnění v penězích nebo jiné zdůvodnění výše protiplnění.

on the amount of consideration in cash or another justification of the amount of consideration must be annexed to it.

(3) Usnesení valné hromady obsahuje také určení hlavního akcionáře, a výši protiplnění určenou podle § 183j odst. 6 a lhůtu pro poskytnutí protiplnění.

(3) The resolution of the general meeting must also contain the identification details of the principal shareholder and the amount of the consideration determined under section 183j (6) and the period for the payment of the consideration.

(4) Pro účely stanovení podílu podle odstavce 1 se vlastní účastnické cenné papíry v majetku společnosti rozdělí mezi vlastníky účastnických cenných papírů v poměru jmenovitých hodnot jejich účastnických cenných papírů.

(4) For the purposes of determining the share pursuant to subsection (1), the participating securities owned by the company itself must be divided proportionally between the owners of participating securities according to the nominal values of their participating securities.

(5) Hlavní akcionář je povinen předat obchodníkovi s cennými papíry, bance nebo spořitelnímu a úvěrnímu družstvu před konáním valné hromady peněžní prostředky ve výši potřebné k výplatě protiplnění a společnosti doložit tuto skutečnost. Výplatu protiplnění provádí banka, spořitelní a úvěrní družstvo nebo obchodník s cennými papíry.

(5) The principal shareholder must hand over to a securities broker, a bank, or a savings and loan cooperative society the monies in the amount necessary to pay the entire consideration before the holding of the general meeting and it must provide evidence of this fact to the company. The payment of the consideration must be made by the bank, savings and loan cooperative society, or by the securities broker.

§ 183j

Section 183j

(1) Představenstvo svolá valnou hromadu do 15 dnů ode dne doručení žádosti podle § 183i odst. 1 společnosti.

(1) The management board must call a general meeting within 15 days of delivery to the company of a request made under section 183i (1).

(2) Pozvánka na valnou hromadu nebo oznámení o jejím konání musí obsahovat také rozhodné informace o určení výše protiplnění, případně závěry znaleckého posudku, je-li vyžadován, výzvu zástavním věřitelům, aby společnosti sdělili existenci zástavního práva k účastnickým cenným papírům vydaným společností, a vyjádření představenstva k tomu, zda považuje výši

(2) The invitation to the general meeting or the notice of its being held must contain the relevant information relating to the determination of the amount of consideration, and the applicable conclusions of the expert report, if required, the invitation to any pledgees to notify the company about the existence of any pledge over participating securities issued by the

protiplnění určenou podle odstavce 6 za přiměřenou.

company, and a statement by the management board as to whether it considers the amount of the consideration determined under subsection (6) to be adequate.

(3) Určení hlavního akcionáře, zdůvodnění výše protiplnění, znalecký posudek podle odstavce 6, rozhodnutí České národní banky podle § 183n odst. 1, vyžaduje-li se, zpřístupní společnost ve svém sídle k nahlédnutí každému vlastníkovi účastnického cenného papíru; § 184a odst. 6 věta druhá a třetí se použije obdobně. Společnost, jejíž účastnické cenné papíry jsou přijaty k obchodování na evropském regulovaném trhu nebo zahraničním trhu obdobném regulovanému trhu, současně uveřejní informace o postupu podle § 183i odst. 1 způsobem umožňujícím dálkový přístup.

(3) The company must make available at its registered office for inspection by any owner of participating securities the identification details of the principal shareholder, the justification for the amount of consideration, the expert report under subsection (6), and the decision of the Czech National Bank issued under section 183n (1), if required. The second and third sentences of section 184a (6) apply with appropriate changes. A company whose participating securities are admitted to trading on a European regulated market or a foreign market equivalent to a regulated market must at the same time publish the information relating to the procedure under section 183i (1) in a manner that enables remote access.

(4) Návrh usnesení valné hromady nesmí v určení výše protiplnění určovat částku nižší, než kolik určuje znalecký posudek nebo zdůvodnění výše protiplnění, není-li podle zákona znalecký posudek vyžadován.

(4) The proposal for the relevant resolution of the general meeting cannot, in determining the consideration, determine an amount of consideration that would be lower than that determined by the expert report or the justification of the amount of consideration, if the expert report is not required under the law.

(5) Vlastníci zastavených účastnických cenných papírů společnosti bez zbytečného odkladu poté, co se dozvěděli o svolání valné hromady, sdělí společnosti skutečnost zastavení a osobu zástavního věřitele; upozornění na tuto povinnost se uvede v pozvánce na valnou hromadu nebo v oznámení o jejím konání.

(5) The owners of pledged participating securities of the company must without undue delay after becoming aware of the general meeting being called notify the company of the existence of the pledge and the identity of the pledgee. The notice given under this requirement must be stated in the invitation to the general meeting or in the notice of its being held.

(6) Společně se žádostí podle § 183i odst. 1 doručí hlavní akcionář společnosti zdůvodnění určení výše protiplnění,

(6) Together with a request delivered under section 183i (1), the principal shareholder must deliver to the company justification for

BELISARIUS

znalecký posudek, vyžaduje-li se, a rozhodnutí České národní banky podle § 183n odst. 1; hlavní akcionář nese náklady na pořízení a doručení těchto listin.

the determination of the amount of consideration, an expert report, if required, and the decision of the Czech National Bank under section 183n (1). The principal shareholder bears the costs of preparing and delivering such documents.

§ 183k

Section 183k

(1) Vlastníci účastnických cenných papírů mohou od okamžiku obdržení pozvánky na valnou hromadu, případně od okamžiku oznámení jejího konání požádat soud o přezkoumání přiměřenosti protiplnění; není-li toto právo využito do měsíce ode dne zveřejnění zápisu usnesení valné hromady podle § 183l do obchodního rejstříku, zaniká.

(1) The owners of participating securities may from the moment of receiving the invitation to a general meeting, or if applicable from the moment of notice of its being held, petition the court to review the adequacy of the consideration. This right expires if it is not exercised within one month from the date of publication in the commercial register of the entry of the resolution of the general meeting under section 183l.

(2) V případě, že vlastník účastnického cenného papíru nevyužije právo podle odstavce 1, nemůže se nepřiměřenosti protiplnění již dovolávat.

(2) In the cases that an owner of a participating securities does not exercise its right under subsection (1), it can no longer rely on the inadequacy of the consideration.

(3) Soudní rozhodnutí, kterým bylo přiznáno právo na jinou výši protiplnění, je pro hlavního akcionáře a pro společnost závazné co do základu přiznaného práva i vůči ostatním vlastníkům účastnických cenných papírů. Promlčecí doba začíná běžet ode dne právní moci rozhodnutí, a to vůči všem oprávněným osobám bez ohledu na to, zda byly účastníky řízení.

(3) A court decision upholding the right to a different amount of consideration is also binding in the determinative issue on the principal shareholder and the company in relation to the other owners of participating securities. The limitation period starts running from the date on which the decision enters into legal force and it runs against all the entitled persons regardless of whether they were a party to the proceedings.

(4) Určení nepřiměřenosti výše protiplnění nezpůsobuje neplatnost usnesení valné hromady podle § 183i odst. 1.

(4) A determination that the consideration is inadequate does not render void a resolution of the general meeting passed under section 183i (1).

(5) Návrh na vyslovení neplatnosti usnesení valné hromady podle § 131 nelze zakládat na nepřiměřenosti výše protiplnění.

(5) A petition under section 131 for a declaration that a resolution of the general meeting is void cannot be issued on grounds of inadequacy of the consideration.

§ 183l

Section 183l

(1) Představenstvo podá bez zbytečného odkladu po přijetí usnesení valné hromady návrh na zápis usnesení do obchodního rejstříku.

(1) The management board must without undue delay after the passing of the resolution of the general meeting file an application for entry of the resolution in the commercial register.

(2) Současně usnesení valné hromady a závěry znaleckého posudku, pokud se vyžaduje, uveřejní způsobem určeným pro svolání valné hromady společnosti a uloží notářský zápis v sídle společnosti k nahlédnutí; upozornění na tuto skutečnost se v uveřejněném oznámení také uvede.

(2) At the same time, it must publish the resolution of the general meeting and the conclusions of the expert report, if required, in the same manner as for calling a general meeting of the company and it must file the notarial record to be available for inspection at the registered office of the company. A notification of that fact must also be included in the published notice.

(3) Uplynutím měsíce od zveřejnění zápisu usnesení do obchodního rejstříku podle odstavce 1 přechází vlastnické právo k účastnickým cenným papírům menšinových akcionářů společnosti na hlavního akcionáře.

(3) On the expiry of one month from the publication of the entry of the resolution in the commercial register under subsection (1), the ownership right to the participating securities of the minority shareholders in the company passes by transmission to the principal shareholder.

(4) Byly-li přešlé účastnické cenné papíry zástavou, zástavní právo okamžikem přechodu zaniká. Na zástavního věřitele, který drží zastavený účastnický cenný papír, se přiměřeně použijí odstavce 5 a 6.

(4) If there is a pledge over participating securities that pass by transmission, the pledge terminates as at the moment of their passing by transmission. Subsections (5) and (6) apply as appropriate to a pledgee holding the pledged participating security.

(5) Dosavadní vlastníci listinných účastnických cenných papírů je předloží společnosti do 30 dnů po přechodu vlastnického práva; v době prodlení nemohou požadovat protiplnění podle § 183m. Společnost dá příkaz k zápisu změny vlastníků zaknihovaných účastnických cenných papírů na majetkových účtech osobě oprávněné vést příslušnou evidenci

(5) The existing owners of certificated participating securities are required to submit them to the company within 30 days of the passing by transmission of the ownership right. These persons cannot request consideration under section 183m while they are in default with this requirement. The company must within the same time limit issue an instruction to the

BELISARIUS

cenných papírů podle zvláštního právního předpisu ve stejné lhůtě s tím, že podkladem pro zápis změny je usnesení valné hromady podle § 183i odst. 1.

person entitled to maintain the relevant register of securities in accordance with a special legal regulation to enter a change in the owners of uncertificated participating securities in the relevant proprietary accounts. The basis for entering the change is the resolution of the general meeting passed under section 183i (1).

(6) Nepředloží-li dosavadní vlastníci účastnických cenných papírů tyto cenné papíry do měsíce, případně v dodatečné lhůtě určené společností, která nesmí být kratší než 14 dnů, postupuje společnost podle § 214 odst. 1 až 3.

(6) If the existing owners of participating securities do not submit these securities within one month or, if applicable, in the additional period specified by the company of not less than 14 days, the company must proceed under section 214 (1) to (3).

(7) Vrácené účastnické cenné papíry předá společnost hlavnímu akcionáři bez zbytečného odkladu. Za účastnické cenné papíry prohlášené za neplatné vydá představenstvo společnosti bez zbytečného odkladu hlavnímu akcionáři nové účastnické cenné papíry stejné formy, podoby, druhu a jmenovité hodnoty.

(7) The company must without undue delay hand over to the principal shareholder the participating securities so returned. In place of any participating securities that are declared void, the management board of the company must without undue delay issue to the principal shareholder new participating securities of the same type, form, class, and nominal value.

§ 183m

Section 183m

(1) Oprávněné osoby mají právo na protiplnění v penězích, jehož výši určí hlavní akcionář; hlavní akcionář doloží přiměřenost protiplnění znaleckým posudkem, vyžaduje-li se, který nesmí být starší než 3 měsíce ke dni doručení žádosti podle § 183i odst. 1.

(1) The persons so entitled have the right to consideration in cash in the amount determined by the principal shareholder. The principal shareholder must provide evidence of the adequacy of the consideration by an expert report, if required, which as at the date on which the request given is delivered under section 183i (1), cannot be older than 3 months.

(2) Dosavadním vlastníkům zaknihovaných účastnických cenných papírů vzniká právo na zaplacení protiplnění zápisem vlastnického práva na majetkovém účtu v příslušné evidenci cenných papírů a vlastníkům listinných účastnických cenných papírů jejich předáním společnosti podle § 183l odst. 5 a 6 a úroku ve výši obvyklých úroků podle § 502

(2) The right to the payment of the consideration arises, for the existing holders of uncertficated participating securities, on entry of the ownership title on the proprietary account in the relevant register of securities and, for the holders of certificated participating securities, by handing them over to the company under sections 183l (5) and (6), together with a

ode dne, kdy došlo k přechodu vlastnického práva k účastnickým cenným papírům menšinových akcionářů společnosti na hlavního akcionáře.

right to a typical rate of interest under section 502 from the date on which the ownership title to the participating securities of the minority shareholders in the company passes by transmission to the principal shareholder.

(3) Obchodník s cennými papíry, banka nebo spořitelní a úvěrní družstvo poskytne oprávněným osobám protiplnění bez zbytečného odkladu po splnění podmínek podle odstavce 2.

(3) A securities broker, a bank, or a savings and loan cooperative society must provide the consideration to the entitled persons without undue delay after the conditions under subsection (2) are satisfied.

(4) Obchodník s cennými papíry, banka nebo spořitelní a úvěrní družstvo poskytne protiplnění tomu, kdo byl vlastníkem účastnických cenných papírů společnosti k okamžiku přechodu vlastnického práva podle § 183l odst. 3 (dále jen „původní vlastník“); jestliže je však prokázán vznik zástavního práva k těmto cenným papírům, poskytne se zástavnímu věřiteli; to neplatí, prokáže-li původní vlastník, že zástavní právo ještě před přechodem vlastnického práva podle § 183l odst. 3 zaniklo.

(4) The securities broker, the bank, or the savings and loan cooperative society must provide the consideration to the person that was the owner of participating securities of the company as at the moment of the passing by transmission of the ownership title under section 183l (3) (the "original owner"). If, however, it is established that the relevant securities are subject to a pledge, it must provide it to the pledgee. This does not apply if the original owner establishes that the pledge expired before the passing of the ownership title by transmission under section 183l (3).

§ 183n

Zvláštnosti postupu při výkupu účastnických cenných papírů přijatých k obchodování na evropském regulovaném trhu

Section 183n

Particulars of the procedure for buying out participating securities admitted to trading on a European regulated market

(1) K přijetí usnesení valné hromady o přechodu všech ostatních účastnických cenných papírů společnosti, jejíž účastnické papíry byly přijaty k obchodování na regulovaném trhu nebo zahraničním trhu obdobném regulovanému trhu, na osobu hlavního akcionáře se vyžaduje předchozí souhlas České národní banky se zdůvodněním výše protiplnění. Česká národní banka posuzuje pouze, zda navrhovatel řádně zdůvodnil navrhovanou výši protiplnění. Česká

(1) A resolution of the general meeting with regard to the passing by transmission of all the remaining participating securities for a company whose participating securities are admitted to trading on a regulated market or a foreign market equivalent to a regulated market to the person of the principal shareholder requires the prior consent by the Czech National Bank, together with a justification for the amount of consideration. The Czech National Bank only assesses whether the offeror properly justified the

národní banka vydá rozhodnutí do 15 pracovních dnů od doručení žádosti, tuto lhůtu může Česká národní banka prodloužit, nejvýše však o 15 pracovních dnů.

proposed amount of consideration. The Czech National Bank must issue a decision within 15 working days from the delivery of the application. The Czech National Bank may extend this period, but not by more than 15 days.

(2) Jsou-li účastnické cenné papíry společnosti přijaty k obchodování na evropském regulovaném trhu nebo zahraničním trhu obdobném regulovanému trhu, znalecký posudek podle § 183m odst. 1 se nevyžaduje.

(2) If the participating securities of the company are admitted to trading on a European regulated market or a foreign market equivalent to a regulated market, an expert report under section 183m (1) is not required.

(3) Nabyl-li hlavní akcionář účastnické cenné papíry podle § 183i odst. 1 v důsledku povinné nabídky převzetí nebo dobrovolné nabídky převzetí podle zákona o nabídkách převzetí, na jejímž základě nabyl hlavní akcionář alespoň 90 % všech účastnických cenných papírů společnosti, na které se nabídka vztahovala, platí, že protiplnění podle takové povinné nebo dobrovolné nabídky převzetí je protiplněním přiměřeným. Právo hlavního akcionáře podle § 183i odst. 1 musí být uplatněno do 3 měsíců od konce doby závaznosti nabídky převzetí podle první věty, jinak se první věta neuplatní.

(3) If the principal shareholder acquires participating securities under section 183i (1) as a result of a mandatory takeover offer or a voluntary takeover offer under the Takeover Offers Act, on the basis of which the principal shareholder acquires at least 90% of all participating securities of the company to which the offer relates, it is considered that the consideration under the relevant mandatory or voluntary takeover offer is adequate consideration. If the principal shareholder does not assert its right under section 183i (1) within 3 months from the expiry of the acceptance period of the takeover offer under the first sentence, the first sentence does not apply.

(4) Ke dni přechodu vlastnického práva k účastnickým cenným papírům podle § 183l odst. 3 dochází k vyřazení účastnických cenných papírů z obchodování na evropském evropském regulovaném trhu nebo zahraničním trhu obdobném regulovanému trhu; § 186a odst. 1 a 2 se nepoužijí. Společnost informuje bez zbytečného odkladu o rozhodnutí valné hromady podle § 183i v souladu s požadavky zákona upravujícího podnikání na kapitálovém trhu nebo se srovnatelnými požadavky zahraničního právního předpisu organizátora evropského regulovaného trhu nebo

(4) As at the date of the passing by transmission of the ownership title to participating securities under section 183l (3), the participating securities are withdrawn from trading on the European regulated market or a foreign market equivalent to a regulated market. Sections 186a (1) and (2) do not apply. The company must without undue delay, and in accordance with the requirements of the act regulating business on the capital market or comparable requirements of a foreign legal regulation, inform the operator of the European regulated market or the foreign market equivalent to a regulated market in

zahraničního trhu obdobného regulovanému trhu, na kterém byly účastnické cenné papíry podle odstavce 1 přijaty k obchodování.

which the participating securities under subsection (1) have been admitted to trading of the decision of the general meeting under section 183i.

ODDÍL 4

ORGÁNY SPOLEČNOSTI

Valná hromada

§ 184

(1) Valná hromada je nejvyšším orgánem společnosti. Akcionář se zúčastňuje valné hromady osobně nebo v zastoupení (dále jen „přítomný akcionář“).

(2) Stanovy mohou upravit, za jakých podmínek se akcionáři mohou zúčastnit valné hromady s využitím elektronických prostředků, umožňujících například přímý dálkový přenos valné hromady obrazem a zvukem nebo přímou dvousměrnou komunikaci mezi valnou hromadou a akcionářem. Stanovy dále mohou upravit hlasování prostřednictvím odevzdání hlasů před konáním valné hromady nebo v jejím průběhu bez toho, aby akcionář nebo jeho zástupce museli být osobně přítomni v místě konání valné hromady, anebo tak, že odevzdají své hlasy písemně před konáním valné hromady (korespondenční hlasování). Podmínky musí být stanoveny tak, aby umožňovaly společnosti ověřit totožnost osoby oprávněné vykonat hlasovací právo a určit akcie, s nimiž je spojeno vykonávané hlasovací právo, jinak se k hlasům odevzdaným takovým postupem ani k účasti takto hlasujících akcionářů nepřihlíží. Akcionáři, kteří využijí práva podle tohoto odstavce, se považují za přítomné na valné hromadě.

SUB-CHAPTER 4

THE COMPANY BODIES

The general meeting

Section 184

(1) The general meeting is the highest company body. A shareholder may participate at a general meeting in person or by a representative (a "shareholder present").

(2) The articles of association may regulate the conditions under which the shareholders may participate at the general meeting using electronic means enabling, for example, direct long-distance transmission of the general meeting in pictures and sound or direct two-way communication between the general meeting and the shareholder. The articles of association may further regulate the voting on a poll conducted during the general meeting or before it is held, which may be taken without a shareholder or its representative having to be present in person at the location where the general meeting is held, or by submission of their votes in writing before the general meeting is held (a postal vote). Conditions must be provided so as to enable the company to verify the identity of each person entitled to exercise the voting right and to identify the shares for which the voting right being exercised is attached or, otherwise, the votes submitted and the attendance of shareholders voting in this way cannot be taken into account. Shareholders exercising a right under this subsection are considered as present at the general meeting.

(3) Stanovy nebo rozhodnutí předcházející konání valné hromady mohou určit den, který je rozhodný k účasti na valné hromadě. Rozhodnutí valné hromady podle věty první se nepovažuje za rozhodnutí o změně stanov. Rozhodný den nemůže předcházet dni konání valné hromady o více než 30 dnů. Jsou-li akcie společnosti přijaty k obchodování na evropském regulovaném trhu, je rozhodným dnem k účasti na valné hromadě vždy sedmý den předcházející konání valné hromady; věta první se nepoužije. Neurčují-li stanovy společnosti, která vydala zaknihované akcie, které nejsou přijaty k obchodování na evropském regulovaném trhu, jiný rozhodný den, platí, že rozhodným dnem k účasti na valné hromadě je sedmý den předcházející konání valné hromady. Společnost, která vydala zaknihované akcie, je povinna si nejpozději do dne konání valné hromady opatřit z evidence zaknihovaných cenných papírů výpis emise k rozhodnému dni.

(3) The articles of association or a decision preceding the holding of the general meeting may specify a priority date for participating at the general meeting. A decision by the general meeting under the first sentence is not considered to be a decision that amends the articles of association. The priority date cannot precede the date on which the general meeting is held by more than 30 days. If shares in the company are admitted to trading on a European regulated market, the priority date for attending the general meeting is always the seventh day preceding the holding of the general meeting. The first sentence does not apply. Unless a different date is stated in the articles of association of a company issuing uncertificated shares that are not admitted to trading on a European regulated market, the seventh day preceding the holding of the general meeting is considered to be the priority date for attendance at a general meeting. A company issuing uncertificated shares must by not later than the date of the holding of the general meeting obtain an extract from the register of uncertificated securities as at the priority date.

(4) Plná moc pro zastupování na valné hromadě musí být písemná a musí z ní vyplývat, zda byla udělena pro zastoupení na jedné nebo na více valných hromadách v určitém období. Má se za to, že osoba zapsaná v evidenci investičních nástrojů nebo v evidenci zaknihovaných cenných papírů jako správce anebo jako osoba oprávněná vykonávat práva spojená s akcií, je oprávněna zastupovat akcionáře při výkonu všech práv spojených s akciemi vedenými na daném účtu, včetně hlasování na valné hromadě. Tato osoba se prokazuje výpisem z evidence investičních nástrojů nebo výpisem z evidence zaknihovaných cenných papírů; toho není třeba, má-li společnost povinnost sama si vyžádat pro účely výkonu práv spojených s

(4) A power of attorney for representation at the general meeting must be in writing and it must be clear on its face whether it has been granted for representation at one or several general meetings occurring in a certain period. It is presumed that a person entered in the register of investment instruments or the register of uncertficated securities as an administrator or a person entitled to exercise the rights attaching to a share is entitled to represent the shareholder in the exercise of all the rights attaching to the shares kept in the relevant account, including voting at the general meeting. Such a person may identify itself by reference to an extract from the register of investment instruments or from the register of uncertificated securities. This is not necessary if the company has a duty to

akciemi výpis z evidence investičních nástrojů nebo výpis z evidence zaknihovaných cenných papírů.

request itself an extract from the register of investment instruments or from the register of uncertificated securities for the purposes of exercising the rights attaching to shares.

(5) Zmocněnec je povinen oznámit v dostatečném předstihu před konáním valné hromady akcionáři veškeré skutečnosti, které by mohly mít pro akcionáře význam při posuzování, zda v daném případě hrozí střet jeho zájmů a zájmů zmocněnce. Členové orgánů společnosti mohou přijmout zmocnění akcionářem, pouze pokud uveřejní informace podle první věty spolu s pozvánkou na valnou hromadu nebo s oznámením o jejím svolání.

(5) An authorised person has a duty to notify the shareholder sufficiently before the general meeting is held as to any matters that could be material for the shareholder in assessing whether there is a risk of conflict of interest between the shareholder and the authorised person. The members of company bodies can only accept a power of attorney given by a shareholder if they publish the relevant information under the first sentence together with the invitation to the general meeting or the notice of its being held.

(6) Akcionář nemusí vykonat hlasovací práva spojená se všemi jeho akciemi stejným způsobem; to platí i pro jeho zmocněnce.

(6) A shareholder does not have to exercise voting rights attached to all its shares in the same manner. This also applies to its authorised person.

§ 184a

Section 184a

(1) Valná hromada se koná nejméně jednou za rok ve lhůtě určené stanovami, nejpozději však do 6 měsíců od posledního dne účetního období. Svolá ji představenstvo, popřípadě jeho člen, pokud se představenstvo na jejím svolání bez zbytečného odkladu neusneslo a zákon stanoví povinnost valnou hromadu svolat anebo pokud představenstvo není dlouhodobě schopno se usnášet, nestanoví-li tento zákon jinak.

(1) A general meeting must be held at least once in any given year and within the period specified in the articles of association, and in any event not later than 6 months from the last day of the financial year. Unless this Code provides otherwise, it must be called by the management board or, if applicable, by any individual member of the management board in the cases that the management board does not resolve to call it without undue delay in circumstances where the law sets out a duty to call the relevant general meeting, or in the event that the management board is in the long term unable to pass resolutions.

(2) Představenstvo je povinno uveřejnit pozvánku na valnou hromadu nebo oznámení o jejím svolání způsobem určeným zákonem a stanovami. U společnosti s akciemi na jméno uveřejňuje

(2) The management board must publish an invitation to the general meeting or a notice convening the general meeting in the manner prescribed by the law and the articles of association. In the case of a

představenstvo pozvánku tak, že ji odešle všem akcionářům na adresu sídla nebo bydliště uvedenou v seznamu akcionářů nejméně 30 dní před konáním valné hromady. U společnosti s akciemi na majitele uveřejňuje představenstvo v této lhůtě oznámení o konání valné hromady v Obchodním věstníku a jiným vhodným způsobem určeným stanovami. Jestliže vlastník akcií na majitele zřídí ve prospěch společnosti zástavní právo alespoň k jedné akcii společnosti jako jistotu na úhradu nákladů za zaslání oznámení o konání valné hromady a požádá o zasílání oznámení o konání valné hromady na adresu uvedenou v žádosti, je společnost povinna mu na uvedenou adresu na jeho náklad oznámení zasílat.

company with registered shares, the management board must publish the invitation by sending it, at least 30 days before the general meeting is held, to each shareholder at its registered office or residential address as entered in the register of shareholders. In the case of a company having bearer shares, the management board must publish a notice of the holding of the general meeting within the same period in the Commercial Journal and in another appropriate manner as set out by the articles of association. If an owner of bearer shares establishes for the benefit of the company a pledge over at least one share of the company as security for the settlement of the costs of sending it notices of the holding of a general meeting, and requests that these be sent to the address stated in its application, the company must send the relevant notices, at the owner's cost, to the address provided.

(3) Pozvánka na valnou hromadu nebo oznámení o konání valné hromady obsahuje alespoň

a) firmu a sídlo společnosti,

b) místo, datum a hodinu konání valné hromady,

c) označení, zda se svolává řádná, mimořádná nebo náhradní valná hromada,

d) pořad jednání valné hromady,

e) rozhodný den k účasti na valné hromadě, pokud byl určen, a vysvětlení jeho významu pro hlasování na valné hromadě.

(3) An invitation to a general meeting or a notice of its being held must contain at least the following:

(a) the business name and registered office of the company;

(b) the place, date, and time of the holding of the general meeting;

(c) details as to whether it is an annual, extraordinary, or adjourned general meeting that is being called;

(d) the agenda of the general meeting;

(e) the priority date for participating at the general meeting, if a priority date has been set, and the explanation of its significance for the voting at the general meeting.

(4) Místo, datum a hodina konání valné hromady musí být určeny tak, aby co nejméně omezovaly možnost akcionářů

(4) The place, date, and time of the holding of the general meeting must be set, so far as possible, so as not to restrict the

účastnit se valné hromady.

(5) Valnou hromadu lze odvolat nebo změnit datum jejího konání na pozdější dobu. Odvolání valné hromady nebo změna data jejího konání musí být oznámeny způsobem stanoveným zákonem a stanovami pro svolání valné hromady, a to nejpozději jeden týden před oznámeným datem jejího konání, jinak je společnost povinna uhradit akcionářům, kteří se dostavili podle původní pozvánky nebo původního oznámení, účelně vynaložené náklady. Mimořádnou valnou hromadu svolanou podle § 181 lze odvolat nebo změnit datum jejího konání na pozdější dobu, jen pokud o to požádají tam uvedení akcionáři. Při určení nového data konání valné hromady musí být dodržena lhůta podle odstavce 2 nebo podle § 181 odst. 2.

(6) Jestliže má být na pořadu jednání valné hromady změna stanov společnosti, musí pozvánka na valnou hromadu nebo oznámení o jejím konání alespoň charakterizovat podstatu navrhovaných změn a návrh změn stanov musí být akcionářům k nahlédnutí v sídle společnosti ve lhůtě stanovené pro svolání valné hromady. Akcionář má právo vyžádat si zaslání kopie návrhu stanov na svůj náklad a své nebezpečí. Na tato práva musí být akcionáři upozorněni v pozvánce na valnou hromadu nebo v oznámení o jejím konání.

shareholders' possibility to participate in the general meeting.

(5) A general meeting may be cancelled or deferred to a later time. The cancellation of a general meeting or the deferral of the date of its holding must be notified in the manner prescribed by law and the articles of association for the calling of a general meeting, but not later than one week before the original date notified for its holding. Otherwise, the company must reimburse the shareholders that arrive in accordance with the original invitation or the original notice for costs reasonably incurred. An extraordinary general meeting called under section 181 may only be cancelled and the date of its holding may only be deferred if the shareholders referred to in that section so request. The time period set out in subsection (2) or section 181 (2) must be complied with in determining the new date for the holding of the general meeting.

(6) If a change of the articles of association of the company is on the agenda of the general meeting, the invitation to the general meeting or the notification of its being held must at least outline the essence of the proposed changes and the proposed text for the change of the articles of association must be available to the shareholders for inspection at the registered office of the company within the prescribed period for the calling of the general meeting. A shareholder has the right to request that it be sent a copy of the proposed articles of association at its own cost and risk. The shareholders must be notified of this right in the invitation to the general meeting or the notification of its being held.

§ 185

(1) Valná hromada je schopna se usnášet, pokud přítomní akcionáři mají akcie, jejichž jmenovitá hodnota přesahuje 30 % základního kapitálu společnosti, nevyžadují-li stanovy účast vyšší.

(2) Přítomní akcionáři se zapisují do listiny přítomných, jež obsahuje firmu nebo název a sídlo právnické osoby nebo jméno a bydliště fyzické osoby, která je akcionářem, popřípadě jejího zástupce, čísla listinných akcií a jmenovitou hodnotu akcií, jež ji opravňují k hlasování, popřípadě údaj o tom, že akcie neopravňuje k hlasování. V listině přítomných se zvlášť vyznačí akcionáři, kteří se zúčastnili valné hromady postupem podle § 184 odst. 2, s tím, že se vždy uvede, jakým způsobem byla ověřena jejich totožnost a identita akcií. Pokud společnost odmítne zápis určité osoby do listiny přítomných provést, uvede tuto skutečnost do listiny přítomných včetně důvodu odmítnutí. Správnost listiny přítomných potvrzují svými podpisy předseda valné hromady a zapisovatel zvolení podle stanov.

(3) Není-li valná hromada schopna se usnášet, svolá představenstvo náhradní valnou hromadu. Náhradní valnou hromadu svolává představenstvo novou pozvánkou či novým oznámením způsobem uvedeným v § 184a odst. 2 s tím, že lhůta tam uvedená se zkracuje na 15 dnů. Pozvánka musí být zaslána a oznámení o konání valné hromady musí být uveřejněno nejpozději do 15 dnů ode

Section 185

(1) A general meeting is able to pass decisions if the shareholders present hold shares with a nominal value exceeding 30% of the registered capital of the company, unless the articles of association require a higher attendance.

(2) The shareholders present must be entered in the attendance list, which must contain, for a shareholder that is legal person, the shareholder's business name or corporate name and its registered office or, for a shareholder that is a natural person, the shareholder's full name and address or, if applicable, any representative, the numbers of certificated shares and the nominal value of shares entitling it to vote or, if applicable, the information that a particular share does not carry voting rights. Shareholders attending the general meeting by the procedure referred to in section 184 (2) must be entered separately in the attendance list and the list must always state in what manner their identity and the relevant shares were verified. If the company refuses to enter a certain person in the attendance list, it must state that fact in the attendance list, together with the grounds for refusal. The correctness of the attendance list must be confirmed by the signatures of the the chairperson of the general meeting and the recorder elected in accordance with the articles of association.

(3) If a general meeting is unable to pass decisions, the management board must call an adjourned general meeting. The management board calls the adjourned general meeting by a new invitation or a new notice in the manner stated in section 184a (2), except that the period stated in that section is shortened to 15 days. The invitation must be sent and the notice of the holding of the general meeting must be

dne, na který byla svolána původní valná hromada. Náhradní valná hromada se musí konat do šesti týdnů ode dne, na který byla svolána původní valná hromada. Náhradní valná hromada musí mít nezměněný pořad jednání a je schopna usnášení bez ohledu na ustanovení odstavce 1.

published by no later than within15 days from the date on which the original general meeting was called. The adjourned general meeting must be held within six weeks from the date on which the original general meeting was called. The adjourned general meeting must have the same agenda and it is always able to pass decisions regardless of the provisions of subsection (1).

(4) Záležitosti, které nebyly zařazeny do navrhovaného pořadu jednání valné hromady, lze rozhodnout jen za účasti a se souhlasem všech akcionářů společnosti.

(4) Matters not included in the proposed agenda of a general meeting can only be decided with the participation and consent of all of the shareholders in the company.

§ 186

Section 186

(1) Valná hromada rozhoduje většinou hlasů přítomných akcionářů, pokud tento zákon nevyžaduje většinu jinou. Stanovy mohou určit vyšší počet hlasů potřebných k přijetí usnesení.

(1) Unless this Code requires a different majority, the general meeting passes decisions by a majority of the votes of the shareholders present. The articles of association may determine that a higher number of votes is required to pass a resolution.

(2) O záležitostech podle § 187 odst. 1 písm. a), b), c) a k) a o zrušení společnosti s likvidací a návrhu rozdělení likvidačního zůstatku rozhoduje valná hromada alespoň dvěma třetinami hlasů přítomných akcionářů. Rozhoduje-li valná hromada o zvýšení nebo snížení základního kapitálu, vyžaduje se i souhlas alespoň dvou třetin hlasů přítomných akcionářů každého druhu akcií, které společnost vydala nebo místo nichž byly vydány zatímní listy.

(2) The matters under sections 187 (1) (a), (b), (c) and (k) and the winding up of the company in liquidation and a proposal for distribution of the liquidation balance must be decided by at least a two thirds of the votes of the shareholders present. Where the general meeting decides to increase or reduce the registered capital, the consent of at least two thirds of the votes of the shareholders present is required for each class of shares issued by the company or of interim certificates issued in their place.

(3) K rozhodnutí valné hromady o změně druhu nebo formy akcií, o změně práv spojených s určitým druhem akcií, o omezení převoditelnosti akcií na jméno a o vyřazení akcií z obchodování na evropském regulovaném trhu nebo zahraničním trhu obdobném regulovanému trhu se vyžaduje i souhlas alespoň tří čtvrtin hlasů

(3) The consent of at least three quarters of the votes of the shareholders present holding the relevant shares is required for a decision by the general meeting to change a class or type of shares, or the rights attached to a particular class of shares, or to restrict the transferability of registered shares, or to withdraw shares from trading on a European regulated market or a foreign market

přítomných akcionářů majících tyto akcie.

equivalent to a regulated market.

(4) O vyloučení nebo o omezení přednostního práva na získání vyměnitelných a prioritních dluhopisů, o vyloučení nebo o omezení přednostního práva na upisování nových akcií podle § 204a, o schválení ovládací smlouvy (§ 190b), o schválení smlouvy o převodu zisku (§ 190a) a jejich změny a o zvýšení základního kapitálu nepeněžitými vklady rozhoduje valná hromada alespoň třemi čtvrtinami hlasů přítomných akcionářů. Jestliže společnost vydala více druhů akcií, vyžaduje se k rozhodnutí valné hromady i souhlas alespoň tří čtvrtin hlasů přítomných akcionářů u každého druhu akcií.

(4) The general meeting must decide by at least three quarters of the votes of the shareholders present on exclusion or restriction of the pre-emption rights attaching to convertible and pre-emption bonds, on exclusion or restriction of the pre-emption rights to subscribe for new shares under section 204a, on approval of a control agreement under section 190b, on approval of a profit transfer agreement under section 190a or on an amendment to any of them, or on an increase of registered capital by non-cash contributions. If a company has issued several classes of shares, a decision of the general meeting requires the consent of at least three quarters of the votes of the shareholders present for each class of shares.

(5) K rozhodnutí valné hromady o spojení akcií se vyžaduje i souhlas všech akcionářů, jejichž akcie se mají spojit.

(5) A decision of the general meeting consolidating shares also requires the unanimous consent of all of the shareholders whose shares are to be consolidated.

(6) O rozhodnutích podle odstavců 2 až 5 musí být pořízen notářský zápis. Notářský zápis o rozhodnutí o změně stanov musí obsahovat též schválený text změny stanov.

(6) Decisions taken under subsections (2) to (5) must be recorded in the form of a notarial record. A notarial record of a decision to amend the articles of association must contain also the approved wording of the amendment to the articles of association.

§ 186a

Section 186a

(1) Rozhodne-li valná hromada o vyřazení účastnických cenných papírů z obchodování na evropském regulovaném trhu, je společnost povinna učinit do 30 dnů ode dne tohoto rozhodnutí veřejný návrh smlouvy. Veřejný návrh smlouvy musí být určen osobám, které byly ke dni konání valné hromady vlastníky účastnických cenných papírů společnosti a pro vyřazení účastnických cenných papírů z obchodování na oficiálním trhu nehlasovaly nebo se valné hromady

(1) If the general meeting decides to de-list participating securities from a European regulated market, the company has a duty to make a public offer to conclude a contract within 30 days from the date of the relevant decision. A public offer to conclude a contract must be addressed to persons that were, as at the date on which the general meeting was held, the owners of participating securities of the company that did not vote in favour of the de-listing of the participating securities from an official

nezúčastnily, a to ohledně těch účastnických cenných papírů, jejichž vlastníky byly ke dni konání valné hromady, a nevzdaly se práva na jejich prodej společnosti. Prohlášení o vzdání se práva musí mít písemnou formu s úředně ověřeným podpisem nebo musí být učiněno na valné hromadě. Prohlášení o vzdání se práva na valné hromadě se uvede v notářském zápisu o rozhodnutí valné hromady. Vzdání se práva má právní účinky i vůči právnímu nástupci akcionáře. V pochybnostech se má za to, že osoba, která veřejný návrh smlouvy přijala, byla vlastníkem účastnických cenných papírů společnosti v době konání valné hromady a byla vlastníkem toho počtu účastnických cenných papírů, který uvedla v přijetí veřejného návrhu smlouvy. V notářském zápisu o rozhodnutí valné hromady musí být jmenovitě uvedeni vlastníci účastnických cenných papírů, kteří hlasovali pro vyřazení z obchodování na evropském regulovaném trhu nebo zahraničním trhu obdobném regulovanému trhu.

market or did not participate in the general meeting, and the public offer must relate to all the participating securities that they owned as at the date on which the general meeting was held, and for which the right to sell them to the company was not waived. A waiver of rights declaration must be concluded in writing and it must affix an officially verified signature or it must be concluded at the general meeting. A waiver of rights declaration made at the general meeting must be stated in the notarial record of the decision of the general meeting. A waiver of rights also has legal effect against a legal successor of the shareholder. In cases of doubt, it is presumed that a person accepting a public offer to conclude a contract was the owner of participating securities in the company at the time of the holding of the general meeting and that it was the owner of the relevant number of participating securities as it stated in the acceptance of the public offer to conclude a contract. The notarial record of the decision of the general meeting must state by name the owners of participating securities that voted in favour of the de-listing from the European regulated market or a foreign market equivalent to a regulated market.

(2) Představenstvo je povinno bez zbytečného odkladu oznámit rozhodnutí valné hromady o vyřazení účastnických cenných papírů z obchodování na evropském regulovaném trhu nebo zahraničním trhu obdobném regulovanému trhu Komisi pro cenné papíry a organizátorovi regulovaného trhu, na němž se s nimi obchoduje, a uveřejnit je způsobem stanoveným zákonem a stanovami pro svolání valné hromady.

(2) The management board must without undue delay notify the decision of the general meeting to de-list the participating securities from the European regulated market or a foreign market equivalent to a regulated market to the Securities Commission and the organizer of the regulated market in which these are traded and it must publish the relevant notice in the manner prescribed by the law and the articles of association for calling a general meeting.

(3) Rozhodne-li valná hromada o změně druhu akcií nebo o omezení převoditelnosti akcií na jméno nebo o jejím zpřísnění, je společnost povinna učinit do 30 dnů ode dne zápisu těchto skutečností do obchodního rejstříku veřejný návrh smlouvy. Veřejný návrh smlouvy se týká tohoto druhu nebo této formy akcií a musí být určen vlastníkům akcií nebo je nahrazujících zatímních listů, kteří byli ke dni konání valné hromady akcionáři společnosti a nehlasovali pro změnu druhu akcií nebo pro omezení převoditelnosti akcií na jméno anebo se valné hromady nezúčastnili, a to ohledně těch akcií nebo zatímních listů, jejichž vlastníky byli ke dni konání valné hromady, a nevzdali se práva na jejich prodej společnosti. Prohlášení o vzdání se práva musí mít písemnou formu s úředně ověřeným podpisem nebo musí být učiněno na valné hromadě. Prohlášení o vzdání se práva na valné hromadě se uvede v notářském zápisu o rozhodnutí valné hromady. Vzdání se práva má právní účinky i vůči právnímu nástupci akcionáře. V pochybnostech platí, že osoba, která veřejný návrh smlouvy přijala, byla v době konání valné hromady akcionářem společnosti a byla vlastníkem toho počtu akcií nebo zatímních listů, který uvedla v přijetí veřejného návrhu smlouvy. V notářském zápisu o rozhodnutí valné hromady musí být jmenovitě uvedeni akcionáři, kteří hlasovali pro změnu druhu akcií nebo pro omezení převoditelnosti akcií na jméno. Představenstvo je povinno oznámit bez zbytečného odkladu způsobem určeným zákonem a stanovami pro svolání valné hromady den, k němuž byla zapsána změna druhu akcií nebo omezení převoditelnosti akcií do obchodního rejstříku.

(3) If the general meeting decides to change a class of shares or restrict or increase restrictions on the transferability of registered shares, the company has a duty within 30 days from the date of the entry of such facts in the commercial register to make a public offer to conclude contract. The public offer to conclude a contract must relate to the whole of the relevant class or type of shares. It must be addressed to such of the owners of shares, or interim certificates taking the place of shares, as were shareholders in the company as at the date on which the general meeting was held that did not vote in favour of changing the class of shares or restricting the transferability of registered shares or did not attend the general meeting. The offer must relate to such shares or interim certificates as were owned as at the date on which the general meeting was held and for which the right to sell them to the company was not waived. A waiver of rights declaration must be concluded in writing with an officially verified signature or it must be concluded at the general meeting. A waiver of rights declaration made at the general meeting must be set out in the notarial record of the decision of the general meeting. A waiver of rights also has legal effect against a legal successor of the shareholder. In cases of doubt, a person accepting a public offer to conclude a contract is considered to be a shareholder in the company at the time of the holding of the general meeting and to be the owner of the number of shares or interim certificates as stated in the acceptance of the public offer to conclude a contract. The notarial record of the decision of the general meeting must state by name the shareholders voting for a change to the class of shares or for restrictions on transferability of registered shares. The management board must without undue delay and in the manner prescribed by the law and the articles of association for the

calling of a general meeting notify the date on which the change to the class of shares or the restrictions on transferability of shares is entered in the commercial register.

(4) Společnost je povinna uhradit kupní cenu účastnických cenných papírů nabytých na základě veřejného návrhu smlouvy nejpozději do 1 měsíce ode dne následujícího po dni uplynutí doby závaznosti veřejného návrhu smlouvy podle § 183a.

(4) The company must settle the purchase price of the participating securities acquired on the basis of public offer to conclude a contract not later than 1 month from the date following the date on which the acceptance period expires for the public offer to conclude a contract under section 183a.

(5) Akcionáři společnosti, kteří hlasovali pro změnu druhu akcií, omezení převoditelnosti akcií, její zpřísnění nebo pro vyřazení účastnických cenných papírů z obchodování na evropském regulovaném trhu nebo zahraničním trhu obdobném regulovanému trhu, jsou povinni koupit od společnosti cenné papíry, jež společnost nabyla podle předchozích ustanovení, za cenu, jež společnost za ně zaplatila, do tří měsíců ode dne, kdy je společnost koupila, a to podle poměru jmenovitých hodnot jejich akcií zvýšenou o úrok ve výši úroku vyžadovaného bankami za poskytnutí odpovídajícího úvěru v době, kdy společnost veřejný návrh smlouvy učinila. To neplatí, jestliže společnost může prodat akcie výhodněji.

(5) Shareholders in the company voting in favour of changes to a class of shares, restrictions on transferability of shares, or to increase restrictions on transferability of shares, or to de-list participating securities from the European regulated market or a foreign market equivalent to a regulated market have a duty to purchase from the company the securities that the company has acquired in accordance with the preceding provisions for the price that the company paid for them and in proportion to the nominal values of their shares, within three months from the date on which the company purchased them, together with the interest, at the rate of interest required by the banks for a provision of equivalent credit at the time when the company made the public offer to conclude a contract. This does not apply if the company may sell the shares under more favourable terms.

§ 186b

Section 186b

(1) Pokud rozhodla valná hromada o změně druhu nebo formy akcií anebo o štěpení akcií na více akcií o nižší jmenovité hodnotě nebo spojení více akcií do jedné akcie, může společnost vydat nové akcie a stanovit lhůtu k předložení listinných akcií k výměně až poté, co tato změna bude zapsána do obchodního rejstříku.

(1) If the general meeting has decided to change the class or type of shares or to subdivide shares into several shares of a smaller nominal value or to consolidate several shares into a single share, the company may only issue new shares and set a period for the return of the certificated shares in order to exchange them after the

relevant change is entered in the commercial register.

(2) Pro postup při výměně akcií za akcie jiného druhu nebo formy anebo při výměně akcií po jejich štěpení nebo spojení více akcií do jedné akcie se použije § 214. Ustanovení § 213a odst. 2 a 3 se použijí přiměřeně.

(2) Section 214 applies to the procedure for exchanging the shares for shares of a different class or type or for the exchange of shares after their subdivision or consolidation of several shares into a single share. The provisions of sections 213a (2) and (3) apply as appropriate.

§ 186c

Section 186c

(1) Při posuzování způsobilosti valné hromady činit rozhodnutí a při hlasování na valné hromadě se nepřihlíží k akciím nebo zatímním listům, s nimiž není spojeno hlasovací právo, nebo pokud nelze hlasovací právo, které je s nimi spojeno, vykonávat.

(1) Shares and interim certificates that do not carry voting rights and those that carry voting rights that cannot be exercised are not taken into consideration in assessing the capacity of the general meeting to pass decisions and in voting at the general meeting.

(2) Akcionář nemůže vykonávat hlasovací právo

a) spojené se zatímním listem, pokud je v prodlení se splácením emisního kursu nesplacených akcií nebo jeho části,

b) rozhoduje-li valná hromada o jeho nepeněžitém vkladu,

c) rozhoduje-li valná hromada o tom, zda jemu nebo osobě, s níž jedná ve shodě, má být prominuto splnění povinnosti anebo zda má být odvolán z funkce člena orgánu společnosti pro porušení povinností při výkonu funkce,

d) v jiných případech stanovených zákonem.

(2) A shareholder cannot exercise its voting rights in the event of the following:

(a) for rights attached to an interim certificate, if the shareholder is in default with paying up all or part of the issue price of unpaid shares;

(b) if the general meeting is deciding on a non-cash contribution of that shareholder;

(c) if the general meeting is deciding whether that shareholder or a person acting in concert with it should be excused from performing a duty, or should be recalled from office as a member of a company body on the grounds of a breach of its duties in the performance of that office;

(d) in the other cases prescribed by law.

(3) Zákaz výkonu hlasovacích práv uvedený v odstavci v odstavci 2 písm. b) až d) se vztahuje i na akcionáře, kteří jednají s akcionářem, který nemůže vykonávat hlasovací právo, ve shodě.

(3) The prohibition on exercising voting rights stated in subsection (2) (b) to (d) applies also to shareholders acting in concert with the shareholder that cannot exercise voting rights.

(4) Zákaz výkonu hlasovacích práv podle odstavců 2 a 3 neplatí v případě, kdy všichni akcionáři společnosti jednají ve shodě (§ 66b).

(4) The prohibition on exercising voting rights under subsections (2) and (3) does not apply where all the shareholders of the company are acting in concert (section 66b).

§ 186d

Dohody o výkonu hlasovacích práv

(1) Neplatné jsou dohody, kterými se akcionář zavazuje:

a) dodržovat při hlasování pokyny společnosti nebo některého z jejích orgánů o tom, jak má hlasovat, nebo

b) že bude hlasovat pro návrhy předkládané orgány společnosti, nebo

c) že jako protiplnění za výhody poskytnuté společností uplatní hlasovací právo určitým způsobem nebo že nebude hlasovat.

(2) Ustanovení stanov, která zavazují akcionáře k postupu podle odstavce 1, jsou neplatná.

Section 186d

Agreements on the exercise of voting rights

(1) The agreements by which a shareholder undertakes to do the following are void:

(a) to comply with the instructions of the company or any of its bodies on how to vote; or

(b) to vote in favour of proposals submitted by the company; or

(c) in consideration for benefits provided by the company, to assert voting rights in a certain manner or abstain from voting.

(2) Provisions of the articles of association binding a shareholder as to how to proceed under subsection (1) are void.

§ 187

(1) Do působnosti valné hromady náleží

a) rozhodování o změně stanov, nejde-li o změnu v důsledku zvýšení základního kapitálu představenstvem podle § 210 nebo o změnu, ke které došlo na základě jiných právních skutečností,

Section 187

(1) The following matters are within the competence of the general meeting:

(a) decisions to amend the articles of association, except when the amendment occurs as a result of an increase of registered capital by the management board under section 210, or when the amendment is made on the basis of other matters of law;

BELISARIUS

b) rozhodování o zvýšení či snížení základního kapitálu nebo o pověření představenstva podle § 210 či o možnosti započtení peněžité pohledávky vůči společnosti proti pohledávce na splacení emisního kursu,

(b) decisions to increase or reduce the registered capital, or to appoint the management board in accordance with section 210, or whether to allow to set off monetary claims against the company against a claim for the payment up of the issue price;

c) rozhodnutí o snížení základního kapitálu a o vydání dluhopisů podle § 160,

(c) decisions to reduce the registered capital or to issue bonds under section 160;

d) volba a odvolání členů představenstva, pokud stanovy neurčují, že jsou voleni a odvoláváni dozorčí radou (§ 194 odst. 1),

(d) the appointment and recall of the members of the management board, unless the articles of association provide that these are to be appointed and recalled by the supervisory board (section 194 (1));

e) volba a odvolání členů dozorčí rady a jiných orgánů určených stanovami, s výjimkou členů dozorčí rady volených a odvolávaných podle § 200,

(e) the appointment and recall of the members of the supervisory board and the members of other bodies set out in the articles of association, with the exception of supervisory board members elected and recalled under section 200;

f) schválení řádné nebo mimořádné účetní závěrky a konsolidované účetní závěrky a v zákonem stanovených případech i mezitímní účetní závěrky, rozhodnutí o rozdělení zisku nebo jiných vlastních zdrojů nebo o stanovení tantiém a rozhodnutí o úhradě ztráty,

(f) the approval of the company's ordinary and extraordinary financial statements and consolidated financial statement and, in the legally prescribed cases, of interim financial statements, decisions relating to the distribution of profit or the company's own resources or determining emoluments, and decisions relating to the settlement of losses;

g) rozhodování o odměňování členů představenstva a dozorčí rady,

(g) decisions relating to the remuneration of members of the management board and the supervisory board;

h) rozhodnutí o podání žádosti o přijetí účastnických cenných papírů společnosti k obchodování na evropském regulovaném trhu nebo zahraničním trhu obdobném regulovanému trhu a o jejich vyřazení z

(h) decisions relating to the filing of an application for admission to trading of participating securities of the company on a European regulated market or a foreign market equivalent to a regulated obchodování,

market;

i) rozhodnutí o zrušení společnosti s likvidací, jmenování a odvolání likvidátora, včetně určení výše jeho odměny, schválení návrhu rozdělení likvidačního zůstatku,

(i) decisions to wind up a company in liquidation, appoint or recall a liquidator, including the determination of the amount of its remuneration, and approving a proposal for distribution of the liquidation balance;

j) rozhodnutí o fúzi, převodu jmění na jednoho akcionáře nebo rozdělení, popřípadě o změně právní formy,

(j) decisions relating to a merger, transfer of assets and liabilities to a sole shareholder or division or, if applicable, change of legal form;

k) schvalování smluv uvedených v § 67a,

(k) the approval of contracts stated in section 67a;

l) schválení jednání učiněných jménem společnosti do jejího vzniku podle § 64,

(l) the approval of acts concluded in the name of the company before its incorporation under section 64;

m) schválení ovládací smlouvy (§ 190b), smlouvy o převodu zisku (§ 190a) a smlouvy o tichém společenství a jejich změn,

(m) the approval of a control agreement (section 190b), a profit transfer agreement (section 190a) and a silent partnership agreement and any change to any of them;

n) rozhodnutí o dalších otázkách, které tento zákon nebo stanovy zahrnují do působnosti valné hromady.

(n) decisions on further matters that this Code or the articles of association include within the competence of the general meeting.

(2) Valná hromada si nemůže vyhradit k rozhodování záležitosti, které jí nesvěřuje zákon nebo stanovy.

(2) The general meeting cannot reserve the right to decide on matters that are not conferred to it by the law or the articles of association.

§ 188

Section 188

(1) Valná hromada zvolí svého předsedu, zapisovatele, dva ověřovatele zápisu a osoby pověřené sčítáním hlasů. Do doby zvolení předsedy řídí valnou hromadu člen představenstva, jehož tím představenstvo pověří, nestanoví-li tento zákon jinak.

(1) The general meeting must elect a chairperson, a recorder, two verifiers of the record and persons appointed to count the votes. Unless this Code provides otherwise, until the chairperson is elected, the general meeting must be chaired by a member of the management board appointed by the

management board to do so.

(2) Zápis o valné hromadě obsahuje:

a) firmu a sídlo společnosti,

b) místo a dobu konání valné hromady,

c) jméno předsedy valné hromady, zapisovatele, ověřovatelů zápisu a osob pověřených sčítáním hlasů,

d) popis projednání jednotlivých bodů programu valné hromady,

e) rozhodnutí valné hromady s uvedením výsledku hlasování,

f) obsah protestu akcionáře, člena představenstva nebo dozorčí rady týkajícího se rozhodnutí valné hromady, jestliže o to protestující požádá.

(3) K zápisu se přiloží návrhy a prohlášení, předložená na valné hromadě k projednání, a listina přítomných na valné hromadě.

(2) The minutes of the general meeting must state the following:

(a) the business name and registered office of the company;

(b) the place and time of the holding the general meeting;

(c) the full name of the chairperson of the general meeting, the recorder, the verifiers of the record and the persons appointed to count votes;

(d) a description of the process for the deliberation of the individual points of agenda of the general meeting;

(e) the decisions of the general meeting, including a statement of the result of the vote;

(f) the content of the objections of any shareholder, member of the management board or member of the supervisory board relating to a decision by the general meeting if the objecting person so requests.

(3) Proposals and declarations submitted for deliberation at the general meeting, and the attendance list of the general meeting must be annexed to the minutes.

§ 189

(1) Představenstvo zabezpečuje vyhotovení zápisu o valné hromadě do 30 dnů od jejího ukončení. Zápis podepisuje zapisovatel a předseda zasedání valné hromady a dva zvolení ověřovatelé.

(2) Každý akcionář může požádat představenstvo o vydání kopie zápisu nebo jeho části za celou dobu existence

Section 189

(1) The management board must ensure the preparation of the minutes of the general meeting within 30 days of its closing. The minutes must be signed by the recorder and the chairperson of the general meeting and the two elected verifiers.

(2) Each shareholder may request that the management board issues to it a copy of all or part of the minutes for any time during

společnosti. Pokud stanovy společnosti neurčí něco jiného, pořizuje se kopie zápisu nebo jeho části na náklady akcionáře, který o její vydání žádá.

the existence of the company. Unless the articles of association provide otherwise, a copy of all or part of the minutes must be made at the cost of a shareholder that requests it.

(3) Zápisy o valné hromadě spolu s oznámením nebo pozváním na valnou hromadu a listina přítomných akcionářů se uchovávají v archivu společnosti po celou dobu jejího trvání. Likvidátor zajistí archivaci nebo úschovu těchto zápisů ještě po dobu deseti roků po zániku společnosti. Pokud se zrušuje společnost bez likvidace a její jmění přechází na právního nástupce, uschovávají se zápisy v archivu právního nástupce stejně jako zápisy tohoto nástupce.

(3) The minutes of a general meeting must be kept in the archives of the company for the entire period of its existence, together with relevant the notice or invitation to the general meeting and the list of the shareholders present. A liquidator must continue to ensure the retention or storage of these minutes for a period of ten years after the dissolution of the company. If the company is in winding up without being liquidated and its assets and liabilities pass by transmission to a legal successor, the minutes must be maintained in the archives of the legal successor in the same manner as the minutes of that successor.

§ 190

(1) Má-li společnost jen jediného akcionáře, nekoná se valná hromada a působnost valné hromady vykonává tento akcionář. Projev vůle akcionáře při výkonu působnosti valné hromady musí mít písemnou formu (dále jen „rozhodnutí akcionáře"). Rozhodnutí společníka musí mít formu notářského zápisu o právním úkonu v těch případech, kdy se o rozhodnutí valné hromady pořizuje notářský zápis. Ustanovení § 186c odst. 2 a 3 se nepoužijí.

(2) Jediný akcionář je oprávněn vyžadovat, aby se rozhodování podle odstavce 1 účastnilo představenstvo a dozorčí rada. Písemné rozhodnutí jediného akcionáře musí být doručeno představenstvu a dozorčí radě.

Section 190

(1) If a company has a sole shareholder, the general meeting does not need to be held and the competence of the general meeting may be exercised by that shareholder. An expression of will of a shareholder exercising the competence of the general meeting must be concluded in writing (a "decision of the shareholder"). A decision of the member must be concluded in the form of a notarial record of a legal act in the cases where a notarial record must be made of decisions of a general meeting. The provisions of section 186c (2) and (3) do not apply.

(2) A sole shareholder is entitled to require the management board and the supervisory board to participate in the passing of decisions under subsection (1). A written decision of the sole shareholder must be delivered to the management board and the supervisory board.

(3) Smlouvy uzavřené mezi společností a jediným akcionářem této společnosti, pokud tento akcionář jedná rovněž jménem společnosti, musí mít formu notářského zápisu nebo písemnou formu a listina musí být podepsána před orgánem pověřeným legalizací.

(3) Contracts concluded between the company and the sole shareholder in that company, if that shareholder is acting also in the name of the company, must be concluded in the form of a notarial record or in writing with the document to be signed before an authority appointed to legalize documents.

§ 190a

Smlouva o převodu zisku

Section 190a

The profit transfer agreement

(1) Smlouvou o převodu zisku se zavazuje řízená osoba po provedení přídělu do rezervního fondu, vyžaduje-li tvorbu rezervního fondu zákon nebo zakladatelský dokument, převést ve prospěch řídící osoby zbylý zisk nebo jeho část. Smlouva o převodu zisku musí rovněž obsahovat závazek řídící osoby vůči společníkům, kteří nejsou účastníky smlouvy (dále jen "mimo stojící společníci"), poskytnout jim přiměřené vyrovnání, ledaže společnost nemá žádného takového společníka.

(1) Under a profit transfer agreement, the managed person undertakes to transfer for the benefit of the managing person all or part of its profit that remains after making an allocation to reserves if the creation of reserves is required by the law or the foundation document. A profit transfer agreement must also contain an obligation by the managing person to the members who are not parties to the agreement ("outside members") to provide them an adequate settlement, except when the company has no such members.

(2) Přiměřené vyrovnání podle odstavce 1 musí být poskytnuto po dobu trvání smlouvy každoročně a alespoň v té výši, která by podle dosavadních hospodářských výsledků společnosti a očekávaných budoucích hospodářských výsledků s přihlédnutím k přiměřeným odpisům a opravným položkám mohla být pravděpodobně rozdělena jako podíl na zisku připadající na akcie určité jmenovité hodnoty nebo na podíl tohoto společníka. Jestliže se smlouva o převodu zisku vztahuje jen na část zisku, krátí se částka přiměřeného vyrovnání poměrně.

(2) Annually, during the existence of the agreement, an adequate settlement under subsection (1) must be provided at least in the amount which, according to the existing and forecast future economic results of the company taking into account adequate depreciation and adjustments, could probably be distributed as a share in profit pertaining to the shares of a certain nominal value or pertaining to an ownership interest of the relevant member. If the profit transfer agreement applies only to a part of the profit, the amount of an adequate settlement must be reduced in equal proportions.

(3) Smlouva o převodu zisku je platná, i když vyrovnání podle odstavce 1 není přiměřené. Mimo stojící společníci jsou oprávněni domáhat se, aby výši

(3) A profit transfer agreement is valid even if the settlement pursuant to subsection (1) is not adequate. Outside members are entitled to require that the amount of an

přiměřeného vyrovnání určil soud. Žaloba musí být podána do 3 měsíců poté, co bylo zveřejněno uložení smlouvy o převodu zisku do sbírky listin, jinak toto právo zaniká. Soudní rozhodnutí, jímž se určuje výše přiměřeného vyrovnání mimo stojícímu společníkovi, je pro řídící osobu co do základu přiznaného práva závazné i vůči ostatním mimo stojícím společníkům.

adequate settlement is determined by the court. The relevant action must be filed within three months of publication of the filing of the profit transfer agreement in the collection of documents, or otherwise this right expires. A court decision determining the amount of an adequate settlement for an outside member is also binding on the managing person in the determinative issue in relation to the other outside members.

§ 190b

Ovládací smlouva

(1) Ovládací smlouvou se zavazuje jedna smluvní strana (řízená osoba) podrobit se jednotnému řízení jiné osobě (řídící osoba). Je-li součástí ovládací smlouvy i závazek řízené osoby převádět zisk nebo jeho část řídící osobě, použije se obdobně ustanovení § 190a.

(2) Řídící osoba je oprávněna udílet statutárnímu orgánu řízené osoby pokyny, a to i takové, které mohou být pro řízenou osobu i nevýhodné, jestliže jsou v zájmu řídící osoby nebo jiné osoby, se kterou tvoří koncern. Tím není dotčena povinnost osob tvořících statutární orgán řízené osoby nebo jeho členů jednat s péčí řádného hospodáře. Jiná osoba ani jiný orgán řízené osoby nejsou oprávněny udělovat statutárnímu orgánu řízené osoby pokyny, které jsou v rozporu s pokyny řídící osoby.

(3) Osoby, které jménem řídící osoby udělují pokyny statutárnímu orgánu řízené osoby, jsou povinny postupovat s péčí řádného hospodáře. Pokud tuto povinnost poruší, jsou povinny společně a nerozdílně

Section 190b

The control agreement

(1) Under a control agreement, one contracting party (the managing person) undertakes to be subject to management on a unified basis by another person (the managing person). If a control agreement also includes an obligation by the managed person to transfer all or part of its profit to the managing person, the agreement is also subject to the provisions of section 190a, which apply with appropriate changes.

(2) The managing person is entitled to give instructions to the managed person's statutory body, including those which might be disadvantageous to the managed person, but which are in the interests of the managing person or another person within the group. The duty of the persons forming the managed person's statutory body or of the members of that body to proceed with due managerial care is not affected by this requirement. Another person or another body of the managed person is not entitled to give instructions to the managed person's statutory body that are to the contrary of the instructions of the managing person.

(3) The persons giving instructions in the name of the managing person to the managed person's statutory body have a duty to proceed with due managerial care. Should they breach this requirement, they

nahradit škodu, která z toho řízené osobě vznikne. Je-li sporné, zda tyto osoby postupovaly s péčí řádného hospodáře, nesou důkazní břemeno. Za splnění závazku z náhrady škody ručí řídící osoba.

have a duty jointly and severally to compensate the damage incurred by the managed person. If it is disputed whether these persons proceeded with due managerial care, they bear the burden of proof. The managing person is liable for the performance of the obligation to compensate the damage.

(4) Právo na náhradu škody může za řízenou osobu uplatnit i každý její společník. Ustanovení § 182 se použije přiměřeně.

(4) The right to compensation for damage may also be asserted on behalf of the managed person by any of its members. The provisions of section 182 apply as appropriate.

(5) Vznikne-li v důsledku porušení povinností podle odstavce 3 škoda i věřitelům řízené osoby, odpovídají osoby, které tuto povinnost porušily, společně a nerozdílně za škodu způsobenou věřiteli, pokud nárok věřitele nemůže být uspokojen z majetku řízené osoby. Řídící osoba ručí za závazek k náhradě škody.

(5) If damage is also incurred by a managed person's creditors as a result of a breach of the duties under subsection (3), the relevant persons in breach of that duty are jointly and severally liable for the damage caused to the creditors, provided that the creditors' claim cannot be satisfied from the managed person's assets. The managing person is liable as guarantor for the obligation to compensate the damage.

(6) Společně s osobami uvedenými v odstavcích 3 a 5 odpovídají za takto vzniklou škodu i osoby, jež jsou statutárním orgánem řízené osoby nebo jeho členem, pokud nepostupovaly s péčí řádného hospodáře. Tyto osoby za škodu neodpovídají, pokud jednaly podle pokynů, které byly uděleny v souladu s ustanovením odstavce 2.

(6) Persons that are the managed person's statutory body or members of that statutory body are jointly liable with the persons stated in subsections (3) and (5) for the damage arising as a result of their failure to proceed with due managerial care. These persons are not, however, liable for the relevant damage if they proceeded according to instructions given in accordance with the provisions of subsection (2).

Společná ustanovení o ovládací smlouvě a o smlouvě o převodu zisku

Common provisions relating to control agreements and profit transfer agreements

§ 190c

Section 190c

(1) Ovládací smlouva nebo smlouva o převodu zisku musí být uzavřena písemně a musí obsahovat i závazek vůči mimo stojícím společníkům uzavřít na písemnou žádost smlouvu o úplatném převodu jejich

(1) A control agreement or a profit transfer agreement must be concluded in writing and must contain an obligation in favour of the outside members that, at their written request, an agreement will be concluded for

akcií, zatímních listů nebo podílů (dále jen "smlouva o úplatném převodu") za cenu přiměřenou hodnotě jejich akcií, zatímních listů nebo podílů (dále jen "odškodnění"), ledaže společnost nemá žádného takového společníka. Ustanovení § 186a odst. 6 se použije přiměřeně. Lhůta pro zaplacení odškodnění nesmí být delší než 1 měsíc ode dne uzavření smlouvy o úplatném převodu. Výše odškodnění nebo způsob jeho určení musí být uvedeny v ovládací smlouvě nebo ve smlouvě o převodu zisku. Právo požadovat uzavření smlouvy o úplatném převodu může být časově omezeno. Lhůta pro uplatnění tohoto práva nemůže být v takovém případě kratší než 3 měsíce od účinnosti ovládací smlouvy nebo smlouvy o převodu zisku. Pro účely tohoto ustanovení se akcie, zatímní listy a obchodní podíly považují vždy za neomezeně převoditelné.

the transfer of their shares, interim certificates or ownership interest for consideration (a "transfer agreement for consideration") for a price adequate to the value of such shares, interim certificates or ownership interests (the "compensation amount"), except if there is no such member. The provisions of section 186a (6) apply as appropriate. The period for payment of the compensation amount cannot be longer than one month from the date on which the transfer agreement for consideration is concluded. The compensation amount or the manner of of determining it must be stated in the control agreement or in the profit transfer agreement. The right to require the conclusion of the transfer agreement for consideration may be restricted to a certain period of time. The period for asserting this right in such cases cannot be less than three months from the date of effectiveness of the control agreement or the profit transfer agreement. For the purposes of this provision, shares, interim certificates and ownership interests are always regarded as freely transferable.

(2) Není-li výše odškodnění v ovládací smlouvě nebo ve smlouvě o převodu zisku stanovena v souladu s odstavcem 1, je smlouva přesto platná. Mimo stojící společníci jsou oprávněni domáhat se, aby výši přiměřeného odškodnění určil soud. Žaloba musí být podána do 3 měsíců poté, co bylo zveřejněno uložení ovládací smlouvy nebo smlouvy o převodu zisku do sbírky listin, popřípadě od uzavření smlouvy o úplatném převodu, jinak toto právo zaniká. Soudní rozhodnutí, jímž se určuje výše přiměřeného odškodnění mimo stojícímu společníkovi, je pro řídící osobu co do základu přiznaného práva závazné i vůči ostatním mimo stojícím společníkům.

(2) If the compensation amount is not set out in the control agreement or in the profit transfer agreement in accordance with subsection (1), the relevant agreement remains valid. The outside members are entitled to require that the amount of an adequate compensation amount is determined by the court. The action must be filed within three months from the publication of the notice that the relevant control agreement or profit transfer agreement has been filed in the collection of documents or, if applicable, from the conclusion of the transfer agreement for consideration, or this right expires. A court decision determining the amount of an adequate compensation amount to an outside member is also binding on the managing person in the determinative issue

on the other outside members.

(3) Ovládací smlouva nebo smlouva o převodu zisku může být zrušena jen s účinností ke konci účetního období. Zpětná účinnost se nepřipouští. Právní úkon, jenž má za následek zrušení smlouvy, musí mít písemnou formu. Jestliže se má smlouva zrušit na základě právního úkonu, je k účinnosti tohoto právního úkonu třeba souhlasu valné hromady a mimo stojících společníků, obsahuje-li ovládací smlouva nebo smlouva o převodu zisku závazek k vyrovnání nebo k odškodnění. Ustanovení § 190d odst. 1 věty poslední se použije obdobně. Ustanovení § 190e, 190g a 190h se použijí přiměřeně.

(3) A control agreement or a profit transfer agreement may only be terminated with effect as from the end of the financial year. They cannot be effective retroactively. A legal act having the consequence of termination of the relevant agreement must be concluded in writing. If an agreement is to be revoked on the basis of a legal act, in order to be effective, the legal act requires the consent of the general meeting and the outside members, provided that the control agreement or the profit transfer agreement contains an obligation for settlement or payment of a compensation amount. The provisions of section 190d (1) last sentence apply with appropriate changes. The provisions of section 190e, 190g, and 190h apply as appropriate.

(4) Řídící nebo řízená osoba je oprávněna odstoupit od ovládací smlouvy nebo od smlouvy o převodu zisku s účinky ke dni doručení odstoupení druhé smluvní straně jen z vážných důvodů, zejména jestliže druhá smluvní strana není schopna plnit závazky ze smlouvy. Řízená osoba je oprávněna od smlouvy odstoupit i tehdy, jestliže je podle rozhodnutí soudu odškodnění přiznané mimo stojícím společníkům v ovládací smlouvě nebo ve smlouvě o převodu zisku nepřiměřené, a to ve lhůtě 2 měsíců od právní moci tohoto rozhodnutí.

(4) A managing person or a managed person is entitled to withdraw from a control agreement or a profit transfer agreement with effect from the date of delivery of the withdrawal to the other contractual party, and only on serious grounds, in particular if the other contractual party is not able to perform its obligations under the agreement. The managed person is also entitled to withdraw from the agreement if, under an applicable court decision, the compensation amount is upheld in favour of outside members under the control agreement or the profit transfer agreement and is inadequate, within two months from the date on which such a decision becomes final.

(5) Byla-li uzavřena ovládací smlouva nebo smlouva o převodu zisku a hospodaření řízené osoby skončí ztrátou, je řídící osoba povinna tuto ztrátu uhradit, pokud nemůže být uhrazena z rezervního fondu nebo jiných disponibilních zdrojů řízené osoby.

(5) Where a control agreement or a profit transfer agreement has been concluded and there is an operating loss of the managed person, the managing person must cover this loss if it cannot be covered by the managed person's reserves or its amount of resources available for distribution.

(6) Nabude-li ovládací smlouva nebo smlouva o převodu zisku účinnosti k jinému dni, než je první den účetního období, sestaví řízená osoba ke dni předcházejícímu den nabytí účinnosti smlouvy mezitímní účetní závěrku. Zanikne-li účinnost ovládací smlouvy nebo smlouvy o převodu zisku k jinému dni, než je poslední den účetního období, sestaví řízená osoba ke dni zániku účinnosti smlouvy mezitímní účetní závěrku.

(6) Where a control agreement or a profit transfer agreement takes effect as at a date that is not the first day of the financial year, the managed person must prepare interim financial statements as at the date preceding the date on which the relevant agreement takes effect. Where the effectiveness of a control agreement or a profit transfer agreement terminates as at a date that is not the last day of a financial year, the managed person must prepare interim financial statements at the date when the effectiveness of the agreement terminates.

§ 190d

(1) Ovládací smlouva nebo smlouva o převodu zisku musí být schválena valnou hromadou, jde-li o akciovou společnost nebo společnost s ručením omezeným, a to alespoň třemi čtvrtinami hlasů přítomných společníků, bez ohledu na to, zda společnost je osobou řídící nebo řízenou, pokud stanovy nevyžadují vyšší počet hlasů, jinak je neplatná. O rozhodnutí valné hromady, jímž se schvaluje ovládací smlouva nebo smlouva o převodu zisku, musí být pořízen notářský zápis. Je-li účastníkem ovládací smlouvy nebo smlouvy o převodu zisku veřejná obchodní společnost nebo komanditní společnost, vyžaduje se její podepsání všemi neomezeně ručícími společníky.

(2) Ovládací smlouva nebo smlouva o převodu zisku nemůže nabýt účinnosti přede dnem zveřejnění oznámení o uložení smlouvy do sbírky listin rejstříkového soudu.

Section 190d

(1) As regards a joint stock company or a limited liability company, a control agreement or a profit transfer agreement must be approved by the general meeting by at least three quarters of the votes of the shareholders present, regardless of whether the company is a managing or managed person, if the articles of association do not require a higher number of votes, or otherwise the agreement is void. Decisions of the general meeting approving a control agreement or a profit transfer agreement must be recorded in the form of a notarial record. Where a party to a control agreement or a profit transfer agreement is a private unlimited company or a limited liability partnership, the agreement must be signed by all of the members having unlimited liability.

(2) A control agreement or a profit transfer agreement cannot take effect before the date of publication of a notice stating that the agreement has been filed in the collection of documents of the registration court.

§ 190e

(1) Statutární orgán osoby, jež uzavřela ovládací smlouvu nebo smlouvu o převodu zisku (dále jen "smluvní osoba"), vyhotoví písemnou zprávu pro společníky nebo členy, v níž vysvětlí důvody uzavření smlouvy a zejména objasní výši vyrovnání a odškodnění. Statutární orgány všech nebo některých smluvních osob mohou vyhotovit společnou zprávu.

(2) Pokud by uvedení určitých údajů ve zprávě mohlo způsobit značnou újmu smluvní osobě nebo ji ovládající nebo jí ovládané osobě nebo tvoří předmět obchodního tajemství smluvní osoby nebo ji ovládající nebo jí ovládané osoby anebo je utajovanou informací podle zvláštního právního předpisu, nelze je ve zprávě uvádět. Zpráva však musí obsahovat sdělení, proč se předmětné údaje neuvádějí.

(3) Zprávy se nevyžadují, jestliže s tím všichni společníci nebo členové smluvní osoby projevili souhlas, anebo jsou-li všichni společníci nebo členové smluvní osoby jejím statutárním orgánem nebo jeho členem. Prohlášení o udělení souhlasu musí mít písemnou formu s úředně ověřeným podpisem nebo musí být učiněno na valné hromadě nebo členské schůzi. Prohlášení o vzdání se práva na valné hromadě nebo členské schůzi se uvede v notářském zápisu o rozhodnutí valné hromady nebo členské schůze. Vzdání se práva má právní účinky i vůči právnímu nástupci společníka nebo člena.

Section 190e

(1) The statutory body of a person that has concluded a control agreement or a profit transfer agreement (the "contracting person") must prepare a written report for the members in which it must explain the grounds for concluding the agreement and, in particular, clarify the amount of the settlement and the compensation. The statutory bodies of some or all contracting persons may prepare a joint report.

(2) If the statement of certain information in the report could cause considerable detriment to the contracting person or the person controlling it or controlled by it, or it is the subject of a trade secret of the contracting person or a person controlling it or controlled by it, or it is confidential information under a special legal regulation, it must not be stated in the report. The report must, however, set out the grounds for which the relevant information is not stated.

(3) Reports are not required if all the members of a contracting person have expressed their consent to it or if all the members of a contracting person are its statutory body members of its statutory body. A declaration of consent must be concluded in writing and the affixed signatures must be officially verified or it must be concluded at the general meeting or members' meeting. A waiver of rights declaration concluded at the general meeting or members' meeting must be stated in the notarial record of the decision of the general meeting or members' meeting. A waiver of rights also has legal effect against a legal successor of the member.

§ 190f

(1) Návrh ovládací smlouvy nebo smlouvy o převodu zisku přezkoumá za každou ze smluvních osob znalec jmenovaný soudem nebo společně dva znalci jmenovaní soudem pro všechny zúčastněné smluvní osoby. Ustanovení § 59 odst. 3 platí na postup při jmenování, odvolání a odvolávání znalce obdobně.

(2) Návrh na jmenování znalce podává smluvní osoba. Návrh na jmenování společných znalců podávají společně obě smluvní osoby.

(3) Znalec nebo znalci zpracují o výsledku přezkoumání písemnou zprávu o přezkoumání ovládací smlouvy nebo smlouvy o převodu zisku (dále jen "znalecká zpráva o smlouvě"). Jestliže byli jmenováni společní znalci, zpracují společnou znaleckou zprávu o smlouvě. Znalecká zpráva o smlouvě je znaleckým posudkem podle zvláštního zákona.

(4) Znalecká zpráva o smlouvě musí obsahovat kromě náležitostí vyžadovaných zvláštním zákonem též závěr, že navržené vyrovnání a navržené odškodnění je přiměřené. Ve znalecké zprávě o smlouvě musí být rovněž uvedeno

a) podle jakých metod bylo vyrovnání, popřípadě odškodnění určeno,

b) z jakých důvodů je použití těchto metod vhodné,

c) jaké vyrovnání, popřípadě odškodnění vyplývá z jednotlivých metod, pokud bylo použito více metod; současně musí být uvedeno,

Section 190f

(1) An expert appointed by the court for each contracting person must review the proposed control agreement or profit transfer agreement or two experts nominated by the court must review it jointly for all the participating contracting persons. The provisions of section 59 (3) apply, with appropriate changes, to the procedure for appointment and recall of an expert.

(2) The petition for the appointment of an expert must be filed by the contracting person. The petition for the appointment of joint experts must be filed jointly by both contracting persons.

(3) The expert or experts must prepare a written report on the results of their review of the control agreement or profit transfer agreement (the "expert report on the agreement"). If joint experts are appointed, they must prepare a joint expert report on the agreement. The expert report on the agreement is an expert report under a special act.

(4) The expert report on the agreement must contain, in addition to the particulars required by a special act, a conclusion as to whether the proposed settlement and the proposed compensation amount are adequate. The expert report on the agreement must also state the following:

(a) the methods that were applied to determine the settlement or, if applicable, the compensation amount;

(b) the grounds for which using these methods is appropriate;

(c) the settlement or compensation amount that follows from the use of the individual methods, if more than one method has been applied; at the same jaká váha byla přiznána jednotlivým metodám a výsledkům z nich vyplývajícím a jaké obtíže se vyskytly při zjišťování výše vyrovnání nebo odškodnění.

time, stating the weight given to the individual methods and the results derived from them, and any difficulties encountered in ascertaining the amount of the settlement or the compensation amount.

(5) Znalec má právo vyžadovat od smluvních osob, je ovládajících a jimi ovládaných osob všechny informace a písemnosti, jež jsou potřebné ke zpracování znalecké zprávy, a má právo provádět u těchto osob potřebná šetření. Ustanovení § 190e odst. 2 zde platí obdobně.

(5) The expert has the right to require from the contracting persons, as well as from their controlled and controlling persons, all information and documents necessary for preparing an expert report, and it has the right to carry out all necessary investigations at such persons. The provisions of section 190e (2) apply with appropriate changes.

(6) Znalec nebo znalci předají znaleckou zprávu o smlouvě statutárním orgánům smluvních osob. Tyto znalecké zprávy o smlouvě musí být zaslány všem společníkům smluvních osob, má-li smluvní osoba právní formu veřejné obchodní společnosti nebo komanditní společnosti, nebo musí být umožněno volné nahlížení do nich společníkům nebo členům smluvní osoby přítomným na jednání valné hromady nebo členské schůze, která má schvalovat návrh ovládací smlouvy nebo smlouvy o převodu zisku, má-li smluvní osoba právní formu společnosti s ručením omezeným nebo akciové společnosti nebo družstva.

(6) The expert or experts must hand over the expert report on the agreement to the statutory bodies of the contracting persons. These expert reports on the agreement must be sent to all the members of the contracting persons if the contracting person has the legal form of a private unlimited company or a limited liability partnership, or they must be made freely available for inspection to the members of the contracting person present at the general meeting or members' meeting approving the proposed control agreement or profit transfer agreement, if the contracting person has the legal form of a limited liability company or a joint stock company or a cooperative society.

(7) Znalecké zprávy o smlouvě se nevyžadují, jestliže s tím všichni společníci nebo členové smluvní osoby projevili souhlas, anebo jsou-li všichni společníci nebo členové smluvní osoby jejím statutárním orgánem nebo jeho členem. Prohlášení o udělení souhlasu musí mít písemnou formu s úředně ověřeným podpisem nebo musí být učiněno na jednání valné hromady nebo členské schůze. Prohlášení o vzdání se práva na jednání valné hromady nebo členské schůze se uvede v notářském zápisu o

(7) The expert reports on the agreement are not required if all the members of a contracting person have expressed their consent to it or if all the members of a contracting person are its statutory body or members of that statutory body. A declaration of consent must be concluded in writing and the signatures affixed to it must be officially verified or it must be concluded at the general meeting or the members' meeting. A waiver of rights declaration concluded at the general meeting or the members' meeting must be stated in the

rozhodnutí valné hromady nebo členské schůze. Vzdání se práva má právní účinky i vůči právnímu nástupci společníka nebo člena.

notarial record of the decision of the general meeting or the members' meeting. A waiver of rights also has legal effect against the legal successor of the member.

§ 190g

(1) Všichni společníci nebo členové mají právo seznámit se ode dne, v němž bylo uveřejněno oznámení o svolání valné hromady nebo členské schůze nebo odeslána pozvánka na valnou hromadu nebo členskou schůzi, nebo alespoň 15 dnů před podpisem smlouvy, jde-li o veřejnou obchodní společnost nebo komanditní společnost, v sídle smluvní osoby

a) s ovládací smlouvou nebo smlouvou o převodu zisku,

b) se zprávami statutárních orgánů, jestliže se vyžadují,

c) se znaleckými zprávami o smlouvě nebo společnou znaleckou zprávou o smlouvě, jestliže se vyžadují,

d) s výročními zprávami a zprávami auditora, podléhá-li účetní závěrka smluvní osoby ověření auditorem, za poslední 3 účetní období, pokud smluvní osoba po takovou dobu trvá, popřípadě s takovými účetními závěrkami a zprávami auditora právního předchůdce, měla-li tato smluvní osoba právního předchůdce.

(2) Smluvní osoba vydá každému společníkovi nebo členovi kterékoliv smluvní osoby, který o to požádá, bez zbytečného odkladu bezplatně opis nebo výpis z písemností uvedených v odstavci 1,

Section 190g

(1) From the date on which a notice of the holding of a general meeting or a members' meeting has been published or an invitation to attend a general meeting or a members' meeting has been sent and, in the case of a private unlimited partnership or a limited liability partnership, at least 15 days before the signing of the relevant agreement, all members have the right to familiarise themselves at the contracting person's registered office with the following documents:

(a) the control agreement or the profit transfer agreement;

(b) the reports of the statutory bodies, if they are required;

(c) the expert reports on the agreement or a joint expert report on the agreement, if they are required;

(d) the annual reports and the auditor's reports, if the financial statements of the contracting person are subject to audit, for the last three financial years, provided that the contracting person existed at the relevant time or, if applicable, the same financial statements and auditor's reports for the legal predecessor of that particular contracting person, if any.

(2) The contracting person must without undue delay and at no cost issue to each member of any contracting person that so requests a copy of or extract from the documents stated in subsection (1), if they

jestliže se vyžadují.

are required.

§ 190h

(1) Na valné hromadě nebo členské schůzi musí být společníkům nebo členům volně přístupné k nahlédnutí listiny uvedené v § 190g odst. 1, jestliže se vyžadují. Statutární orgán smluvní osoby na začátku jednání valné hromady nebo členské schůze objasní společníkům nebo členům ovládací smlouvu nebo smlouvu o převodu zisku. Statutární orgán před hlasováním o schválení smlouvy seznámí společníky nebo členy se znaleckou zprávou o smlouvě.

(2) Každý společník nebo člen, který o to požádá na valné hromadě nebo na členské schůzi, má právo na informace, jež se týkají ostatních smluvních osob, jsou-li důležité z hlediska schválení ovládací smlouvy nebo smlouvy o převodu zisku. Ustanovení § 190e odst. 2 zde platí obdobně.

Section 190h

(1) At the general meeting or members' meeting, the documents stated in section 190g (1), if they are required, must be freely available for inspection by the members. At the commencement of the session of the general meeting or members' meeting, the statutory body of the contracting person must explain to the members the control agreement or the profit transfer agreement. Before the vote to approve the agreement, the statutory body must acquaint the members with the expert report on the agreement.

(2) Each member that so requests at the general meeting or the members' meeting has the right to information relating to the other contracting persons, if this is important by reference to the approval of the control agreement or the profit transfer agreement. The provisions of section 190e (2) apply with appropriate changes.

§ 190i

Na dohodu o změně ovládací smlouvy nebo smlouvy o převodu zisku se použijí obdobně ustanovení § 190c odst. 3 věty první až čtvrté a § 190d odst. 1 věty poslední. Ustanovení § 190e, 190g a 190h se použijí přiměřeně.

Section 190i

The provisions of section 190c (3) first to fourth sentence and section 190d (1) last sentence apply to an agreement to amend a control agreement or a profit transfer agreement with appropriate changes. The provisions of sections 190e, 190g, and 190h apply as appropriate.

§ 190j

(1) Ovládací smlouva a smlouva o převodu zisku se zrušuje ke dni zániku řízené osoby.

(2) Dojde-li v důsledku fúze, převodu jmění na společníka nebo rozdělení k zániku řídící osoby, je nástupnická společnost oprávněna do jednoho měsíce od zápisu

Section 190j

(1) A control agreement and a profit transfer agreement are discharged as at the date on which the managed person is dissolved.

(2) If as a result of a merger, a transfer of assets and liabilities to a member or a division, the managing person is dissolved, the successor company is entitled, within

fúze nebo rozdělení do obchodního rejstříku od ovládací smlouvy nebo smlouvy o převodu zisku odstoupit. Tím není dotčeno ustanovení § 190i.

one month after the entry of the merger or division in the commercial register, to withdraw from the control agreement or the profit transfer agreement. This does not affect the provisions of section 190i.

(3) Ostatní případy přeměn nemají vliv na trvání práv a povinností zúčastněných společností vyplývajících z ovládací smlouvy nebo smlouvy o převodu zisku.

(3) The other cases of transformations do not affect the existence of the rights and duties of the participating companies that follow from a control agreement or a profit transfer agreement.

Představenstvo

The management board

§ 191

Section 191

(1) Představenstvo je statutárním orgánem, jenž řídí činnost společnosti a jedná jejím jménem. Představenstvo rozhoduje o všech záležitostech společnosti, pokud nejsou tímto zákonem nebo stanovami vyhrazeny do působnosti valné hromady nebo dozorčí rady. Nevyplývá-li ze stanov něco jiného, za představenstvo jedná navenek jménem společnosti každý člen představenstva. Členové představenstva, kteří zavazují společnost, a způsob, kterým tak činí, se zapisují do obchodního rejstříku.

(1) The management board is the statutory body that manages the activities of the company and acts in its name. The management board may decide all the affairs of the company, unless they fall within the competence of the general meeting or the supervisory board by application of this Code or the articles of association. Unless the articles of association require otherwise, any member of the management board may act externally in the name of the company. Those members of the management board, whose acts are binding on the company, and the manner by which they do so, must be entered in the commercial register.

(2) Stanovy, rozhodnutí valné hromady nebo dozorčí rady mohou omezit právo představenstva jednat jménem společnosti, avšak tato omezení nejsou účinná vůči třetím osobám.

(2) The articles of association, decisions of the general meeting, or decisions of the supervisory board, may restrict the right of the management board to act in the name of a company but such restrictions are not effective as against third parties.

§ 192

Section 192

(1) Představenstvo zabezpečuje obchodní vedení včetně řádného vedení účetnictví společnosti a předkládá valné hromadě ke schválení řádnou, mimořádnou a konsolidovanou, popřípadě i mezitímní účetní závěrku a návrh na rozdělení zisku

(1) The management board ensures the management of the company's business affairs, including proper bookkeeping, and it must submit to the general meeting for its approval, in compliance with the articles of association, ordinary, extraordinary,

nebo úhradu ztráty v souladu se stanovami společnosti. Tato závěrka nebo vybrané údaje z ní s uvedením doby a místa, v němž je účetní závěrka k nahlédnutí pro akcionáře, se zasílají akcionářům majícím akcie na jméno nejméně 30 dnů před valnou hromadou. Vydala-li společnost akcie na majitele, hlavní údaje této účetní závěrky se v téže lhůtě uveřejní způsobem určeným zákonem a stanovami pro svolání valné hromady s uvedením doby a místa, v němž je účetní závěrka k nahlédnutí pro akcionáře společnosti.

consolidated and, if relevant, interim financial statements and a proposal for the distribution of profit or settlement of losses. The statements, or selected information from them, together with a statement as to the time and place at which shareholders may inspect the financial statements, must be sent to shareholders owning registered shares at least 30 days prior to the general meeting. If the company has issued bearer shares, the essential information from the financial statements must be published within the same period in the manner prescribed by law and the articles of association for the calling of a general meeting, together with a statement as to the time and place at which the shareholders of the company may inspect the financial statements.

(2) Ve lhůtách určených stanovami, nejméně však jednou za účetní období, předkládá představenstvo valné hromadě zprávu o podnikatelské činnosti společnosti a o stavu jejího majetku. Tato zpráva je vždy součástí výroční zprávy zpracovávané podle zvláštního právního předpisu.

(2) In the period set out in the articles of association, which must be at least once in any given financial year, the management board must submit to the general meeting a report on the business activities of the company and the standing of its assets. This report must always form a part of the annual report prepared under a special legal regulation.

§ 193

(1) Představenstvo svolá valnou hromadu bez zbytečného odkladu poté, co zjistí, že celková ztráta společnosti na základě jakékoliv účetní závěrky dosáhla takové výše, že při jejím uhrazení z disponibilních zdrojů společnosti by neuhrazená ztráta dosáhla poloviny základního kapitálu nebo to lze s ohledem na všechny okolnosti předpokládat, nebo pokud zjistí, že se společnost dostala do úpadku, a navrhne valné hromadě zrušení společnosti nebo přijetí jiného opatření, nestanoví-li zvláštní právní předpis něco jiného.

Section 193

(1) The management board must call a general meeting without undue delay after it becomes aware that the aggregate losses of the company on the basis of any financial statement have reached an amount for which it is considered that, if the losses were to be applied against the the amount of the resources of the company available for distribution, the amount of losses not covered would equal to half of the registered capital or if, having regard to all the circumstances, it can be anticipated or if the management board becomes aware that the company is insolvent, and it must propose to

the general meeting the winding up of the company or the adoption of other measures, unless a special legal regulation provides otherwise.

(2) K uzavření smlouvy, na jejímž základě má společnost nabýt nebo zcizit majetek, přesahuje-li hodnota nabývaného nebo zcizovaného majetku v průběhu jednoho účetního období jednu třetinu vlastního kapitálu vyplývajícího z poslední řádné účetní závěrky nebo z konsolidované účetní závěrky, sestavuje-li společnost konsolidovanou účetní závěrku, se vyžaduje souhlas dozorčí rady. Vydala-li společnost účastnické cenné papíry, které byly přijaty k obchodování na evropském regulovaném trh, vyžaduje se i souhlas valné hromady. Ustanovení § 196a odst. 4 platí obdobně.

(2) The supervisory board's approval is required for the conclusion of a contract on the basis of which the company acquires or alienates assets whereby the value of the assets to be acquired or alienated during one financial year would exceed one third of the company's equity capital as stated in the last ordinary financial statement or consolidated financial statement, if the company prepares a consolidated financial statement. If the company has issued participating securities that have been admitted to trading on a European regulated market, the consent of the general meeting is also required. The provisions of section 196a (4) apply with appropriate changes.

§ 194

(1) Členy představenstva volí a odvolává valná hromada. Stanovy mohou určit, že členy představenstva volí a odvolává dozorčí rada způsobem v nich uvedeným. Funkční období jednotlivých členů představenstva určují stanovy a nesmí přesáhnout pět let. Neurčí-li stanovy funkční období člena představenstva, je jeho funkční období pět let. Jestliže volí členy představenstva dozorčí rada, zvolí osoby zvolené za členy dozorčí rady první členy představenstva před podáním návrhu na zápis společnosti do obchodního rejstříku. Na postup při volbě členů představenstva se použijí obdobně ustanovení stanov upravující jednání dozorčí rady. Volí-li členy představenstva dozorčí rada, schvaluje rovněž smlouvy o výkonu funkce podle § 66 odst. 2, odměnu za výkon funkce a plnění podle § 66 odst. 3 místo valné hromady.

Section 194

(1) The members of the management board are elected and recalled by the general meeting. The articles of association may specify that the members of the management board may be elected and recalled by the supervisory board in the manner stated in the articles of association. The term of office for individual members of the management board must be specified in the articles of association and cannot exceed five years. Unless the articles of association specify another term of office, the term of office for a member of the management board is five years. If the members of the management board are elected by the supervisory board, the persons elected as members of the supervisory board must elect the first members of the management board before filing the application for entry of the company in the commercial register. The procedure for the election of the members of the management board is

subject, as appropriate, to the provisions of the articles of association regulating the proceedings of the supervisory board. If the members of the management board are elected by the supervisory board, the contracts to perform an office under section 66(2) and the remuneration for the performance of its office and consideration under section 66 (3) must also be approved by the supervisory board and not the general meeting.

(2) Jestliže člen představenstva zemře, odstoupí z funkce, je odvolán nebo jinak skončí jeho funkční období, musí příslušný orgán společnosti do tří měsíců zvolit nového člena představenstva. Nebude-li z tohoto důvodu představenstvo schopno plnit své funkce, jmenuje chybějící členy nebo člena představenstva soud na návrh osoby, jež na tom osvědčí právní zájem, a to na dobu, než budou zvoleni noví členové nebo člen příslušným orgánem společnosti, jinak může soud i bez návrhu zrušit společnost a nařídit její likvidaci. Ustanovení § 71 odst. 2 věty druhé, třetí, čtvrté a páté, odst. 6 a 7 platí obdobně. Místně příslušným soudem pro jmenování člena představenstva je obecný soud společnosti; účastníky řízení jsou navrhovatel, společnost, je-li zde osoba, která je oprávněna jejím jménem nebo za ni jednat, a osoba, jež má být soudem jmenována za člena představenstva. Funkce člena představenstva zaniká volbou nového člena představenstva, nejpozději však uplynutím tří měsíců od uplynutí jeho funkčního období. Stanovy mohou určit, že představenstvo, jehož počet členů zvolených valnou hromadou neklesl pod polovinu, může jmenovat náhradní členy do příštího zasedání valné hromady.

(2) When a member of the management board dies, resigns, or is recalled, or its term of office otherwise terminates, the competent company body must elect a new member of the management board within three months. If the management board is unable to perform its functions on grounds of this, the court must nominate the missing member or members of the management board, on petition by a person demonstrating a legal interest in the matter. The relevant persons nominated must perform the office until a new member or members of the management board are elected by the competent company body. Otherwise, the court may, with or without a petition, wind up the company and order its liquidation. The provisions of section 71 (2) second, third, fourth, and fifth sentence, (6) and (7) apply with appropriate changes. The location of the competent court to nominate a member of the management board is the general court having jurisdiction over the company. The petitioner, the company or, if there is another person entitled to act in the name of the company or on its behalf, that person, and the person that is to be nominated by the court as a member of the management board may all be parties to the proceedings. The office of a member of the management board terminates on the election of a new member of the management board, but not later than three months after the expiry of its term of office.

The articles of association may specify that the management board, for which the number of members elected by the general meeting has not fallen under one half, may appoint substitute members to serve until the next session of the general meeting.

(3) Představenstvo má nejméně tři členy; to neplatí, jde-li o společnost s jediným akcionářem. Členové představenstva volí svého předsedu. Představenstvo rozhoduje většinou hlasů svých členů určenou stanovami, jinak většinou hlasů všech členů. Každý člen představenstva má jeden hlas.

(3) The management board must have at least three members. This does not apply to a company with a sole shareholder. The members of the management board must elect a chairperson. The management board must pass decisions by a majority of the votes of its members as set out in the articles of association, or otherwise by a majority of the votes of all of the members. Each member of the management board has one vote.

(4) Představenstvo se řídí zásadami a pokyny schválenými valnou hromadou, pokud jsou v souladu s právními předpisy a stanovami. Jejich porušení nemá vliv na účinky jednání členů představenstva vůči třetím osobám. Nestanoví-li tento zákon jinak, není nikdo oprávněn dávat představenstvu pokyny týkající se obchodního vedení společnosti.

(4) The management board is bound by the principles and instructions approved by the general meeting, provided that they are in accordance with legal regulations and the articles of association. A breach of such principles and instructions does not affect the acts of the members of the management board as against third parties. Unless this Code provides otherwise, no person is entitled to give instructions to the management board relating to the management of the business affairs of the company.

(5) Členové představenstva jsou povinni vykonávat svou působnost s péčí řádného hospodáře a zachovávat mlčenlivost o důvěrných informacích a skutečnostech, jejichž prozrazení třetím osobám by mohlo společnosti způsobit škodu. Je-li sporné, zda člen představenstva jednal s péčí řádného hospodáře, nese důkazní břemeno o tom, že jednal s péčí řádného hospodáře, tento člen představenstva. Ti členové představenstva, kteří způsobili společnosti porušením právních povinností při výkonu působnosti představenstva

(5) The members of the management board have a duty to exercise their functions with due managerial care and to preserve confidentiality of sensitive information and facts for which disclosure to third parties might result in damage to the company. If there is a dispute about whether a particular member of the management board has acted with due managerial care, the burden of proof is borne by the member of the management board to establish that it did act with due managerial care. Members of the management board that have caused

škodu, odpovídají za tuto škodu společně a nerozdílně. Smlouva mezi společností a členem představenstva nebo ustanovení stanov vylučující nebo omezující odpovědnost člena představenstva za škodu jsou neplatné. Členové představenstva odpovídají za škodu, kterou způsobili společnosti plněním pokynu valné hromady, jen je-li pokyn valné hromady v rozporu s právními předpisy.

damage to the company by a breach of the legal duties in the performance of their functions are jointly and severally liable for the damage. A provision of the articles of association or a contract between the company and a member of the management board that excludes or limits the liability of a member of the management board for damage is void. Members of the management board are only liable for the damage they have caused to the company in the execution of an instruction of the general meeting if the instruction is contrary to legal regulations.

(6) Členové představenstva, kteří odpovídají společnosti za škodu, ručí za závazky společnosti společně a nerozdílně, jestliže odpovědný člen představenstva škodu neuhradil a věřitelé nemohou dosáhnout uspokojení své pohledávky z majetku společnosti pro její platební neschopnost nebo z důvodu, že společnost zastavila platby. Rozsah ručení je omezen rozsahem povinnosti členů představenstva k náhradě škody. Ručení člena představenstva zaniká, jakmile způsobenou škodu uhradí.

(6) The members of the management board, which are liable to the company for damage, are jointly and severally liable for the obligations of the company in the event that the responsible member of the management board has not settled the damage and creditors' claims cannot be satisfied from the company's assets by reason of its payment insolvency or on grounds that the company has suspended its payments. The extent of such liability is limited by the extent of the duties of the members of the management board for the compensation of damage. The liability of a member of the management board is discharged as soon as it settles the damage caused.

(7) Členem představenstva může být pouze fyzická osoba, která dosáhla věku 18 let, která je plně způsobilá k právním úkonům, která je bezúhonná ve smyslu zákona o živnostenském podnikání a u níž nenastala skutečnost, jež je překážkou provozování živnosti podle zákona o živnostenském podnikání. Osoba, která uvedené podmínky nesplňuje nebo na jejíž straně je dána překážka výkonu funkce, se členem představenstva nestane, i když o tom rozhodl příslušný orgán. Přestane-li člen představenstva splňovat podmínky stanovené pro výkon funkce tímto

(7) A member of the management board can only be a natural person that has attained the age of 18 years, has full legal capacity, has a clean criminal record within the meaning of the Trade Act and on whose side there is no obstacle to its carrying on a trade under the Trade Act. A person that does not meet the conditions stated or on whose side there is an obstacle to performing the office cannot become a member of the management board, even if the competent body has so decided. If a member of the management board no longer meets the conditions set out in this Code or a special

zákonem nebo zvláštním právním předpisem, jeho funkce tím zaniká, nestanoví-li tento zákon jinak. Tím nejsou dotčena práva třetích osob nabytá v dobré víře.

legal regulation for the performance of its office, its office terminates, unless this Code provides otherwise. This does not affect the rights of third parties acquired in good faith.

§ 195

(1) O průběhu zasedání představenstva a o jeho rozhodnutích se pořizují zápisy podepsané předsedou představenstva a zapisovatelem.

(2) V zápisu z jednání představenstva musí být jmenovitě uvedeni členové představenstva, kteří hlasovali proti jednotlivým usnesením představenstva nebo se zdrželi hlasování. Pokud není prokázáno něco jiného, platí, že neuvedení členové hlasovali pro přijetí usnesení.

Section 195

(1) The chairperson of the management board and the recorder must produce minutes of the meetings of the management board and its decisions that must be signed by the chairperson and recorder.

(2) The minutes of the conduct of a meeting of the management board must state the individual members of the management board that voted against specific resolutions of the management board or abstained from voting. Unless it is established otherwise, the members to which there is no reference are treated as having voted in favour of the relevant resolution.

§ 196

Zákaz konkurence

(1) Pokud ze stanov nebo z usnesení valné hromady nevyplývají další omezení, člen představenstva nesmí

a) podnikat v oboru stejném nebo obdobném oboru podnikání společnosti ani vstupovat se společností do obchodních vztahů,

b) zprostředkovávat nebo obstarávat pro jiné osoby obchody společnosti,

c) účastnit se na podnikání jiné společnosti jako společník s neomezeným ručením nebo jako ovládající osoba jiné osoby se stejným nebo podobným předmětem

Section 196

The prohibition on competition

(1) Unless further restrictions are set out in the articles of association or a resolution of the general meeting, a member of the management board cannot undertake the following:

(a) carry on a business in the same or similar business sector as the company or enter into commercial relationships with the company;

(b) mediate or procure transactions of the company for other persons;

(c) participate in the business of another company as a member with unlimited liability, or as a controlling person of another person with the same or similar podnikání,

d) vykonávat činnost jako statutární orgán nebo člen statutárního nebo jiného orgánu jiné právnické osoby se stejným nebo s obdobným předmětem podnikání, ledaže jde o koncern.

scope of business;

(d) carry on activities as a statutory body or a member of a statutory body or another body of another legal person with the same or similar scope of business, unless these form a group with the company.

(2) Porušení těchto ustanovení má důsledky uvedené v § 65.

(2) The consequences of breach of these provisions are set out in section 65.

(3) V případě, že člen představenstva vykonává pro společnost práci na základě pracovní smlouvy či jiné smlouvy tuto nahrazující, nepovažuje se takový vztah za obchodní.

(3) In the cases if a member of the management board is performing work for the company on the basis of an employment contract or another contract taking the place of the same, this is not to be treated as a commercial relationship.

§ 196a

Section 196a

(1) Společnost může uzavřít smlouvu o úvěru nebo půjčce s členem představenstva, dozorčí rady, prokuristou nebo jinou osobou, která je oprávněna jménem společnosti takovou smlouvu uzavřít, nebo osobami jim blízkými, nebo na ně bezplatně převést majetek společnosti jen s předchozím souhlasem valné hromady a jen za podmínek obvyklých v obchodním styku.

(1) A company may only conclude a credit agreement or a loan agreement with a member of the management board or the supervisory board, a procurator, or another person entitled to conclude such a contract in the name of the company, or with persons related to them, or transfer assets of the company at no cost to these persons with the prior consent of the general meeting and on terms that are typical in business dealings.

(2) Pokud jsou osoby uvedené v odstavci 1 oprávněny jednat i jménem jiné osoby, použije se ustanovení odstavce 1 obdobně i na plnění tam uvedené ve prospěch této jiné osoby. Souhlasu valné hromady není zapotřebí, jde-li o poskytnutí půjčky nebo úvěru ovládající osobou ovládané osobě.

(2) If the persons stated in subsection (1) are also entitled to act in the name of another person, the provisions of subsection (1) apply, with appropriate changes, to any consideration stated as in favour of that other person. The consent of the general meeting is not required if a credit or a loan is granted by a controlling person to a controlled person.

(3) Jestliže společnost nebo jí ovládaná osoba nabývá majetek od zakladatele, akcionáře nebo od osoby jednající s ním ve shodě anebo jiné osoby uvedené v

(3) If a company or a person controlled by that company acquires assets for consideration from its founder, shareholder or a person acting in concert with the

odstavci 1 nebo od osoby jí ovládané anebo od osoby, se kterou tvoří koncern, za protihodnotu ve výši alespoň jedné desetiny upsaného základního kapitálu ke dni nabytí nebo na ně úplatně převádí majetek této hodnoty, musí být hodnota tohoto majetku stanovena na základě posudku znalce jmenovaného soudem. Pro jmenování a odměňování znalce platí ustanovení § 59 odst. 3. Jestliže k nabytí dochází do 3 let od vzniku společnosti, musí je schválit valná hromada.

former, or any other person stated in subsection (1), or a person controlled by the former or a person from the same group, or if the company transfers its assets to any such person for consideration in an amount equal to at least one tenth of the company's subscribed registered capital as at the date of acquisition, or it transfers to any such person assets of this value, the value of the relevant assets must be determined on the basis of a report by an expert appointed by the court. Section 59 (3) applies to the appointment and remuneration of the expert. If the acquisition occurs within three years from the date of incorporation of the company, it must be approved by the general meeting.

(4) Ustanovení odstavce 3 se nevztahuje na nabytí nebo zcizení majetku v rámci běžného obchodního styku a na nabytí nebo zcizení z podnětu nebo pod dozorem nebo dohledem státního orgánu nebo na nabytí nebo zcizení na evropském regulovaném trhu nebo zahraničním trhu obdobném regulovanému trhu či v českém nebo zahraničním mnohostranném obchodním systému. Ustanovení odstavce 1 o souhlasu valné hromady se vztahuje obdobně i na bezúplatný převod majetku na akcionáře.

(4) The provisions of subsection (3) do not apply to the acquisition or alienation of assets within the ordinary course of business and to an acquisition or alienation initiated or supervised by a state authority or to an acquisition or alienation on a European regulated market or a foreign market equivalent to a regulated market or in a Czech or foreign multilateral trading facility. The provisions of subsection (1) relating to the consent of the general meeting also apply to a transfer of assets to a shareholder at no cost.

(5) Společnost může poskytnout zajištění závazků osob uvedených v odstavcích 1 a 2 pouze se souhlasem valné hromady. Souhlas valné hromady není zapotřebí, jde-li o poskytnutí zajištění závazků ovládané osoby ovládající osobou.

(5) The company may only provide security for the liabilities of the persons stated in subsections (1) and (2) with the consent by the general meeting. The consent of the general meeting is not required for the giving of security by a controlling person for the liabilities of the controlled person.

(6) Byl-li majetek nabytý v rozporu s odstavci 1 až 3 dále zcizen, použije se ustanovení § 446 přiměřeně.

(6) If assets acquired contrary to subsections (1) to (3) are further alienated, the provisions of section 446 apply as appropriate.

Dozorčí rada

§ 197

(1) Dozorčí rada dohlíží na výkon působnosti představenstva a uskutečňování podnikatelské činnosti společnosti.

(2) Členové dozorčí rady jsou oprávněni nahlížet do všech dokladů a záznamů týkajících se činnosti společnosti a kontrolují, zda účetní zápisy jsou řádně vedeny v souladu se skutečností a zda podnikatelská činnost společnosti se uskutečňuje v souladu s právními předpisy, stanovami a pokyny valné hromady.

§ 198

Dozorčí rada přezkoumává řádnou, mimořádnou a konsolidovanou, popřípadě i mezitímní účetní závěrku a návrh na rozdělení zisku nebo úhradu ztráty a předkládá své vyjádření valné hromadě.

§ 199

(1) Dozorčí rada svolává valnou hromadu, jestliže to vyžadují zájmy společnosti, a na valné hromadě navrhuje potřebná opatření. Pro způsob svolávání valné hromady platí přiměřeně ustanovení § 184 až 190.

(2) Dozorčí rada určí svého člena, který zastupuje společnost v řízení před soudy a jinými orgány proti členu představenstva.

The supervisory board

Section 197

(1) The supervisory board must monitor how the management board exercises its competences and how the business activities of the company are carried on.

(2) Members of the supervisory board are entitled to inspect all documents and records relating to the company's activities and must verify whether accounting entries are made properly and in accordance with the actual state of affairs and whether the business activities of the company are carried on in accordance with legal regulations, the articles of association and the instructions of the general meeting.

Section 198

The supervisory board must review the ordinary, extraordinary and consolidated financial statements and, if applicable, also interim financial statements, and the proposal for distribution of profit or for covering losses and it must submit its opinion to the general meeting in respect of the same.

Section 199

(1) The supervisory board must call a general meeting if the interests of the company so require, and it must propose all appropriate measures at the general meeting. Sections 184 to 190 apply, as appropriate, to the manner for the calling of a general meeting.

(2) The supervisory board must appoint one of its members to represent the company in proceedings against a member of the management board before the courts and other authorities.

§ 200

(1) Dozorčí rada musí mít nejméně tři členy, počet jejích členů musí být dělitelný třemi. Dvě třetiny členů dozorčí rady volí valná hromada a jednu třetinu zaměstnanci společnosti, má-li společnost více než 50 zaměstnanců v pracovním poměru na pracovní dobu přesahující polovinu týdenní pracovní doby stanovené zvláštním právním předpisem v první den účetního období, v němž se koná valná hromada, která volí členy dozorčí rady. Stanovy mohou určit vyšší počet členů dozorčí rady volených zaměstnanci, avšak tento počet nesmí být větší, než počet členů volených valnou hromadou; mohou rovněž určit, že zaměstnanci volí část členů dozorčí rady i při menším počtu zaměstnanců společnosti.

(2) Členové dozorčí rady jsou voleni na dobu určenou stanovami. Funkční období člena dozorčí rady nesmí přesáhnout 5 let. První funkční období členů dozorčí rady činí 1 rok od vzniku společnosti.

(3) Pro členy dozorčí rady platí obdobně ustanovení § 194 odst. 2, 4 až 7 a § 196.

(4) Člen dozorčí rady nesmí být zároveň členem představenstva, prokuristou nebo osobou oprávněnou podle zápisu v obchodním rejstříku jednat jménem společnosti.

Section 200

(1) The supervisory board must have at least three members and the number of its members must be divisible by three. If a company has more than 50 employees employed for working time exceeding half of the weekly working time, as set by a special legal regulation, as at the first day of the financial year in which the general meeting electing members of the supervisory board is held, two thirds of the supervisory board members must be appointed by the general meeting and one third must be elected by the employees of the company. The articles of association may specify a higher number of members of the supervisory board to be elected by the employees but this number cannot exceed the number of members appointed by the general meeting. The articles of association may also provide that a part of the members of the supervisory board is elected by the employees even for a company with a smaller number of employees.

(2) The members of the supervisory board are elected for a term set out in the articles of association. The term of office of a member of the supervisory board cannot exceed 5 years. The first term of office for members of the supervisory board is one year from the date of incorporation of the company.

(3) The provisions of section 194 (2), (4) to (7) and section 196 apply to the members of the supervisory board with appropriate changes.

(4) A member of the supervisory board cannot at the same time be a member of the management board, a procurator or another person entitled to act in the name of the company according to an entry in the commercial register.

(5) Právo volit členy dozorčí rady mají pouze zaměstnanci, kteří jsou ke společnosti v pracovním poměru, a to přímo nebo, stanoví-li to volební řád, prostřednictvím volitelů. Zvolena může být pouze fyzická osoba, která je v době volby v pracovním poměru ke společnosti nebo je zástupcem nebo členem zástupce zaměstnanců podle zvláštního právního předpisu. K platnosti volby nebo odvolání členů dozorčí rady volených zaměstnanci se vyžaduje, aby hlasování bylo tajné a aby se voleb zúčastnila alespoň polovina oprávněných voličů nebo zvolených volitelů. Zvolen je kandidát s nejvyšším počtem odevzdaných hlasů, nestanoví-li volební řád pro zvolení většinu jinou. Volby členů dozorčí rady volených zaměstnanci organizuje představenstvo po projednání s odborovou organizací, případně radou zaměstnanců tak, aby se jich mohl účastnit co nejvyšší počet voličů. Nedojde-li k projednání do dvou měsíců poté, co představenstvo odborové organizaci, popřípadě radě zaměstnanců předloží návrh organizace voleb, projedná představenstvo organizaci voleb se zaměstnanci, kteří splňují podmínky podle odstavce 1. Při volbě volitelů se postupuje obdobně. Návrh na volbu nebo odvolání člena dozorčí rady je oprávněno podat představenstvo, odborová organizace nebo rada zaměstnanců, která ve společnosti působí, nebo společně alespoň 10 % zaměstnanců, kteří splňují podmínku podle odstavce 1.

(5) Only employees employed by the company have the right to elect supervisory board members directly or, if the electoral rules so provide, through electors. Only a natural person that is at the time of the election employed by the company or a representative or a member of a representative of the employees in accordance with a special legal regulation can be elected. For the valid election or recall of members of the supervisory board elected by the employees, a secret ballot is required and at least one half of the voters eligible to vote or, if applicable, the electors elected must participate in the vote. Unless the electoral rules require a different majority for election, the candidate with the highest number of votes cast is elected. The election of members of the supervisory board elected by the employees must be organized by the management board after consultation with the union organization or, if applicable, the works council of employees, so that the highest number of employees can participate. If the matter is not consulted within two months from the date on which the management board submits a proposal for organizing an election to the union organization or the works council of employees, the management board must consult the organization of the election with the employees that meet the requirements under subsection (1). The procedure for the election of electors applies analogously, with appropriate changes. The management board, a union organization or works council of employees operating in the company or at least 10% of the employees that meet the requirements under subsection (1) acting jointly may submit proposal for the election or recall of a member of the supervisory board.

(6) Člen dozorčí rady zvolený zaměstnanci může být zaměstnanci odvolán. Na odvolání zaměstnance z dozorčí rady se

(6) A member of the supervisory board that is elected by the employees may be recalled by the employees. The provisions of

použije obdobně ustanovení odstavce 5.

subsection (5) apply to the recall of an employee from the supervisory board with appropriate changes.

(7) Volební řád pro volbu a odvolání členů dozorčí rady zaměstnanci připraví a schvaluje představenstvo společnosti po projednání s odborovou organizací, popřípadě radou zaměstnanců. Není-li jich, volební řád připraví a schválí představenstvo po projednání se zaměstnanci, kteří splňují podmínku podle odstavce 1. Má-li společnost více než jeden tisíc zaměstnanců v pracovním poměru, může volební řád připustit i nepřímou volbu nebo odvolání členů dozorčí rady, budou-li volební obvody stanoveny tak, že každý volitel bude volen přibližně stejným počtem voličů.

(7) The electoral rules for the election and recall of the members of the supervisory board by the employees must be prepared and approved by the management board of the company after consultation with the union organization or the works council of employees. If these do not exist, the management board must prepare and approve the electoral rules after consultation with the employees that meet the requirements under subsection (1). If the company employs more than one thousand employees, the electoral rules may permit also indirect election or recall of supervisory board members, provided that the electoral districts are defined so that each elector is elected by approximately the same number of voters.

§ 201

Section 201

(1) Členové dozorčí rady se účastní valné hromady společnosti a jsou povinni seznámit valnou hromadu s výsledky své kontrolní činnosti.

(1) Members of the supervisory board must participate in general meetings of the company and they have a duty to report the results of their supervisory activity to the general meeting.

(2) Rozdílný názor členů dozorčí rady zvolených zaměstnanci společnosti se sdělí valné hromadě spolu se závěry ostatních členů dozorčí rady.

(2) Any conflicting opinion of the members of the supervisory board elected by the company's employees must be reported to the general meeting together with the conclusions of the other members of the supervisory board.

(3) Dozorčí rada rozhoduje na základě souhlasu většiny hlasů svých členů, neurčují-li stanovy vyšší počet. Pro náležitosti zápisu se použije § 195 odst. 2 obdobně. Každý člen dozorčí rady má jeden hlas. O zasedání dozorčí rady se pořizuje zápis podepsaný jejím předsedou. V zápise se uvedou i stanoviska menšiny členů, jestliže tito o to požádají, a vždy se

(3) The supervisory board passes decisions on the basis of the consent of a majority of the votes of its members, unless the articles of association provide for a higher number. Section 195 (2) applies with appropriate changes to the particulars of the minutes. Each member of the supervisory board has one vote. Minutes of the meetings of the supervisory board must be prepared and

BELISARIUS

uvede odchylný názor členů dozorčí rady zvolených zaměstnanci.

signed by its chairperson. The minutes must also record the dissenting position of a minority of members, if they so request, and the dissenting views of members who are elected by the employees must always be recorded.

(4) Jestliže zákon nebo stanovy vyžadují k určitým jednáním představenstva předchozí souhlas dozorčí rady a dozorčí rada souhlas k takovému jednání nedá nebo využije-li dozorčí rada svého práva zakázat představenstvu určité jednání jménem společnosti, neodpovídají členové představenstva společnosti za škodu, která jí z důvodu splnění takového rozhodnutí dozorčí rady vznikne. Za škodu takto vzniklou odpovídají společně a nerozdílně ti členové dozorčí rady, kteří při rozhodování o jednáních uvedených v první větě nejednali s péčí řádného hospodáře. Jestliže dá dozorčí rada souhlas k jednáním uvedeným v první větě, za škodu vzniklou z takového jednání odpovídají společně a nerozdílně členové představenstva i dozorčí rady, kteří při rozhodování o tom, zda se má jednání uskutečnit, nevykonávali funkci s péčí řádného hospodáře.

(4) If the law or the articles of association require specific acts of the management board to be subject to the prior consent of the supervisory board and the supervisory board does not give its consent to such acts, or if the supervisory board exercises its right to prohibit the management board from undertaking certain acts in the name of the company, the members of the management board of the company are not liable for any damage the company incurs as a result of compliance with the relevant supervisory board decision. The supervisory board members that do not proceed with due managerial care in the passing of decisions on the acts stated in the first sentence are jointly and severally liable for the damage incurred as a result. If the supervisory board consents to the acts stated in the first sentence, the members of the management board and the supervisory board that, in the passing of the decisions on whether such acts were to be carried out, have not performed their office with due managerial care are jointly and severally liable for the damage incurred as a result.

ODDÍL 5

ZVÝŠENÍ ZÁKLADNÍHO KAPITÁLU

§ 202

(1) O zvýšení základního kapitálu rozhoduje valná hromada; tím není dotčeno ustanovení § 210.

SUB-CHAPTER 5

INCREASES OF REGISTERED CAPITAL

Section 202

(1) It is within the competence of the general meeting to decide whether to increase the registered capital. This does not affect the provisions of section 210.

(2) V pozvánce nebo oznámení, které se týkají svolání valné hromady, se uvedou kromě náležitostí podle § 184a odst. 3

a) důvody navrhovaného zvýšení základního kapitálu,

b) způsob a rozsah tohoto zvýšení,

c) navrhovaný druh, podoba, forma a počet akcií, pokud mají být vydány nové akcie společnosti,

d) jmenovité hodnoty nových akcií nebo nová jmenovitá hodnota dosavadních akcií,

e) mají-li být vydány poukázky na akcie, ke kterým upisovaným akciím budou vydány.

(2) An invitation or notice relating to the calling of a general meeting must in addition to the particulars set out in section 184a (3) state the following:

(a) the reasons for the proposed increase of registered capital;

(b) the manner and scope of the relevant increase;

(c) the proposed class, form, type, and number of shares, if new shares in the company are to be issued;

(d) the nominal values of any new shares or the new nominal value of the existing shares;

(e) if share warrants are to be issued for shares, for which subscribed shares these are to be issued.

(3) Má-li být zvýšení základního kapitálu provedeno upisováním nových akcií, uvede se v pozvánce nebo oznámení i lhůta pro jejich upsání a navrhovaná výše emisního kursu nebo způsob jeho určení s odůvodněním anebo údaj o tom, že jeho určením bude pověřeno představenstvo, včetně případné minimální výše, v jaké může být emisní kurs představenstvem určen. Navrhuje-li se vydání nového druhu akcií, uvedou se i práva s nimi spojená a důsledky, které bude mít jejich vydání na práva spojená s akciemi dříve vydanými.

(3) If an increase of registered capital is to be implemented by subscription to new shares, the relevant invitation or notice must also state the time limit for subscribing for them and the proposed amount of the issue price or a method for determining it and an explanation of the reasons for the relevant price or method, or the information that the management board will be appointed to determine it, including any applicable minimum amount that the management board will be appointed to determine as the issue price. If the issue of a new class of shares is proposed, the rights attaching to them must be stated, as well as the consequences that issuing those shares will have on the rights attaching to the shares already issued.

(4) Jestliže se valné hromadě navrhuje

a) omezení nebo vyloučení přednostního práva podle § 204a,

(4) If the following is proposed to the general meeting:

(a) to restrict or exclude the pre-emption right under section 204a, the invitation uvede se v pozvánce nebo oznámení důvod, proč má dojít k omezení nebo vyloučení přednostního práva,

or notice must state the reasons why the pre-emption right is to be restricted or excluded;

b) zvýšení základního kapitálu upisováním akcií a emisní kurs se splácí nepeněžitými vklady, uvede se v pozvánce nebo oznámení jeho předmět a ocenění uvedené v posudku znalce nebo znalců podle § 59 odst. 4 nebo jeho hodnota určená podle § 59a,

(b) to increase the registered capital by subscription for shares and if the issue price is to be paid by non-cash contributions, the invitation or notice must state its subject-matter and the valuation determined in accordance with section 59a in a report prepared by an expert or experts in accordance with section 59 (4);

c) vyslovení souhlasu se započtením, uvedou se v pozvánce také pohledávky, které mají být započteny, a důvody navrhovaného započtení.

(c) to express consent to a set off, the invitation must also set out the claims that are to be set off and the reasons for the proposed set off.

(5) Účinky zvýšení základního kapitálu nastávají ode dne zápisu jeho výše do obchodního rejstříku.

(5) An increase of registered capital is effective as from the date on which its amount is entered in the commercial register.

Zvýšení základního kapitálu upsáním nových akcií

§ 203

The increase of registered capital by subscription for new shares

Section 203

(1) Zvýšení základního kapitálu upsáním nových akcií je přípustné, jestliže akcionáři zcela splatili emisní kurs dříve upsaných akcií. Toto omezení neplatí, jestliže se zvyšuje základní kapitál upisováním akcií a jejich emisní kurs se splácí pouze nepeněžitými vklady.

(1) The registered capital may be increased by subscription for new shares provided that the shareholders have paid up in full the issue price of the shares already subscribed. This restriction does not apply if the registered capital is being increased by subscription for shares and their issue price is only to be paid by way of non-cash contributions.

(2) Usnesení valné hromady o zvýšení základního kapitálu upisováním akcií obsahuje

(2) A resolution of the general meeting on an increase of registered capital by subscription for shares must contain the following details:

a) částku, o níž má být základní kapitál zvýšen, s určením, zda se připouští upisování akcií nad částku navrhovaného zvýšení základního

(a) the amount by which the registered capital is to be increased and a determination as to whether a subscription may be permitted for shares kapitálu, a to buď bez omezení nebo s určením omezení,

above the amount of the proposed increase of registered capital either without limitation or stating the relevant limitations on such subscriptions;

b) počet a jmenovitou hodnotu, druh, formu a podobu upisovaných akcií,

(b) the number and nominal value, class, type, and form of the shares subscribed;

c) údaje uvedené v § 204a odst. 2 nebo, má-li upsat akcie obchodník s cennými papíry podle § 204a odst. 6, místo a lhůtu, v níž může oprávněná osoba vykonat právo tam uvedené, a cenu, za niž je oprávněna akcie koupit, nebo způsob jejího určení anebo údaj o vyloučení nebo omezení přednostního práva na upisování akcií; to neplatí, jestliže se všichni akcionáři nejpozději před hlasováním o zvýšení základního kapitálu vzdali přednostního práva na upisování akcií nebo jestliže má být základní kapitál zvýšen podle § 205,

(c) the information stated in section 204a (2) or, if the shares are to be subscribed by a securities broker in accordance with section 204a (6), the place and period in which the entitled person can exercise the right stated in that section and the price for which it has the right to purchase the shares or a process of determining it, or the information that the pre-emption rights applicable to a subscription for shares are excluded or restricted. This does not apply if, at the latest before the vote on the increase of registered capital, all the shareholders have waived the pre-emption rights applicable on a subscription for shares or in case of an increase of the registered capital under section 205.

d) určení, zda akcie, které nebudou upsány s využitím přednostního práva, budou všechny nebo jejich určená část upsány akcionáři na základě dohody podle § 205, zda budou nabídnuty určitému zájemci nebo zájemcům s uvedením osoby zájemce nebo osob zájemců anebo způsobu jeho nebo jejich výběru anebo zda budou nabídnuty k upsání na základě veřejné nabídky,

(d) a determination as to whether the shares that are not to be subscribed when exercising the pre-emption rights will be fully or partially subscribed by shareholders on the basis of an agreement in accordance with section 205, whether these will be offered to a specific interested party or parties with the identification of the interested party or parties or the manner for selecting them or whether such shares will be offered for subscription on the basis of a public offer;

e) místo a lhůtu pro upisování akcií bez využití přednostního práva s uvedením, jak bude upisovatelům oznámen počátek běhu této lhůty, a emisní kurs takto upisovaných akcií

(e) the place and period for the subscription for shares without the exercise of pre-emption rights, including information as to how the subscribers will be notified of the commencement of nebo způsob jeho určení anebo pověření pro představenstvo, aby určilo emisní kurs, má-li být splacen v penězích, včetně stanovení, v jaké minimální výši může být představenstvem určen; emisní kurs nebo způsob jeho určení musí být pro všechny upisovatele stejný, nestanoví-li zákon jinak,

the subscription period, and the issue price of the shares so subscribed or the manner of its determination or an appointment for the management board to determine the issue price, if it is to be paid up in cash, including a determination of the minimum amount in which it can be determined by the management board. Unless the law provides otherwise, the issue price or the manner of its determination must be the same for all subscribers;

f) účet u banky nebo spořitelního a úvěrního družstva a lhůtu, v níž je upisovatel povinen splatit část emisního kursu upsaných akcií, popřípadě místo a lhůtu pro splacení nepeněžitého vkladu,

(f) the account with a bank or a savings and loan cooperative society and the period within which the subscriber must pay up a part of the issue price for the subscribed shares or, if applicable, the place and period for paying up a non-cash contribution;

g) schvaluje-li se vydání akcií nového druhu, určení práv s nimi spojených,

(g) if the issue of a new class of shares is being approved, a determination of the various rights attaching to it;

h) schvaluje-li se upisování akcií nepeněžitými vklady, předmět vkladu a výši jeho ocenění určeného posudkem znalce nebo znalců nebo jeho hodnotu určenou podle § 59a a počet, jmenovitou hodnotu, podobu, formu a druh akcií, jež se vydají za tento nepeněžitý vklad,

(h) if a subscription for shares by way of non-cash contributions is being approved, the subject-matter of contribution and the amount of its valuation as determined by a report of an expert or experts, or its value determined in accordance with section 59a, and the number, nominal value, form, type, and class of shares that will be issued for the relevant non-cash contribution;

i) připouští-li se upisování akcií nad částku navrhovaného zvýšení základního kapitálu, určení orgánu společnosti, který rozhodne o konečné částce zvýšení,

(i) if a subscription is being permitted for shares above the amount of the proposed increase of registered capital, identification details of the company body that will decide on the final amount of the increase;

j) připouští-li se možnost započtení peněžité pohledávky vůči společnosti proti pohledávce na splacení emisního

(j) if the possibility is being permitted for the set off of a cash claim against the company against the claim for the kursu, pravidla postupu pro uzavření smlouvy o započtení; má-li být emisní kurs splacen výhradně započtením, není třeba uvádět údaje pod písmenem f),

payment up of the issue price, the rules of procedure for conclusion of the set off contract. If the issue price is to be paid exclusively by set off, the information pursuant to subsection (f) need not be stated;

k) schvaluje-li se vydání poukázek na akcie podle § 204b, určení jejich podoby, podmínek vydání a výměny za nové akcie.

(k) if an issue of share warrants under section 204b is being approved, a determination of their form, the conditions for their issue and the exchange for new shares.

(3) Pokud usnesení valné hromady nebude obsahovat údaje podle odstavce 2 písm. d), platí, že tyto akcie budou nabídnuty k upsání na základě veřejné nabídky.

(3) If a resolution of the general meeting does not contain the information under subsection (2) (d), it is considered that the relevant shares must be offered for subscription on the basis of a public offer.

(4) Do 30 dnů od usnesení valné hromady o zvýšení základního kapitálu je představenstvo společnosti povinno podat návrh na zápis tohoto usnesení do obchodního rejstříku. Upisování akcií nemůže začít dříve, než usnesení valné hromady bude zapsáno do obchodního rejstříku, ledaže byl podán návrh na zápis tohoto usnesení do obchodního rejstříku a upisování akcií je vázáno na rozvazovací podmínku, jíž je právní moc rozhodnutí o zamítnutí návrhu na zápis rozhodnutí valné hromady o zvýšení základního kapitálu do obchodního rejstříku.

(4) The management board of the company must file an application for entry in the commercial register of the resolution of the general meeting on the increase of registered capital within 30 days from the relevant resolution. A subscription for shares cannot commence before the relevant resolution of the general meeting is entered in the commercial register, unless an application for the entry of the relevant resolution has been filed and the subscription for shares is subject to a condition subsequent that a decision will not become final to dismiss the application for entry in the commercial register of the decision of the general meeting to increase the registered capital.

§ 204

Section 204

(1) Na postup při zvyšování základního kapitálu upisováním akcií se, není-li stanoveno jinak, použijí přiměřeně ustanovení § 163 odst. 3 a 4, § 163a, 164, § 165 odst. 1 a 2, § 166, 167, § 168 odst. 2 a 3, § 176 a 177. Veřejná nabídka akcií musí obsahovat alespoň údaje uvedené v §

(1) The provisions of sections 163 (3) and (4), sections 163a, 164, section 165 (1) and (2), sections 166, 167, sections 168 (2) and (3), sections 176 and 177 apply to the procedure for an increase of registered capital by subscription for shares, as appropriate, unless provided otherwise. A public offer of shares must contain at least the information

163 odst. 2 písm. a) až f).

stated in section 163 (2) (a) to (f).

(2) Upisují-li se akcie na zvýšení základního kapitálu peněžitými vklady, je upisovatel povinen ve lhůtě určené valnou hromadou splatit část jejich jmenovité hodnoty, kterou stanoví valná hromada, nejméně však 30 %, a případné emisní ážio, jinak je jeho upsání akcií neúčinné (§ 167 odst. 2). Peněžité vklady musí být splaceny na zvláštní účet u banky nebo spořitelního a úvěrního družstva, který za tím účelem společnost otevře na své jméno. To neplatí, jestliže byla uzavřena dohoda o započtení. Dohoda o započtení musí být uzavřena před podáním návrhu na zápis zvýšení základního kapitálu do obchodního rejstříku. Banka nebo spořitelní a úvěrní družstvo nesmí umožnit společnosti disponovat se splacenými vklady vloženými na tento účet před zápisem zvýšení základního kapitálu do obchodního rejstříku.

(2) If shares for an increase of registered capital are subscribed by cash contributions, the subscriber must within the period specified by the general meeting pay up a part of their nominal value specified by the general meeting, but not less than 30% and any applicable share premium, or otherwise its subscription for shares will be ineffective (section 167 (2)). Cash contributions must be paid up to a separate account with a bank or a savings and loans cooperative society that the company must open in its name for this purpose. This does not apply if a set off agreement has been concluded. The set off agreement must be concluded before the filing of the application for entry of the increase of registered capital in the commercial register. The bank or the savings and loan cooperative society must not permit the company to dispose of the paid up contributions deposited in the relevant account before the entry of the increase of registered capital in the commercial register.

(3) Upsat akcie na zvýšení základního kapitálu nepeněžitými vklady je možné, jen je-li to v důležitém zájmu společnosti. Zvyšuje-li se základní kapitál nepeněžitými vklady, musí představenstvo předložit valné hromadě písemnou zprávu, ve které uvede důvody upisování akcií nepeněžitými vklady a odůvodnění výše navrhovaného emisního kursu či způsobu jeho určení. Upsat akcie lze pouze těmi nepeněžitými vklady, které schválila valná hromada. Nepeněžité vklady musí být splaceny před podáním návrhu na zápis zvýšení základního kapitálu do obchodního rejstříku. Je-li nepeněžitým vkladem nemovitost, musí vkladatel předat společnosti písemné prohlášení podle § 60 odst. 1 před zápisem zvýšení základního kapitálu do obchodního rejstříku. Předáním tohoto prohlášení spolu s

(3) It is only possible to subscribe for shares for an increase of registered capital by way of non-cash contributions if it is materially in the interest of the company to do so. If the registered capital is increased by way of non-cash contributions, the management board must submit to the general meeting a written report stating the grounds for the subscription for shares by way of non-cash contributions and justifying the amount of the proposed issue price or the manner for determining it. Shares can only be subscribed by those non-cash contributions that have been approved by the general meeting. Non-cash contributions must be paid up before the filing of the application for entry of the increase of registered capital in the commercial register. If the non-cash contribution is real estate, the contributor must hand over to the company a written

předáním nemovitosti je vklad splacen. Tím nejsou dotčena ustanovení § 59 odst. 2 a 3.

declaration in accordance with section 60 (1) before the entry in the commercial register of the increase of registered capital may occur. The contribution is treated as paid up on the declaration being handed over, and on the handing over the real estate. This does not affect the provisions of section 59 (2) and (3).

(4) Na základě akcií vydaných v souvislosti se zvýšením základního kapitálu společnosti vzniká právo na dividendu z čistého zisku dosaženého v roce, v němž došlo ke zvýšení základního kapitálu, pokud stanovy neurčí jinak.

(4) Unless the articles of association provide otherwise, the shares issued in connection with an increase of registered capital of the company carry a right to a dividend from the net profit achieved in the year in which the increase of registered capital is effected.

(5) Předem určený zájemce nebo jediný akcionář upisuje akcie ve smlouvě o upsání akcií, kterou uzavírá se společností. Smlouva o upsání akcií musí mít písemnou formu, podpisy musí být úředně ověřeny. Smlouva o upsání akcií musí obsahovat alespoň náležitosti uvedené v § 205 odst. 3. K upsání akcií musí být poskytnuta lhůta alespoň čtrnáct dnů od doručení návrhu na uzavření smlouvy o upsání akcií.

(5) An interested person ascertained in advance, or a sole shareholder, may subscribe for shares under the terms of a share subscription agreement concluded with the company. A share subscription agreement must be concluded in writing, and the signatures affixed to it must be officially verified. A share subscription agreement must contain at least the particulars stated in section 205 (3). A subscription for shares must provide for a period of at least fourteen days from the delivery of the proposal for the conclusion of the share subscription agreement.

(6) Jestliže bylo zvýšení základního kapitálu zapsáno do obchodního rejstříku, je upisovatel povinen splatit emisní kurs jím upsaných akcií, i kdyby bylo upsání akcií neplatné nebo neúčinné. To neplatí, jestliže soud prohlásí usnesení o zvýšení základního kapitálu postupem podle § 183 za neplatné.

(6) If an increase of registered capital has been entered in the commercial register, the subscriber must pay the issue price of the shares subscribed by it, even if the subscription for shares is void or ineffective. This does not apply if the court declares the resolution on the increase of registered capital to be void by the procedure in accordance with section 183.

(7) Bude-li zamítnut návrh na zápis zvýšení základního kapitálu do obchodního rejstříku, je upsání akcií neúčinné.

(7) If the application for entry of the increase of registered capital in the commercial register is dismissed, the subscription for shares in ineffective.

§ 204a

(1) Každý akcionář má přednostní právo upsat část nových akcií společnosti upisovaných ke zvýšení základního kapitálu v rozsahu jeho podílu na základním kapitálu společnosti, upisují-li se akcie peněžitými vklady.

(2) Představenstvo je povinno zveřejnit a způsobem určeným zákonem a stanovami pro svolání valné hromady oznámit informaci o přednostním právu, která obsahuje alespoň

a) místo a lhůtu pro vykonání přednostního práva, která nesmí být kratší než dva týdny, s uvedením, jak bude akcionářům oznámen počátek běhu této lhůty,

b) počet nových akcií, které lze upsat na jednu dosavadní akcii společnosti o určité jmenovité hodnotě, nebo jaký podíl na jedné nové akcii připadá na jednu dosavadní akcii o určité jmenovité hodnotě, s tím, že lze upisovat pouze celé akcie,

c) jmenovitou hodnotu, druh, formu, podobu a emisní kurs akcií upisovaných s využitím přednostního práva nebo způsob jeho určení anebo pověření představenstva, aby jej určilo; emisní kurs nebo způsob jeho určení musí být stejný pro všechny akcie, které lze upsat s využitím přednostního práva, může se však lišit od emisního kursu akcií upisovaných jinak,

Section 204a

(1) Provided that shares are to be subscribed by cash contributions, each shareholder has a pre-emption right to subscribe for a part of the newly issued shares in the company that are subscribed in order to increase the registered capital, to the extent of its share in the registered capital of the company.

(2) The management board must publish and notify the information relating to the pre-emption right in the manner prescribed by law and the articles of association for the calling of a general meeting, and the notice must contain at least the following:

(a) the place and period for exercising the pre-emption right, which cannot be less than two weeks, together with a statement of how the commencement of this period will be notified to the shareholders;

(b) the number of new shares that can be subscribed for each existing share in the company having a certain nominal value, or what proportion of each new share corresponds to an existing share having a certain nominal value, although only whole shares can be subscribed;

(c) the nominal value, class, type, form, and issue price of the shares subscribed by the exercise of the pre-emption right or the manner for determining this, or an appointment for the management board to determine this. The issue price or the manner of its determination must be the same for all the shares that can be subscribed by the exercise of the pre-emption right, but it may differ from the issue price of the shares subscribed for in other ways;

d) rozhodný den pro uplatnění přednostního práva, jestliže společnost vydala zaknihované akcie.

(d) the priority date for exercising the pre-emption right if the company has issued uncertificated shares.

(3) Přednostní právo spojené s akciemi je samostatně převoditelné ode dne, kdy bylo do obchodního rejstříku zapsáno usnesení valné hromady podle § 203 odst. 4. To neplatí, jsou-li akcie upisovány s rozvazovací podmínkou podle § 203 odst. 4; v takovém případě je přednostní právo na upisování akcií samostatně převoditelné od rozhodnutí valné hromady o zvýšení základního kapitálu. Je-li převoditelnost akcií omezena, platí stejné omezení i pro převod přednostního práva. Jestliže nepřipadá na jednu akcii dosavadní jedna nová akcie, je přednostní právo na upisování akcií vždy volně převoditelné. Přednostní právo podle odstavce 1 zaniká uplynutím lhůty stanovené pro jeho vykonání.

(3) The pre-emption right attaching to shares is individually transferable as from the date on which the resolution of the general meeting under section 203 (4) is entered in the commercial register. This does not apply if the shares are subscribed subject to a condition subsequent in accordance with section 203 (4). In such a case, the pre-emption right to subscribe for shares is individually transferable as from the decision of the general meeting to increase the registered capital. If the transferability of shares is restricted, the same restriction also applies to transfer of the pre-emption right. If one existing share does not correspond to one new share, the pre-emption right to subscribe for shares is always freely transferable. The pre-emption right in accordance with subsection (1) is discharged on expiry of the period provided for its exercise.

(4) Pokud vydala společnost zaknihované akcie, je rozhodným dnem pro uplatnění přednostního práva den, kdy mohlo být toto právo vykonáno poprvé.

(4) For a company that has issued uncertificated shares, the priority date for exercising the pre-emption right is the date on which the relevant right could be exercised for the first time.

(5) Přednostní právo akcionářů nelze ve stanovách omezit nebo vyloučit; v usnesení valné hromady o zvýšení základního kapitálu lze přednostní právo vyloučit nebo omezit jen v důležitém zájmu společnosti. Omezit lze přednostní právo jen ve stejném rozsahu pro všechny akcionáře. Vyloučit lze přednostní právo jen pro všechny akcionáře. Jestliže má valná hromada rozhodnout o vyloučení nebo omezení přednostního práva akcionářů, musí představenstvo předložit valné hromadě písemnou zprávu, ve které uvede důvody vyloučení nebo omezení

(5) The pre-emption right of the shareholders cannot be restricted or excluded in the articles of association. A resolution of the general meeting on an increase of registered capital can only exclude or restrict the pre-emption right in specific cases if it is materially in the interest of the company to do so. The pre-emption right can only be restricted to the same extent for all of the shareholders. The pre-emption right can only be excluded for all of the shareholders. If the general meeting is to decide on an exclusion or restriction of the pre-emption rights of shareholders, the management

přednostního práva a odůvodní navržený emisní kurs, způsob jeho určení či pověření představenstva určit emisní kurs akcií.

board must submit to the general meeting a written report setting out the reasons for the exclusion or restriction of the pre-emption right and justifying the proposed issue price, the manner of its determination or an appointment for the management board to determine the issue price of shares.

(6) Za omezení nebo vyloučení přednostního práva se nepovažuje, jestliže podle usnesení valné hromady upíše všechny akcie obchodník s cennými papíry na základě smlouvy o obstarání vydání cenných papírů, pokud tato smlouva obsahuje závazek obchodníka s cennými papíry prodat osobám, které mají přednostní právo na upisování akcií, na jejich žádost za stanovenou cenu a ve stanovené lhůtě upsané akcie v rozsahu jejich přednostního práva podle odstavce 1. Na postup při prodeji akcií obchodníkem s cennými papíry akcionářům se použijí přiměřeně ustanovení odstavců 2 až 4.

(6) It is not considered to be an exclusion or restriction of the pre-emption right if, in accordance with a resolution of the general meeting, all the shares are subscribed by a securities broker on the basis of a contract to procure the issue of securities if that contract contains an obligation for the securities broker to sell the subscribed shares to the persons having a pre-emption right to subscribe for the shares at their request, for the specified price and within the prescribed period within the scope of their pre-emption right in accordance with subsection (1). The provisions of subsections (2) to (4) apply as appropriate to the procedure for the sale of shares to shareholders by a securities broker.

(7) Akcionář se může vzdát přednostního práva na upisování akcií i před rozhodnutím o zvýšení základního kapitálu. Prohlášení o vzdání se práva musí mít písemnou formu s úředně ověřeným podpisem nebo musí být učiněno na valné hromadě, jež má rozhodnout o zvýšení základního kapitálu. Prohlášení o vzdání se práva na valné hromadě se uvede v notářském zápisu o rozhodnutí valné hromady. Vzdání se práva má právní účinky i vůči právnímu nástupci akcionáře.

(7) A shareholder may also waive the pre-emption right to subscribe for shares before the decision to increase the registered capital. The waiver of rights declaration must be concluded in writing and it must affix an officially verified signature or it must be made at the general meeting that is to decide on the increase of registered capital. A waiver of rights declaration concluded at the general meeting must be stated in the notarial record of the general meeting decision. A waiver of rights also has legal effect against the legal successor of the shareholder.

§ 204b

Poukázka na akcie

Section 204b

The share warrant

(1) Jestliže při zvýšení základního kapitálu upsáním nových akcií, jejichž převoditelnost není omezena, upisovatel

(1) If on an increase of registered capital by subscription for new shares, for which the transferability is not restricted, the

zcela splatil emisní kurs akcie, může společnost před zápisem zvýšení základního kapitálu do obchodního rejstříku vydat poukázky na akcie, rozhodla-li o tom valná hromada. Poukázky na akcie lze vydat i pouze k některým upsaným akciím, rozhodne-li tak valná hromada a nebude-li to v rozporu s § 155 odst. 7 větou druhou.

subscriber has paid up the issue price of the share in full, the company may issue share warrants before the entry of the increase of registered capital in the commercial register if the general meeting so decides. Share warrants can be issued only for some of the subscribed shares if the general meeting so decides and if it is not contrary to section 155 (7) second sentence.

(2) Poukázka na akcie je cenný papír na doručitele, se kterým jsou spojena veškerá práva upisovatele. S jednou poukázkou na akcie jsou spojena práva vyplývající z upsání jedné akcie, nerozhodne-li valná hromada u listinných poukázek na akcie, že s jednou poukázkou na akcie mohou být spojena práva vyplývající z upsání více akcií.

(2) A share warrant is a bearer security attaching all the rights of the subscriber. One share warrant carries the rights deriving from a subscription for one share, provided that the general meeting does not decide in the case of certificated share warrants that rights deriving from a subscription for several shares can attach to one share warrant.

(3) Poukázky na akcie mají stejnou podobu jako akcie, které za ně mají být vyměněny, nerozhodne-li valná hromada o vydání listinných poukázek na akcie i v případě zaknihované podoby upisovaných akcií.

(3) Share warrants must have the same form as the shares for which these are to be exchanged, unless the general meeting decides to issue certificated share warrants also in the case that uncertificated shares are being subscribed.

(4) Při výměně zaknihovaných poukázek na akcie za zaknihované akcie postupuje představenstvo přiměřeně podle § 209 odst. 6. Při výměně listinných poukázek na akcie za listinné akcie postupuje představenstvo přiměřeně podle § 209 odst. 4 věty první a § 214. Při výměně listinných poukázek na akcie za zaknihované akcie se postupuje obdobně jako při změně podoby listinného cenného papíru na zaknihovaný podle zvláštního právního předpisu. Mají-li být poukázky na akcie vyměněny za akcie na jméno, vyzve představenstvo vlastníky poukázek na akcie, jejichž totožnost nebo adresa mu není známa, k výměně za akcie na jméno oznámením alespoň v jednom celostátně distribuovaném deníku určeném ve

(4) In exchanging the uncertificated share warrants for uncertificated shares, the management board must proceed as appropriate in accordance with section 209 (6). In exchanging certificated share warrants for certificated shares the management board must proceed as appropriate in accordance with section 209 (4) first sentence and section 214. In exchanging certificated share warrants for uncertificated shares, it is necessary to proceed with appropriate changes as in the case of changing the form from a certificated security to an uncertificated security under a special legal regulation. If the share warrants are to be exchanged for registered shares, the management board must invite the owners of share warrants whose identity or address is unknown to it to exchange these

stanovách.

for registered shares by a notification in at least one daily newspaper distributed in the whole country, as specified in the articles of association.

(5) Jestliže došlo k neplatnému nebo neúčinnému upsání akcií, k nimž byly vydány poukázky na akcie, náleží právo podle § 167 odst. 2 vlastníku poukázky na akcie. Představenstvo vyzve vlastníky těchto poukázek na akcie k uplatnění jejich práva podle § 167 odst. 2 způsobem stanoveným zákonem a stanovami pro svolání valné hromady, a to bez zbytečného odkladu poté, kdy se dozví o skutečnosti, z níž neplatnost nebo neúčinnost upsání akcií vyplývá. Jestliže měly být poukázky na akcie vyměněny za akcie na jméno, vyzve představenstvo vlastníky poukázek na akcie, jejichž totožnost nebo adresa mu není známa, k uplatnění jejich práva podle § 167 odst. 2 oznámením uveřejněným alespoň v jednom celostátně distribuovaném deníku určeném ve stanovách.

(5) If invalid or ineffective subscriptions for shares have occurred for which share warrants were issued, the right under section 167 (2) belongs to the owner of the share warrant. The management board must invite the owners of such share warrants to assert their right in accordance with section 167 (2) in the manner prescribed by the law and the articles of association for the calling of a general meeting without undue delay after it becomes aware of the fact from which the invalidity or ineffectiveness of the subscription for shares follows. If the share warrants were to be exchanged for registered shares, the management board must invite the owners of the share warrants whose identity or address is unknown to it to assert their right in accordance with section 167 (2) by a notification published in at least one daily newspaper distributed in the whole country, as specified in the articles of association.

(6) V poukázce na akcie musí být uvedeno

a) označení, že se jedná o poukázku na akcie,

b) firma a sídlo společnosti,

c) druh, jmenovitá hodnota, forma, podoba a počet akcií, které lze na jejím základě nabýt,

d) částka, kterou upisovatel splatil, a datum, kdy bylo splaceno.

(6) A share warrant must state at least the following:

(a) a designation that it is a share warrant;

(b) the business name and registered office of the company;

(c) the class, nominal value, type, form, and number of shares that can be acquired on the basis of it;

(d) the amount paid up by the subscriber and the date on which it was paid up;

(7) Poukázka vydaná v listinné podobě musí obsahovat i datum emise a podpis nebo podpisy členů představenstva

(7) A warrant issued in certificated form must also contain the date of issue and must affix the signature or signatures of the members

oprávněných jednat jménem společnosti ke dni emise poukázky na akcie.

of the management board having the power to act in the name of the company as at the date of issue of the share warrant.

(8) Pro nabytí vlastních poukázek na akcie společností včetně s tím spojených závazků platí přiměřeně ustanovení § 161a až 161f.

(8) The provisions of sections 161a to 161f apply as appropriate to an acquisition by the company of its own share warrants, including the attached obligations.

(9) Na poukázku na akcie se nevztahuje obecná úprava poukázky na cenné papíry v občanském zákoníku.

(9) The general provisions relating to warrant securities as set out in the Civil Code do not apply to a share warrant.

§ 205

Section 205

(1) Na základě rozhodnutí valné hromady podle § 203 odst. 2 písm. d) se mohou dohodnout všichni akcionáři na rozsahu své účasti na zvýšení základního kapitálu v částce určené valnou hromadou.

(1) On the basis of a decision of the general meeting under section 203 (2) (d), all shareholders may agree the scope of their participation in an increase of registered capital, in the amount determined by the general meeting.

(2) Dohoda akcionářů podle odstavce 1 nahrazuje listinu upisovatelů a musí být pořízena ve formě notářského zápisu.

(2) An agreement by the shareholders in accordance with subsection (1) takes the place of the list of subscribers and must be adopted in the form of a notarial record.

(3) Dohoda podle odstavce 1 musí obsahovat prohlášení o tom, že akcionáři se vzdávají přednostního práva na upisování akcií, ledaže se jej vzdali již dříve nebo je vykonali anebo je nemají, určení počtu, druhu, formy, podoby a jmenovité hodnoty akcií upisovaných každým upisovatelem, výši emisního kursu a lhůtu pro jeho splacení. Je-li emisní kurs splácen v penězích, obsahuje dohoda i číslo účtu u banky nebo spořitelního a úvěrního družstva, na nějž musí být splacen emisní kurs akcií. Je-li emisní kurs akcií splácen nepeněžitým vkladem, obsahuje dohoda i předmět nepeněžitého vkladu a jeho ocenění v souladu s rozhodnutím valné hromady.

(3) An agreement concluded under subsection (1) must contain a declaration that the shareholders waive the pre-emption right to subscribe for shares unless they have waived or exercised it prior to this or do not have it, a determination of the number, class, type, form, and nominal value of the shares subscribed by each subscriber, the amount of the issue price and the period for paying it up. If the issue price is to be paid in cash, the agreement must contain also the number of the account with a bank or a savings and loan cooperative society to which the issue price must be paid up. If the issue price of shares is to be paid by way of a non-cash contribution, the agreement must contain also the subject-matter of the non-cash contribution and its valuation in accordance with the decision of the general

meeting.

§ 206

(1) Představenstvo je povinno podat návrh na zápis výše základního kapitálu do obchodního rejstříku po upsání akcií odpovídajících rozsahu jeho zvýšení a po splacení alespoň 30 % jejich jmenovité hodnoty, včetně případného emisního ážia, jde-li o peněžité vklady, a po splacení všech nepeněžitých vkladů.

(2) Je-li soudu spolu s návrhem na zápis zvýšení základního kapitálu do obchodního rejstříku předložen notářský zápis o rozhodnutí představenstva, jímž představenstvo potvrzuje, že všechny nové akcie byly upsány v souladu se zákonem, stanovami a rozhodnutím příslušných orgánů společnosti o zvýšení základního kapitálu, a jejich emisní kurs byl zcela splacen peněžitými vklady, rozhodne rejstříkový soud o zápisu zvýšení základního kapitálu jen na základě tohoto notářského zápisu, ledaže je zřejmé, že obsah notářského zápisu neodpovídá skutečnosti nebo tomu brání nedostatek podmínek řízení nebo obecné překážky postupu řízení.

(3) Soud vydá rozhodnutí o návrhu podle odstavce 2 ve lhůtě 3 pracovních dnů od jeho doručení nebo odstranění vad podání.

Section 206

(1) The management board must file an application for entry of the amount of the registered capital in the commercial register after the subscription for shares corresponding to the amount of its increase and after the payment up of at least 30% of their nominal value, including any issue premium as regards cash contributions, and after the payment up of all the non-cash contributions.

(2) If the notarial record of a decision of the management board by which the management board confirms that all new shares were subscribed in accordance with the law, the articles of association, and the decisions of the competent company bodies on the increase of registered capital, and that the issue price for the shares has been paid up in full by cash contributions is delivered to the court, together with the application for entry of the increase of registered capital in the commercial register, the registration court must decide on the entry of the increase of registered capital solely on the basis of that notarial record, unless it is apparent that the content of the notarial record does not correspond to the actual state of affairs or this is precluded by a deficiency in the conditions of the proceedings or general obstacles of the proceedings.

(3) The court must issue a decision on an application under subsection (2) within a period of 3 working days from its delivery or from the remedy of the defects from the submission.

§ 207

Podmíněné zvýšení základního kapitálu

(1) Pokud se valná hromada usnesla na vydání vyměnitelných nebo prioritních dluhopisů, přijme současně usnesení o zvýšení základního kapitálu v rozsahu, v jakém mohou být uplatněna výměnná práva z vyměnitelných dluhopisů nebo přednostní práva z prioritních dluhopisů (dále jen "podmíněné zvýšení základního kapitálu").

(2) Částka podmíněného zvýšení základního kapitálu nesmí přesáhnout polovinu základního kapitálu, jež je ke dni usnesení valné hromady o vydání dluhopisů podle odstavce 1 zapsáno v obchodním rejstříku.

(3) Usnesení valné hromady o podmíněném zvýšení základního kapitálu obsahuje:

a) důvody zvýšení základního kapitálu,

b) určení, zda podmíněné zvýšení základního kapitálu je určeno pro vykonání výměnných nebo přednostních práv z dluhopisů,

c) rozsah podmíněného zvýšení základního kapitálu, druh, podobu, formu, počet a jmenovitou hodnotu akcií, které mohou být na zvýšení základního kapitálu vydány.

(4) Představenstvo společnosti je povinno podat návrh na zápis usnesení valné hromady o podmíněném zvýšení základního kapitálu do obchodního rejstříku do 30 dnů ode dne, kdy valná hromada toto usnesení přijala. Vydávání vyměnitelných a prioritních dluhopisů

Section 207

The conditional increase of registered capital

(1) If the general meeting resolves to issue convertible or pre-emption bonds, it must at the same time pass a resolution to increase the registered capital in the extent to which the conversion rights from the convertible bonds or the pre-emption rights from pre-emption bonds can be asserted (a "conditional increase of registered capital").

(2) The amount of a conditional increase of registered capital cannot exceed half of the registered capital as entered in the commercial register as at the date of the resolution of the general meeting on the issue of the bonds under subsection (1).

(3) A resolution of the general meeting providing for a conditional increase of registered capital must contain the following:

(a) the grounds for the increase of registered capital;

(b) the details of whether the conditional increase of registered capital is intended for the exercise of conversion or pre-emption rights from the bonds;

(c) the extent of the conditional increase of registered capital and the class, form, type, number, and nominal value of shares that can be issued to increase the registered capital.

(4) The management board must file an application for entry into the commercial register of the resolution of the general meeting relating to the conditional increase of registered capital within 30 days from the date on which the general meeting passes the relevant resolution. The issue of

nemůže začít dříve, než bude usnesení valné hromady zapsáno do obchodního rejstříku a zveřejněno.

convertible bonds and pre-emption bonds cannot commence before the resolution of the general meeting is entered in the commercial register and published.

(5) Výměnné právo se uplatňuje u společnosti doručením písemné žádosti o výměnu dluhopisů za akcie společnosti. Doručení žádosti o výměnu dluhopisů za akcie společnosti nahrazuje upsání a splacení akcií. Přednostní právo se vůči společnosti uplatňuje upsáním akcií společnosti. Na postup při upsání akcií se použijí ustanovení § 204.

(5) The conversion right is asserted against the company on the delivery of a written request for the exchange of bonds for shares in the company. The delivery of a request for the exchange of bonds for shares in the company takes the place of the subscription for and the payment up of the shares. The pre-emption right is exercised against the company by the subscription for shares in the company. The provisions of section 204 apply to the procedure for the subscription for shares.

(6) Představenstvo je povinno podat návrh na zápis výše základního kapitálu do obchodního rejstříku bez zbytečného odkladu po uplynutí lhůty pro uplatnění výměnných nebo přednostních práv a jen v rozsahu uplatněných výměnných a přednostních práv.

(6) The management board must file an application for entry in the commercial register of the amount of registered capital without undue delay after the period expires for asserting the conversion or pre-emption rights and only within the extent of the asserted conversion and pre-emption rights.

(7) Společnost vydá akcie v rozsahu uplatněných výměnných a přednostních práv až po zápisu zvýšení základního kapitálu v obchodním rejstříku. Pro postup při výměně dluhopisů za akcie se použijí přiměřeně ustanovení § 213a odst. 2 a 3 a § 214.

(7) The company must only issue the shares to the extent of the asserted conversion and pre-emption rights after the entry in the commercial register of the increase of registered capital. The provisions of sections 213a(2) and (3) and section 214 apply as appropriate to the procedure for the exchange of bonds for shares.

Zvýšení základního kapitálu z vlastních zdrojů společnosti

The increase of registered capital from the company's own resources

§ 208

Section 208

(1) Po schválení řádné, mimořádné nebo mezitímní účetní závěrky může valná hromada rozhodnout, že použije čistého zisku po provedení přídělu do rezervního fondu podle § 217 nebo jeho části anebo jiného vlastního zdroje vykázaného v účetní závěrce ve vlastním kapitálu ke

(1) After the approval of the annual, extraordinary, or interim financial statements, the general meeting may decide to use a proportion of the net profit after making an allocation to reserves in accordance with section 217 or to use a proportion of that or any other own

zvýšení základního kapitálu. Čistého zisku nelze použít při zvyšování základního kapitálu na základě mezitímní účetní závěrky.

resources of the company reported as equity capital in the financial statements in order to increase the registered capital. The net profit, as stated in interim financial statements, cannot be used for an increase of registered capital.

(2) Společnost nemůže zvýšit základní kapitál z vlastních zdrojů, není-li splněna podmínka uvedená v ustanovení § 178 odst. 2.

(2) A company cannot increase its registered capital from its own resources if the conditions stated in the provisions of section 178 (2) are not satisfied.

(3) Ke zvýšení základního kapitálu nelze použít rezervních fondů, které jsou vytvořeny k jiným účelům, ani vlastních zdrojů, jež jsou účelově vázány a jejichž účel není společnost oprávněna měnit.

(3) Reserves that are created for other purposes and the company's own resources that are being applied towards other purposes, which the company is not entitled to change, cannot be used for an increase of registered capital.

(4) Zvýšení základního kapitálu nemůže být vyšší, než kolik činí rozdíl mezi výší vlastního kapitálu a součtem hodnoty základního kapitálu a rezervních fondů zjištěný podle odstavce 2.

(4) An increase of registered capital cannot occur in an amount higher than the difference between the amount of the equity capital and the sum of the value of the registered capital and reserves ascertained in accordance with subsection (2).

(5) Předpokladem zvýšení základního kapitálu je, že účetní závěrka podle odstavce 1 byla ověřena auditorem bez výhrad a byla sestavena z údajů zjištěných nejpozději ke dni, od něhož v den rozhodnutí valné hromady o zvýšení základního kapitálu neuplynulo více než šest měsíců. Jestliže však společnost z jakékoliv mezitímní účetní závěrky zjistila snížení vlastních zdrojů, nemůže použít údaje z řádné nebo mimořádné účetní závěrky, ale musí vycházet z této mezitímní účetní závěrky.

(5) For an increase of registered capital, the auditor's report on the financial statements prepared under subsection (1) must be unqualified and the financial statements must be prepared from data not more than six months older than the date on which the general meeting decides on the increase of registered capital. If, however, the company has ascertained from any interim financial statements a reduction in its own resources, it cannot use the data from the annual or extraordinary financial statements, and must use these interim financial statements.

(6) Usnesení valné hromady o zvýšení základního kapitálu z vlastních zdrojů společnosti obsahuje

(6) A resolution of the general meeting on an increase of registered capital from the company's own resources must contain the following:

a) částku, o niž se základní kapitál

(a) the amount by which the registered

zvyšuje,

capital is increased;

b) označení vlastního zdroje nebo zdrojů společnosti, z nichž se základní kapitál zvyšuje, v členění podle struktury vlastního kapitálu v účetní závěrce,

(b) details of the company's own resource or resources from which the registered capital is being increased, classified according to the structure of the equity capital as per the financial statement;

c) určení, zda se zvýší jmenovitá hodnota akcií, s uvedením, o kolik se zvýší, nebo zda budou vydány nové akcie, s uvedením počtu a jmenovité hodnoty nových akcií společnosti,

(c) a determination as to whether the nominal value of shares will be increased, together with a statement of by how much it is to increase, or whether new shares will be issued, with a statement of the number and nominal value of the new shares in the company;

d) jestliže společnost vydala listinné akcie a základní kapitál se zvyšuje zvýšením jmenovité hodnoty akcií, i lhůtu pro předložení listinných akcií. Počátek běhu lhůty pro předložení listinných akcií nemůže předcházet dnu zápisu zvýšení základního kapitálu do obchodního rejstříku.

(d) the period for returning certificated shares if the company has issued certificated shares and the registered capital is increased by an increase to the nominal value of shares. The commencement of the period for returning certificated shares cannot occur before the date of entry of the increase of registered capital in the commercial register.

(7) Na zvýšení základního kapitálu se podílejí akcionáři v poměru jmenovitých hodnot jejich akcií. Na zvýšení základního kapitálu se podílejí i vlastní akcie v majetku společnosti, která základní kapitál zvyšuje, i akcie této společnosti, jež jsou v majetku jí ovládané osoby nebo osoby ovládané ovládanou osobou.

(7) Shareholders participate in an increase of registered capital in proportion to the nominal values of their shares. A company's own shares held by a company whose registered capital is increased, and shares in the relevant company held by a person controlled by it, or by a person controlled by the controlled person, also participate in an increase of registered capital.

§ 209

(1) Zvýšení základního kapitálu se provede buď vydáním nových akcií a jejich bezplatným rozdělením mezi akcionáře podle poměru jmenovitých hodnot jejich akcií, nebo zvýšením jmenovité hodnoty dosavadních akcií.

(2) Zvýšení jmenovité hodnoty dosavadních listinných akcií se provede buď jejich výměnou, nebo vyznačením vyšší jmenovité hodnoty na dosavadních akciích s podpisem člena nebo členů představenstva oprávněných jednat jménem společnosti. Představenstvo vyzve způsobem určeným zákonem a stanovami pro svolání valné hromady akcionáře, kteří mají listinné akcie, aby je předložili ve lhůtě určené rozhodnutím valné hromady za účelem výměny nebo vyznačení zvýšení jejich jmenovité hodnoty. Pokud akcionář ve stanovené lhůtě akcie nepředloží, není oprávněn až do jejich předložení vykonávat práva s nimi spojená a představenstvo společnosti uplatní postup podle § 214.

(3) Zvýšení jmenovité hodnoty zaknihovaných akcií se provede změnou zápisu o výši jmenovité hodnoty v zákonem stanovené evidenci zaknihovaných cenných papírů na základě příkazu společnosti. Tento příkaz musí být doložen výpisem z obchodního rejstříku prokazujícím zápis výše základního kapitálu.

(4) Mají-li být vydány na zvýšení základního kapitálu listinné akcie, vyzve představenstvo akcionáře bez zbytečného

Section 209

(1) An increase of registered capital must be implemented either by issuing new shares and their distribution to shareholders at no cost according to the proportion of the nominal values of their shares or by an increase to the nominal value of the existing shares.

(2) The increase of the nominal value of the existing certificated shares must be implemented either by exchanging them, or by marking a higher nominal value on the existing shares with the signature of a member or members of the management board entitled to act in the name of the company. The company must invite shareholders holding certificated shares in the manner prescribed by the law and the articles of association for the calling of a general meeting to return them within the period set out by a decision of the general meeting for the purposes of their exchange or for marking the increase of their nominal value on them. If the shareholder fails to return the shares within the prescribed period, it is not entitled to exercise any of the rights attaching to them until it returns them and the management board must proceed in accordance with section 214.

(3) An increase of the nominal value of uncertificated shares is effected by a change of the entry regarding the amount of nominal value in the legally prescribed register of uncertificated securities on the basis of an instruction by the company. The relevant instruction must be evidenced by an extract from the commercial register establishing the entry of the amount of registered capital.

(4) If certificated shares are to be issued on an increase of registered capital, the management board must invite the

odkladu po zápisu zvýšení základního kapitálu do obchodního rejstříku způsobem určeným zákonem a stanovami pro svolání valné hromady, aby se dostavili k převzetí nových akcií společnosti. Jestliže akcionář nepřevezme nové akcie ve lhůtě podle písmena c), jeho právo na vydání akcií se promlčuje. Tím není dotčeno právo na plnění podle § 214 odst. 4. Výzva akcionářům musí obsahovat alespoň

shareholders to appear without undue delay after the entry of the increase of registered capital in the commercial register to take over the new shares of the company. The management board must do so in the manner prescribed by the law and the articles of association for the calling of a general meeting. If shareholder fails to take over the new shares within the period under subsection (c), its right to be issued with the shares is statute barred. This has no effect on the right to receive consideration under section 214 (4). An invitation to shareholders must contain at least the following:

a) rozsah, v němž byl základní kapitál zvýšen,

(a) the extent to which the registered capital was increased;

b) poměr, v jakém se rozdělují akcie mezi akcionáře,

(b) the proportion in which the shares are being distributed to the shareholders;

c) upozornění, že společnost je oprávněna nové akcie prodat, nepřevezme-li je akcionář do jednoho roku od uveřejnění výzvy k převzetí akcií.

(c) a notification that the company is entitled to sell the new shares if the shareholder fails to take them over within one year from the publication of the invitation to take over the shares.

(5) Po marném uplynutí lhůty podle odstavce 4 písm. c) postupuje představenstvo přiměřeně podle § 214 odst. 4.

(5) After the expiry of the period under subsection (4) (c) without the required actions having been taken, the management board must proceed under section 214 (4), as appropriate.

(6) Pokud mají být vydány nové akcie v zaknihované podobě, podá představenstvo bez zbytečného odkladu po zápisu zvýšení základního kapitálu do obchodního rejstříku příkaz k vydání nových akcií osobě, která vede evidenci zaknihovaných cenných papírů.

(6) If new shares are to be issued in uncertificated form, the management board must, without undue delay after the entry in the commercial register of the increase of registered capital, give an instruction for the issue of new shares to the person that maintains the register of uncertificated securities.

§ 209a

Kombinované zvýšení základního kapitálu

(1) Zvyšuje-li základní kapitál společnost, jejíž akcie jsou přijaty k obchodování na evropském regulovaném trhu nebo zahraničním trhu obdobném regulovanému trhu a jejichž kurs na tomto trhu v době rozhodnutí valné hromady o zvýšení základního kapitálu nedosahuje výše jmenovité hodnoty akcie, nebo zvyšuje-li se základní kapitál upisováním akcií zaměstnanci společnosti, může valná hromada v souladu se stanovami rozhodnout, že část emisního kursu upisovaných akcií bude kryta z vlastních zdrojů společnosti vykázaných v účetní závěrce ve vlastním kapitálu společnosti. Tím není dotčeno ustanovení § 158 odst. 2. Zvýšení základního kapitálu nepeněžitými vklady nebo vyloučení anebo omezení přednostního práva akcionářů je v tomto případě nepřípustné.

(2) Usnesení valné hromady obsahuje:

a) částku, o níž má být základní kapitál zvýšen,

b) počet a jmenovitou hodnotu, druh, formu a podobu upisovaných akcií,

c) údaje uvedené v ustanovení § 204a odst. 2 nebo, má-li upsat akcie obchodník s cennými papíry podle § 204a odst. 6, místo a lhůtu, v níž může oprávněná osoba vykonat právo tam uvedené, a cenu, za níž je oprávněna akcie koupit, nebo způsob jejího určení,

Section 209a

The combination increase of registered capital

(1) If the registered capital is increased by a company whose shares are admitted to trading on a European regulated market or a foreign market equivalent to a regulated market and whose price on the relevant market is, at the time of the decision of the general meeting to increase the registered capital, below the amount of the nominal value of the share, or if registered capital is increased by a subscription for shares by company employees, the general meeting may decide in accordance with the articles of association that a part of the issue price of the subscribed shares will be covered from the company's own resources reported in the financial statement as equity of the company. This has no effect on the provisions of section 158(2). An increase of registered capital by way of non-cash contributions or a exclusion or restriction of the pre-emption rights of shareholders in such a case cannot occur.

(2) The general meeting resolution must state the following:

(a) the amount by which the registered capital is to be increased;

(b) the number and nominal value, class, type, and form of the shares subscribed;

(c) the information stated in the provisions of section 204a (2) or, if the shares are to be subscribed for by a securities broker under section 204a (6), the place and period in which the entitled person may exercise the right stated therein and the price for which it is entitled to purchase the shares or the manner of its determination;

d) určení, zda akcie, které nebudou upsány s využitím přednostního práva, budou všechny nebo jejich určená část upsány v dohodě akcionářů podle § 205, zda budou nabídnuty určitému zájemci nebo zájemcům s uvedením osoby zájemce nebo osob zájemců anebo způsobu jeho nebo jejich výběru anebo zda budou nabídnuty k upsání na základě veřejné výzvy k upisování akcií,

(d) details as to whether the shares that are not subscribed by exercising the pre-emption right will be wholly or partially subscribed by an agreement between shareholders under section 205, whether these will be offered to a specific interested party or parties and, if so, the identification details of the interested party or parties or the manner for selecting them, or whether these will be offered for subscription on the basis of a public invitation to subscribe for shares;

e) místo a lhůtu pro upisování akcií bez využití přednostního práva s uvedením, jak bude upisovatelům oznámen počátek běhu této lhůty a emisní kurs takto upisovaných akcií nebo způsob jeho určení anebo zmocnění pro představenstvo, aby jej určilo; emisní kurs nebo způsob jeho určení musí být pro všechny upisovatele stejný, nestanoví-li zákon jinak,

(e) the place and period for subscription for shares without the exercise of the pre-emption right, together with a statement as to how the subscribers will be notified of the commencement of such a period, and the issue price of the shares so subscribed or the manner for determining it or the authority for the management board to determine the issue price. Unless the law provides otherwise, the issue price or the manner of its determination must be the same for all subscribers;

f) účet u banky nebo spořitelního a úvěrního družstva a lhůtu, v níž je upisovatel povinen splatit část emisního kursu upsaných akcií,

(f) the account with a bank or a savings and loan cooperative society and the period in which the subscriber must pay up a part of the issue price of the shares subscribed;

g) jestliže se schvaluje vydání akcií nového druhu, určení práv s nimi spojených,

(g) if the issue of shares of a new class is being approved, details of the rights attaching to them;

h) připouští-li se upisování akcií nad částku navrhovaného zvýšení základního kapitálu, určení orgánu společnosti, který rozhodne o konečné částce zvýšení,

(h) if a subscription for shares above the amount of the proposed increase of registered capital is permitted, details of the company body that will decide on the final amount of the increase;

i) jaká část emisního kursu akcie nepodléhá splacení upisovatelem,

(i) the part of the issue price of a share that does not need to be paid up by the subscriber;

j) uvedení vlastních zdrojů společnosti vykázaných ve vlastním kapitálu společnosti, z nichž společnost bude krýt část emisního kursu, která nepodléhá splacení upisovatelem.

(j) a statement of the company's own resources, as reported in equity capital of the company, from which the company is going to cover the part of the issue price that is not subject to paying up by the subscriber.

(3) Upisovatel je povinen splatit ve lhůtě uvedené v rozhodnutí valné hromady před zápisem výše základního kapitálu do obchodního rejstříku nejméně 50 % části emisního kursu upsaných akcií, který je povinen splatit upisovatel, jestliže stanovy nebo usnesení valné hromady nevyžadují splacení částky vyšší.

(3) The subscriber must, within the period stated in the decision of the general meeting and before the entry of the amount of registered capital in the commercial register, pay up at least 50% of the proportion of the issue price of the subscribed shares that the subscriber must pay up, unless the articles of association or a resolution of the general meeting require the payment up of a higher amount.

(4) Představenstvo akciové společnosti může podat návrh na zápis výše základního kapitálu, pouze jestliže byl splacen emisní kurs upsaných akcií ve výši uvedené v odstavci 3.

(4) The management board of a joint stock company may only file an application for entry of the amount of registered capital if the issue price of the shares subscribed has been paid up at least in the amount set out in subsection (3).

(5) Na kombinované zvýšení základního kapitálu se jinak použijí obdobně ustanovení § 203 odst. 1, 3 a 4, § 204 odst. 1, 4, 6 a 7, § 204a odst. 1 až 4 a odst. 6, § 205, 206, § 208 odst. 1 až 5.

(5) Otherwise, the provisions of sections 203 (1), (3) and (4), sections 204 (1), (4), (6) and (7), sections 204a (1) to (4) and (6), sections 205, 206, and section 208 (1) to (5) apply with appropriate changes to a combination increase of registered capital.

§ 210

Zvýšení základního kapitálu rozhodnutím představenstva

Section 210

The increase of registered capital by decision of the management board

(1) Usnesením valné hromady lze pověřit představenstvo, aby za podmínek určených tímto zákonem a stanovami rozhodlo o zvýšení základního kapitálu upisováním akcií nebo z vlastních zdrojů společnosti s výjimkou nerozděleného zisku, nejvýše však o jednu třetinu dosavadní výše základního kapitálu v době, kdy valná hromada představenstvo zvýšením základního kapitálu pověřila

(1) By a resolution of the general meeting, the management board may be appointed to, under the conditions set out in this Code and the articles of association, decide on the increase the registered capital by way of subscription for shares or from the company's own resources with the exception of retained profit, but by not more than one third of the existing amount of registered capital as at the time when the general

(dále jen "pověření zvýšit základní kapitál"). Pověření představenstva k rozhodnutí o zvýšení základního kapitálu nahrazuje rozhodnutí valné hromady o zvýšení základního kapitálu. Pověření musí určit jmenovitou hodnotu, druh, formu a podobu akcií, které mají být vydány na zvýšení základního kapitálu. Představenstvo může v rámci pověření zvýšit základní kapitál i vícekrát, nepřekročí-li celková částka zvýšení základního kapitálu stanovený limit. Jestliže je představenstvo pověřeno rozhodnout o zvýšení základního kapitálu s tím, že emisní kurs akcií lze splácet nepeněžitými vklady, musí pověření zvýšit základní kapitál obsahovat i určení, který orgán společnosti rozhodne o ocenění nepeněžitého vkladu na základě posudku znalce jmenovaného podle § 59 odst. 3 nebo znalců.

meeting appointed the management board to increase the registered capital (an "appointment to increase the registered capital"). The appointment of the management board to decide on the increase of registered capital takes the place of a decision by the general meeting to increase registered capital. The appointment must specify the nominal value, class, type, and form of the shares that are to be issued for the purpose of increase of registered capital. The management board may, within the scope of the appointment, increase the registered capital more than once, if the total amount of the increase of registered capital does not exceed the limit specified. If the management board is appointed to decide on the increase of registered capital and if the issue price can be paid up by way of non-cash contributions, the appointment to increase the registered capital must also contain details of the company body that will decide on the valuation of the non-cash contribution on the basis of the report of an expert or experts appointed in accordance with section 59 (3).

(2) O rozhodnutí představenstva musí být pořízen notářský zápis. Do obchodního rejstříku se zapisuje rozhodnutí představenstva o zvýšení základního kapitálu. Pověření zvýšit základní kapitál se do obchodního rejstříku nezapisuje. Na postup při zvyšování základního kapitálu podle odstavce 1 se jinak použijí obdobně ustanovení § 203 až 209.

(2) The decision of the management board must be recorded in the form of a notarial record. A decision by the management board to increase the registered capital must be entered in the commercial register. An appointment to increase the registered capital does not have to be entered into the commercial register. Otherwise, the provisions of sections 203 to 209 apply with appropriate changes for procedure for the increase of registered capital under subsection (1).

(3) Pověření zvýšit základní kapitál je možno udělit na dobu nejdéle pěti roků ode dne, kdy se konala valná hromada, která se usnesla na pověření zvýšit základní kapitál.

(3) An appointment to increase the registered capital can be given for a term of not more than five years from the date on which the general meeting is held that resolves on the appointment to increase

registered capital.

(4) Vyplývá-li to ze stanov, může valná hromada pověřit představenstvo zvýšením základního kapitálu upisováním akcií zaměstnanci společnosti, zejména může po přijetí rozhodnutí o rozdělení zisku rozhodnout, že podíl zaměstnanců na zisku společnosti lze použít jen ke splacení těchto akcií. Podrobnosti určí stanovy. Ustanovení odstavců 1 až 3 platí obdobně.

(4) If the articles of association so provide, the general meeting may appoint the management board to increase registered capital by subscription for shares by the employees of the company, and in particular it may decide, after the adoption of the decision on the distribution of profit, that the share of the employees in the profit of the company can only be used to pay up the relevant shares. The relevant details must be set out in the articles of association. The provisions of subsections (1) to (3) apply with appropriate changes.

ODDÍL 6

SNÍŽENÍ ZÁKLADNÍHO KAPITÁLU

SUB-CHAPTER 6

THE REDUCTION OF REGISTERED CAPITAL

§ 211

Section 211

(1) O snížení základního kapitálu rozhoduje valná hromada. V usnesení valné hromady se uvede alespoň

a) důvod snížení základního kapitálu a způsob, jak bude naloženo s částkou odpovídající snížení základního kapitálu,

b) rozsah snížení základního kapitálu,

c) způsob, jak má být snížení základního kapitálu provedeno,

d) snižuje-li se základní kapitál vzetím akcií z oběhu na základě losování, pravidla losování a výši úplaty za vylosované akcie nebo způsob jejího určení,

(1) The general meeting has the right to decide on a reduction of the registered capital. The resolution of the general meeting must include at least the following:

(a) the grounds for the reduction of registered capital and the manner in which the amount corresponding to the reduction to the registered capital will be treated;

(b) scope of the reduction of registered capital;

(c) the manner in which the reduction of registered capital is to be effected;

(d) if the registered capital is reduced by withdrawing shares from circulation on the basis of drawing lots, the rules for drawing lots and the amount of consideration for the drawn shares or the manner of its determination;

e) snižuje-li se základní kapitál na základě návrhu akcionářům, údaj, zda jde o návrh na úplatné nebo bezplatné vzetí akcií z oběhu, a při návrhu na úplatné vzetí akcií z oběhu i výši úplaty nebo pravidla pro její určení,

(e) if the registered capital is reduced on the basis of a proposal to the shareholders, the information as to whether it is a proposal for withdrawal of shares from circulation for consideration or at no cost and, in the case of proposal for withdrawal of shares from circulation for consideration, also the amount of consideration or the rules for its determination;

f) mají-li být v důsledku snížení základního kapitálu předloženy společnosti listinné akcie nebo zatímní listy, i lhůtu pro jejich předložení.

(f) if, as as a result of reduction of registered capital, certificated shares or interim certificates are to be returned to the company, also the period for returning them.

(2) Základní kapitál nelze snížit pod jeho výši stanovenou v § 162 odst. 3.

(2) The registered capital cannot be reduced to an amount lower than that set out in section 162 (3).

(3) Snížením základního kapitálu se nesmí zhoršit dobytnost pohledávek věřitelů.

(3) A reduction of registered capital cannot adversely affect the recoverability of the claims of creditors.

(4) Usnesení valné hromady o snížení základního kapitálu se zapíše do obchodního rejstříku. Návrh na zápis podává představenstvo do 30 dnů od usnesení valné hromady.

(4) The resolution of the general meeting on the reduction of registered capital must be entered in the commercial register. The management board must file an application for entry within 30 days from the resolution of the general meeting.

§ 212

V pozvánce nebo oznámení, které se týkají svolání valné hromady, se uvedou kromě náležitostí podle § 184a odst. 3 alespoň údaje podle § 211 odst. 1.

Section 212

The invitation or notice relating to calling a general meeting must in addition to the particulars under section 184a (3) state at least the information under section 211 (1).

§ 213

(1) Je-li společnost povinna snížit základní kapitál, použije ke snížení základního kapitálu vlastní akcie nebo zatímní listy, má-li je ve svém majetku. V ostatních případech snížení základního kapitálu použije společnost ke snížení základního

Section 213

(1) If the company has a duty to reduce its registered capital, it must use for the reduction its own shares or interim certificates, if it holds them. In other cases of a reduction of registered capital, the company must prefer to use its own shares

kapitálu především vlastní akcie nebo zatímní listy. Jiným postupem lze snižovat základní kapitál, jen jestliže tento postup nepostačuje ke snížení základního kapitálu v rozsahu určeném valnou hromadou nebo pokud by tento způsob snížení základního kapitálu nesplnil účel snížení základního kapitálu. Jestliže se snižuje základní kapitál pouze s využitím vlastních akcií nebo zatímních listů v majetku společnosti, nepoužije se ustanovení o odděleném hlasování podle druhu akcií.

or interim certificates for the reduction of registered capital. The registered capital may only be reduced by different procedures if this procedure is insufficient to reduce the registered capital to the extent determined by the general meeting or if this manner of reducing the registered capital fails to satisfy the purpose of the reduction of registered capital. If the registered capital is reduced using only a company's own shares or interim certificates held by the company, the provisions relating to separate voting by classes of shares do not apply.

(2) Společnost použije vlastní akcie nebo zatímní listy ke snížení základního kapitálu tak, že je zničí, jestliže byly vydány v listinné podobě, nebo podá příkaz osobě, která vede evidenci zaknihovaných cenných papírů, ke zrušení akcií, jestliže byly vydány v zaknihované podobě.

(2) A company uses its own shares or interim certificates to reduce the registered capital by destroying them, if these are issued in certificated form, or by issuing an order to the person maintaining the register of uncertificated securities to cancel the shares if these are issued in uncertificated form.

(3) Nemá-li společnost ve svém majetku vlastní akcie nebo zatímní listy nebo použití vlastních akcií nebo zatímních listů podle odstavce 1 nepostačuje ke snížení základního kapitálu, provede se snížení základního kapitálu snížením jmenovité hodnoty akcií, popřípadě nesplacených akcií, na něž společnost vydala zatímní listy (§ 213a), nebo tím, že se vezmou akcie z oběhu anebo se upustí od vydání nesplacených akcií, na něž společnost vydala zatímní listy (§ 213d).

(3) If the company does not hold its own shares or interim certificates or the use of its own shares or interim certificates in accordance with subsection (1) is insufficient for the reduction of registered capital, the reduction of registered capital must be effected by reduction of the nominal value of shares or, if applicable, unpaid shares in place of which the company has issued interim certificates (section 213a), or by withdrawing the shares from circulation, or by forgoing the issue of the shares that are not paid up in place of which the company has issued interim certificates (section 213d).

(4) Akcie se vezmou z oběhu na základě losování (§ 213b) nebo na základě návrhu akcionářům (§ 213c). Akcie lze vzít z oběhu na základě losování pouze tehdy, jestliže stanovy společnosti v době, kdy byly tyto akcie upisovány, umožňovaly snížení základního kapitálu vzetím akcií z oběhu na základě losování. Podrobná pravidla pro vzetí akcií z oběhu určí stanovy a valná

(4) Shares can be withdrawn from circulation on the basis of drawing lots (section 213b) or on the basis of a proposal to the shareholders (section 213c). Shares can only be withdrawn from circulation on the basis of drawing lots if, at the time when such shares were subscribed, the articles of association allowed for a reduction of registered capital by withdrawing shares

hromada při rozhodnutí o snížení základního kapitálu.

from circulation on the basis of drawing lots. The detailed rules for withdrawing shares from circulation must be set out in the articles of association and by the general meeting when deciding on the reduction of registered capital.

§ 213a

Snížení jmenovité hodnoty akcií a zatímních listů

(1) Pokud se snižuje jmenovitá hodnota akcií společnosti, snižuje se poměrně u všech akcií společnosti, ledaže účelem snížení základního kapitálu je prominout nesplacenou část emisního kursu akcií.

(2) Snížení jmenovité hodnoty listinných akcií nebo nesplacených akcií, na které byly vydány zatímní listy, se provede výměnou akcií nebo zatímních listů za akcie nebo zatímní listy s nižší jmenovitou hodnotou nebo vyznačením nižší jmenovité hodnoty na dosavadní akcii nebo zatímním listu s podpisem člena nebo členů představenstva oprávněných jednat jménem společnosti. Představenstvo vyzve způsobem určeným zákonem a stanovami pro svolání valné hromady akcionáře, kteří mají listinné akcie nebo zatímní listy, aby je předložili ve lhůtě určené rozhodnutím valné hromady za účelem výměny nebo vyznačení snížení jejich jmenovité hodnoty. Pokud akcionář ve stanovené lhůtě akcie nebo zatímní listy nepředloží, není oprávněn až do jejich předložení vykonávat práva s nimi spojená a představenstvo uplatní postup podle § 214.

Section 213a

The reduction of the nominal value of shares and interim certificates

(1) If the nominal value of shares in a company is being reduced, it must be reduced in equal proportions for all of the shares in the company, unless the purpose of the reduction of registered capital is to waive an unpaid part of the issue price of the shares.

(2) A reduction of the nominal value of certificated shares or unpaid shares, for which interim certificates were issued, must be effected by an exchange of the shares or interim certificates for shares or interim certificates having a lower nominal value or by marking the lower nominal value on the existing shares or interim certificate together with the signature of the member or members of the management board entitled to act in the name of the company. The company must invite the shareholders holding the certificated shares or interim certificates in the manner prescribed by the law and the articles of association for the calling of a general meeting to return them within the period determined by a decision of the general meeting for the purpose of exchanging them or marking on them the reduction of their nominal value. If a shareholder fails to return the shares or interim certificates within the prescribed period, it is not entitled to exercise the rights attaching to them until they are returned and the management board must proceed in accordance with section 214.

(3) Snížení jmenovité hodnoty zaknihovaných akcií se provede změnou zápisu o výši jmenovité hodnoty akcií v zákonem stanovené evidenci zaknihovaných cenných papírů na základě příkazu společnosti. Tento příkaz musí být doložen výpisem z obchodního rejstříku prokazujícím zápis snížení základního kapitálu.

(3) A reduction to the nominal value of uncertificated shares is effected, on the basis of an instruction of the company, by changing the entry relating to the amount of the nominal value of shares in the legally prescribed register of uncertificated securities. The relevant instruction must be evidenced by an extract from the commercial register establishing the entry of the reduction of registered capital.

§ 213b

Vzetí akcií z oběhu na základě losování

Section 213b

Withdrawals of shares from circulation on the basis of drawing lots

(1) Možnost losování akcií za účelem snížení základního kapitálu musí připouštět stanovy společnosti. Rozhodnutí valné hromady o vzetí akcií z oběhu na základě losování musí být zveřejněno.

(1) The articles of association of a company must allow for the possibility of drawing lots for shares for the purposes of a reduction of registered capital. A decision by the general meeting to withdraw shares from circulation on the basis of drawing lots must be published.

(2) Pokud společnost vydala zaknihované akcie, je povinna před losováním podat příkaz k očíslování akcií podle zvláštního zákona osobě, která vede evidenci zaknihovaných cenných papírů, a současně požádat o výpis z této evidence, který musí obsahovat i čísla akcií. Po dobu, kdy jsou akcie očíslovány, se pozastavuje právo nakládat s očíslovanými akciemi podle zvláštního zákona. Losování zaknihovaných akcií musí být provedeno nejpozději do deseti dnů ode dne, kdy byl podán příkaz k očíslování.

(2) If the company has issued uncertificated shares, it must before drawing lots issue an instruction for the numbering of the shares in accordance with a special act to the person maintaining the register of uncertificated securities and at the same time request an extract from that register that must also contain the numbers of shares. For the time when the shares are numbered, the right to the disposition of the numbered shares is suspended in accordance with a special act. The drawing of lots for uncertificated shares must be effected not later than ten days from the date on which the instruction for numbering was issued.

(3) Průběh a výsledky losování s uvedením čísel vylosovaných akcií musí být osvědčeny notářským zápisem. Představenstvo společnosti oznámí výsledky losování způsobem určeným zákonem a stanovami společnosti pro svolání valné hromady. V oznámení musí

(3) The course and results of the drawing lots, together with a statement of the numbers of the drawn shares, must be verified as a notarial record. The management board of the company must notify the results of the drawing lots in the manner set out by the law and the articles of

být uvedena alespoň:

a) čísla vylosovaných akcií,

b) lhůta, v níž bude společnost vylosované akcie proplácet, která nesmí předcházet dnu zápisu snížení základního kapitálu do obchodního rejstříku a nesmí být delší než tři měsíce od zápisu výše základního kapitálu do obchodního rejstříku, pokud nebylo dohodnuto s akcionářem něco jiného,

c) výše úplaty za vylosované akcie.

(4) Pokud vydala společnost listinné akcie na jméno nebo zaknihované akcie, musí oznámení podle odstavce 3 obsahovat i údaje identifikující akcionáře, jejichž akcie byly vylosovány. Pokud společnost vydala listinné akcie, musí oznámení podle odstavce 3 obsahovat i lhůtu, v níž musí být vylosované akcie předloženy společnosti; akcionáři jsou povinni v této lhůtě vylosované akcie společnosti předložit. Pokud akcionář ve stanovené lhůtě vylosované listinné akcie nepředloží, není oprávněn až do jejich předložení vykonávat práva s nimi spojená a představenstvo postupuje podle § 214.

(5) Za vylosované akcie je společnost povinna zaplatit úplatu ve výši, která je přiměřená hodnotě akcií; přiměřenost úplaty musí být doložena posudkem znalce.

(6) Pokud společnost vydala zaknihované akcie, podá představenstvo o výsledcích

association for the calling of a general meeting. The notice must state at least the following:

(a) the numbers of the shares that were drawn;

(b) the period in which the company will buy back the shares that were drawn, which cannot precede the date of entry of the reduction of registered capital in the commercial register and cannot be longer than three months from the entry of the amount of registered capital in the commercial register, unless otherwise agreed with the shareholder.

(c) the amount of consideration for the drawn shares.

(4) If a company has issued certificated registered shares or uncertificated shares, the notice in accordance with subsection (3) must also state sufficient information to identify the shareholder whose shares were drawn. If the company has issued certificated shares, the notice under subsection (3) must also state the period within which the shares that were drawn must be returned to the company. The shareholders must return to the company the shares that were drawn within that period. If the shareholder fails to return the shares so drawn within the prescribed period, it is no longer entitled to exercise the rights attaching to them until it returns them and the management board must proceed in accordance with section 214.

(5) The company has a duty to pay consideration for the shares that were drawn in an amount adequate to the value of shares. The adequacy of consideration must be evidenced by an expert report.

(6) If a company has issued uncertificated shares, the management board must also

losování zprávu i osobě, která vede evidenci zaknihovaných cenných papírů, spolu s příkazem ke zrušení číslování nevylosovaných akcií. Tento příkaz musí být doložen notářským zápisem osvědčujícím výsledky losování. Po zápisu výše základního kapitálu do obchodního rejstříku podá společnost příkaz ke zrušení vylosovaných akcií osobě, která vede evidenci zaknihovaných cenných papírů. Tento příkaz musí být doložen výpisem z obchodního rejstříku prokazujícím zápis výše základního kapitálu.

submit a report on the result of the drawing lots to the person that maintains the register of uncertificated securities, together with an instruction to cancel the numbering of the shares that were not drawn. This instruction must be evidenced by a notarial record verifying the results of the drawing of lots. After the amount of the registered capital is entered in the commercial register, the company must issue an instruction to the person that maintains the register of uncertificated securities to cancel the drawn shares. The relevant requirement must be evidenced by an extract from the commercial register establishing the entry of the amount of registered capital.

§ 213c

Vzetí akcií z oběhu na základě návrhu

(1) Jestliže se berou akcie z oběhu na základě veřejného návrhu smlouvy, může rozhodnutí valné hromady určit, že základní kapitál:

a) bude snížen v rozsahu jmenovitých hodnot akcií, které budou vzaty z oběhu, nebo

b) bude snížen o pevnou částku.

(2) Akcie lze vzít z oběhu na základě veřejného návrhu smlouvy nebo veřejného návrhu smlouvy o bezplatném vzetí akcií z oběhu.

(3) Pro veřejný návrh smlouvy podle odstavce 2 platí přiměřeně ustanovení § 183a odst. 1 věta první a druhá, odst. 2 až 4 a odst. 7.

(4) Kupní cena musí být splatná nejpozději do tří měsíců od zápisu výše základního kapitálu do obchodního rejstříku. Lhůta

Section 213c

Withdrawals of shares from circulation by offer

(1) If shares are withdrawn from circulation by public offer to conclude a contract, the decision of the general meeting may specify that the registered capital:

(a) will be reduced to the extent of the nominal values of shares that will be withdrawn from circulation; or

(b) will be reduced by a fixed amount.

(2) Shares may be withdrawn from circulation on the basis of a public offer to conclude a contract or a public offer for a withdrawal from circulation for no consideration.

(3) The provisions of section 183a (1) first and second sentence, (2) to (4) and (7) apply as appropriate to a public offer to conclude a contract in accordance with subsection (2).

(4) The purchase price must be due not later than three months after the date on which the amount of registered capital is entered in

splatnosti kupní ceny a lhůta pro předložení listinných akcií společnosti nesmí předcházet dnu zápisu výše základního kapitálu do obchodního rejstříku. Nepředloží-li akcionář ve stanovené lhůtě listinné akcie společnosti, není oprávněn až do jejich předložení vykonávat práva s nimi spojená a představenstvo postupuje podle § 214.

the commercial register. The due date of the purchase price and the period for returning the certificated shares to the company cannot precede the date of entry of the amount of the registered capital in the commercial register. If a shareholder fails to return certificated shares to the company within the prescribed period, it is not entitled to exercise the rights attaching to them until they are returned and the management board must proceed in accordance with section 214.

(5) Jestliže společnost vydala zaknihované akcie, je oprávněna podat příkaz k pozastavení práva nakládat s akciemi, ohledně nichž byl přijat návrh podle odstavce 1, osobě, která vede evidenci zaknihovaných cenných papírů. Bez zbytečného odkladu po zápisu výše základního kapitálu do obchodního rejstříku podá představenstvo této osobě příkaz ke zrušení akcií, jež koupila společnost na základě veřejného návrhu smlouvy. Tento příkaz musí být doložen výpisem z obchodního rejstříku prokazujícím zápis nové výše základního kapitálu a dokladem o přijetí návrhu podle odstavce 1.

(5) If the company has issued uncertificated shares, it is entitled to give to the person maintaining the register of uncertificated securities an instruction to suspend the right to the disposition of the shares in relation to which an offer under subsection (1) was accepted. Without undue delay after the entry of the amount of registered capital in the commercial register the management board must issue an instruction to such a person to cancel the shares that the company purchased on the basis of the public offer to conclude a contract. The instruction must be evidenced by an extract from the commercial register establishing the entry of the new amount of registered capital and by a document establishing the acceptance of the offer under subsection (1).

(6) Snižuje-li se základní kapitál podle odstavce 1 písm. a), musí rozhodnutí valné hromady obsahovat pověření pro představenstvo podat návrh na zápis výše základního kapitálu do obchodního rejstříku v rozsahu, v jakém bude akcionáři přijat veřejný návrh smlouvy.

(6) If registered capital is reduced under subsection (1) (a), the decision by the general meeting must contain an appointment for the management board to file an application for entry of the amount of registered capital in the commercial register within the scope to which the shareholders accept the public tender offer.

(7) Jestliže součet jmenovitých hodnot akcií braných z oběhu podle odstavce 1 písm. b) nedosáhne stanovené částky, o níž má být základní kapitál snížen, a valná hromada nerozhodla o změně postupu při

(7) If the aggregate nominal value of shares withdrawn from circulation in accordance with subsection (1) (b) does not reach the prescribed amount by which the registered capital is to be reduced and the general

snižování základního kapitálu podle odstavce 1 písm. a), nelze tímto způsobem základní kapitál snížit. Valná hromada může však rozhodnout, že se v tomto případě sníží základní kapitál jiným způsobem, který tento zákon dovoluje.

meeting has not decided on the change of the procedure for the reduction of registered capital in accordance with subsection (1) (a), the registered capital cannot be reduced in this manner. However the general meeting may decide that, in such a case, the registered capital will be reduced in another manner permitted by this Code.

§ 213d

Upuštění od vydání akcií

(1) Valná hromada může rozhodnout o snížení základního kapitálu upuštěním od vydání akcií v rozsahu, v jakém jsou upisovatelé v prodlení se splacením jmenovité hodnoty akcií, pokud společnost nepostupuje podle § 177 odst. 4 až 7.

(2) Upuštění od vydání nesplacených akcií se provede tím, že představenstvo vyzve akcionáře, který je v prodlení se splacením emisního kursu nebo jeho části, aby vrátil zatímní list ve lhůtě určené valnou hromadou s tím, že společnost nevydá akcie, které tento zatímní list nahrazuje, a upisovateli vrátí bez zbytečného odkladu po zápisu snížení základního kapitálu do obchodního rejstříku dosud splacený emisní kurs akcií po započtení nároků společnosti vůči upisovateli. Pokud akcionář ve stanovené lhůtě zatímní list nepředloží, není oprávněn až do jeho předložení vykonávat práva s ním spojená a představenstvo postupuje podle § 214.

Section 213d

The abandonment of an issue of shares

(1) The general meeting may decide on the reduction of registered capital by the abandonment of an issue of shares to the extent to which subscribers are in default with paying up the nominal value of the shares, if the company does not proceed in accordance with sections 177 (4) to (7).

(2) The abandonment of an issue of shares that are not paid up is effected by the management board inviting a shareholder that is in default with the payment up of all or part of the issue price to return the interim certificate within the period specified by the general meeting, by the company not issuing the shares for which the interim certificate takes the place and by returning to the subscriber the already paid up issue price of the shares, after the set off of the claims that the company has against the subscriber, without undue delay after the entry of the reduction of registered capital in the commercial register. If the shareholder fails to return the interim certificate within the specified period, it is not entitled to exercise the rights attaching to it until it is returned and the management board must proceed in accordance with section 214.

§ 214

(1) Pokud jsou akcionáři v prodlení s předložením listinných akcií nebo zatímních listů stahovaných společností z

Section 214

(1) If shareholders are in default with returning certificated shares or interim certificates withdrawn from circulation by

oběhu za účelem jejich výměny, vyznačení nové jmenovité hodnoty nebo zničení anebo při změně podoby s jejich vrácením nebo převzetím, vyzve je představenstvo způsobem určeným zákonem a stanovami pro svolání valné hromady, aby předložili akcie nebo zatímní listy, vrátili nebo převzali listinné akcie v dodatečné přiměřené lhůtě, kterou jim k tomu určí, s upozorněním, že jinak budou nepředložené akcie nebo nevrácené akcie prohlášeny za neplatné nebo nepřevzaté listinné akcie prodány, a toto rozhodnutí současně zveřejní.

the company for the purpose of exchanging them, marking a new nominal value on them, or their destruction or, in the case of a change of form, with returning them or taking them over, the management board must invite them in the manner prescribed by the law and the articles of association for the calling of a general meeting to return the shares or interim certificates, or return or take over certificated shares, in an additional reasonable period that it determines for this purpose, together with a notification that the shares that are not returned will otherwise be declared void or the certificated shares that are not taken over will be sold and it must at the same time publish the decision [on the invitation and additional period].

(2) Představenstvo prohlásí za neplatné listinné akcie nebo zatímní listy, které přes výzvu nebyly v dodatečně určené lhůtě předloženy.

(2) The management board must declare void those certificated shares or interim certificates that, despite the invitation, are not returned in the additional period as provided.

(3) Prohlášení akcií za neplatné oznámí představenstvo akcionářům, jejichž akcie nebo zatímní listy byly prohlášeny za neplatné, způsobem určeným zákonem a stanovami pro svolání valné hromady (dále jen "dotčené osoby"). Prohlášení akcií nebo zatímních listů za neplatné představenstvo bez zbytečného odkladu zveřejní.

(3) The declaration of invalidity for the shares must be notified in the manner prescribed by the law and the articles of association for the calling of a general meeting by the management board to the shareholders whose shares or interim certificates have been declared void (the "affected persons"). The management board must without undue delay publish a declaration of invalidity for the relevant shares or interim certificates.

(4) Nové akcie nebo zatímní listy, které mají být vydány místo akcií nebo zatímních listů, jež byly prohlášeny za neplatné, nebo listinné akcie, jež nebyly při změně podoby akcionáři převzaty ani v dodatečné přiměřené lhůtě, prodá představenstvo prostřednictvím obchodníka s cennými papíry bez zbytečného odkladu na účet dotčené osoby na evropském regulovaném trhu nebo zahraničním trhu obdobném

(4) The management board must sell new shares or interim certificates, which are to be issued in place of the shares or interim certificates that have been declared void or the certificated shares that have not been taken over by the shareholders on a change of form even in the additional reasonable period, without undue delay for the account of the affected person through a securities broker on a European regulated market or a

regulovanému trhu, pokud jsou přijaté k obchodování na tomto trhu, nebo ve veřejné dražbě. Místo, dobu a předmět dražby představenstvo zveřejní nejméně dva týdny před jejím konáním. Ve stejné lhůtě odešle zprávu o veřejné dražbě nebo o záměru prodat akcie na evropském veřejném trhu dotčené osobě, pokud je společnosti známa. Výtěžek z prodeje akcií nebo zatímních listů po započtení pohledávek společnosti proti dotčené osobě vzniklých v souvislosti s prohlášením jejích akcií za neplatné a prodejem akcií vyplatí společnost bez zbytečného odkladu dotčené osobě nebo jej uloží do úřední úschovy.

foreign market equivalent to a regulated market, if they are admitted to trading on such market, or in a public auction. The management board must publish the place, time, and subject-matter of the auction at least two weeks before it is held. It must at the same time send a notice of the public auction or the intention to sell the shares on a European public market to the affected person, provided that the company is aware of it. The company must pay the proceeds of a sale of the shares or interim certificates, after the set off of the claims of the company against the affected person that arose in connection with declaring its shares void and their sale, to the affected person without undue delay or it must deposit such proceeds in official custody.

(5) Pokud nemají být vydány za akcie nebo zatímní listy stahované z oběhu nové akcie nebo zatímní listy, není prohlášením akcií nebo zatímních listů za neplatné dotčeno právo dotčené osoby na zaplacení jejich ceny nebo vrácení emisního kursu nebo jeho části. Společnost si však může proti pohledávce akcionáře na zaplacení ceny nebo vrácení emisního kursu započítat pohledávky, které jí vznikly proti akcionáři v souvislosti s prohlášením jeho akcií nebo zatímních listů za neplatné, a rozdíl zaplatí dotčené osobě bez zbytečného odkladu po prohlášení akcií nebo zatímních listů za neplatné nebo jej uloží do úřední úschovy.

(5) If new shares are not to be issued for the shares or interim certificates that are withdrawn from circulation, a declaration that the shares or interim certificates are void does not affect the right of the affected person to the payment of their price or the return of all or part of the issue price. The company may, however, set off its claims against a shareholder arising in connection with a declaration that its shares or interim certificates are void against the claim of the shareholder for the payment of the price or the return of the issue price and it must pay the difference to the affected person without undue delay after the declaration that the shares or interim certificates are void or it must deposit it in official custody.

(6) Po zápisu snížení základního kapitálu do obchodního rejstříku je společnost povinna vrácené listinné akcie nebo zatímní listy zničit.

(6) After a reduction of registered capital is entered in the commercial register, the company has a duty to destroy the certificated shares or interim certificates so returned.

§ 215

(1) Představenstvo je povinno písemně do 30 dnů od nabytí účinnosti rozhodnutí valné hromady o snížení základního kapitálu vůči třetím osobám oznámit rozsah snížení základního kapitálu známým věřitelům, kterým vznikly pohledávky vůči společnosti přede dnem, v němž se toto rozhodnutí stalo účinným vůči třetím osobám, s výzvou, aby přihlásili své pohledávky podle odstavce 3.

(2) Rozhodnutí valné hromady o snížení základního kapitálu po jeho zápisu do obchodního rejstříku zveřejní představenstvo nejméně dvakrát za sebou s alespoň třicetidenním odstupem a s výzvou pro věřitele, aby přihlásili své pohledávky podle odstavce 3.

(3) Věřitelé společnosti uvedení v odstavci 1 jsou oprávněni požadovat do 90 dnů ode dne, kdy obdrželi oznámení o snížení základního kapitálu, jinak do 90 dnů ode dne druhého zveřejnění výzvy podle odstavce 2, aby splnění jejich neuhrazených pohledávek, jež nebyly splatné v době, kdy jim byla výzva doručena, nebo v době jejího druhého zveřejnění, bylo dostatečným způsobem zajištěno; to neplatí, nezhorší-li se snížením základního kapitálu dobytnost pohledávek za společností.

(4) Nedojde-li mezi věřiteli a společností k dohodě o způsobu zajištění pohledávky nebo má-li věřitel za to, že se zhoršila dobytnost jeho pohledávek, rozhodne na návrh věřitele o dostatečném zajištění soud s ohledem na druh a výši pohledávky.

Section 215

(1) The management board must notify the scope of a reduction of registered capital to the known creditors whose claims against the company have accrued before the date on which the decision of the general meeting to reduce the registered capital becomes effective against third parties. The relevant notice must be given in writing within 30 days from the decision of the general meeting becoming effective and it must contain a call to third parties to register their claims under subsection (3).

(2) The management board must publish a decision of the general meeting to reduce the registered capital after its entry in the commercial register on at least two separate occasions with at least thirty days between them, together with a call on the creditors to register their claims under subsection (3).

(3) The creditors of the company stated in subsection (1) are entitled within 90 days from the date on which they receive the notification of the reduction of registered capital, and otherwise within 90 days from the date of the second publication of the invitation under subsection (2), to require additional security for the satisfaction of unpaid receivables not yet due as at the date on which the invitation is delivered to them or the date on which it is published for the second time. This does not apply if the reduction of the registered capital does not adversely affect the recoverability of the claims against the company.

(4) If an agreement cannot be reached between the creditors and the company on the manner of securing a claim, or if the creditor believes that the recoverability of a claim has been adversely affected, on petition by the creditor, the court may decide on the additional security with

respect to the type and amount of that claim.

§ 216

(1) Po uplynutí 90 dnů od doručení oznámení podle § 215 odst. 1, popřípadě od posledního zveřejnění rozhodnutí podle § 215 odst. 2 může představenstvo podat návrh na zápis snížení základního kapitálu do obchodního rejstříku. Rejstříkový soud provede zápis, je-li prokázáno oznámení rozhodnutí valné hromady o snížení základního kapitálu podle § 215 odst. 1 a 2 a zajištění pohledávek věřitelů nebo jejich uspokojení.

(2) Lhůtu uvedenou v odstavci 1 není třeba dodržet, pokud se společnost dohodne se všemi věřiteli na zajištění nebo uspokojení jejich pohledávek před uplynutím této lhůty. Uzavření dohody musí společnost soudu při podání návrhu prokázat.

(3) Ke snížení základního kapitálu dochází ode dne jeho zápisu do obchodního rejstříku.

(4) Před zápisem snížení základního kapitálu do obchodního rejstříku a před uspokojením nebo zajištěním pohledávek věřitelů podle § 215 odst. 2, popřípadě před rozhodnutím podle § 215 odst. 4 nelze akcionářům poskytnout plnění z důvodu snížení základního kapitálu nebo z toho důvodu prominout nebo snížit nesplacené části jmenovitých hodnot jejich akcií. Za škodu způsobenou porušením této povinnosti společnosti nebo jejím věřitelům odpovídají společně a nerozdílně členové představenstva. Této odpovědnosti se nemohou zprostit.

Section 216

(1) After the expiry of the period of 90 days from the delivery of the notice under section 215 (1) or, if applicable, from the last publication of the decision under section 215 (2), the management board may file an application for entry in the commercial register of the reduction of the registered capital. The registration court must make the entry if it is established that the decision of the general meeting on the reduction of registered capital was notified under sections 215 (1) and (2) and that the claims of the creditors were satisfied or secured.

(2) The period stated in subsection (1) does not need to be observed if the company agrees with all the creditors on securing or satisfying their claims before this period expires. The company must establish the conclusion of the relevant agreement to the court when filing the application.

(3) A reduction of registered capital occurs as from the date on which it is entered in the commercial register.

(4) No consideration on the grounds of a reduction of registered capital may be provided to the shareholders and no waiver or reduction of the unpaid proportion of the nominal value of their shares can be made before the reduction of registered capital is entered in the commercial register and before the satisfying or securing of the claims of the creditors under section 215 (2) or, if applicable, before the decision under section 215 (4). The members of the management board are jointly and severally liable for any damage caused by the breach of such duty to the company or its creditors. This liability cannot be excused.

§ 216a

(1) Ustanovení § 215 a ustanovení § 216 odst. 1 a 2 se nepoužijí, jestliže společnost

a) snižuje základní kapitál za účelem úhrady ztráty, nebo

b) snižuje základní kapitál za účelem převodu do rezervního fondu na úhradu budoucí ztráty a částka převáděná do rezervního fondu nepřesáhne 10 % základního kapitálu.

(2) Splnění podmínek stanovených v odstavci 1 musí společnost soudu prokázat při podání návrhu na zápis.

(3) Rezervní fond v rozsahu vytvořeném podle odstavce 1 písm. b) může být použit jen k úhradě ztráty nebo ke zvýšení základního kapitálu společnosti, jestliže rezervní fond přesahuje částku, ve které je vytvářen podle § 217 povinně. K rezervnímu fondu vytvářenému podle § 161d a 161f se nepřihlíží.

(4) V souvislosti se snížením základního kapitálu podle odstavce 1 nesmí být poskytnuto jakékoliv plnění ve prospěch akcionářů. Jestliže bylo akcionářům plnění poskytnuto, jsou povinni je vrátit. Za splnění tohoto závazku ručí členové představenstva společně a nerozdílně.

Section 216a

(1) The provisions of section 215 and the provisions of section 216 (1) and (2) do not apply if the company:

(a) is reducing its registered capital for the purpose of covering losses; or

(b) is reducing its registered capital for the purpose of making a transfer to reserves for covering future losses and the amount being transferred to reserves does not exceed 10% of registered capital.

(2) The company must establish to the court that the conditions set out in subsection (1) are met when filing the application for entry.

(3) Reserves to the extent created under subsection (1)(b) may be used only to cover losses or to increase registered capital of the company if the reserves exceed the amount for which there is a duty to create them under section 217. The reserves created under sections 161d and 161f must be disregarded.

(4) No consideration for the benefit of shareholders can be provided in connection with a reduction of registered capital under subsection (1). If consideration has been provided to shareholders, they must return it. The members of the management board are jointly and severally liable for the performance of this obligation.

§ 216b

(1) Na jedné valné hromadě lze přijmout rozhodnutí o snížení i zvýšení základního kapitálu pouze tehdy, jestliže se základní kapitál snižuje za předpokladů stanovených v § 213d nebo § 216a odst. 1.

Section 216b

(1) A single general meeting may only adopt a decision on both a reduction and an increase of registered capital if the registered capital is reduced under the requirements set out in section 213d or section 216a (1).

(2) Při postupu podle odstavce 1 může společnost činit právní úkony směřující ke zvýšení základního kapitálu až poté, co bude do obchodního rejstříku zapsáno snížení základního kapitálu.

(2) In proceeding under subsection (1), the company may only conclude legal acts leading to an increase of the registered capital after the reduction of registered capital is entered in the commercial register.

§ 216c

Souběžné snížení a zvýšení základního kapitálu

Section 216c

The simultaneous reduction and increase of registered capital

(1) Jestliže jsou splněny podmínky § 216a a účelem snížení základního kapitálu je přizpůsobení jmenovité hodnoty stávajících akcií přijatých k obchodování na evropském regulovaném trhu nebo zahraničním trhu obdobném regulovanému jejich ceně na tomto trhu v souvislosti se zvýšením základního kapitálu upsáním nových akcií na základě veřejné nabídky, může valná hromada současně rozhodnout o snížení a zvýšení základního kapitálu (souběžné snížení a zvýšení základního kapitálu). V takovém případě se nepoužije ustanovení § 216b.

(1) If the conditions of section 216a are satisfied and the purpose of the reduction of registered capital is to adjust the nominal value of the existing shares admitted to trading on a European regulated market or a foreign market equivalent to a regulated market so as to correspond to their price in that market in connection with an increase of the registered capital by way of subscription for new shares on the basis of a public offer, the general meeting may at the same time decide on a reduction and an increase of registered capital (a simultaneous reduction and increase of registered capital). In such a case, the provisions of section 216b do not apply.

(2) V usnesení o souběžném snížení a zvýšení základního kapitálu může valná hromada určit rozsah snížení základního kapitálu tak, že stanoví způsob výpočtu částky snížení v závislosti na emisním kursu nových akcií, který bude stanoven později, a pověřit představenstvo, aby částku snížení základního kapitálu a tomu odpovídající nové jmenovité hodnoty stávajících akcií společnosti bez odkladu uveřejnilo způsobem stanoveným zákonem a stanovami pro svolání valné hromady.

(2) In a resolution for a simultaneous reduction and increase of registered capital, the general meeting may determine the scope of the reduction of registered capital by reference to a manner for the calculation of the amount of the reduction, which is dependent on an issue price of the new shares to be determined later and it may appoint the management board to publish the amount of reduction of registered capital and the corresponding new nominal value of the existing shares in the company without undue delay in the manner prescribed by the law and the articles of association for the calling of a general meeting.

(3) O zápisu usnesení valné hromady o souběžném snížení a zvýšení základního kapitálu rozhodne rejstříkový soud jedním

(3) The registration court may decide whether to enter a resolution of the general meeting for a simultaneous reduction and

usnesením. O zápisu snížení a zvýšení základního kapitálu rozhodne rejstříkový soud rovněž jedním usnesením, přičemž obsahem zápisu bude nejprve uvedení částky, o kterou byl základní kapitál snížen, a poté částky, o kterou byl základní kapitál zvýšen. Rejstříkový soud nepovolí snížení a zvýšení základního kapitálu, pokud základní kapitál po souběžném snížení a zvýšení nedosahuje alespoň výše podle § 162 odst. 4.

increase of registered capital in a single formal ruling. The registration court also decides by a single formal ruling on the entry of the reduction and increase of registered capital and the content of the entry must be first a statement of the amount by which the registered capital is reduced and then the amount by which the registered capital is increased. The registration court cannot permit a reduction and increase of the registered capital if the registered capital after a simultaneous reduction and increase does not reach at least the amount referred to in section 162 (4).

ODDÍL 7

REZERVNÍ FOND A OPČNÍ LISTY

§ 217

(1) Společnost vytváří rezervní fond v době a ve výši určené stanovami a tímto zákonem.

(2) Společnost je povinna vytvořit rezervní fond z čistého zisku vykázaného v řádné účetní závěrce za rok, v němž poprvé čistý zisk vytvoří, a to ve výši nejméně 20 % z čistého zisku, avšak ne více než 10 % z hodnoty základního kapitálu. Tento fond se ročně doplňuje o částku určenou stanovami, nejméně však 5 % z čistého zisku, až do dosažení výše rezervního fondu určené ve stanovách, nejméně však do výše 20 % základního kapitálu. To neplatí, jestliže rezervní fond již vytvořila příplatky nad emisní kurs akcií. Takto vytvořený rezervní fond do výše 20 % základního kapitálu lze použít pouze k úhradě ztráty.

SUB-CHAPTER 7

RESERVES AND SUBSCRIPTION WARRANTS

Section 217

(1) The company must create reserves at the time and in the amounts specified by the articles of association and this Code.

(2) The company has a duty to create reserves from the net profit as reported in the annual financial statements for the year in which net profit is generated for the first time, in the amount of at least 20% of the net profit, but not in any event more than 10% of the value of the registered capital. Reserves must be replenished annually with the amount specified in the articles of association, which must be at least 5% of the net profit, until the amount of reserves set out in the articles of association is attained, and in any event being not more than the amount of 20% of the registered capital. This does not apply if reserves have already been created by premium in excess of the issue price for the shares. The reserves so created of up to 20% of the registered capital may only be applied to cover losses.

(3) O použití rezervního fondu rozhoduje představenstvo, neurčují-li stanovy nebo tento zákon jinak.

(3) Unless the articles of association or this Code provide otherwise, the management board is competent to decide on the use of reserves.

§ 217a

Section 217a

Opční listy

Subscription warrants

(1) Akciová společnost je oprávněna vydat pro uplatnění přednostního práva podle § 160 odst. 1 a 6 a podle § 204a cenné papíry označené jako opční listy.

(1) A joint stock company is entitled to issue securities designated as subscription warrants for the purposes asserting the pre-emption rights under section 160 (1) and (6) and under section 204a.

(2) Opční listy podle odstavce 1 (dále jen "opční list") lze vydávat pouze jako cenné papíry na doručitele. Opční list může být vydán buď v listinné, nebo zaknihované podobě.

(2) Subscription warrants under subsection (1) (a "subscription warrant") can only be issued as bearer securities. A subscription warrant may be issued either in certificated or uncertificated form.

(3) V opčním listu musí být uvedeno:

(3) A subscription warrant must state the following:

a) firma a sídlo společnosti,

(a) the business name and the registered office of the company;

b) kolik akcií a jakého druhu, formy a podoby anebo kolik vyměnitelných anebo prioritních dluhopisů společnosti, v jaké podobě, formě a v jaké jmenovité hodnotě lze získat,

(b) how many shares and of what class, type, and form or how many convertible bonds or pre-emption bonds of the company and in what form, type and nominal value can be acquired;

c) doba a místo pro uplatnění přednostního práva,

(c) the time and place for exercising the pre-emption right;

d) emisní kurs akcií nebo dluhopisů, k nimž lze uplatnit přednostní právo, nebo způsob jeho určení,

(d) the issue price for the shares or bonds subject to the pre-emption right, or the manner of its determination;

e) údaj o tom, že zní na doručitele.

(e) a statement that it is a bearer security.

(4) Opční list vydaný v listinné podobě musí obsahovat i datum emise, podpis nebo podpisy členů představenstva oprávněných jednat jménem společnosti a číselné označení akcie nebo dluhopisu, k nimž byl vydán.

(4) A subscription warrant issued in the certificated form must state also the issue date and signature or signatures of the members of the management board entitled to act in the name of the company and the unique reference number of the share or bond for which it has been issued.

(5) Pokud společnost vydala opční listy v zaknihované podobě, je rozhodným dnem (§ 156b) pro uplatnění přednostního práva den, kdy mohlo být toto právo vykonáno poprvé.

(5) If the company issued subscription warrants in uncertificated form, the priority date (section 156b) for asserting the pre-emption right is the date on which the right could be exercised for the first time.

(6) Pokud vydala společnost opční listy v zaknihované podobě, podá osobě, která vede evidenci zaknihovaných cenných papírů, příkaz k vydání cenných papírů, bylo-li přednostní právo včas uplatněno a bez zbytečného odkladu po splnění podmínek pro vydání těchto cenných papírů, a současně podá příkaz ke zrušení opčních listů, z nichž bylo přednostní právo uplatněno. Po uplynutí lhůty pro vykonání přednostního práva podá společnost příkaz ke zrušení opčních listů, z nichž nebylo přednostní právo uplatněno.

(6) If the company has issued subscription warrants in uncertificated form it must, without undue delay after the conditions for issuing the securities are satisfied, issue an instruction to the person maintaining the register of uncertificated securities to issue the securities, provided that the pre-emption right has been asserted in time, and it must at the same time issue an instruction to cancel the subscription warrants for which the pre-emption right was asserted. After the expiry of the period for exercising the pre-emption right, the company must issue an instruction to cancel the subscription warrants for which the pre-emption right has not been exercised.

ODDÍL 8

ZRUŠENÍ A LIKVIDACE SPOLEČNOSTI

SUB-CHAPTER 8

THE WINDING UP AND LIQUIDATION OF A COMPANY

§ 218

Pro zrušení a zánik společnosti platí ustanovení § 68 až 75c, není-li dále stanoveno jinak.

Section 218

The provisions of sections 68 to 75c apply to the winding up and dissolution of a company, unless further provided otherwise.

§ 219

(1) Likvidátora jmenuje a odvolává valná hromada, nestanoví-li zákon jinak.

Section 219

(1) Unless the law provides otherwise, it is within the competence of the general

meeting to appoint and recall a liquidator.

(2) Nevyplývá-li ze stanov něco jiného, mohou akcionáři uvedení v § 181 odst. 1 požádat s uvedením důvodů soud, aby odvolal likvidátora jmenovaného valnou hromadou a nahradil ho jinou osobou. Tím není dotčeno ustanovení § 71 odst. 4.

(2) Unless the articles of association require otherwise, the shareholders referred to in section 181 (1) may petition the court together with a statement of the reasons for the recall of a liquidator appointed by the general meeting and for replacing it with another person. This has no effect on the provisions of section 71 (4).

(3) Likvidátor, který nebyl jmenován soudem, může být valnou hromadou odvolán a nahrazen jiným likvidátorem.

(3) Unless the liquidator has been appointed by the court, the general meeting has a right to recall a liquidator and to replace it with another person.

§ 220

Section 220

(1) Likvidační zůstatek se dělí mezi akcionáře v poměru jmenovitých hodnot jejich akcií. Ustanovení § 159 odst. 1 tím není dotčeno. Právo na podíl na likvidačním zůstatku je samostatně převoditelné ode dne, k němuž byl schválen návrh rozdělení likvidačního zůstatku.

(1) The liquidation balance must be distributed to the shareholders in proportions corresponding to the nominal value of their shares. This has no effect on the provisions of section 159 (1). The right to a share in the liquidation balance is individually transferable as from the date on which the proposal for the distribution of the liquidation balance was approved.

(2) Jestliže likvidační zůstatek nestačí k úhradě jmenovité hodnoty akcií, dělí se likvidační zůstatek na část připadající vlastníkům prioritních akcií a ostatních akcií v rozsahu určeném stanovami. Části likvidačního zůstatku se dělí mezi akcionáře v poměru odpovídajícím splacené jmenovité hodnotě jejich akcií.

(2) If the liquidation balance is not sufficient to cover the nominal value of shares, the liquidation balance must be divided among the holders of preferred shares and the other shares in the proportions required by the articles of association. The parts of the liquidation balance must be distributed to the shareholders in proportion to the paid up nominal value of their shares.

(3) Nárok na vyplacení podílu na likvidačním zůstatku vzniká akcionáři vrácením listinných akcií společnosti předložených na výzvu likvidátora. Vrácené akcie likvidátor zničí. Pokud akcionář listinné akcie na výzvu likvidátora nevrátí, postupuje likvidátor přiměřeně podle ustanovení § 214.

(3) A shareholder acquires the right to the payment of share in the liquidation balance by returning its certificated shares to the company submitted at the liquidator's invitation. The liquidator must destroy the shares that are returned. If a shareholder fails to return its shares at the liquidator's invitation, the liquidator must proceed as appropriate in accordance with the

provisions of section 214.

(4) Pokud společnost vydala zaknihované akcie, vzniká nárok na vyplacení podílu na likvidačním zůstatku ke dni, kdy na základě příkazu likvidátora byly zrušeny akcie společnosti v evidenci zaknihovaných cenných papírů.

(4) If a company has issued uncertificated shares, the right to the payment of a share in the liquidation balance arises as at the date on which the shares in the company are cancelled in the register of uncertificated securities on the basis of an order by the liquidator.

(5) Rejstříkový soud provede výmaz společnosti z obchodního rejstříku, jen bude-li prokázáno, že byly všechny akcie společnosti zničeny, prohlášeny za neplatné nebo zrušeny.

(5) The registration court can only strike the company off the commercial register if it is established that all shares in the company were destroyed, declared void, or cancelled.

ODDÍL 9

ZRUŠEN

nadpis vypuštěn

SUB-CHAPTER 9

REPEALED

Heading repealed

§ 220a

zrušen

Section 220a

Repealed

§ 220b

zrušen

Section 220b

Repealed

§ 220c

zrušen

Section 220c

Repealed

§ 220d

zrušen

Section 220d

Repealed

§ 220e

zrušen

Section 220e

Repealed

§ 220f

zrušen

Section 220f

Repealed

§ 220g

Section 220g

zrušen	Repealed
§ 220h	**Section 220h**
zrušen	Repealed
§ 220i	**Section 220i**
zrušen	Repealed
§ 220j	**Section 220j**
zrušen	Repealed
§ 220k	**Section 220k**
zrušen	Repealed
§ 220l	**Section 220l**
zrušen	Repealed
§ 220m	**Section 220m**
zrušen	Repealed
§ 220n	**Section 220n**
zrušen	Repealed
§ 220o	**Section 220o**
zrušen	Repealed
ODDÍL 10	**SUB-CHAPTER 10**
ZRUŠEN	**REPEALED**
§ 220p	**Section 220p**
zrušen	Repealed
ODDÍL 11	**SUB-CHAPTER 11**
ZRUŠEN	**REPEALED**
nadpis vypuštěn	**Heading repealed**
§ 220r	**Section 220r**

zrušen	Repealed
§ 220s	**Section 220s**
zrušen	Repealed
§ 220t	**Section 220t**
zrušen	Repealed
§ 220u	**Section 220u**
zrušen	Repealed
§ 220v	**Section 220v**
zrušen	Repealed
§ 220w	**Section 220w**
zrušen	Repealed
§ 220x	**Section 220x**
zrušen	Repealed
§ 220y	**Section 220y**
zrušen	Repealed
§ 220z	**Section 220z**
zrušen	Repealed
§ 220za	**Section 220za**
zrušen	Repealed
ODDÍL 12	**SUB-CHAPTER 12**
ZRUŠEN	**REPEALED**
§ 220zb	**Section 220zb**
zrušen	Repealed
§ 220zc	**Section 220zc**
zrušen	Repealed

HLAVA II

DRUŽSTVO

DÍL I

ZÁKLADNÍ USTANOVENÍ

§ 221

(1) Družstvo je společenstvím neuzavřeného počtu osob založeným za účelem podnikání nebo zajišťování hospodářských, sociálních anebo jiných potřeb svých členů.

(2) Družstvo, které zajišťuje bytové potřeby svých členů, je družstvem bytovým.

(3) Firma družstva musí obsahovat označení "družstvo".

(4) Družstvo musí mít nejméně pět členů; to neplatí, jsou-li jeho členy alespoň dvě právnické osoby. Na trvání družstva nemá vliv přistoupení dalších členů nebo zánik členství dosavadních členů, splňuje-li družstvo podmínky předcházející věty.

§ 222

(1) Družstvo je právnickou osobou. Za porušení svých závazků odpovídá celým svým majetkem.

(2) Členové neručí za závazky družstva. Stanovy mohou určit, že členové družstva nebo někteří z nich mají na základě rozhodnutí členské schůze vůči družstvu do určité výše uhrazovací povinnosti přesahující členský vklad na krytí ztrát

TITLE II

THE COOPERATIVE SOCIETY

CHAPTER I

FUNDAMENTAL PROVISIONS

Section 221

(1) A cooperative society is an association of an undefined number of persons formed for the purpose of carrying on a business or satisfying economic, social, or other needs of its members.

(2) A cooperative society that satisfies the housing needs of its members is a housing cooperative.

(3) The business name of a cooperative society must contain the designation "družstvo".

(4) A cooperative society must have at least five members. This does not apply if at least two legal persons are members. The accession of other members or the termination of the membership of the existing members does not influence the existence of a cooperative society provided that the cooperative society still satisfies the conditions of the first sentence.

Section 222

(1) A cooperative society is a legal person. It is liable for a breach of its obligations up to the amount of all of its assets.

(2) The members are not liable for the obligations of a cooperative society. The articles of association may provide that some or all of the members of the cooperative society may have, if the members' meeting so decides, compensation duties towards the

družstva. Uhrazovací povinnost člena nemůže však přesáhnout trojnásobek členského vkladu.

cooperative society exceeding the respective membership contributions in order to cover the losses of the cooperative society. However, a compensation duty cannot exceed three times the amount of the membership contribution.

§ 223

(1) Základní kapitál družstva tvoří souhrn členských vkladů, k jejichž splacení se zavázali členové družstva.

(2) Stanovy určují výši základního kapitálu družstva, který se zapisuje do obchodního rejstříku (zapisovaný základní kapitál). Zapisovaný základní kapitál musí činit nejméně 50 000 Kč.

(3) Podmínkou vzniku členství je splacení členského vkladu určeného stanovami (základní členský vklad) anebo ve stanovách určené části základního členského vkladu (vstupní vklad).

(4) Členové družstva se mohou zavázat, pokud to stanovy připouštějí, k dalšímu členskému vkladu a k další majetkové účasti na podnikání družstva za podmínek určených stanovami.

(5) Nepeněžité vklady se ocení způsobem určeným stanovami nebo při založení družstva dohodnutým všemi členy.

Section 223

(1) The registered capital of a cooperative society is comprised of the aggregate of the membership contributions that the members of the cooperative society have undertaken to pay up.

(2) The articles of association must set out the amount of the registered capital of the cooperative society, which must be entered in the commercial register (the registered share capital). The registered share capital must amount at least to CZK 50,000.

(3) The commencement of membership is conditional on the payment up of a membership contribution, as stated in the articles of association (the basic membership contribution) or a proportion of the basic membership contribution as specified in the articles of association (the entry contribution).

(4) The members of a cooperative society may, if the articles of association permit, commit to further membership contributions and to further participations in the capital towards the cooperative society's business under the conditions specified in the articles of association.

(5) Non-cash contributions must be valued in the manner specified in the articles of association or, on formation of the cooperative society, by agreement of its members.

(6) Člen je povinen splatit členský vklad přesahující vstupní vklad do tří let, neurčí-li stanovy lhůtu kratší. Stanovy mohou určit, že členové jsou povinni, vyžaduje-li to ztráta družstva, splatit na základě rozhodnutí členské schůze nesplacenou část členského vkladu ještě před dobou její splatnosti.

(6) A member must pay up the membership contribution in excess of the entry contribution within three years, unless the articles of association provide for a shorter period. The articles of association may provide that the members must pay up, if the members' meeting so decides, the unpaid proportion of their membership contributions even before they fall due, if this is required to cover losses of the cooperative society.

§ 224

Založení družstva

(1) Pro založení družstva se vyžaduje konání ustavující schůze družstva.

(2) Ustavující schůze družstva:

a) určuje zapisovaný základní kapitál,

b) schvaluje stanovy,

c) volí představenstvo a kontrolní komisi.

(3) Na ustavující schůzi družstva jsou oprávněny hlasovat osoby, které podaly přihlášku do družstva. Před rozhodováním o věcech uvedených v odstavci 2 zvolí ustavující členská schůze svého předsedajícího. Do jeho zvolení řídí schůzi svolavatel.

(4) Ustavující schůze družstva volí a přijímá usnesení většinou přítomných. Uchazeč o členství může vzít svou přihlášku zpět ihned po hlasování o stanovách, jestliže hlasoval proti jejich přijetí.

Section 224

The formation of a cooperative society

(1) The founding meeting of the cooperative society is required to be held in order to form the cooperative society.

(2) The founding meeting of a cooperative society undertakes as follows:

(a) it determines the registered capital;

(b) it approves the articles of association;

(c) it elects the management board and the steering committee.

The persons applying for membership of the cooperative society are entitled to vote at the founding meeting of the cooperative society. Before deciding on the items stated in subsection (2), the founding members' meeting must elect a chairperson. Until the election, the meeting must be chaired by the person that called for the meeting.

(4) The founding meeting of a cooperative society elects and passes resolutions by a simple majority of the members present. An applicant for membership may withdraw its application immediately on the vote on the articles of association, which that person voted against.

BELISARIUS

(5) Ustavující schůze družstva vede k jeho založení, jestliže se na ní uchazeči o členství zavázali k členským vkladům dosahujícím stanovené částky zapisovaného základního kapitálu. Základní členský nebo vstupní vklad musí být splacen do 15 dnů od konání ustavující schůze družstva určenému členu představenstva způsobem stanoveným členskou schůzí.

(5) The founding meeting of a cooperative society results in its formation if the applicants for membership have undertaken to pay the membership contributions and if, by so doing, the prescribed amount of registered share capital is attained. The basic membership contribution or the entry contribution must be paid up to a specific member of the management board within 15 days of the holding of the founding meeting of the cooperative society and otherwise in the manner provided by the members' meeting.

(6) Průběh ustavující schůze družstva se osvědčuje notářským zápisem, jehož přílohou je seznam členů a výše jednotlivých členských vkladů, k nimž se na ustavující schůzi zavázali. O rozhodnutí ustavující schůze o schválení stanov se pořídí notářský zápis, který musí obsahovat též schválený text stanov.

(6) The course of the founding meeting of a cooperative society must be recorded as a notarial record annexing the register of the members and the amounts of the individual members' contributions, which they undertook to pay at the founding meeting. A notarial record must be prepared of the decision of the founding meeting to approve the articles of association and it must also contain the approved wording of the articles of association.

§ 225

Section 225

(1) Družstvo vzniká dnem zápisu do obchodního rejstříku. Před podáním návrhu na tento zápis musí být splacena alespoň polovina zapisovaného základního kapitálu.

(1) A cooperative society is incorporated as at the date on which it is entered in the commercial register. Before filing the application for this entry, at least half of the registered share capital must be paid up.

(2) Návrh na zápis je povinno podat představenstvo. Návrh na zápis podepisují všichni členové představenstva.

(2) The application for entry must be filed by the management board. All the members of the management board must affix their signatures to the application for entry.

(3) K návrhu na zápis se přikládá:

(3) The following must be annexed to the application for entry:

a) stejnopis notářského zápisu o ustavující schůzi družstva a stejnopis notářského zápisu o rozhodnutí ustavující schůze družstva o schválení

(a) a counterpart of the notarial record of the founding meeting of the cooperative society and a counterpart of the notarial record of the decision of the founding meeting of the cooperative society stanov,

approving the articles of association;

b) stanovy družstva,

(b) the articles of association of the cooperative society;

c) doklad o splacení stanovené části zapisovaného základního kapitálu.

(c) a document on the payment up of the prescribed amount of the registered share capital.

§ 226

Section 226

(1) Stanovy družstva musí obsahovat:

(1) The articles of association of a cooperative society must contain the following:

a) firmu a sídlo družstva,

(a) the business name and registered office of the cooperative society;

b) předmět podnikání (činnosti),

(b) the scope of business (activities);

c) vznik a zánik členství, práva a povinnosti členů k družstvu a družstva k členům,

(c) the conditions for commencement and termination of membership, the rights and duties of the members towards the cooperative society and of the cooperative society towards the members;

d) výši základního členského vkladu, popřípadě i výši vstupního vkladu, způsob splácení členských vkladů a vypořádání členského podílu při zániku členství,

(d) the amount of the basic membership contribution and, if applicable, the amount of the entry contribution, the manner for the payment up of membership contributions, and the settlement of a member's share on termination of its membership;

e) orgány družstva a počet jejich členů, délku jejich funkčního období, způsob ustavování, působnost a způsob jejich svolávání a jednání,

(e) the cooperative society's bodies, the number of their members, their terms of office, the manner of their appointment, their areas of competence, and the manner of convening and the conduct of meetings;

f) způsob použití zisku a úhrady případné ztráty,

(f) the process for the distribution of profits and for covering any possible losses;

g) tvorbu a použití nedělitelného fondu,

h) další ustanovení, vyplývá-li to z tohoto zákona.

(2) Je-li podle stanov podmínkou členství též pracovní vztah člena k družstvu, mohou stanovy obsahovat úpravu tohoto vztahu. Tato úprava nesmí odporovat pracovněprávním předpisům, ledaže úprava je pro člena výhodnější. Není-li zvláštní úprava ve stanovách, platí pracovněprávní předpisy.

(3) O změně stanov rozhoduje členská schůze. Představenstvo družstva je povinno do 30 dnů od schválení změny stanov uvědomit o tom rejstříkový soud. Ustanovení § 173 odst. 4 se použije obdobně.

(g) the creation and use of the indivisible fund;

(h) other provisions to the extent required by this Code.

(2) If, in accordance with the articles of association, an employment relationship is a condition for membership in a cooperative society, the articles of association may contain provisions relating to this relationship. These provisions cannot be inconsistent with the regulations of labour law, unless this is more beneficial to the member. In the event that the articles of association do not set out special provisions for this, the regulations of labour law apply.

(3) It is within the competence of the members' meeting to decide on amendments to the articles of association. The management board of a cooperative society must notify the registration court of any amendments to the articles of association within 30 days of the relevant amendment being approved. The provisions of section 173 (4) apply with appropriate changes.

DÍL II

VZNIK A ZÁNIK ČLENSTVÍ

§ 227

(1) Členy družstva mohou být osoby fyzické i právnické. Je-li podle stanov členství podmíněno pracovním vztahem k družstvu, může se členem stát fyzická osoba, která skončila povinnou školní docházku a dosáhla 15 let svého věku.

CHAPTER II

THE COMMENCEMENT AND TERMINATION OF MEMBERSHIP

Section 227

(1) The members of a cooperative society may comprise natural persons and legal persons. If, under articles of association, membership is conditional on employment with the cooperative society, a member may be a natural person that has completed compulsory education and has attained 15 years of age.

(2) Po splnění podmínek vyplývajících ze zákona a stanov vzniká členství:

a) při založení družstva dnem vzniku družstva,

b) za trvání družstva přijetím za člena na základě písemné členské přihlášky,

c) převodem členství, nebo

d) jiným způsobem stanoveným zákonem.

(2) Subject to the fulfilment of the conditions prescribed by the law or the articles of association, membership commences on the following:

(a) for the formation of a cooperative society, on the date of its incorporation;

(b) during the existence of a cooperative society, by admission of the member on acceptance of a written membership application;

(c) by a transfer of membership; or

(d) in any other manner prescribed by law.

(3) Je-li podle stanov podmínkou členství pracovní vztah člena k družstvu a nevyplývá-li ze stanov něco jiného, vzniká členství dnem, který byl sjednán jako den vzniku pracovního vztahu, a zaniká dnem zániku pracovního vztahu člena k družstvu.

(3) If, under the articles of association, the employment of a member with the cooperative society is a condition for membership and unless the articles of association require otherwise, the membership commences on the date agreed as the date on which employment commences and it terminates on the date on which the employment of the member terminates with the cooperative society.

(4) Členství nevzniká před zaplacením vstupního vkladu.

(4) Membership cannot commence before the entry contribution is paid.

(5) Podrobnější úpravu členství, jeho vzniku a zániku upravují stanovy.

(5) Membership, and its commencement and termination, are regulated in more detail in the articles of association.

§ 228

Družstvo vede seznam všech svých členů. Do seznamu se zapisuje kromě firmy nebo názvu a sídla právnické osoby nebo jména a bydliště fyzické osoby jako člena i výše jejího členského vkladu a výše, v níž byl splacen. Do seznamu se bez zbytečného odkladu vyznačí všechny změny evidovaných skutečností. Představenstvo umožní každému, kdo osvědčí právní

Section 228

A cooperative society must maintain a register of all of its members. For a member that is a legal person, the business name or corporate name and registered office or, for a member that is a natural person, its name and residential address, together with the amount of its membership contribution and the paid up amount, must be entered in the register. All changes to the registered zájem, aby do seznamu nahlédl. Člen družstva má právo do seznamu nahlížet a žádat vydání potvrzení o svém členství a obsahu jeho zápisu v seznamu.

matters must be entered in the register without undue delay. The management board must enable any person demonstrating a legal interest in the matter to inspect the register. A member of a cooperative society has the right to inspect the register and to request to be issued with a confirmation of its membership and the content of its entry in the register.

§ 229

(1) Členská práva a povinnosti může člen převést na jiného člena družstva, pokud to stanovy nevylučují. Dohoda o převodu členských práv a povinností na jinou osobu podléhá souhlasu představenstva. Stanovy mohou určit důvody, které převod vylučují. Proti zamítavému rozhodnutí se může člen odvolat k členské schůzi. Rozhodnutím představenstva nebo členské schůze o schválení dohody o převodu členských práv a povinností se stává nabyvatel členských práv a povinností členem družstva v rozsahu práv a povinností převádějícího člena.

(2) Stanovy mohou určit případy, kdy představenstvo nesmí odmítnout souhlas s převodem členských práv a povinností nebo se nevyžaduje souhlas představenstva.

Section 229

(1) A member may transfer its membership rights and duties to another member of the cooperative society, provided that the articles of association do not exclude this. An agreement transferring membership rights and duties to another person is subject to the consent of the management board. The articles of association may set out the circumstances in which a transfer is excluded. A member may appeal against a a decision refusing consent before the members' meeting. A transferee of membership rights and duties becomes a member of the cooperative society to the extent of the rights and duties of the transferring member, with effect from the decision of the management board or the members' meeting on approval of the transfer agreement for the membership rights and duties.

(2) The articles of association may specify the cases in which the management board cannot refuse to consent to the transfer of membership rights and duties or the management board is not required to consent.

§ 230

Převod práv a povinností spojených s členstvím v bytovém družstvu na základě dohody nepodléhá souhlasu orgánů družstva. Členská práva a povinnosti spojená s členstvím přecházejí na

Section 230

A transfer of rights and duties associated with membership in a housing cooperative society on the basis of an agreement is not subject to the consent of the bodies of the cooperative society. The membership rights nabyvatele ve vztahu k družstvu předložením smlouvy o převodu členství příslušnému družstvu nebo pozdějším dnem uvedeným v této smlouvě. Tytéž účinky jako předložení smlouvy o převodu členství nastávají, jakmile příslušné družstvo obdrží písemné oznámení dosavadního člena o převodu členství a písemný souhlas nabyvatele členství.

and duties associated with membership pass to the transferee in relation to the cooperative society on submission to the cooperative society of a contract for the transfer of membership or as at such later date as may be stated in the contract. The same effects occur as on submission of a contract for the transfer of membership as soon as the relevant cooperative society receives written notice of an existing member on transfer of the membership and the transferee's written consent.

§ 231

(1) Členství zaniká písemnou dohodou, vystoupením, vyloučením, prohlášením konkursu na majetek člena, zamítnutím insolvenčního návrhu pro nedostatek majetku člena, doručením vyrozumění o neúspěšné opakované dražbě v řízení o výkonu rozhodnutí nebo v exekuci nebo, nejsou-li členská práva a povinnosti převoditelné, pravomocným nařízením výkonu rozhodnutí postižením členských práv a povinností, nebo právní mocí exekučního příkazu k postižení členských práv a povinností po uplynutí lhůty uvedené ve výzvě ke splnění vymáhané povinnosti podle zvláštního právního předpisu22) a, byl-li v této lhůtě podán návrh na zastavení exekuce, po právní moci rozhodnutí o tomto návrhu nebo zánikem družstva.

(2) Jestliže byl zrušen konkurs na majetek člena z jiných důvodů než po splnění rozvrhového usnesení nebo proto, že majetek dlužníka je zcela nepostačující, jeho členství se obnovuje; jestliže již družstvo vyplatilo jeho vypořádací podíl, musí jej do 2 měsíců od zrušení konkursu družstvu nahradit. To platí obdobně i v

Section 231

(1) Membership terminates by a written agreement, withdrawal, exclusion, a declaration of bankruptcy over the assets of a member, the dismissal of an insolvency petition on the grounds that the member's assets are insufficient, service of a notification of unsuccessfully repeated auction in a proceedings for the enforcement of a decision or in execution, or, if membership rights and duties are not transferrable, by an order becoming final for the enforcement of a previous decision by way of seizure of the membership rights and duties, or by a final execution order to seize the membership rights and duties after the period stated in the invitation to perform the enforced duty under special legal regulations expires and, if a petition for discontinuation of the execution is filed within the relevant period, after the decision on that petition becomes final, or as at the date of dissolution of the cooperative society.

(2) If bankruptcy over the assets of a member is discontinued for other reasons than satisfaction of formal court ruling on distribution or because the debtor's assets are insufficient, its membership renews. If the cooperative society has already paid out the relevant settlement amount, the member must compensate for it to the

případě, že byl pravomocně zastaven výkon rozhodnutí postižením členských práv a povinností člena v družstvu nebo pravomocně zastavena exekuce podle zvláštního právního předpisu.

cooperative society within 2 months after discontinuation of the bankruptcy proceedings. The same applies with appropriate changes in the cases that enforcement of a decision by seizure of the membership rights and duties of a member of a cooperative society is effectively discontinued or if execution under a special legal regulation is effectively discontinued.

(3) Vystoupením zaniká členství v době určené stanovami, nejdéle však uplynutím šesti měsíců ode dne, kdy člen písemně oznámil vystoupení představenstvu družstva.

(3) Withdrawal terminates the membership as at the time set out in the articles of association and, in any event, at the latest six months from the date on which the member notifies its withdrawal in writing to the management board of the cooperative society.

(4) Člen může být vyloučen, jestliže opětovně a přes výstrahu porušuje členské povinnosti, nebo z jiných důležitých důvodů uvedených ve stanovách. Fyzická osoba může být vyloučena také, byla-li pravomocně odsouzena pro úmyslný trestný čin, který spáchala proti družstvu nebo členu družstva. O vyloučení, které musí být členu písemně oznámeno, rozhoduje, pokud stanovy neurčují jinak, představenstvo. Proti rozhodnutí o vyloučení má právo podat člen odvolání k členské schůzi. Není-li právo na odvolání uplatněno do tří měsíců ode dne, kdy se člen dověděl nebo mohl dovědět o rozhodnutí o vyloučení, zaniká.

(4) A member may be excluded if it persistently breaches its membership duties in spite of exclusion being threatened, or for other relevant reasons stated in the articles of association. A natural person may also be excluded if it has been convicted, and appeal rights are exhausted, for a wilful crime committed against the cooperative society or a member of the cooperative society. Unless the articles of association provide otherwise, it is within the competence of the management board to decide whether to exclude a member, which must be notified to the member in writing. A member may appeal against a decision on exclusion before the members' meeting. If the right of appeal is not asserted within three months from the date on which the member becomes aware, or could have become aware, of the exclusion, it expires.

(5) Soud na návrh člena, jehož se rozhodnutí týká, prohlásí rozhodnutí členské schůze o vyloučení za neplatné, je-li v rozporu s právními předpisy nebo stanovami. Není-li právo na podání návrhu uplatněno do 3 měsíců ode dne konání členské schůze, která vyloučení potvrdila,

(5) On petition by a member to which a decision relates, the court must declare a decision of the members' meeting on exclusion to be void if it is contrary to legal regulations or the articles of association. The right to submit a petition expires if it is not asserted within 3 months from the date on

nebo jestliže nebyla řádně svolána, ode dne, kdy se člen mohl dovědět o konání členské schůze, která vyloučení potvrdila, nejpozději ale do jednoho roku od jejího konání, zaniká.

which the members' meeting confirming the exclusion was held or, if it was not properly called, from the date on which the member could have become aware of the holding of the member's meeting confirming the exclusion, and in any event not later than one year after it is held.

(6) Jestliže je důvodem návrhu podle odstavce 5, že tvrzené rozhodnutí členská schůze nepřijala proto, že o něm nehlasovala, anebo že obsah tvrzeného rozhodnutí neodpovídá rozhodnutí, které členská schůze přijala, lze podat návrh do 3 měsíců ode dne, kdy se člen o tvrzeném rozhodnutí dozvěděl, nejdéle však do jednoho roku ode dne konání nebo tvrzeného konání členské schůze.

(6) If a petition under subsection (5) is filed on the grounds that the members' meeting did not adopt the alleged decision because it did not vote on it, or that the content of the alleged decision differs from the decision that the general meeting actually adopted, the petition may be filed within 3 months from the date on which the member became aware of the alleged decision, and not in any event later than one year after the date on which the members' meeting, or the alleged holding of the members' meeting, took place

(7) Družstvo informuje bez zbytečného odkladu členy písemným oznámením v sídle družstva a v bytovém domě ve vlastnictví družstva, v němž se nachází byt, k němuž má povinný nájemní právo související s podílem, který je předmětem výkonu rozhodnutí, že mu byla doručena dražební vyhláška podle zákona upravujícího výkon rozhodnutí postižením členských práv a povinností a že tato dražební vyhláška je k nahlédnutí v sídle družstva. Družstvo zašle členovi, který o to požádá, opis dražební vyhlášky na jeho náklady a nebezpečí na adresu uvedenou v žádosti.

(7) The cooperative society must without undue delay inform the members in the manner set out for calling a members' meeting that it was served with auction rules under the act governing the enforcement of a decision by seizure of membership rights and duties and that these auction rules are available for inspection at the cooperative society's registered office. The cooperative society must send to a member that so requests a copy of the auction rules at that member's cost and risk to an address set out in the request.

§ 232

Section 232

(1) Členství fyzické osoby zaniká smrtí. Dědic členských práv a povinností zůstavitele může požádat družstvo o členství. Zákon nebo stanovy mohou určit, kdy představenstvo nesmí dědicovo členství odmítnout nebo kdy se nevyžaduje souhlas představenstva s

(1) The membership of a natural person terminates on death. The heir to the membership rights and duties of a deceased person may apply to the cooperative society for membership. The law or the articles of association may prescribe the circumstances when the management board cannot reject

nabytím členských práv a povinností dědicem.

the heir's membership or when the consent of the management board is not required for the acquisition of membership rights and duties by the heir.

(2) Souhlas představenstva se nevyžaduje, jestliže dědic nabyl práva a povinnosti spojené s členstvím v bytovém družstvu.

(2) The consent of the management board is not required if the heir has acquired the rights and duties associated with membership in a housing cooperative society.

(3) Dědic, který se nestal členem, má nárok na vypořádací podíl člena, jehož členství zaniklo.

(3) An heir that has not become a member is entitled to a settlement amount of the member whose membership terminated.

(4) Členství právnické osoby v družstvu zaniká jejím vstupem do likvidace nebo prohlášením konkursu, popřípadě jejím zánikem. Má-li právnická osoba právního nástupce, vstupuje nástupce do všech dosavadních jejích členských práv a povinností.

(4) The membership of a legal person in a cooperative society terminates with its going into liquidation or a declaration of bankruptcy or, if applicable, its dissolution. If a legal person has a legal successor, the successor enters into all of the person's existing membership rights and duties.

§ 233

Section 233

(1) Při zániku členství za trvání družstva má dosavadní člen nárok na vypořádací podíl.

(1) On termination of membership during the existence of a cooperative society, an existing member is entitled to a settlement amount.

(2) Vypořádací podíl se určí poměrem splaceného členského vkladu dosavadního člena násobeného počtem ukončených roků jeho členství k souhrnu splacených členských vkladů všech členů násobených ukončenými roky jejich členství.

(2) The settlement amount must be determined in the proportion that the paid up membership contribution of the existing member whose membership terminates multiplied by the number of complete years of membership bears to the sum of the paid up contributions of all the members multiplied by the complete years of their membership.

(3) Pro určení vypořádacího podílu je rozhodný stav vlastního kapitálu družstva podle účetní závěrky za rok, v němž členství zaniklo. Při určování výše vypořádacího podílu se nepřihlíží ke kapitálu, jenž je v nedělitelném fondu, a jestliže to vyplývá ze stanov, i v jiných

(3) The standing of the equity capital of the cooperative society under the financial statement for the year in which the membership terminated must be relevant for determining the settlement amount. Capital comprised in the indivisible fund and, if the articles of association so require, also in

zajišťovacích fondech. Rovněž se nepřihlíží k vkladům členů s kratším než ročním členstvím přede dnem, k němuž se řádná účetní závěrka sestavuje.

other securing funds, must be disregarded in determining the settlement amount. The contributions of the members who have been members for less than a year before the annual financial statement is prepared must also be disregarded.

(4) Nárok na vypořádací podíl je splatný uplynutím tří měsíců od schválení účetní závěrky za rok, v němž členství zaniklo. Nárok na podíl na zisku vzniká jen za období trvání členství.

(4) The claim for a settlement amount is due after three months from the approval of the financial statements for the year in which the membership terminated. The right to a share in the profits arises only during the existence of membership.

(5) Ustanovení odstavců 2 až 4 se použijí, jen pokud stanovy neurčují jinak.

(5) The provisions of subsections (2) to (4) only apply if the articles of association do not provide otherwise.

§ 234

Section 234

(1) Vypořádací podíl se uhrazuje v penězích. Stanovy mohou určit, že v případech, kdy členský vklad spočíval zcela nebo zčásti v převodu vlastnického práva k nemovitosti na družstvo, může člen žádat vypořádání vrácením této nemovitosti, a to v hodnotě, která je evidována v majetku družstva v době zániku jeho členství. Je-li výše vypořádacího podílu menší, než činí hodnota vrácené nemovitosti, je nabývající člen povinen uhradit družstvu rozdíl v penězích. Stanovy mohou určit, že obdobně se postupuje i v případě, kdy spočíval členský vklad v poskytnutí jiného věcného plnění. Družstvo odpovídá členovi, jestliže nakládá s majetkem družstva způsobem, jenž by toto vrácení znemožňoval.

(1) The settlement amount must be paid in cash. The articles of association may provide that, in cases in which a member's contribution wholly or partially comprises a transfer of ownership title to real estate to the cooperative society, the member is entitled to require a settlement by returning that real estate to the value that is recorded in the assets of the cooperative society at the time of termination of its membership. If the settlement amount is lower than the value of the real estate so returned, the acquiring member must pay the difference to the cooperative society in cash. The articles of association may also provide for an equivalent procedure, with appropriate changes, in the cases where the member's contribution is comprised providing other tangible consideration. The cooperative society is liable to the member if it exercises the disposition over the assets of the cooperative society in a manner that would make such a return impossible.

(2) Nárok podle odstavce 1 na vrácení zemědělské půdy vložené do družstva má člen i v případě, že tento nárok stanovy

(2) A member also has a claim under subsection (1) to the return of farm land contributed to the cooperative society in the

neurčují.

cases in which the articles of association do not set out such a claim.

§ 235

Nedělitelný fond

(1) Družstvo je povinno při svém vzniku zřídit nedělitelný fond, nejméně ve výši 10 % zapisovaného základního kapitálu. Tento fond družstvo doplňuje, nejméně o 10 % ročního čistého zisku, a to až do doby, než výše nedělitelného fondu dosáhne částky rovnající se polovině zapisovaného základního kapitálu družstva. Stanovy mohou určit, že se vytváří vyšší nedělitelný fond nebo další zajišťovací fondy.

(2) Nedělitelný fond se nesmí použít za trvání družstva k rozdělení mezi členy.

Section 235

The indivisible fund

(1) On incorporation, the cooperative society must create an indivisible fund in the amount of at least 10% of the registered share capital. The cooperative society must replenish the fund, by at least 10% of annual net profit, until the time when the amount of indivisible fund becomes equal to half of the registered share capital of the cooperative society. The articles of association may provide that a larger indivisible fund or other securing funds must be created.

(2) During the existence of the cooperative society, the indivisible fund cannot be distributed to the members.

§ 236

Rozdělení zisku

(1) Na určení zisku, který se má rozdělit mezi členy, se usnáší členská schůze při projednání řádné účetní závěrky.

(2) Nevyplývá-li ze stanov něco jiného, určí se podíl člena na zisku určeném k rozdělení mezi členy poměrem výše jeho splaceného vkladu k splaceným vkladům všech členů; u členů, jejichž členství v rozhodném roce trvalo jen část roku, se tento podíl poměrně krátí.

(3) Stanovy družstva nebo usnesení členské schůze, připouštějí-li to stanovy, mohou určit jiný způsob vymezení podílu

Section 236

The distribution of profits

(1) The members' meeting must pass decisions to determine the profit that is to be distributed between the members on deliberation of the annual financial statements.

(2) Unless the articles of association require otherwise, the share of a member in the profit designated for distribution to the members must be determined in the proportion that the amount of its paid up contribution bears to the paid up contributions of all members. For members whose membership in the relevant year has existed for only a part of the year, this share must be proportionally reduced.

(3) The articles of association of a cooperative society or a resolution of the members' meeting, if the articles of

člena na zisku, který se má rozdělit mezi členy.

association so permit, may set out another manner for determining the share of a member in the profit to be distributed to the members.

DÍL III

ORGÁNY DRUŽSTVA

CHAPTER III

THE COOPERATIVE SOCIETY BODIES

§ 237

Orgány družstva jsou:

a) členská schůze,

b) představenstvo,

c) kontrolní komise,

d) další orgány družstva podle stanov.

Section 237

The following are the bodies of a cooperative society:

(a) the members' meeting;

(b) the management board;

(c) the steering committee;

(d) the other bodies of the cooperative society created under the articles of association.

§ 238

(1) Orgánem družstva nebo jeho členem může být jen člen družstva; ustanovení § 244a a zvláštních právních předpisů o volbě členů kontrolní komise zaměstnanci tím nejsou dotčena. Volba učiněná v rozporu s tím je neplatná.

(2) Je-li členem voleného orgánu družstva právnická osoba, vykonává práva a povinnosti spojené s jejím členstvím v orgánu družstva fyzická osoba, která je k tomu zmocněna; plná moc musí mít písemnou formu. Zmocněnec musí splňovat stejné podmínky, jako kdyby byl členem voleného orgánu družstva osobně, kromě členství v družstvu, a nesmí udělit další plnou moc za tímto účelem třetí osobě.

Section 238

(1) Only a member of a cooperative society can be a body of a cooperative society or a member of such a body. The provisions of section 244a and of special legal regulations relating to election of the members of the steering committee by the employees are unaffected by this requirement. An appointment made contrary to this requirement is void.

(2) If a legal person is a member of an elected cooperative society body, its rights and duties associated with its membership in the cooperative society body must be performed by a natural person given the power to do so by that legal person to do so. The relevant power of attorney must be concluded in writing. The attorney must satisfy the same conditions as if it were a member of an elected cooperative society body in person, except for the membership in the cooperative society, and it cannot

grant a further power of attorney for this purpose to a third party.

(3) Pokud tento zákon nestanoví jinak, vyžaduje se pro platnost usnesení členské schůze, představenstva a kontrolní komise jejich řádné svolání, přítomnost nadpoloviční většiny členů a souhlas většiny hlasů přítomných členů. Tento zákon nebo stanovy určují, pro která usnesení je třeba souhlasu kvalifikované většiny.

(3) Unless this Code provides otherwise, in order to be valid, a resolution of the members' meeting, the management board, and the steering committee requires for the meeting to be properly called, the presence of a majority of at least half of members and the consent of a majority of the members present. This Code or the articles of association must set out which resolutions require the consent of a qualified majority.

Členská schůze

The members' meeting

§ 239

Section 239

(1) Nejvyšším orgánem družstva je schůze členů družstva (dále jen "členská schůze").

(1) The meeting of the members of a cooperative society (the "members' meeting") is its highest body.

(2) Členská schůze se schází ve lhůtách určených stanovami, nejméně jednou za rok. Svolání členské schůze musí být členům oznámeno způsobem určeným stanovami. Na žádost jedné třetiny členů družstva nebo kontrolní komise, popřípadě 3 delegátů zařadí představenstvo jimi určenou záležitost na pořad jednání členské schůze. Ustanovení § 182 odst. 1 písm. a) se použije přiměřeně.

(2) The members' meeting must meet in the periods set out in the articles of association, at least once in any given year. The calling of a members' meeting must be notified to the members in the manner set out in the articles of association. On request by one third of the members of the cooperative society or the steering committee or 3 delegates, the management board must put any matter specified by such persons on the agenda of the members' meeting. The provisions of section 182 (1) (a) apply as appropriate.

(3) Členská schůze musí být svolána, požádá-li o to písemně alespoň jedna třetina všech členů družstva, kontrolní komise, jakož i v dalších případech, určují-li tak stanovy. Jestliže představenstvo nesvolá členskou schůzi tak, aby se konala do 40 dnů od doručení žádosti, je osoba písemně pověřená osobami nebo orgánem, který požadoval svolání členské schůze, oprávněna svolat členskou schůzi sama. Členové představenstva jsou

(3) A members' meeting must be called if at least one third of all members of the cooperative society or the steering committee so request in writing, as well as in the other cases specified in the articles of association. If the management board does not call the members' meeting so that it is held within 40 days of the delivery of the request, a person appointed in writing by the persons or the body that requested the calling of the members' meeting is entitled to

společně a nerozdílně povinni vydat této osobě na její žádost seznam členů, popřípadě delegátů družstva.

call the meeting itself. The members of the management board must, at the request of such a person, jointly and severally deliver to it the register of members or, if applicable, delegates of the cooperative society.

(4) Do působnosti členské schůze patří:

(4) The following matters are within the competence of the members' meeting:

a) měnit stanovy,

(a) amendments to the articles of association;

b) volit a odvolávat členy představenstva a kontrolní komise,

(b) the election and recall of the members of the management board and the steering committee;

c) schvalovat řádnou účetní závěrku,

(c) the approval of the annual financial statement;

d) rozhodovat o rozdělení a užití zisku, popřípadě způsobu úhrady ztráty,

(d) decisions on a distribution and the use of profits or, if applicable, the manner of covering losses;

e) rozhodovat o zvýšení nebo snížení zapisovaného základního kapitálu,

(e) decisions to increase or reduce the registered share capital;

f) rozhodovat o základních otázkách koncepce rozvoje družstva,

(f) decisions on the fundamental matters relating to the concept of the development of the cooperative society;

g) rozhodovat o zrušení družstva s likvidací nebo o přeměně družstva,

(g) decisions to wind up the cooperative society in liquidation or on the transformation of the cooperative society;

h) rozhodovat o uzavření smluv podle § 67a a o jiných významných majetkových dispozicích,

(h) decisions to conclude agreements under section 67a and other significant transactions relating to assets;

i) rozhodovat o prodeji nebo jiných majetkových dispozicích s nemovitostmi, ve kterých jsou byty, nebo s byty; takové rozhodnutí může členská schůze přijmout jen po předchozím písemném souhlasu většiny členů bytového družstva, kteří jsou nájemci v nemovitosti, které se

(i) decisions on the sale or other transactions relating to real estate properties in which there are apartments or for apartments specifically. The members' meeting may only adopt the relevant decision with the prior written consent of a majority of the members of the housing cooperative society that are rozhodování týká; to neplatí, jestliže družstvu vznikla povinnost převést byt nebo nebytový prostor do vlastnictví člena, který je nájemcem.

the tenants of the real estate property to which the decision relates. This does not apply if the cooperative society has a duty to transfer the ownership title to an apartment or to non-residential premises to a tenant that is a member.

(5) Členská schůze rozhoduje o dalších záležitostech týkajících se družstva a jeho činnosti, pokud tak stanoví tento zákon, stanovy, popřípadě pokud si rozhodování o některé věci vyhradila.

(5) The members' meeting may decide other matters relating to the cooperative society and its activities if this Code or the articles of association so provide or, as applicable, if it reserves for itself the decision-making in a certain matter.

(6) Stanovy družstva mohou určit, že členské schůze budou konány formou dílčích schůzí. Při rozhodování se sčítají hlasy odevzdané na všech dílčích členských schůzích. Dílčí členské schůze nemohou rozhodovat o zániku družstva, přeměně družstva podle zvláštního právního předpisu a v dalších případech, určují-li tak stanovy.

(6) The articles of association may provide that members' meeting can be held in the form of separate meetings. In the decision-making, the votes cast at all the separate members' meetings are counted together. Separate members' meetings cannot decide on the dissolution of the cooperative society, the transformation of the cooperative society under a special legal regulation and in other cases, if the articles of association so provide.

(7) Není-li s ohledem na rozsah družstva dobře možné svolávat členskou schůzi, mohou stanovy určit, že v rozsahu jimi stanoveném plní působnost členské schůze shromáždění delegátů. Každý z delegátů se volí stejným počtem hlasů. Stanovy mohou určit odchylky, pokud jsou nutné vzhledem k organizačnímu uspořádání družstva.

(7) With respect to the scope of the cooperative society, if it is not generally possible to call a members' meeting, the articles of association may provide that, to the extent specified in the articles of association, the functions of the members' meeting may be performed by a meeting of delegates. The same number of votes is required for the election of each delegate. The articles of association may specify exceptions if this is necessary with respect to the way the cooperative society is organized.

(8) Není-li členská schůze schopna se usnášet, svolá představenstvo náhradní členskou schůzi tak, aby se konala do 3 týdnů ode dne, kdy se měla konat členská schůze původně svolaná. Náhradní členská schůze musí být svolána novou pozvánkou s nezměněným pořadem jednání.

(8) If the members' meeting is unable to pass decisions, the management board must call an adjourned members' meeting so that it is held within three weeks from the date on which the original member's meeting called was to be held. The adjourned members' meeting must be called by a new invitation

Pozvánka musí být odeslána nejpozději do 15 dnů ode dne, na který byla svolána původní členská schůze, nejpozději však 10 dnů před konáním náhradní členské schůze. Náhradní členská schůze je schopna se usnášet bez ohledu na ustanovení § 238 odst. 3. Obdobně se postupuje, byla-li členská schůze konána formou dílčích členských schůzí a schůzí shromáždění delegátů.

having the same agenda. The invitation must be sent no later than 15 days from the date on which the original members' meeting was called, but not later than 10 days before the adjourned members' meeting is held. The adjourned members' meeting can pass decisions regardless of the provisions of section 238 (3). This procedure applies with appropriate changes if the members' meeting has been held in the form of separate members' meetings and meetings of the delegates.

§ 240

(1) Při hlasování má každý člen jeden hlas, pokud stanovy neurčují jinak. V případě hlasování o věcech uvedených v § 239 odst. 4 písm. a), g) a h) má každý člen pouze jeden hlas.

(2) Člen družstva může písemně zmocnit jiného člena družstva nebo jinou osobu, aby jej na členské schůzi zastupovala.

Section 240

(1) Unless the articles of association provide otherwise, each member has one vote. In the cases of voting on the matters stated in section 239 (4) (a), (g), and (h), each member must have only one vote.

(2) A member of the cooperative society may give a power in writing to another member of the cooperative society or another person to represent it at the members' meeting.

§ 241

(1) O každé členské schůzi se pořizuje zápis, který musí obsahovat:

a) datum a místo konání schůze,

b) přijatá usnesení,

c) výsledky hlasování,

d) nepřijaté námitky členů, kteří požádali o jejich zaprotokolování.

(2) Přílohu zápisu tvoří seznam účastníků schůze, pozvánka na ni a podklady, které byly předloženy k projednávaným bodům.

(3) Každý člen má právo vyžádat si zápis a jeho přílohy k nahlédnutí.

Section 241

(1) Minutes of each members' meeting must be drawn up and must contain the following:

(a) the date and venue of the meeting;

(b) the resolutions adopted;

(c) the results of the voting;

(d) the rejected objections of members that requested that they be recorded.

(2) The list of participants at the meeting, the invitation to it and the documents that were presented for the agenda points deliberated must be annexed.

(3) Each member has the right to request the minutes and annexes for inspection.

(4) O rozhodnutí členské schůze, jímž se mění stanovy družstva, musí být pořízen notářský zápis, který musí obsahovat též schválený text změny stanov.

(4) A notarial record must be prepared for a decision of the members' meeting that amends the articles of association of the cooperative society and it must also contain the approved wording of the amendment of the articles of association.

§ 242

Section 242

(1) Na návrh člena vysloví soud neplatnost usnesení členské schůze, pokud usnesení je v rozporu s právními předpisy nebo stanovami družstva. Návrh soudu může člen podat, požádal-li o zaprotokolování námitky na členské schůzi, která usnesení přijala, nebo jestliže námitku oznámil představenstvu do jednoho měsíce od konání této schůze, a nebyla-li svolána řádně do jednoho měsíce ode dne, kdy se o jejím konání dověděl, nejdéle však do jednoho roku od konání členské schůze. Návrh soudu lze podat jen do jednoho měsíce ode dne, kdy člen požádal o zaprotokolování námitky, nebo od oznámení námitky představenstvu.

(1) On petition by a member, the court must declare a resolution of the members' meeting to be void if the resolution is contrary to legal regulations or the articles of association of the cooperative society. A member may file a petition to the court if it requested for its objection to be recorded at the members' meeting that passed the resolution or if it notified the objection to the management board within one month of the holding of the relevant meeting, and if the meeting was not properly called, within one month from the date on which the petitioner became aware of its being held, but in any event no later than one year from the holding of the members' meeting. The petition to the court can only be filed within one month from the date on which the member requested for its objection to be recorded or notified the objection to the management board.

(2) Jestliže je důvodem návrhu podle odstavce 1, že tvrzené rozhodnutí členská schůze nepřijala proto, že o něm nehlasovala, anebo, že obsah tvrzeného rozhodnutí neodpovídá rozhodnutí, které členská schůze přijala, lze podat žalobu do jednoho měsíce ode dne, kdy se člen o tvrzeném rozhodnutí dozvěděl, nejdéle však do jednoho roku ode dne konání nebo tvrzeného konání členské schůze. V ostatním se použijí ustanovení § 131 obdobně.

(2) If the petition under subsection (1) is filed on the grounds that the members' meeting did not pass the alleged decision because it did not vote on it, or that the content of the alleged decision differs from the decision that the members' meeting actually passed, the action may be brought within 1 month from the date on which the member became aware of the alleged decision but in any event not later than one year from the date on which the members' meeting was held or is alleged to have been held. For other matters, the provisions of section 131 apply with appropriate changes.

§ 243

Představenstvo

(1) Představenstvo řídí činnost družstva a rozhoduje o všech záležitostech družstva, které nejsou tímto zákonem nebo stanovami vyhrazeny jinému orgánu.

(2) Představenstvo je statutárním orgánem družstva.

(3) Představenstvo plní usnesení členské schůze a odpovídá jí za svou činnost. Nevyplývá-li ze stanov něco jiného, za představenstvo jedná navenek předseda nebo místopředseda. Je-li však pro právní úkon, který činí představenstvo, předepsána písemná forma, je třeba podpisu alespoň dvou členů představenstva.

(4) Představenstvo se schází podle potřeby. Musí se sejít do 10 dnů od doručení podnětu kontrolní komise, jestliže na její výzvu nedošlo k nápravě nedostatků.

(5) Představenstvo volí ze svých členů předsedu družstva (představenstva), popřípadě místopředsedu, pokud stanovy neurčují, že jsou voleni členskou schůzí. Místopředseda zastupuje předsedu v době jeho nepřítomnosti. Zastupováním mohou být pověřeni i další členové představenstva v určitém pořadí stanoveném představenstvem.

Section 243

The management board

(1) The management board manages the activities of the cooperative society and decides on all the matters relating to the cooperative society that, under this Code or the articles of association, are not within the competence of another body.

(2) The management board is the statutory body of the cooperative society.

(3) The management board must implement the resolutions of the members' meeting and is liable to it for its activities. Unless the articles of association require otherwise, the chairperson or the deputy chairperson of the management board may act on behalf of the management board in relation to third parties. However, if written form is required for a legal act concluded by the management board, the signature by at least two members of the management board is required.

(4) The management board meets as necessary. It must meet within 10 days from the delivery of a call to do so by the steering committee if the various insufficiencies identified in its invitation have not been remedied.

(5) From its members, the management board must elect a chairperson of the cooperative society (the management board) or a deputy chairperson, provided that the articles of association do not require their election by the members' meeting. The deputy chairperson stands in for the chairperson at the times of its absence. Other members of the management board may be appointed to stand in for the chairperson in a certain order set out by the management board.

(6) Předseda družstva organizuje a řídí jednání představenstva. Určují-li tak stanovy, organizuje a řídí i běžnou činnost družstva.

(6) The chairperson of the cooperative society organizes and manages the acts of the management board. If the articles of association so provide, it also manages the regular activities of the cooperative society.

(7) Stanovy mohou určit, že běžnou činnost družstva organizuje a řídí ředitel jmenovaný a odvolávaný představenstvem.

(7) The articles of association may determine that the regular activities of the cooperative society are organized and managed by a director appointed and recalled by the management board.

(8) Pro členy představenstva, popřípadě členy jiných orgánů podílejících se na řízení platí obdobně § 193 odst. 2, § 194 odst. 2 věta první až pátá a § 194 odst. 4 až 7.

(8) The provisions of section 193 (2), section 194 (2) first to fifth sentence and sections 194 (4) to (7), with appropriate changes, apply to the members of the management board or, if applicable, the members of other bodies participating in the management.

§ 243a

Section 243a

(1) Každý člen je oprávněn podat jménem družstva žalobu proti členovi představenstva nebo proti členovi jiného orgánu podílejícího se na řízení družstva nebo jeho organizační jednotky o náhradu škody, kterou družstvu způsobil. Jiná osoba než člen družstva, který žalobu podal, nebo osoba jím zmocněná nemůže v řízení činit úkony jménem družstva či za družstvo.

(1) Each member is entitled to bring in the name of the cooperative society an action against a member of the management board or against a member of another body participating in the management of the cooperative society or branch of a cooperative society for the compensation for damage caused by it to the cooperative society. Only the member of the cooperative society that brought the relevant action, or a person duly authorised by it, may act in the proceedings in the name of the cooperative society or on its behalf.

(2) Ustanovení odstavce 1 se nepoužije, vymáhá-li náhradu škody představenstvo.

(2) The provisions of subsection (1) do not apply if the management board is enforcing the compensation for damage.

§ 244

Kontrolní komise

Section 244

The steering committee

(1) Kontrolní komise je oprávněna kontrolovat veškerou činnost družstva a projednává stížnosti jeho členů. Odpovídá pouze členské schůzi a je nezávislá na

(1) The steering committee is entitled to verify all activities of the cooperative society and must deliberate the complaints of the cooperative society's members. It is liable

ostatních orgánech družstva. Kontrolní komise má nejméně tři členy.

only to the members' meeting and it is independent of the other bodies of the cooperative society. The steering committee must have at least three members.

(2) Kontrolní komise se vyjadřuje k řádné účetní závěrce a návrhu na rozdělení zisku nebo úhrady ztráty družstva.

(2) The steering committee must comment on the annual financial statement and the proposal for a distribution of profit or for covering the losses of the cooperative society.

(3) Na zjištěné nedostatky upozorňuje kontrolní komise představenstvo a vyžaduje zjednání nápravy.

(3) The steering committee must notify the any insufficiencies ascertained by them to the management board and may invite the management board to remedy the situation.

(4) Kontrolní komise se schází podle potřeby, nejméně jednou za tři měsíce.

(4) The steering committee meets as necessary, but at least once every three months.

(5) Kontrolní komise volí ze svých členů předsedu, popřípadě místopředsedu, pokud stanovy neurčují, že jsou voleni členskou schůzí.

(5) From its members, the steering committee must elect a chairperson or, if applicable, a deputy chairperson, if the articles of association do not provide that these persons must be elected by the members' meeting.

(6) Kontrolní komise je oprávněna vyžadovat si u představenstva jakékoliv informace o hospodaření družstva. Představenstvo je povinno bez zbytečného odkladu oznámit kontrolní komisi všechny skutečnosti, které mohou mít závažné důsledky v hospodaření nebo postavení družstva a jeho členů. Totéž platí i ve vztahu k řediteli.

(6) The steering committee is entitled to require that the management board provides to it any information on the economic results of the cooperative society. The management board must notify the steering committee without undue delay of any matters that could have material consequences for the economic results or the status of the cooperative society or its members. The same applies in relation to a director.

(7) K jednotlivým úkonům může kontrolní komise pověřit jednoho nebo více členů, kteří v této věci mají oprávnění žádat informace v rozsahu oprávnění kontrolní komise.

(7) The supervisory committee may appoint one or more of its members for individual acts and such persons are entitled to request information in relation to such matter within the scope of powers of the steering committee.

(8) Pro členy kontrolní komise platí § 243 odst. 8.

§ 244a

(1) Jestliže způsobem a za podmínek stanovených zákonem o přeměnách obchodních společností a družstev vznikne zaměstnancům nástupnického družstva po zápisu přeshraniční fúze do obchodního rejstříku právo volit a odvolávat jednoho nebo více členů kontrolní komise družstva, které má své sídlo po zápisu přeshraniční fúze do obchodního rejstříku na území České republiky, je družstvo povinno zřídit kontrolní komisi; ustanovení § 245 se zde nepoužijí. Počet členů kontrolní komise volených zaměstnanci nikdy nesmí být vyšší než počet členů kontrolní komise volených členskou schůzí. Ustanovení § 200 odst. 5 až 7 se zde použijí obdobně.

(2) Jestliže se družstvo, které má po zápisu přeshraniční fúze do obchodního rejstříku své sídlo na území České republiky a ve kterém mají zaměstnanci právo volit a odvolávat jednoho nebo více členů kontrolní komise, zúčastní ve lhůtě stanovené zákonem o přeměnách obchodních společností a družstev vnitrostátní fúze, mají stejné právo a za stejných podmínek i zaměstnanci nástupnického družstva nebo jeho právního nástupce po zápisu vnitrostátní fúze do obchodního rejstříku; to neplatí, pokud zákon o přeměnách obchodních společností a družstev stanoví něco jiného. Ustanovení věty první se použije i na případy druhé a dalších vnitrostátních fúzí, kterých se družstvo nebo jeho právní nástupce, kteří mají po zápisu přeshraniční fúze do obchodního rejstříku své sídlo na

(8) Section 243 (8) applies for the members of the steering committee.

Section 244a

(1) If, after the entry of a cross-border merger in the commercial register, the employees of the successor cooperative society in the manner and under the conditions specified in the Transformation of Commercial Companies and Cooperative Societies Act acquire the right to elect and recall one or more members of the steering committee of a cooperative society having its registered office after the entry of the cross-border merger in the territory of the Czech Republic, the cooperative society must establish a steering committee. The provisions of section 245 do not apply to this. The number of members of the steering committee elected by the employees cannot exceed the number of steering committee members elected by the members' meeting. Provisions of sections 200 (5) to (7) apply with appropriate changes.

(2) If a cooperative society, having its registered office in the territory of the Czech Republic after a cross-border merger involving it is entered in the commercial register and in which the employees have the right to elect and recall one or more members of the steering committee, participates in a domestic merger within the period set out in the Transformations of Commercial Companies and Cooperative Societies Act, the employees of the successor cooperative society or its legal successor must have the same rights under the same conditions after the domestic merger is entered in the commercial register. This does not apply if the Transformations of Commercial Companies and Cooperative Societies Act provides otherwise. The provisions of the first sentence apply also to the instance of a second and any subsequent

území České republiky, a ve kterých mají zaměstnanci právo volit a odvolávat jednoho nebo více členů kontrolní komise, zúčastní ve lhůtě stanovené zákonem o přeměnách obchodních společností a družstev.

domestic merger, in which a cooperative society or its legal successor, having its registered office in the territory of the Czech Republic after the cross-border merger is entered in the commercial register and in which the employees have the right to elect and recall one or more members of the steering committee, participates within the period set out in Transformations of Commercial Companies and Cooperative Societies Act.

(3) Jestliže zaměstnancům zanikne za podmínek a způsobem stanoveným zákonem o přeměnách obchodních společností a družstev právo na členství jedné nebo více osob volených zaměstnanci v kontrolní komisi družstva, zaniká členství osob zvolených zaměstnanci v kontrolní komisi a družstvo může postupovat podle § 245, splňuje-li podmínky tam uvedené.

(3) If the right of the employees to the membership of one or more persons elected by the employees in the steering committee of a cooperative society is discharged under the conditions and in the manner set out in the Transformations of Commercial Companies and Cooperative Societies Act, the membership of the persons elected by the employees in the steering committee is discharged and the cooperative society may proceed in accordance with section 245, provided that it meets the conditions stated in that section.

§ 245

Orgány malého družstva

(1) V družstvu, jež má méně než padesát členů, mohou stanovy určit, že působnost představenstva a kontrolní komise plní členská schůze.

(2) Statutárním orgánem je předseda, popřípadě další člen pověřený členskou schůzí.

(3) V družstvech s členstvím právnických osob, která mají méně než pět členů, určí způsob rozhodování a statutární orgán stanovy.

Section 245

The bodies of a small cooperative society

(1) In a cooperative society that has fewer than fifty members, the articles of association may provide that the functions of the management board and the steering committee will be performed by the members' meeting.

(2) The statutory body is the chairperson or, if applicable, another member appointed by the members' meeting.

(3) In a cooperative society that has as members legal persons and has fewer than 5 members, the articles of association must set out the decision-making process and the statutory body.

Společná ustanovení o členství v orgánech družstva

Common provisions relating to membership in the bodies of the cooperative society

§ 246

Section 246

(1) Funkční období členů orgánů družstva určují stanovy, nesmí však přesáhnout pět let.

(1) The term of office of the members of the cooperative society bodies must be specified in the articles of association and cannot in any event exceed five years.

(2) Členové prvních orgánů po založení družstva mohou být voleni jen na období nejvýše tří let.

(3) The members of the first bodies on formation of the cooperative society may only be elected for a period of not more than three years.

(3) Neurčují-li stanovy jinak, mohou být členové orgánů družstva voleni opětovně.

(3) Unless the articles of association provide otherwise, the members of cooperative society bodies may always be re-elected.

§ 247

Section 247

(1) Funkce člena představenstva a člena kontrolní komise jsou vzájemně neslučitelné.

(1) The offices of a member of the management board and of the steering committee member are mutually incompatible.

(2) Stanovy mohou určit další případy neslučitelnosti funkcí nebo okolnosti, pro které člen družstva nemůže být členem některého voleného orgánu družstva.

(2) The articles of association may set out other incompatible offices or circumstances due to which a member of the cooperative society cannot be a member of a particular elected cooperative society body.

§ 248

Section 248

(1) Člen družstva, který je do své funkce zvolen, může z funkce odstoupit, je však povinen oznámit to orgánu, jehož je členem. Jeho funkce končí dnem, kdy odstoupení projednal orgán oprávněný k tomu podle stanov. Neurčují-li stanovy jinak, projedná odstoupení orgán, který ho zvolil. Příslušný orgán musí projednat odstoupení na svém nejbližším zasedání poté, kdy se o odstoupení dověděl, nejdéle však do tří měsíců. Po marném uplynutí této lhůty se odstoupení pokládá za

(1) A member of a cooperative society that is elected to office may resign from office, but it must notify the resignation to the body of which it is a member. Its office terminates as at the date on which its resignation is deliberated by the body that is entitled to do so under the articles of association. Unless the articles of association provide otherwise, it must be deliberated by the body that elected it. The competent body must deliberate the resignation in the first session after it becomes aware of it, and not in any event later than within three months. If this

projednané.

period expires without the required actions having been taken, the resignation is treated as deliberated.

(2) Určují-li stanovy, že se volí náhradníci členů orgánů družstva, nastupuje namísto odstoupivšího člena dnem účinnosti odstoupení náhradník podle stanoveného pořadí.

(2) If the articles of association provide that alternates for the members of cooperative society bodies must be elected, as at the date on which the resignation of the resigning member is effective, an alternate takes its place in accordance with the specified order.

(3) Není-li náhradník zvolen, může orgán povolat zastupujícího člena až do doby, kdy může být provedena řádná volba nového člena. Zastupující člen má práva a povinnosti řádného člena.

(3) If an alternate is not elected, the body may appoint a substituting member to hold office until the time when the due election of a new member can be carried out. The alternate member has the rights and duties of an ordinary member.

(4) Ustanovení odstavců 2 a 3 platí i v případě, že členství v orgánu zanikne smrtí.

(4) The provisions of subsections (2) and (3) apply also in cases where membership of the body terminates on death.

§ 249

Zákaz konkurence

Členové představenstva a kontrolní komise družstva, prokuristé a ředitel nesmějí být podnikateli ani členy statutárních a dozorčích orgánů právnických osob s obdobným předmětem činnosti. Stanovy mohou upravit rozsah zákazu konkurence jinak.

Section 249

The prohibition on competition

The members of the management board and of the steering committee, the procurators and the director cannot be entrepreneurs or members of statutory and supervisory bodies of legal persons with a similar scope of business. The articles of association may set out other restrictions on the scope of the prohibition on competition.

§ 250

Hlasování v představenstvu a kontrolní komisi

(1) Každému členu představenstva a kontrolní komise družstva náleží jeden hlas. Hlasuje se veřejně, neurčují-li stanovy, že o určitých otázkách se hlasuje tajně. Na tajném hlasování se může v jednotlivých případech usnést jednající

Section 250

Voting in the management board and in the steering committee

(1) Each member of the management board and of the steering committee of a cooperative society has one vote. The vote must be open, unless the articles of association provide that a vote on certain matters is by secret ballot. In specific cases,

orgán.

the body in session may resolve on a secret ballot.

(2) Připouští-li tak stanovy, lze usnesení přijmout hlasováním uskutečněným písemně nebo pomocí prostředků sdělovací techniky, jestliže s tímto způsobem hlasování projeví souhlas všichni členové orgánu. Pro tento případ se hlasující pokládají za přítomné (§ 238 odst. 3).

(2) If the articles of association so permit, a resolution may be adopted by a vote carried out in writing or by electronic means of communication, provided that all members of the body consent to this manner of voting. In such case the members voting are considered to be present (section 238 (3)).

§ 251

Nároky družstva z odpovědnosti členů orgánů družstva za škodu uplatňuje představenstvo. Vůči členům představenstva uplatňuje nároky družstva kontrolní komise prostřednictvím jí určeného člena.

Section 251

It is within the competence of the management board to bring the claims of the cooperative society for the liability for damages against the members of cooperative society bodies. It is within the competence of the steering committee to bring the claims of the cooperative society against the members of the management board through the member appointed by it.

DÍL IV

ŘÁDNÁ ÚČETNÍ ZÁVĚRKA A VÝROČNÍ ZPRÁVA O HOSPODAŘENÍ

CHAPTER IV

THE ANNUAL FINANCIAL STATEMENTS AND THE ANNUAL REPORT OF THE ECONOMIC RESULTS

§ 252

(1) Družstvo je povinno sestavit za každý rok účetní závěrku.

(2) Spolu s řádnou účetní závěrkou navrhne představenstvo i způsob rozdělení a užití zisku, popřípadě způsob úhrady ztrát.

(3) Členové družstva si mohou vyžádat řádnou účetní závěrku a návrh na rozdělení zisku a úhrady ztrát k nahlédnutí.

Section 252

(1) The cooperative society must prepare a financial statement every year.

(2) Together with the annual financial statement, the management board must also propose the manner of the distribution and other use of profit or, if applicable, of covering losses.

(3) The members of a cooperative society have the right to request an inspection of the annual financial statement and the proposal for the distribution of profit and for covering losses.

§ 253

Určují-li tak stanovy nebo zvláštní právní předpis7), zabezpečí představenstvo vypracování výroční zprávy o hospodaření družstva, která obsahuje přehled obchodní činnosti v uplynulém roce a předpoklady jeho dalšího podnikání, jakož i další skutečnosti určené stanovami. Výroční zprávu předkládá představenstvo spolu s řádnou účetní závěrkou k projednání členské schůzi.

Section 253

If the articles of association or a special legal regulation so provide, the management board must procure the preparation of an annual report of the economic results of the cooperative society containing an overview of the commercial activities in the preceding year and requirements for its further business, as well as other matters as set out in the articles of association. The management board must submit the annual report together with the annual financial statement for deliberation at the members' meeting.

DÍL V

ZRUŠENÍ, LIKVIDACE A ZMĚNA PRÁVNÍ FORMY DRUŽSTVA

CHAPTER V

THE WINDING UP, LIQUIDATION, AND CHANGE OF LEGAL FORM OF A COOPERATIVE SOCIETY

§ 254

(1) Družstvo zaniká výmazem z obchodního rejstříku. Družstvo zúčastněné na přeshraniční fúzi zaniká dnem zápisu přeshraniční fúze do obchodního rejstříku nebo do zahraničního obchodního rejstříku.

(2) Družstvo se zrušuje:

a) usnesením členské schůze,

b) zrušením konkursu po splnění rozvrhového usnesení nebo zrušením konkursu z důvodu, že majetek dlužníka je zcela nepostačující,

c) rozhodnutím soudu,

Section 254

(1) A cooperative society is dissolved by its striking off from the commercial register. A cooperative society participating in a cross-border merger is dissolved as at the date on which the cross-border merger is entered in the commercial register or in a foreign commercial register.

(2) A cooperative society is put in winding up:

(a) by a resolution of the members' meeting;

(b) by the closing of bankruptcy proceedings by the satisfaction of the formal court ruling on distribution or discontinuation of bankruptcy proceedings on the grounds that the debtor's assets are insufficient;

(c) by court decision;

BELISARIUS

d) uplynutím doby, na kterou bylo družstvo zřízeno,

(d) on expiry of the period for which the cooperative society was established;

e) dosažením účelu, k němuž bylo družstvo zřízeno.

(e) on fulfilment of the purpose for which the cooperative society was established.

(3) O rozhodnutí členské schůze o zrušení musí být pořízen notářský zápis.

(3) A notarial record must be drawn up of a decision of the members' meeting to wind up the cooperative society.

§ 255

zrušen

Section 255

Repealed

§ 256

zrušen

Section 256

Repealed

§ 257

Section 257

(1) Soud může na návrh státního orgánu, orgánu nebo člena družstva nebo osoby, která osvědčí právní zájem, rozhodnout o zrušení družstva a jeho likvidaci, jestliže:

(1) On petition by a state authority, a body, or a member of the cooperative society, or a person that demonstrates a legal interest in the matter, the court may decide to wind up a cooperative society and on its liquidation in the following cases:

a) počet členů družstva klesl pod počet stanovený v § 221 odst. 4,

(a) the number of members of the cooperative society is less than the number set out in section 221 (4);

b) souhrn členských vkladů klesl pod částku stanovenou v § 223 odst. 2,

(b) the aggregate of the membership contributions falls to a level below the amount set out in section 223 (2);

c) uplynuly dva roky ode dne, kdy skončilo funkční období orgánů družstva a nebyly zvoleny nové orgány, nebo byla porušena povinnost svolat členskou schůzi, anebo družstvo po dobu delší než dva roky neprovozuje žádnou činnost,

(c) two years have passed from the date on which the term of office of the cooperative society bodies terminated and new bodies have not been appointed, or the duty to call a members' meeting has been breached, or the cooperative society has carried on no activities for a period of more than two years;

d) družstvo porušilo povinnost vytvářet nedělitelný fond,

(d) the cooperative society has breached the duty to create the indivisible fund;

e) družstvo porušuje ustanovení § 56 odst. 3,

(e) the cooperative society breaches the provisions of section 56 (3);

f) založením, splynutím nebo sloučením družstva byl porušen zákon.

(f) the formation, merger by formation of a new company, or other merger of the cooperative society occurs in breach of law.

(2) Soud stanoví před rozhodnutím o zrušení družstva lhůtu k odstranění důvodu, pro který bylo zrušení navrženo, jestliže je jeho odstranění možné.

(2) Before a court may decide to wind up a cooperative society, it must provide a period in which to remedy the grounds for which the winding up was petitioned, provided that the same are capable of remedy.

§ 258

Section 258

(1) Členská schůze může rozhodnout, že družstvo zřízené na dobu určitou bude v činnosti pokračovat i po skončení této doby.

(1) The members' meeting may decide that a cooperative society established for a definite period will continue its activities even after that period expires.

(2) Toto rozhodnutí musí však být učiněno dříve, než bylo započato s rozdělením likvidačního zůstatku.

(2) The decision must, in any event, be made before the distribution of the liquidation balance is commenced.

§ 259

Section 259

(1) Nestanoví-li zákon jinak, vstupuje zrušené družstvo do likvidace. Likvidátoři jsou jmenováni způsobem uvedeným ve stanovách družstva, jinak je jmenuje členská schůze.

(1) Unless the law provides otherwise, a cooperative society in winding up goes into liquidation. The liquidators must be appointed in the manner set out in the articles of association of the cooperative society, or otherwise by the members' meeting.

(2) Likvidátoři jsou povinni vypracovat před rozdělením likvidačního zůstatku návrh na jeho rozdělení, který projednává členská schůze. Návrh na rozdělení musí být na požádání předložen každému členu družstva.

(2) Before a distribution of the liquidation balance, the liquidators must prepare a proposal for its distribution, which must be deliberated by the members' meeting. On request by a member of the cooperative society, the proposal for distribution must presented to that member.

(3) Likvidační zůstatek se rozdělí mezi členy způsobem určeným ve stanovách. Neurčí-li stanovy jinak, vyplatí se členům splacená část jejich členského vkladu.

(3) The liquidation balance must be distributed to the members in the manner set out in the articles of association. Unless the articles of association provide otherwise,

Zbytek likvidačního zůstatku se rozdělí mezi členy, jejichž členství ke dni zrušení družstva trvalo alespoň jeden rok. Neurčují-li stanovy jinak, rozdělí se zbytek likvidačního zůstatku mezi tyto členy podle rozsahu, v jakém se podílejí na základním kapitálu družstva. Na vracení nepeněžitých vkladů se použije přiměřeně ustanovení § 234 odst. 1.

the paid up proportion of the membership contribution must be paid to the members. The remainder of the liquidation balance must be distributed to the members having at least one year's membership as at the date of winding up of the cooperative society. Unless the articles of association provide otherwise, the remainder of the liquidation balance must be distributed to these members in the proportion in which they participate in the share capital of the cooperative society. The provisions of section 234 (1) apply to the return of the non-cash contributions as appropriate.

(4) Každý člen družstva nebo jiná oprávněná osoba může do tří měsíců ode dne konání členské schůze navrhnout, aby soud prohlásil usnesení členské schůze o rozdělení likvidačního zůstatku za neplatné pro rozpor s právními předpisy nebo stanovami. Vyhoví-li soud návrhu, rozhodne zároveň o rozdělení likvidačního zůstatku. Do uplynutí lhůty tří měsíců anebo do pravomocného rozhodnutí soudu nesmí být likvidační zůstatek rozdělen.

(4) A member of the cooperative society or another person so entitled may, within three months from the date on which the members' meeting is held, petition the court to declare that a resolution of the members' meeting on the distribution of liquidation balance is void as it is contrary to legal regulations or the articles of association. If the court grants such a petition, it must at the same time decide to distribute the liquidation balance. The liquidation balance cannot be distributed before the expiry of a period of three months or until the final court decision is issued.

§ 260

Použití předpisů o obchodních společnostech

Nestanoví-li se v této hlavě jinak, použijí se na družstvo přiměřeně ustanovení hlavy I díl I (§ 56 až 75c) této části zákona.

Section 260

The applicability of the provisions relating to commercial companies

Unless this Title provides otherwise, the provisions of Title I, Chapter I (sections 56 to 75c) of this Part of this Code apply to the cooperative society as appropriate.

END OF VOLUME I

THE BELISARIUS LEGISLATION SERIES: THE COMMERCIAL CODE OF THE CZECH REPUBLIC CONTINUES IN VOLUME II

Made in the USA
Las Vegas, NV
05 November 2026

57564429R00203